ロゴスとレンマ

ロゴスとレンマ

山内得立著

岩波書店

序

かつて英国の或る詩人は「東は東、西は西」と唱った。東西の両文明は異なれる地域に於いて、それぞれなる歴史をもって発達したのであるから、遂に帰一することはできぬ、少なくともそれは至難なことであるというほどの意味であろう。しかし今や時代は大きく変動して、このことが必ずしも至当でなく、世界は漸く一ならんとしつつあることは誰の目にも明らかであるであろう。鎖国主義やモンロー主義の功罪はとにかく、今やそのような事実は世界のいずこにも見出され難くなりつつある。このことは近時航空路の異常な発達により人間の距離感が著しく短縮されたことに由るものでもあろう。しかし世界が一つになることは凡てが同一になることでないのは勿論、同様にさえなることでもないのである。それは不可能であるのみでなく、たとえ可能であるにしても無益であり無用でさえあるであろう。世界の統一は各国がそれぞれ独自の個性をもち、特異性を発揮しながら、しかもその故に、またはそのために統一するところにある。個性と統一性とは必ずしも撞着しない、むしろ相補うべきものであった。

かつてドイツ西南学派の人々は歴史学を個性描出の、自然科学を法則定立の学として明別した。しかしこの意味の個性とは何であるか。単に他と異なることは偏奇であって固質ではない。個性は独自であるとともに一般的でもなければならぬ。それ故に個性に代うるに理念型(Idealtypus)をもってしたのはマックス・ウェーバーであったが、彼の偉大な点は就中これを汎く世界の諸文化に於いて実証せんとしたところにある。トインビーの歴史学も二つの点に於いて注目に値する。一は歴史を単に西欧に限らず世界全体に拡大したことであり、二は歴史学を啻に過去の事実の詮索に止めず、未来にまで及ぼしたことである。しかし彼には哲学がなかった、高々大様なヒューマニズムがあるのみである。ウェーバーの理念型は同時に理想型でもあり、そこに一種の哲学があり、理論と方法とがあり、就中組織があった。歴史学はこれによって著しく社会学と近接して稀にみる博大な構成を得たことは、いくら称揚しても過ぐるということはないであろう。

しかしながら我々はウェーバーに於いても尚あきたらぬ二三の点を残す。彼は世界の諸文化についてそれぞれのティプスを鋭く指摘し、就中綿密に実証したが、これらの諸〻の理念型が世界文化に於いて如何なる意味をもち、世界的理念に於いて何の位置を占めるかという点について深い省察を欠く。彼には文化の体系がなかったというのである。歴史に於いて体系を求めることは思わざるの甚しきものと言われるかもしれないが、体系とは必ずしも論理の、又は形而上学的な体系をいうのではない。ヘーゲルにとっては哲学は同時に哲学史であったが、我々にとっても歴史は哲学と無縁なものであってはならぬ。ただ謹むべきは歴史の中に価値の、又は神学の体系をもちこむことである。歴史の推移を価値によって評価することは歴史を物語とすることであり、古代のみが聖代であり、未来は終末であることなどは歴史を価値の体系として見んとする謬論であろう。歴史的体系は意味の概念に基づかねばならぬ。理念型は意味の体系でなければならぬ。Idealtypus は理想型でなく、まさに理念型であるべきであった。

以上の見方から我々は世界の文化の類型をではなくその階型を求めんとする。類型と階型との区別については又別に論ずべきであるが、一言にしていえば類型とは単に種々なる型類であり、それまでのことであるが、階型とは体系化された類型であるということにつきる。世界の文化はそれぞれに類を異にするが、ただ無意味に発達し別々に放置されてよいものではなく、必ず世界全体に於いて何らかの位置を占め、何らかの意味をもつものでなければならない。階型とはその組織に於いてそれぞれの段層を示し、その発展に於いてそれぞれの意味をもつものでなければならぬ。例えば西欧の文化がロゴス的であるに対し東洋のそれはパトス的であると言われるのはロゴスとパトスとが共に人間精神の一要素として互に相依って全体をなすからであろう。それは殆ど常識的な区別であって別にとり立てて言うほどのことでもないが、我々は論理的にこれをロゴスとレンマとの区別として取扱ってみようとするのである。西洋文化はロゴスの体系であるに対し東洋の文化はレンマの方法による。ロゴスは発展して論理となったが、レンマもまた一つの論理性を展開する。それが如何なる論理であるかを明らかにすると共に、東西の区別をこの点におかんとするのが本書の目的とする所であった。但しレンマにも二種あり、一はテトラ・レンマとしてインド大乗仏教の論理をなし、他はディレンマとして中国の老荘思想の論理を形成している。東洋思想をレンマの論理として把握し、アリストテレスからヘーゲルに到る雄大なる思想をロゴスの体系として対比せしめようとするのが本書の主旨とするところであるが、それは要するに一つの試行であり実験であるに外ならなかったのである。

昭和四十九年五月　京都にて

著　者

目　次

第一　三つの論理

一

プロクルスによってのみ伝え残された、パルメニデスの断片に次のような語句がある――「私がどこから始めるべきかということは私にとってどうでもよいことである。なぜなら私はやがてまたそこへ還ってくるであろうから」(*ξυνὸν δέ μοί ἐστιν, ὁππόθεν ἄρξωμαι· τόθι γὰρ πάλιν ἵξομαι αὖθις.* Proclus in Parm. 708, 16–17)。この言葉はこれからこの論究を始めようとする我々にとっても甚だ都合のよい語ではあるが、それに先立ち、パルメニデスにとってこれほどよく彼の思想の出発をのみでなく、彼の哲学の全体を表示するものはないことを語らねばならぬであろう。パルメニデスにとっては彼の出発点はやがては彼の還り来るべき帰着点でもあった。どこから始めてもよいとは出鱈目にというのではなく、どこから始めてもつまりはそこへ帰着すべく定められているが故にということである。それほどに彼はものを全体として見ようとする人であった。事物をその種々なる様相に於いてではなく、その根本的な原態に於いて、その移りゆく種々相についてではなく、その変らざる実体に於いて把握せんとする人であった。彼にとって世の様々なる容態はドクサの世界にすぎぬ。学問の志すところのロゴスの世界でもなく、世の常を語ろうとするエポスの世界でさえもなかった。前五世紀のアルカイック時代に於いて、彼ほど徹底した事物の探求者、即ち哲学者の名に値する人は稀であったといわねばならぬであろう。

しかしパルメニデスがそれほどの覚悟をもって語ろうとしたところのものは果して何であったか。人によってはこの断片は円についていったものであり、円のどの点をとってもそれは出発であると同時に帰着点でもあることを意味したものであると言うが(Patin, Parmenides im Kampfe gegen Heraklit, Jahrb. f. class. Philolog 25, Suppl., S. 56)、プロクルスはこの断片をディルスの断片集八ノ二五及び八ノ四四と共に引用しているから、これは一なるものの概念の外に就中「存在」の概念に関係し、理性的なる諸世界(*τὸ πλῆθος τῶν νοητῶν*)を意味したものであると考えられねばならぬ。たとえプロクルスが意識的にそうしたものとして引用したのではないとしても、パルメニデスがそこから出発しそこに還るべきものは「存在」であり、乃至は存在の概念であるより外にはないことをもの語っている。なぜなら事物は何ものでもあれ、何らかの有るものとしてとにかく先ず存在し、そして事物が何ものかであり如何に転変するとしても、遂に何らかの存在としてあらねばならぬからである。それ故に我々は「存在があるということを言い、そして考えねばならぬ」(*χρὴ τὸ λέγειν τε νοεῖν τ᾽ ἐὸν ἔμμεναι·* Frag. 6, 1)。「なぜなら存在は存在し、非存在は存在しないのであるから」。「このことをよく熟考するように私は汝に命ずる。それが汝に警告する研究の第一の道であるのであるから」。人間は二つの頭をもち(*δίκρανοι*)、それ故に迷う。迷える心をその胸にもつが故に人間は聾となり盲目であり判断を失ったやからとなり、存在と非存在とを同一視する者共に堕する。そのような者共にとっては凡てのものは凡てに於いてさかしまな道しか残されていない――人々はこのような研究の道から心して遠ざかるべきである。

パルメニデスにとってはそれ故に研究の道はただ一つしかない。女神に導かれて真理の門の戸口に達したとき、そこにはただ一つの門が開かれ、他の一つは固く閉ざされていた。開かれた門は存在が存在するという一筋の道に通じ、進むも退くもこの途より外にはなかった。存在しないものが存在することは不可能であるのみでなく、考えることさえもできない。なぜなら、それについて考えるということには考えらるべきものが先ず存在しなければならぬからである。そこからして「考えるということと、それについて考えるものの存在とは一つの同一の事がらである」(*ταὐτὸν δ᾽ ἐστὶ νοεῖν τε καὶ οὕνεκεν ἔστι νόημα.* Frag. 8, 34)という有名な断片が我々に残されている。しかしこの語句については古来種々な解釈があり、語学的にも正鵠をうることは頗る困難のようである。先ず古くはシムプリキオスの注(Simplicius, Phys. 87, 17–18)があって「考えるということと、それが目ざすところのものとは同一である」(ταὐτὸν δὲ εἰπεῖν τοῦ ὄντος, ἔστι τὸ νοεῖν τέλος ὂν αὐτοῦ)という。その解釈に倣って、ディルスは「思惟とその目的とは一つである」(Denken und des Gedankens Ziel ist eins, Diels, Die Fragmente der Vorsokratiker, Band I, S. 157)と訳した。しかしこの独訳も頗る難解であり、第一に関係代名詞 οὕνεκεν を τὸ οὗ ἕνεκα と同一視してよいかどうかが問題であろう。タランはそれを次の点から批判している(Tarán, Parmenides, p. 128)。οὕνεκεν を τὸ οὗ ἕνεκα と同一に読むことはシムプリキオスの新プラトン主義的な解釈であって、必ずしもパルメニデスの真意を得たものではない。ディルスは存在を思惟の目的と訳しているが、これは思惟の目ざすところのものというほどの意味であるとしても、存在は必ずしも思惟の目的ではなく、むしろその原因でなければならぬ。οὕνεκεν はホメロスに於てもそうであったように(Chantraine, Grammaire homérique, II, pp. 290–291)、むしろ ὅτι と同様に読むべきであり、従ってこの断片は「考えるということと、そういう思惟が存在することと同一である」と解すべきである。しかしそのように解釈すると、それは専ら思惟の存在を主張するものとなり、考えることと考えるという事実と同一であるという自明の理を言表わしたものにすぎなくなってくる。これはパルメニデスにとっても余りにトリヴィアルな解釈であるといわねばなるまい。οὕνεκεν を ὅτι と同意語にとることが許されるとしても、それは単なる that ではなく、それ以上の何ものかでなければならぬ。タランはこの断片を To think is equivalent to thinking that the object of thought exists (op. cit., p. 123)と訳しているが、その意は次の如くであろう。パルメニデスのいう「思惟」とは考えるという事実の存在を意味するのではなく、それについて考えるところのもの、即ち思惟の対象の存在をいうのである。考えるというのは考えるという事実のあることであり、考えることはたしかに一つの存在であるが、この点から思惟と存在との一致を云為するのは余りにおとなげないことである。パルメニデスの言わんとする所は考えることとそれについて考える対象の存在とが一であることであって、考えるという作用の存在ではない。それ故にこそ彼は ὅτι を用いずして οὕνεκεν を用いたのであり、それは明らかに τὸ οὗ ἕνεκα であって、ディルスの解するようにそれを目的としてではないにしても、それについて考えるところのもの、即ち思惟の対象でなければならぬ。パルメニデスのこの断片は考えることとその対象の存在とが一であることを主張したものであるというのがタランの説であり、恐らくそれは最もパルメニデスの真意に近いものであったであろう。考えるということは唯そういう作用がそこにあることではない。考えるのは何かを考えることであり、何ごとかについて考えることである。何ものをも考えない考えというのは自己矛盾であるのみでなく、事実としてあり得ぬことである。考える作用に対しては何ものかがなければならぬ。それは作用とは異なった或るものでなければならぬ。それは考えることに対して考えられるものである。考えるとはそれについて(οὗ ἕνεκα)考えるのである。思惟の存在はこの何ものかを前提することなしには不可能であり、それ故に思惟が存在するのはその対象の存在することにかかっている。

尚一歩をすすめていえば、「考えることとそれについて考える対象の存在することは同一である」というのがパルメニデスの真意であったのではないか。この解釈は著しく現象学的であり、またそうしたものとして非難されそうであるが、しかし断片のこれに続く次の言葉が以上の理解を支えてくれるのである。曰く「なぜならそれに於いて言表わさるべき存在なしには、汝は思惟というものを見出し得ぬであろうから」(οὐ γὰρ ἄνευ τοῦ ἐόντος, ἐν ᾧι πεφατισμένον ἐστιν, εὑρήσεις τὸ νοεῖν˙ Frag. 8, 35)。但しここに於いても πεφατισμένον ἐστιν ということが問題となり、ディルスは φατίσειν を ὀνομάζειν と同一の意味にとって、存在は言葉の中に言表わされることによってリアルとなると解しているが、それは必ずしも当を得たものではないであろう。むしろ存在は考えることの対象としてあり、考えるというのは何ものかを考えることであり、有るというのは考えられたものとしてあることである。もし以上のことが許されるならば、パルメニデスのこの断片は単に漠然として存在と思惟との同一性を主張したものではなく、考えるということとそれについて考えるものの存在することとが同一であることを、延いては存在することとそれについて考えることとが同一であることを主張したものと解釈しなければならぬ。ものが存在するとはそのものについてそのように考えることである。しかしそれと同時に、そのように考えることはものがそれについて考えられるところのものとして存在することである。存在は考えられることなしに存在し得ないとともに、考えることはそれについて考えるものの存在なしには不可能である。かくして存在することと考えることが一となるのである。

存在とはただ現にそこにそうあることではなく、それがそのものとして自己同一性を保つことである。Realität とは Identität であるに外ならなかった。自己同一性とは自己が有らぬものであるよりは有るものであり、他のようにではなくまさにこのようにあるところのものである。Existence は ex-sistere であり、どこからか由って来るべきものであり、何ものかとしてそこにあるべく定められたものであるが、にも拘らずものはものとしてあることによってそれ自らに有るものとなる。パルメニデスの存在は凡ゆる存在の仕方に先立って存在するものであるが、それにも拘らず事物は自己同一性をもつことなしには存在することができない。そして事物について自己同一性を確立するものは思惟であるに外ならなかった。考えるとはただ作用することではなく、何ものかを考える作用であり、何ものかについて何ごとかを考えることである。事物は考えられた事物であることによって自己の同一性を確保し、そして存在するのである。

二

以上の如くパルメニデスに於いては「もの」はまず或るものとして規定せられ、或るものは必ず有るものとして捉えられた。有ることなきものは何ものでもなく、従って何ものとも考えられ得ない。探求の道はものを有るものとして把握することから始まらねばならぬが故に、存在はあらゆるものの出発であり、そして凡てのものは存在であるべきが故に、我々の帰着するところもまた存在でなければならなかった。存在は真理の探求に当って出発であるとともに帰着でなければならなかったのである。これはものを「全体」として、又は「一なるもの」としてとらえることであり、プラトンのパルメニデス観もそこにあったようであるが(Cherniss)、しかしパルメニデスの立場は決して「一なるもの」にではなく、何よりも先ず「存在」に置かれていた。τὸ ὄν よりも τὸ μίαν を重視することはプラトンを経てプロティノスに至る新プラトン派の解釈に外ならぬであろう。またテオフラストスの解釈——パルメニデスの存在は物質的であるというのもアリストテレスの解釈をうけついだものであって、必ずしもパルメニデスについての正当なる理解とはいえぬであろう。パルメニデスにとってはものは必ずしも「物」ではない。それは物であるよりも、と言うより或る物である前に既に「有るもの」であり、即ち存在でなければならなかった。ものを物質的に見ることはむしろメリッソス(Melissos)に帰せらるべきであって、パルメニデスにではなかった筈である。物と者とを通じてあらゆるものの有ることが、即ちもののものたる所以をなすことがパルメニデスによって説かれたのである。

　紀元前五世紀の頃に於いてこのような徹底した立場に立ったというのは驚くべきことであり、ミレトスを中心とする多くの自然哲学者の間にあって、このような主張のなされたことはさらに瞠目に値することであろう。或は水を以て(Thalēs)、或は空気を以て(Anaximenēs)、又は火を以て(Hērakleitos)宇宙の本体とした人々の間にあって、水といえども一つのものであり、火といっても或るものであるからして凡ては有るものであり、即ち存在であるべきことを主張したのは何という徹底さであろう。水といってもその他に火があり、それ故に火や水や空気や土を合せて宇宙の元素とすることは(Empedoklēs)常識ある人の折衷にすぎなかろう。これらが何故に四つに限られねばならぬかの理由を見出し得ぬからして、無限に多くのアトムを設定することも(Dēmokritos)要するにこの種の思想の延長であるにしかすぎない。哲学の立場はこれらの素朴を打破し、常識を越えるところに初めて見出され得る。古代ギリシアに於いて哲学者の名に値する最初の人はエレアのパルメニデスであり、又はあるべきであった。爾来絶えず哲学の中心問題となった「存在」の学は彼によって初めて見定められたというべきであろう。

しかしながら我々はそれに続けて直ちに問わねばならぬ。さて然らば存在とは何であるか。存在とは有ることであるが、或るものの有ることとは果して何であるか。この問いに対してはパルメニデスからは何らの答もきくことができない。存在は彼によって発見せられたが、それが何であるかはパルメニデスによってあからさまには語られなかった。しかし我々は当然彼によって答えられるであろう一つの答を先取することができる。それは「存在とは存在である」という答えである。これは単に我々の臆測ではなく、パルメニデスの立場からは当然に答えられるべきものであり、最も徹底的な彼の立場からはこれより外に答えようもない筈である。ものを他のものとしてではなく、それ自らとして、それ自らによって答えようとするとき、このように答えるより外に仕方がないであろうからである。

存在とは何であるか、存在とは存在である。世にこれほど明晰にして当然なことはないであろう。それは余りに明晰であるが故に殆ど自明的であり、言うまでもないことであり、又言うに足りないことであり、そう答えられても殆ど何ごとも答えられなかったに等しい、単なる語の反復にすぎぬではないか。そのような答の堂々さに比例して何という空しさであろう、世の嘲笑をうけるかもしれない。しかしこの答は単なる言語の反復ではなく況んや無意味な空語ではないのである。それはまさにパルメニデスの立場にふさわしく、彼の思想を正しく表明したものである。最初に引用された彼の語句――即ちそこから出発したところに常に還ってくるという彼の言葉に最もふさわしいものなのである。存在の概念はあらゆるものの出発であるとともに帰着でもある。存在とは何であるかは、要するに存在によってその中にそれ自らに於いて答えられるより外にはない。存在は存在である――かく考えかく言うことによってのみ存在はそれ自らとして定義せられ得るからである。

それのみではない、この命題は論理の最初にして第一なる原理でもあった。「存在は存在である」というのはAはAであるということである。即ち同一の原理(Law of Identity)を言表わしたものに外ならない。そして同一の原理は人間の思惟の第一にして最初なる法則である。それはそれ故に論理の第一原則をなす。思惟の法則が即ち論理であるとすれば、論理的なるものを発見した最初の人はパルメニデスであったといわれねばならない。彼の第一の発見は「存在」であるが、存在とは単なる概念ではなく、ものが有るということである。有るとはそこに現に有ることであるが、或るものの有ることは単に物の現存を認めるだけではなく、そのものの、そのように有ることを認識することでなければならぬ。存在は単にものの属性ではなく、ものの解明である。ものは或るものとして有り、何ものかとして解明せられ、有ることが或るものを開示するのである。こととは事柄であり、それによってのみ物は有るものとなり、乃至は或るものとなり得るのである。それは単なる実体でなくコプラであり、有ることによって或るものは一つのものとなり得るのである。ものにことを加えたものが即ち事物であった。事物は単なる Ding ではなく Sache であり Tatsache であり Sachverhalt でなければならない。我々が存在として取扱うのは専らにしてこの事物である。人々が生きたるものとして交渉するのはひたすらにこの意味の「事物」、即ちものにしてことであり、事にして物であるところのものでなければならない。我々が事物を知るのは外界に存在する物をとり入れるのではなく、事物についてそれが何であるかを知るのである。事物はそれ自ら一つのものであるが、事物についてその何であるかを知ることが即ちそれを認識する所以である。或るものが有るということによって規定されることが即ちそれを知る所以であった。存在が存在であるということはそれ故に事物が我々によって知られるということであり、即ち論理の第一歩であったのである。それは単に語の反復ではなく、況んや無意味な繰言ではない。それはまさに認識の第一歩であり、それ故に思惟の第一原則であるべきであった。厖大な論理学の歴史を書いたプラントルも、論理学の最初の建設者としてパルメニデス及びエレアの学徒を掲げている (Prantle, Geschichte der Logik, Bd. I)。まことに論理学の名に値するものはエレア派によって拓かれたといって差支えないであろう。このことはこの派の発展をたどることによって、更に明らかにせられ得るところである。

パルメニデスの直接の弟子はゼノン(Zēnōn)であった。彼は詭弁論の創始者であり、運動を徹底的に否定した人であるが、その論拠はどこにあったのであるか。運動とはものが或る所に有って同時に無いということである。運動は存在と非存在との二つによって成立する。そしてこれは明らかに矛盾である。エレア派の主張によれば存在は存在し、存在しないものは存在しない(同一の原理)。しかるに運動は存在すると共に(同時に)存在しないものであるから明らかに矛盾したものである。この矛盾を犯すことなしには運動はあり得ぬ。運動はこの矛盾を含むが故に論理的には成立しない。それ故に運動はない。——この論理は運動を論理的に証明せんとするものであり、それが如何に立派に証明せられても依然として水は流れ風は吹く。この証明はそれ故に詭弁である。しかし我々がゼノンに於いて見出し、そして尊重するのはこの詭弁ではなく、矛盾の原則である。論理の第二の法則、即ち矛盾律(Law of Contradiction)はゼノンによって発見せられた。そして彼がパルメニデスの直接の弟子であったように、矛盾の原理は同一律から直ちに発展したものである。これは人間の思惟の歴史に於いて一つの大なる収穫であり、ゼノンを詭弁論者としてではなく、論理の第二の原則の発見者として思い起すべきことを我々に迫るものである。これらの歴史的なる事情を精査することなしにも、このことだけはここに明記されてよいであろう。論理の第一原則である同一律はパルメニデスによって、第二の矛盾律はゼノンによって発見せられたことは、エレア派が論理学に対して如何に大なる寄与をなしたかを十分に語るものであって、恐らくそれは存在の概念の発見と並んで、否それにもまして大なる功績であると言って差支えない。

ところで論理の第三法則、即ち排中律(Law of Excluded Middle)は何の時代に誰によって発見されたか。この第三法則はアリストテレスの中にしばしば引用されているから(「形而上学」第四巻七章一〇一二a一〇その他)既にこの時代にはよく知られた法則であったにちがいない。実を言えば、この法則は第一、第二の法則から自ら発展したものであり、特別に新しい発見を呼称するまでもなく、少しく考慮をめぐらせば容易に前二法則から導出し得られるものであるが、しかしそれ故にこれを単なる派生的なものと見ることはできない。もしそういうならば矛盾律も同一律から派生されたものであって、事情は同様なのである。論理の三法則は実は一つの原理であって、互に関連し、一から他を導出することは論理の当然であり、さして困難なことではない。パルメニデスからゼノンが出たということも歴史の事実であるのみでなく、論理の必然ででもあったわけである。彼はエレア派の忠実な信奉者であったことから、自ら矛盾律を表面に押し出したと見ることもできよう。第三の排中律はまさしくそのような事情のもとに発見されたものであろうが、その故にこれを一つの原理として打立てることを拒む理由とはならぬのである。

論理の根本的な原則は同一律と矛盾律と排中律との三者によって一応は完成した。それは恰も運動の法則として三つの原理がニュートンによって創唱せられたことと呼応するものであろう。古典物理学がニュートンの運動の三法則によって支配せられたように、形式論理学はアリストテレスの三法則によって大凡大成せられた。現代の物理学がニュートンの法則によって十分に成立し得ないように、現代の哲学もアリストテレスの形式論理学のみでは満足され得ないことはいうまでもないが、それにも拘らず古典物理学なしには現代物理学が生まれ出で得なかったように、現代の哲学も形式論理学を見失うことは許されない。現代の哲学は余りにこのことを忘れ去らんとしている。

三

アリストテレスの論理学は殆ど完成した組織をもって、紀元前の遠き昔から長き中世期を経て現代に至るまでヨーロッパの思想界を支配して来た。否それは啻に欧州の学界をのみでなく、苟くも人間が人間である限り、東西や年代の区別に拘らず、人間の思想を等しくそして遍く支配すべきものであっただろう。これは一つの驚くべきことであるが、さらに新しい驚きを加えることは、長きヨーロッパの思想の歴史を通じて、それが一つの独自の哲学であり思想の歴史を劃すべき新しき哲学の立場を創始した人、又は時代は、大凡アリストテレスの論理の法則を打破し、変革したものであるということである。これは思想の歴史に対する私の見方であり、一般の承認を得がたいものであるかもしれぬが、少なくとも学問の方法としての論理に関しては、そのような見方が許され得るであろうことを期待せしめる理由があるのである。

先ず第一法則から始めよう。同一律はAはAであるということであり、それがそうであるからしてAの存在が確保せられるのであるが、それはAの何たるかを開示し得るものではない。高々それの在ることを確立はしても、その何であるかを開示することはできない。それは存在の存在性を示しはしても、その具体性を明示するものではない。論理的に言って、AがAであることほど明晰であって誤りなきものはないであろう。Aはそれ自らであって他のものではなく、そのものとしてあって無きものでないからして、その自己同一性ほど自明的なものはない。存在とは何であるか、存在は存在であるということほど明晰なものはない。しかし明晰にして判明なるものは必ずしも真理ではない、少なくとも自明的なものは必ずしも確実なものではありえない。この確かさは論理的にではあっても真実にではない。間違いないということは直ちに真であるということではなかったのである。AがAであることは単に語の繰返しではないにしても、それはただAの概念の分析にしかすぎぬであろう。そして分析判断は概念を明晰にするものではあっても、知識を充実するものではなかった。判断は単なる分析判断ではなくして綜合判断でなければならない。――かく言えば人々は直ちにカントを思い起すであろう。カントの認識論はまさにかくの如く主張し、恰もそのような哲学としてあったからである。彼の学説が認識論であって、単なる論理学でないこともこの所に理由をもっている。アリストテレスの論理学は長き中世期を経てカントに至るまで一歩も進歩しなかった――たとえ一歩も退歩しなかったにせよ――それがカントの自負であった。しかも我々がこの自負を率直に認めざるを得ないのは以上の理由からしてであった。カントはアリストテレス以来の形式論理学を批判して――カントの批判主義はここに始まる――一つの新しい論理学をうち立てた。それが先験的論理学(transzendentale Logik)であることは余りにも有名であろう。この新しき論理学が何であり、何を論理学の歴史の中にもたらしたかは周密に研究せらるべき問題であるが、とにかく先験的論理学がアリストテレスの論理的立場の一つの変革であることは明らかであり、そしてこの変革の骨子は第一法則の批判に出発することだけはたしかに明言し得ることなのである。それは単なる変革ではなく況んや徒らなる打破ではなく、語の正しい意味に於いて「批判」であった。AはAであるという同一律は正しく、確かでさえあるが、それは必然であっても十分ではない。大凡ものの成立は必要にして且つ十分でなければならない。認識の成立はAがAであるということによってではなく、AがBであるということによって初めて可能となる。前者は分析であるが、後者は綜合判断である。認識は先験的にして綜合的なる判断でなければならない。単に綜合的であるのみでなく、先験的という点にカントの認識論の一つの重点がおかれているが、transzendental というのは依然として形容詞であって、主要なことは「綜合」に置かれていることを忘れてはならぬ。Synthetisch とは判断の一つの性質ではなく、その本質と見るべきであろう。判断はそもそも綜合的でなければならぬ。単なる分析判断は判断の判断たる所以のものを欠いている。判断は綜合的にして且つアプリオリでなければならなかった。カントの「純理批判」はこのような判断が如何にして成立し、何故に可能であるかを論究せんとしたものであることは誰の目にも明らかであろう。

論理の第二法則を逆転したものは弁証法的論理(dialektische Logik)であり、それがヘーゲルによって大成せられたことは余りにも有名であろう。私はここに「逆転」という語を用いた。それは単なる変革ではなく、況んや「批判」ではなく、まさに逆転であったのである。

弁証法的論理とは何であるか、その性格、構造、就中その論理性等々についてはまさに我々の研究すべき重要なる課題であるが、先ずこの論構の予想として次の如く規定してかかろう。それは形式論理の第二法則、即ち矛盾律を逆転した論理的立場であるということである。矛盾律は矛盾を排除する法則であり、矛盾のあるところに真理は成立しない、それが真であるためには何らの矛盾も許さないということであり、形式論理における矛盾律は正しく無矛盾の原理であった。ところが弁証法的論理は逆に矛盾を許容するのみでなく、却って矛盾性を論理的な性格としているのである。存在と非存在とは矛盾するが故にこの二つからなる「運動」はエレア派によって厳しく排斥せられた。しかるにこの矛盾なしには存在はあり得ぬ、矛盾をふくむことによって存在は存在する。静的な存在でなくして動的な、発展するところの存在となる。それが運動であった。存在を静的な存在として見るか運動としてとらえるかによって、それらを支持する論理が根本的に異ならざるを得ぬことは明らかである。弁証法が運動の論理であり、無矛盾性がではなく、有矛盾性が論理性をなすことはむしろ初歩の理解に属するであろう。この故に古くはヘラクレイトス(Hērakleitos)がパルメニデスに対抗し、近代に於いてヘーゲルの弁証法はカントの先験的論理学に反抗する。このような理解はヘーゲルの論理を浅薄な表式に於いてとらえたものにすぎないが、序論の問題性を開示するものとして少なくとも大なる誤謬に陥ってはいない筈である。

ヨーロッパの論理学はカントとヘーゲルによって大成せられ、そして現代に至るまでそれ以外にまたはそれ以上に新しい立場が創設せられたためしはない。近代に於いてカントの先験的論理を第一の論理学と言うことが許されるならば、ヘーゲルの弁証法論理は第二の論理学と名づけ得るであろう。そしてヨーロッパの論理学はこの二者によって果成せられたとすればその外に、又はそれ以上に新しき立場は今の所見出すに由ないようである、少なくともそれを見出すことは至難のようである。そのように断言することは啻に我々の肆意によるのではなく、カントの立場が同一律の批判であり、ヘーゲルの論理は矛盾律の逆転であると見ることの当然の結果である。それは形式論理の第一と第二の法則の変革であり、単に偶然的な変革ではなく、論理の発展としてまさに又は必ず然るべき発展であったからしてである。カントとヘーゲルとの出生は歴史的事実としては偶然であるかしれないが、かれらの作りあげた哲学の体系は決して偶然的な学説ではなかった。それらが苟も学的体系であるからには人間の思想の発展として歴史上に確乎たる位置と意義とを有するものでなければならない。神はカントとヘーゲルという二人の人間を造ったが、かれらの思想的業績は夫々なる個人に特有なる所産であると同時に、汎く人間の思想体系の内なる発展でなければならない。否それらは次々なる発展(Entwickelung)であるよりも、人間の思想一般の展開(Entfaltung)であるといわれるべきであるかもしれない。思想の歴史の発展はただ様々なる思想が次々に継起するということではなく、前にあった思想は次に来るべき思想の前駆であり、次に生れる思想家は先人の批判者であると共に、その正しき後継者でもなければならない。伝承者は常に批判に先に立たれ、後継者の致すべきは却って先人を超克するところにあるべきであるが、それにも拘らずこれらを一脈貫くものがなくてはならない。事実としての歴史にとってはそのような隠されたもの(res abscondita)を語ることは愚かしいが、単なる歴史ではなく歴史学には——政治や事実の歴史にではなく思想の歴史に於いては——種々なる発展よりも一つのものの展開が語られることは不都合ではない。否むしろそうであることが正しく、必然であるとさえ思われるのである。東洋には東洋の思想があり、西洋には勿論ギリシアから現代のアメリカに至るまでの多くの思想があり、これらはそれぞれの体系をなしている。そしてこれらは国土と世代とに於いて多様に——実に複雑なる多様性に於いて展開しているが、それらはそれぞれの類型を有するのみでなく、諸類型はまた一つの体系をなすものでなければならない。そうでなければ思想の歴史といったものは成立し得ない筈であり、たとえ成立しても無意味であるであろうから。人間の思想は無限に異なりながら、等しく人間であるからには尚何らかの一致するものがなければならない。そうでなければ人々が互に異なるということさえも理解し得られないであろうから。観念論と唯物論とはそれぞれ思想の類型である。これらは互に異なるのみでなく、互に相容れぬまでに反対している。しかしそれにも拘らず汎く人間の思想としては互に見知らぬ他者であることができぬ。互に他者であることさえ尚一つのものの体系の中になければならない、少なくともこれらは一から他なるものへの変遷または展開であるよりも、一なるものの種々なる発展であるといわるべきであるからである。

論理の三法則はこのような一なるものの展相であり、それらはそれぞれに於いて異なりながら尚一つの原理の展開に外ならぬが、人間の思想の発展は意外にもこれらの批判、乃至は反逆によって進められた。同一律の批判から出発したものはカントの認識論であるが、矛盾律の逆転を原則とするものはヘーゲルの弁証法である。ところが第三の排中律を逆転したものは果して何であるか、寡聞にしてそのような哲学を私はヨーロッパに於いて見出すことができない。そのような逆転を敢えて試みた人は未だかつて西洋哲学の歴史の中に発見し得ぬのである。西欧の哲学の主流はプラトンからカントに至り、ヘーゲルに於いて完成した。――そう見るのが私の見方であるよりも、ヘーゲル自らにそう考え、のみならず自負したところである。それはヘーゲル以後に何の哲学も起らなかったということでなく、哲学の新しい立場は矛盾律の逆転によって一応はその任務が終ったと考えられたためでなかったか。豈にはからんやそこには未だ一つの残された立場がある。見忘れられ見失われた一つの哲学があるべきであった。それは第三の排中律の逆転によってまさに起るべき一つの新しい立場である。それはそれ故にまさに第三の論理と呼ばるべきものであった。論理の第三の法則、即ち排中律の逆転を土台とするが故に、それはまた第三の哲学とも名づけ得られるであろう。しかるに我々はこのような哲学的立場を西欧のいずこにも、何の時代に於いても見出すことができない。却って東洋の、殊にインドの大乗仏教に於いて、就中ナーガールジュナの教学に於いて見出し得るものではないかと思う。かくいうことが何を意味するか、またそのような主張が果して許され得るかどうかは今後の問題であるが、ただ一つ今にして確言し得ることは、そのように考えることによって人間の思想の原則たる論理学の体系が完成せられると共に、東洋と西洋との文化の交流、否この両者が夫々に異なりながらしかも一つの世界文化の中に正しく位置づけられ、相俟って一つの統一文化を構成し得ることを予期せしめるであろうことである。

それは極めて困難な恐らくは不可能な仕事であるかもしれないが、尚もこの予望をすてきれないのは、一方に現今の歴史的現実によることであるとともに、原理的にも人間の思想の体系、即ち論理の組織を追求して止み得ない我々の志念に起因しているのである。

第二　ロゴスの展開

一

ロゴス(λόγος)は λέγω から由来した名詞であり、レゴーには次の三つの意味があることは有名である。一は拾いあげ、よせ集めることであり、二は話すことであり、三は数えることである。この三つの意味はもとより関連したものであるが、就中我々の知識の成立過程は、先ず出来るだけ多くのものを蒐集し、博く学び、遍く知ることを第一とする。しかし学問は必ずしも博学を旨とするのではなく、徒らに多識を誇るべきではない。人間の知識の能力には限界があり、たとえ神の如く全智ではあっても時に知るを要せぬものもあり、知ることの幸いならざることもあるであろうから。人間は一に於いて多を知り、一によって凡てを尽さんとする。それが事に対する理であり、物における法であった。学問の仕事は事物の理法を知り法則を発見するところにある。

言葉は多くの単語の集積であるが、単に乱雑なるそれらの羅列であってはならぬ。Syntax は先ず集合(syn)であるが、そこには必ず taxis がなければならぬ。序列があり次序があり、そして統合がなければならぬ。ロゴスとは単なる「もの語り」ではなく、順序あり意味ある言語でなければならない。単語を部分として成立つところの文章でなければならない。そして全体は部分の集合であるよりも、全体に於いて部分が成立ち意味ある表現となりうるのである。単に意味ある命題であるのみでなく、道理ある言説となりうるのである。それ故にヘラクレイトスは常に「私にではなくロゴスに耳を傾けよ」と勧めた。私の言うところは高々私の智慧(ἰδία φρόνησις)にすぎないが、ロゴスこそは公なる道理(κοινὸς λόγος)である。ロゴスに耳傾ける人にして初めて真理を語るにふさわしい。

レゴーは言い表わすことであり、言い表わされたものはロゴスであるから、それは言葉であり文章であるが、語は如何にして文をなすのであるか。それは何ものかについて何ごとかを言い表わす、或るものが何ものかとしてそれ自らを表示すること(sich zeigen)でなければならぬ。或るものがそこに有ることは自らについての一つの開示であるが、それが何であるかを表示するものは就中それについての「語られ」である。事物は語られねばならぬ。それが語られるというのはそれの何であるかを示すことに外ならぬ。事物はただそこにあるのみでなく、それの何であるかが知られねばならぬ。それを知ることはそれの何であるかを語るより外にはない。有るものを或るものとして規定することさえ既にそれについて語られているのである。或るものを何ものかとして語ることはロゴスの仕事であるのみでなく、事物の存在にとっても根源的なことでなければならない。

それ故にロゴスに於いては先ずそれについて語られるものと、それについて語ることがなければならぬ。即ち主語と客語と、又は主辞と賓辞とが分たれねばならない。主辞とはそれについて語られるものであり、賓辞とはそれの何であるかを語るものであるが、ロゴスには主辞となって賓辞とならぬものがあり、常に賓辞であって主辞となり得ぬものがあるのである。しかもそのように主辞について何事かを語ることが即ちロゴスであるとすれば、主辞はものであり賓辞はことであるときめてしまうことは余りに常識にすぎるであろう。主辞にも「こと」(Sache)があり、賓辞は必ずしも「こと」でなければならぬというわけではない。ただ主辞となって賓辞とならぬものがあり、それが即ちアリストテレスのいう基体(ὑποκείμενον)であった。そしてそれについて何ごとかを賓辞づけることがカテーゴレオー(κατηγορέω)であるに外ならなかった。カテゴリーは我国では「範疇」と訳されているが、それは不当な訳語であって、ギリシアに於いて、殊にアリストテレスの使用法によれば、κατά τινος ἀγορεύω の縮形であり、何ものかについて(τινος)何ごとかを語ることである。ἀγορεύω は何ごとかを語ることであるが、もともと ἀγορά に関係ある語であり、単に話すのではなくアゴラ(人の集まる所、市場、町の広場)に出て人々に話しかけ共に談ることを意味する。衆人に訴えて自己の意見を述べ、公正なる批判の与えられんことを求めることをいうのである。単なる個人の意見(ドクサ)でなく、万人の承認すべき道理であることを確かめんとすることである。

日常的にはカテーゴレオーは不平を言う、苦情を訴えること(klagen)を意味するのであるが、訴えるとは理非曲直を分ち、被った損害を恢復せんとするものであって、それ自らの中に正当性と公共性を含んでいる。アリストテレスに到ってそれは命題の述語面(predicament)を意味することとなった。事物は先ず存在する。しかし事物の存在には種々なる存在の仕方があり、この仕方を外にしては具体的に存在することができない。そしてこの様々な存在の仕方を規定するものが即ち述語であるに外ならなかった。

事物が有るということは様々に語られる。この語られ方の種々なる型(*σχῆμα*)がアリストテレスのカテゴリーであるに外ならなかった。彼はこの型態を十個に数えているが、それは便宜上のことであって必ずしも十個に限らるべき理由はない。存在の仕方は無限に多くあるがそれを尽しきわめることは不可能であり、たとえ可能であるとしても学問的には不必要であろう。アリストテレスはそれ故にこれを十個にまとめたのであるが、今は失われた彼の著書De-xippusには別様に規定せられ、また彼以後には種々異なった分類が提出されている点から見ても、この数に限らるべき必然性のないことは明らかである。カントの有名な批判もその点の指摘であった。カテゴリーが形式となり「範疇」と訳されるようになったのも以上の事情からしてであるが、この訳語は全くの誤謬でないにしても、少なくとも妥当を欠く。

トレンデレンブルグはアリストテレスのカテゴリーを解して「最も一般的な賓辞」(die allgemeinsten Prädikate)であると定義した。それは「単純な命題の賓辞がその下に包摂せらるべき一般的な概念である」という(Trendelenburg, Geschichte der Kategorienlehre, S. 20)。但しそういう定義に対して最も困難を感ぜしめるのは、アリストテレスが第一のカテゴリーを *οὐσία* として打ち立てたことである。ウーシアは実体であり主辞であり、少なくとも何らかの存在であり、決して賓辞ではない。アリストテレスはこのような実体を何故に第一のカテゴリーとして考えたのであるか。もしカテゴリーが賓辞であるならば、それは客語であって主語とはなり得ぬものでなければならぬ。然るにアリストテレスはウーシアを一つのカテゴリーとして、しかもこれを第一位に置いたのはどうしたことであるか。そういう疑問を抱いて、カテゴリーとは単なる賓辞ではなく、「それに於いて存在の概念の表現せらるべき、存在の種々なる意味」(die verschiedenen Bedeutungen, in welchen wir den Begriff des Seienden aussprechen)であり、「存在の種々なる意味がその下に隷属すべき最高の類概念」(die obersten Geschlechter, deren einem jedes Seiende sich muss unterordnen lassen)であると解釈した人はボーニッツである(Bonitz, Über die Kategorien des Aristoteles, S. 35)。彼によればアリストテレスのカテゴリーとは存在の種々なる存在の仕方をあらわすものであり、決して存在の単なる賓辞を意味するものではないという。しかし私の見るところではこの二人の見解の差は一見そう見えるほど大なるものではなく、また互に撞着するものでもないようである。なぜならアリストテレスの第一カテゴリーたるウーシアは一方に個物としての実体を意味するとともに、また同時に事物についての賓辞を表わしているからである。それはウーシアであるから主体としてそれ自ら存在するものであるが、また同時に凡ゆる賓辞の根源的なるものを蔵している。或ものが赤いというとき、先ず赤い或ものが存在しなければならぬが、赤いとはそれが赤く有ることであり、そうあることの根源的な様態をあらわしているからである。有るということは主体的な存在であるとともに、客体的な叙述の第一歩でもあるからである。それがそこに在るとともに、それが何であるかを言い表わしているからである。アリストテレスがウーシアを第一のカテゴリーとして掲げたことも、存在がそのような二重の性格に於いてあるからしてではないか。存在が種々なる存在の仕方をもつということは、存在が種々なる意味に於いて語られることと同一である。存在は語られることによってそこに存在し、何らかの仕方に於いて存在することによって語られうる。語られない存在は具体的な意味に於いて存在するとは言えない。語るとはその意味をいうことであり、述語することであり賓辞づけることであるとすれば、カテゴリーを客語として把握することは一概に誤りであるとはいえぬ。

アリストテレスの存在は先ず個別的な実体であり、それがそこに存在するのは個体としてではあるが、それの何であるかが規定せられることによって就中具体的となる。具体的にして個体的なるものこそはアリストテレスの存在概念であるべきであった。アリストテレスがウーシアを第一のカテゴリーとしたのもそれがこのような存在性に於いてあるからしてであっただろう。もしこのことが正しいとすれば、カテゴリーが存在の種々なる存在の仕方の類であるということと、それは賓辞の最高概念であるという二つの解釈は一見そう見えるほど相異なるものではなく、また互に矛盾するものでないといわねばならぬであろう。そしてこの点からして我々は安んじてウーシアを第一のカテゴリーとして是認することもできるのである。のみならずウーシアはアリストテレスにとって他の多くのカテゴリーとは別種の意味と位置とをもっていた。例えば量とか質とかは明らかに存在のモーヅスであって、存在そのものではない。κεῖσθαι などは文字通りに事物の状態をあらわしていて、存在そのものではなかった。第二以下の諸範疇は praedicatio とよぶにふさわしいが、第一のウーシアは主体であり、主語であることに重きを置かれている。それはそれについて(τινός)述語せられるものであっても、それ自らは賓辞ではない。それは何かであるよりも先ずそれ自らであり、それ自らとして存在するものでなければならぬ。個物は何らかの仕方に於いてのみ存在し得る——それぞれの存在の仕方をもつことなしには存在し得ぬということは真であるが、それと同時に、何らかの仕方に於いて存在するためには先ず何ものかがそこに存在すべきであるということも、殆んど自明的に主張せられうる。命題とは何ものかについて何ごとかが説述せられることであるから、先ず何ものかがなければ何ごとも叙述せられうる筈はない。それが即ち実体であり主語であり、乃至は τί(etwas)であった。そして κατά τινος はもちろん τίς につながるものでなければならない。しかも個物は述語せられることなしには何ものとしても存在することができぬ。事物が存在するのは何ものかとして存在することである。何ものでもない事物は一般に存在し得ぬのみでなく、何ものかとして言い表わすことさえもできぬ。言い表わすとは単にそれについて語るのではなく、それがそれ自らを表現することでなければならぬ。存在をカテゴリー化するというのはまさにそのように事物を表現することに外ならなかったのである。

ロゴスとは先ず「言葉」であり、言葉は語られるものであるが、しかし語るとはそれについて言葉を弄するのではなく、それをそのように表現し、そして存在せしめることでなければならぬ。語られることなしには存在は暗黒であり、たとえ存在は言葉以前にあるとしても、これを把握するロゴスは言葉なき言葉であってはならぬ。暗き存在は光なしにあるとしても暗さを知るものは何らかの光でなければならない。沈黙とは言葉なきことではなく、語られざる言葉によって尚も語らんとすることである。それは随眠ではなく活潑潑地でなければならない。暗黒は光によって消失し、光のあるところに暗黒はないが、しかも暗黒を暗黒として知らしめるものは、依然として光でなければならない。ロゴスはこの意味に於いての光であり、カテゴリーもまさにその最たるものでなければならなかった。それはまさしく *κατά τινος ἀγορεύω* であるべきであったのである。

さてこの意味のロゴスに於いて二つの部分が区別せられる。一は主語であり、二はそれについて述語するところのものである。文法的にいえば前者は名詞を中心として主体をなす一群であり、後者は動詞を軸として副詞、助詞等によって成立する部分である。文の syntax はこの二つのグループから成り立ち、そこにはまたチョムスキーのいうような多くの文法的な transformation もあるであろう(Chomsky, Aspects of the Theory of Syntax, 1965)。しかし肝要なことは必ず主語となって客語とならぬものと、客語として常に主語について叙述するものとの区別である。ロゴスは先ずこの二つの区別から出発し、この区別なしにはロゴス的な発展はあり得ぬということである。それはロゴスにとって必然的なものであり、それなしにはロゴスのロゴスたる所以のものが見出され得ぬといってよい。ロゴスが単に集めるものでなくして、やがて分つものとなるのもこの理由からしてであった。それは分別を事とする。ロゴス的であるとは、ものを分別して考えることである。「分別」のあることが即ち合理的であると考えられるようになったのもこの故であっただろう。この分別は啻に主語と客語との区別に止まらないで、幾多の方向に展開した。主観と客観との分岐もその一つであり、能取と所取との区別もその一つである。本体と現象との分割は古くから形而上学者の頻用した所であり、且つ長くかれらを悩ました問題でもあった。

しかしロゴスはそれ自らの中にこのような分別の必然性をもつものであるか。また人間の思想の歴史に於いてこの性格が如何にロゴスに於いて展開して来たのであるか。これらについて詳論する前に、ロゴスの今一つの特色を述べなくてはならぬ。

二

ロゴスの由来するレゴーという動詞はさらにもう一つの意味をもっている。それは数えるということであり、従ってロゴスは数の概念にもつながっている。数えるということはただ一つの事物についてではなく、多くの事物についてのみいわれうることであるから、数学は「集合」の学であることは殆んど自明的であろう。しかし集合とは単に多くの単位の集積ではない。数は計えられねばならぬ。計量数(cardinal number)にして初めて数の概念が成立するのであるから、数学とは計えられる数についての学でなければならない。しかし計えるとは如何なる操作であるか、またそれによって数の系列が如何にして生成し得るのであるか。計量は一から始まり無限に多くの数がそれにつづくのであるが、それは一定の単位に基づき、序列によってその大さや量が定められるのである。数えるということは一定の順序により次序に従ってなされねばならぬ。決して無雑作に又は無秩序に行われるべきではない。数が如何にして発生するかという問題にもそれ故に、順序数(ordinal number)がより根本的な意味をもつという人もあり、数の本性は先ず順序、そうして後に計量であると考える人もあるのである。しかし計量数と順序数とは概念上別のものであっても共に自然数(natural number)の一種であって、数そのものはむしろこの二つの要素から成立するというべきであろう。計量は人間的操作であり、順序は論理的列序であると言っても、自然数はむしろこの二つの要素から成り立つことを思えば共に欠くべからざるものであることは明らかであろう。自然数は単に自然のままの数量ではなく、人間のロゴスによって整備せられたものであり、従って数学者はこれを「整数」と名づけて一般に数の科学を出発せしめるのである。

我々はここに「人間のロゴスによって」と言った。ロゴスの力はまさに人間の精神力であり、また数学に於いて最も厳密に且つ合理的に、しかも最も整備せられてあらわれる。ロゴスは第一に蒐集の能力であった。次にそれは秩序の集計力であった。そしてこの二つが凡ゆる科学の基礎的なる構成であるが、就中数学に於いて最も厳密を極める。ロゴスは人間にとって先ず言葉としてあらわれる。言語は人をして他の動物から区別せしめるとともに、人と人との結合即ち社会態を構成する。ロゴスはまた人をして探索せしめ蒐集せしめ、それらの中に秩序を発見せしめる。それは「乾坤に万里の眼を開かしめ、時序によって百年の心を見出さんとする」ものである。杜甫はそのようにうたったが、ロゴスはまさに自然に於ける万里の眼であり人間における時序の心であった。

ロゴスの発展は数の世界に於いても特殊な形態をとる。数は一から始まって二、三、……と無限の系列をなすのであるが、その発展は単なる直線的連続をなすものではない。一と二との間には一つの断絶があり、一はどこまでも一であるが、二以上は多の世界に属する。数の系列は一と多との対立に分たれる。一は一であって多でなく、多は無限に多くあるが凡て一ならざるものとしてそれに対立する。一は一として一定しているが、二は多をふくむが故に不定である。一(τὸ ἕν)と不定なる二(ἀόριστος δυάς)との二概念によって凡ての数を展開せんとするのが、ギリシアの数学的ロゴスであったとテプリッツは言う(O. Toeplitz, Das Verhältnis von Mathematik und Ideenlehre bei Plato, Quellen und Studien zur Geschichte der Mathematik, Astronomie u. Physik, Bd. I, 1931)。但しここに言われた「不定なる二」

が何を意味するかは問題であるが、テプリッツはこれをギリシア的なるanalogia(proportion)の思想に結びつけて解釈しようとする。即ちそれは多と少(μᾶλλον καὶ ἧττον)との関係であり、数はこの関係をもつことによって体系を形づくる。二は一より大であり三より小であることによって初めて量の体系をなす。単にそれが一と三との間に位することによって、即ち順序によって数となるのではなく、数量(μέγεθος)の大小によって系列が定められる。この点からいえば、数の成立は順序数(ordinal number)よりも計量数(cardinal number)がより根本的であるとも考えられよう。しかし「不定なる二」は何故に不定なのであるか。一は一定しているが二は何故に不定であるのか。プラトンが一は「善」であるのに二は不善であると考えたのは(例えば Epinomis や Nomoi VII, 819-820 に於いて)何故であろうか。二は一定の数であるが、しかし一に対しては不定とならざるを得ないのは、それが量として多であり、多は常に少に対してのみ考えうる概念であるからである。二は一の倍数であるが、三は二の倍数ではない、四に至ってそれが二倍となりうるのである。数に偶数と奇数の差別があるのは数に定数と不定数とのあることを示している。しかも不定数は凡て多の世界であり、しかもこの世界を作る初項は二という数である。二が ἀόριστος δυάς と名づけられたのは恐らくこのような理由によるのであろう。少なくとも二は μᾶλλον καὶ ἧττον である限り一定したものではなく、凡ての多を生産する第一項である以上は無限の可能性をふくんでいなければならない。

数としてのロゴスはこのように一と不定なる二とに分たれる。それがロゴスである限り有理的であり、乃至は合理的でなければならぬが、乗法は無限の可能であるに対し、除法に於いて割り切れぬものに逢着する。ここに於いて無理数(irrational number)が導入せられたのであるが、それが合理と非合理との二つの世界を分ち且つ架橋するものであることが自覚せられるようになったのはむしろ近代に属するのである(例えば Dedekind の理論に於いてのように)。ギリシアに於いてはそれはただ事実として線と対角線との不可計量性として残された。

ステンツェルはアリストテレスに就いても同様な観点からしてロゴスの問題を取扱わんとしている(J. Stenzel, Zur

Theorie des Logos bei Aristoteles, Zeitschrift, op. cit., Bd. I)。ただ彼自らも言っているように、テプリッツは「不定なるもの」(τὸ ἀόριστον)をロゴスの中に於いてではなく、むしろそれの外に置こうとしたが、ステンツェルは反対にそれをロゴスの中に於いて見出し、不定なる二にも尚ロゴス的に一つの位置を与えようとした(同論三六頁)。というのは次の意味である。アリストテレスは「不定なるもの」を数の二として規定しないで、これを一つのロゴスの中に把握しようとした。そしてそのロゴスとは ana-logos である。この語はエウクリヅスのエレメンタ第五章及第八章の定義に由来するものであって、「比例」又は「関係」を意味する。例えば一と二との関係は二と四との関係に等しいといわれるとき、その関係も一つのロゴスであり、否、ロゴスの最もロゴス的なものであるという。それは精確にいえば ἀνὰ λόγον であり、ロゴスの ana 的な性格をもったものである。ana-logos はロゴスの最も薄弱なもののようであるが決してそうではない。却って最も広汎なものである。ana は kata に対して末梢から原本に溯ることを意味する。kata が原流より下流に下ることを意味するのに対して、逆に多より一に溯源するのがアナロゴスであった。一見互に何の関係もないように見える雑多の中にも、尚何らかの統一的関係を見出さんとするのがアナロギアの論理であった。たとえ厳密な同一性がなくとも、尚なんらかの等量性を打ち立てんとするのがアナロギアの論理であった。それはその限りに於いて決定的ではないが、尚不定なる同様性を求むることに於いて現実的な論理であり、論理性には弱いが広さに於いて最も優れたロゴスであったのである。

アナロゴスの関係に於いて最も注意せらるべきはそれが一と「不定なる二」との綜合であるということである。不定なるものは一定の量ではなく、ただ多と少(μᾶλλον καὶ ἧττον)とによって成るものであるが、とにかくそれが量でありうるのは、それ自らは不定でありながら不定なるものとして一定しているからである。二は一定数であるが、それが不定といわれるのは二としてではなく、多として規定せられ、しかも最初の多としてあるが故である。多は無数に多くあるが、均しく多として規定せられる限り一に対立する。しかもそれが多として規定せられるのは一によってであり、それもまた統一あるものとしてでなければならぬ。にも拘らず多は形式的に不定であり、内容的には多少であって限定せられた量を示してはいない。その量は精々比例的であって ἀόριστος である。厳密に決定的なものは常に一(τὸ ἕν)であり、イデアの世界であって、多なるものは高々それに対するマテリアの世界であるにすぎない。多が質料的であるのはそれが数的に不定であるからである。アリストテレスにとってイデアは決して超越的ではなかったが(プラトンに於いての如く)それにしても質料に対する或るものであり、多における一(定)でなければならなかった。ロゴスは常に一と多との分化として発展したのである。数の系列が単に直線的な展開としてではなく、先ず一と多との対立として分岐したことはロゴスの本質を開示して十分であるであろう。ロゴスの発展はそのように言語に於いても数についても先ず分別としてあらわれた。分別あることが即ち道理あることと解せられるようになったのもこの理由からであっただろう。無分別とは無理解であり没義道であり、剰え乱離であるとさえ解されるようになったのもこの故であったであろう。

大に対するものは小であるが多に対するものは少であり、多少は「不定なる二」に属する。日本語にこの区別があることは注意せられてよいであろう

ロゴスは第一に集合することを意味するが、その集合の仕方は直線的にではなく断絶を有し、何よりも二つに分たれることを出発とする。いわば分別による結合であり、断絶を通じての連合であった。思惟に於いては主観と客観とに分たれ、言葉に於いては主語と客語とに別たれるように、数については正と負、偶と奇、就中一と多とに別たれる。そしてそのように分たれたるものを結合し連続せしめることが、ロゴスの性格に属する。判断とは urteilen であり、もともと分別することであるが、別たれたるものは必然に結合せらるべきであり、しかもその結合は分別に基づく合理的なものでなければならぬ。判断とは判別するとともに断定することであった。断定とはそれがそうであるか、そうでないかを決定することでなければならぬ。即ち判断は肯定か否定かの孰れかに分たれ、この分別を通ずることに

よってのみ、ロゴスが展開するのである。

同一性の判断は、事物がそれ自らをそれ自らとして、それ自らに於いて断定することである。事物は時々刻々に変化してやまぬものであるが、それにも拘らずそれ自らを維持し、それ自らとして有らんとする。この自己同一性なしには事物は存在し得ぬ。事物が有るというのは或るものとして自らを保持することであり、変化の中に不変なるものを失わぬことによってそれ自らであり得る。自己同一的であり、自同性を保つことによってそれ自らとしてあり、決して他でないものとして有りうるのである。しかしそれと同時に自己が自己でありうるのは他と区別することによってであり、自他を分別することなしには自己を堅持することができない。自己とは他者に非ざるものであり、他者は自己ならざるものである。自他の分別なきところに他者はなく、自己もまたあり得ない。自が自であるのはそれが他でないことによってであり、他が他でありうるのはそれが自に非ざる故にである。有るものを或るものとして決定するのはそれ故に却って否定の上に立っている。Omnis determinatio est negatio ということは茲に於いて妥当するが、我々にとっては、ロゴスが単に肯定ではなく常に否定を伴って初めて、その機能を完うするということが大切である。ロゴス的であるというのは否定すべきものを否定し、肯定せらるべきものが肯定せられるということであった。その孰れが先であり、根本的であるかということよりも、肯定は否定なしには、否定は肯定なくしては共に成立しないということがより肝要なのである。それはロゴスが先ず肯定と否定とに分別せられ、この分別なしにはロゴスは論理として働くことができない。論理とは正しい判断であり、判断は肯定か否定かの孰れかでなければならなかった。この区別がどこからまた如何にして生ずるかという問題は翻ってロゴスとロゴスそれ自らの発展の中に、そしてそれに於いてのみ求められなければならない。ロゴスの発展はそれ自らに於いて単線的でなく双支的であり、連続的ではなく断絶的であり、一つの中心からではなく二つの基点から起発する。言語についていえば主辞と賓辞とからなり、数に関していえば一と不定なる二とを契機として展開するのである。それが所謂 bivalence の世界であった。それはロゴスの展開につれて肯定と否定とに分たれ、且つこの二つのものの交渉によってそれが発展することを意味する。ロゴスは判断であり、判断は単なる teilen(分別)ではなく価値判断(urteilen)であるとすれば、bivalence とは先ず価値判断の支配するところでなければならぬ。価値判断がただ二つの価値に止まるか否かは後の問題として、ロゴスの展開はとにかく bivalence を以て出発することが先ず認められねばならぬ。Bivalence に対するものは multi-valence であり、最近には多価値の論理学が試図されているが、それは未だ十分に開発されているとはいえない、むしろ今後のことに属するであろう、我々は先ずロゴスの出発を二価値論に止めておこう。

多価値論については Łukasiewicz の諸研究参照。最近には Polish Logic, 1967 の中に収められた彼の諸論文を看よ。

三

ロゴスの展開については logos から logic への発展が何といってもその本筋であり、我々もまたこれをたどることによって、論理の何たるかをその根元からして知悉することができるのである。ロジクはロゴスから発展したものであることは素よりであり、ロゴスはホフマンが名づけたように die archaische Logik ともいうべきであるが、ここにアルカイシュというのは単に古典的という意味ではなく、語源的に *ἀρχαῖοι* を意味し、ものの根元であり、ものがそこから発展する根源を意味する。それはプラトンにとっても単に古風の(altfränkisch)ものではなく、同時に貴ばるべき(ehrwürdig)ものに属していた。そしてこの意味のロゴスは「ことば」であるに外ならなかったという(E. Hoffmann, Die Sprache und die archaische Logik)。

ロゴスとは「言葉」であり、初めにロゴスありきというのは初めに「ことば」があったということである。そしてこの語が西欧の哲学史にとっても、キリスト教の始源にとっても如何に重大な意味をもっていたかは周知のことであろう。ロゴスを明らさまに語ったのはヘラクレイトスであった。しかし彼は言う、「この語に対して人々はそれが永遠であるか否かについて何の理解をももってはいない。それを聞く前にも聞いた後にも。凡てのものはこの語に従って起る。然るに人々はそうでない——そうは起らないかの如くふるまう。この語と業とを以てその本性に従って凡てを解析し意味して、世の中はまさにそのようにあるにも拘らず。また他の人々は醒めたる世に於いて為すが如くこれを知らない、眠れる内になしたことを忘れ果てているのでもあるか」(Diels, Frag. 1)。この断片の中にロゴスという語が三度語られている。このロゴスに対して人は理解しない。凡てのものはこのロゴスに従って行われる。そうであるのに人々はロゴスによって試みられたものを宛もそうでないように振舞う。

ギリシアに於いてロゴスについて語り且つそれを最も重視したのはヘラクレイトスであった。存在について明説した人はパルメニデスであったが、ロゴスについて重説したのはヘラクレイトスであった。存在を一なるものとして静的に把握したのは前者であるが、これを流動的に把握したのはヘラクレイトスであった。この点に於いて両者はまさに対蹠的であるが、この対照を存在とロゴスとの対照として把握せんとするところに我々の見方があったのである。

ロゴスからロジクへの展開は存在から論理への発展である。ロゴスに於いては未だこの二つは分れていない。パルメニデスにとっては存在と思惟とは一にして同一であった。この存在の束縛から蟬脱して、思惟が自由に働くようになったとき初めて論理の世界が開かれる。アルカイックな論理は未だ存在に密着しているが、アリストテレスの論理は存在から離れている。それが余りにも離れすぎて彼の論理が形式的となったのもこの理由によるのであろう。

ヘラクレイトスの哲学は「火」を原質とする、何故に火が万物を象徴する原質であったのであるか。万象を表現するものは水であっても空気であっても宜しかったであろう。しかし火は或る時に点火せられ、或る時に消失する。生成と消滅とを最も明確に表わすには火が何よりも適宜であった。のみならずヘラクレイトスには *ἀνταμοιβή* という思想があった(Frag. 90)。これは単なる変化又は推移を意味するのではなく、「交換」の意を多分にもっている。例えば物品が貨幣に換算されるように、それと等価のものに換えられ、又はそれを補償するものである。火はものを焼失せしめるが、それを補償する何ものかがある。ヘラクレイトスにとっては万象の変化は単なる流動ではなく、必ず一定の秩序があり、失われたるものは補われ、欠けたるものは充たされねばならぬ。それは自然を支配する理法によってのみ可能であるべきである。そしてこの理法こそはまさにロゴスであり、正しくはロジクでなければならなかったのである。

ロゴスは言葉であり語られるものであるが、就中正しき語でなければならぬ。道理あり筋道の通った言葉でなければならぬ。ロジクに至ってそれは正しく真なる判断とならねばならなかった。そこに初めて真なる判断と偽なる判断との区別が生ずる。肯定と否定との、確然として区別せられるところに論理が初めて成立する。存在の世界にはこの区別はない。それがそこに現に存在する限りあらざるものということはできないが、そこにあることが果して真であるか否かを問うことによって論理の世界があらわれ来るのである。それは存在のではなくして、価値の立場であった。それは単なる存在の受容でなくして、それについての価値の評価であるべきであった。単なるロゴスのではなくロジクの判断であり、単なる意味の解明でなくして価値の判断でなければならなかった。価値はそれ故に常に二肢的であり肯定と否定との対立に根ざす。このことなしにはロゴスがロジクに発展する余地はなく、またその可能性もないのである。判断が分割を意味する(Urteil=teilen)のもこの理由からしてであり、更に単なる分割でなくして価値の分別であることもこの故である。ヴィンデルバント一派の人々が主張するように判断(Urteil)は必ず価値判断(Beurteilung)であるべきことも十分の理由あることであろう。

さて玆に問題となるのは存在と非存在の区別と肯定否定の分別とが、孰れが先であり、孰れが根本的であるかということである。この問題は認識論としてカントの最も関心したものであるが、我々は今それを問おうとするのではない。第一に存在と非存在との区別については問題は意外に簡単であるということを告白せざるを得ないようである。というのは非存在は存在しないものであるから、それが有るとは言えないからである。有るものは常に存在であって、それと区別して、或は対立して非存在といったものが有ろう筈はない。殊に西欧の人々にとっては人間の思惟しうるものは専ら存在であって、非存在については何事も云為し得られない。尋究のできるのはひとえに存在についてであって、非存在は在らぬが故にそれについては何事も言い得ず、況や研究することは不可能である。そのことは西欧人にとってむしろ通念であり、学問の対象は常に存在であって非存在ではなかった。パルメニデスが先例的に明言したように思惟と存在と一であり、思惟の対象となるものは必ず存在者でなければならぬ。あらぬものも非存在という或るものであるとも言えるが、それは或るものであって、決して在るものではない筈である。たとえそれを或るものとして措定しても、その何たるかはわからない。謂わば抽象的な或るものであって、決して有るものであることはできぬ。非存在はもともと在らぬものであり、存在と区別して、又はそれと対立するところの有るものではあり得ぬ。それ故にこそそれは非存在であった。非存在とは文字通りに在らぬものであった。

以上のように考えてくると非存在とは negative なものであり、単なる否定的な存在であるにすぎぬ。それは積極的存在に対する消極的存在であり、一種の存在であり決して非存在ではない筈である。純粋の非存在というが如きものではなく、高々存在の否定的なものにすぎない。無とはもともと無いものであるからして、これを或るものとしてあらしめることは不可能でなければならぬ。

それ故否定の概念は存在についてではなく、判断に於いて、又は論理に於いて初めて出合うところのものである。それは判断の世界、就中価値判断の領域に於いて開示せられる概念であるといわねばならない。価値はそもそも二肢的であり、肯定に対する否定が確立することなしには成立せぬものであった。肯否の対立を前提することなしには成立し得ぬものが価値の世界であったからしてである。このことは後章に於いて詳述せられるであろうように、東洋的無とは根本的に異なった西洋の論理の基礎と、その特色をなしているのである。否定の概念が専らロゴスから発展したロジクに於いて把握せられる。しかもそれはロゴスに於いては未発達であったが、ロジクに於いて十分な開発を得ることとなった。そうあることによって西洋のロゴスは正常にして且つ正当なる展開をなしとげたのである。従って西欧のロジクは肯定と否定との区別に始まりそれを土台にして展開をつくしたものといってよいだろう。それが即ちbivalenceの論理であったのである。

以上の点をさらに明らかにするために、西洋近代の論理家の二三の「否定判断論」を附説して置こう。シグワルトによれば否定判断は肯定判断と同位にあるのではなく、「否定とはただそれに対応する肯定判断の企図、もしくは可能性を拒否する意味しかもたない」と論ずる。例えば「AはBでない」という否定判断は「AはBであるという判断が誤りである」ということであって、謂わば二重の判断であり、二次的判断である。肯定は存在の端的なる表現であるに対して、否定はそれに附加された副次的判断であるにすぎず、独立な根拠をもたぬという(Sigwart, Logik, I, 20)。しかし否定がそのように副次的であるにせよ、肯定とは質的に異なるものであることは動かし難い。この否定性は果してどこに起因するのか。何故に一旦は肯定しながら、更にこれを否定しなければならないという理由はどこにあるのか。

ロッツェはこの根拠を「妥当性」(Gültigkeit)に求めたが、ヴィンデルバントは一歩をすすめて、「価値」(Wert)の概念を以てこれに当てようとした。存在はただそこにあるものとして一肢的であるが、価値はそのことが真であるか偽であるかを問うものとして二肢的である。否定の概念は存在に於いてではなく価値の立場に於いて初めて見出されうる。むしろ否定が肯定に対して一つの意味をもつことによって、価値は存在の世界から峻別せられ得るというべきであるという。肯定の世界は単に存在の表明であり、たとえそこにも一種の価値があるとはいえ、存在に埋没せられて十分に価値的側面を表明することができない。価値が存在から峻別せられてその面目を発揮するのは、却って否定判断に於いてであった。ここに於いて初めてes gibtからes giltの世界に転換することの可能性が見出されうるからである。前者は与えられたものであり存在する世界であるが、価値は専ら「妥当する」ものでなければならぬ。それはそのように在るものではなく、そうあるべき世界である。あるべきものはあるべからざるものと対立して一つの世界を形成する。否定とは即ちそのような世界に属し、それが肯定から峻別せられるのもまさにそうした理由に基づくのである。結論していえば否定は存在に於いて見出されるものではなく、専ら価値に於いて見出されうるものであり、または価値としてあるべきものである。

以上はカントに始まり現代の新カント学派の人々によって大成せられた主張であり、少なくともその点までは我々も賛同を惜しまないのであるが、問題はそれに尽きない。むしろそこから始まるといわねばならぬ。なるほど否定は存在としてではなく、価値としてあるべきものであるが、何故に価値は肯否の二肢に分たれなければならぬのであるか。これを分ち二肢的となることが価値の特色であると言ってしまえばそれまでであるが、何故に判断は肯定と否定とに分れてくるのか。否定は価値の世界に於いてのみあることはわかるが、価値に於いて何故に肯否が別たれ、延いては否定が発生してくるのであるか——それが問題なのである。存在としての否定は非存在である限り存在せず、否定は専ら価値としてのみあり得るというのは正しい。しかし価値としての否定は何を根拠として発生し、そして肯定に対立するのであるか。例えば「この花は赤くない」という否定判断は何によって主張し得られるのであるか。もしこれに答えて、その花が赤くないから赤くないのであるというならば、それは価値の根拠を存在に置くこととなるであろう。まことに判断は事実に基づいている。そこに一茎の花があり、我々はこれを見、そしてそれについて何事かを言う。それを言うのはロゴスであり言葉であるが、それが赤くあれば赤いと言い、紫、黄等であればそれは赤くないと言う。赤い花を赤いというのはあたり前のことであるが、それが赤くないというのはそれだけに止まることができない。ではそれは何の色かということが直ちに問われるであろう。人の意見を肯定し賛成するときは議論はそれで終るが、これに反対するならば、では君の意見はどうだと反問されるであろう。だから否定は二重の判断であり、一旦は肯定せられながらそれを更に否定する手続きであると考えられる。否定は判断の判断であり、単なる Urteil でなく、Beurteilung でなければならぬという考えも出てくるわけである。カントも quid facti と quid juris とを明別した。肯定は事実の判断であるが否定は価値判断であるとも言われる。事実はただ一つであって、ありのままであるが、否定はそれに加えてその上に行われる判断であり、それ故に二重の判断であり、否定は肯定と同位的に並列するものではなく、次元を異にしたものであるというのである。しかしこの説は容易に承服しがたい。第一に否定は価値の世界に於いて初めて現われうることは明らかであるが、もしそうならば肯定は価値に属しないのであるか。否定は価値であって肯定は事実であるとでも言おうとするのであるか。それはおかしい。肯定も一つの判断であるからには否定と同次元にあり、決して否定の前提といったものではないはずである。否定は肯定に対して、肯定は否定に対して初めてありうるものであって、肯定は決して否定の前段階又はその予備としてあるのではない。もしそこに前段階があるとすればそれは肯定ではなく、肯否の未だ分立しない或るものでなければならぬ。

ブレンターノはカント学派と同様に価値を存在から峻別した人であるが、肯否の根底にある或るものは肯定ではなく、「表象」(Vorstellung)であると考えた。表象とは文字通りに「前に置かれたもの」(Vor-stellen)であり、直接に与えられたものであり、未だ肯否の区別の分たれざるものである。これを土台として或は肯定せられ、或は否定せられるのであって、否定が表象の上に立つのと同様に、肯定もまた表象を前提しなければならぬ。与えられたもの(Dinge)または事柄(Sache)を眼前に置くのはただそのままのことであり、謂わば無記であって未だ真偽の区別にかかわりはない。この事物を真実とするのが判断であり、この事柄なしには判断は行われ得ぬ。これをそのままに表象するのは未だ肯定判断とは言えぬのである。否定の前提となるものは肯定ではなく、表象であり、これを前提することに於いては肯定もまた同様であって、肯否は共に表象を土台としてその上に行われる操作であるといわねばならない、否定判断のみが決して二重判断ではなく、肯定もまた同じ意味に於いて、同様の程度に於いて二重でなければならなかった。そう考えることによって価値は完全に存在から区別せられ、肯否は専ら価値の世界に於いて成立することとなるわけである。

否定の誕生はそれ故に専ら価値の世界に於いてであり、肯定がなければ否定はなく、否定なしには肯定もあり得ぬこととなる。それは対立の世界であり、対立なしには価値の立場はあり得ぬ。価値とは常にそして必ず二者を区別し、しかもこれらを対立せしめるものであった。単に対立するのみでなく、一を取り他を捨てんとする選択の作用であった。真を取り偽を捨てんとし、善を望み悪を避けんとし、美を好み醜を嫌い、利を追い害を除かんとするものである。これらの種々なる対立を肯定と否定とによって代表せしめるならば、先ず第一に留意せらるべきは、ロゴスはここに於いて二つの分れたものとなるということである。この分別なしにはロゴスは発展しない。ロゴスの展開するところに必ずこの分別がある。ロゴスは先ず言葉であり、言葉は何ものかについて何ごとかを語ることであるが、そこには語られるもの(主辞)とそれについて語ること(賓辞)との区別があらわれる。語ることは人と人との対話であるが、そこには語る我と語りかけられる相手とが分立しなければならぬ。そして或は賛同し、或はそれに反駁することによって我と他との対立が強められる。対立することによって対話となり、そしてその間にコミュニケーションが可能となる。判断が分立し、ロゴスが bivalence となることによってロジク(論理)が発展するのである。

四

ロゴスの展開は「判断」に至って極まるのであるが、その作用は啻にそれに止まらず、さらに進んで「存在の規定」として重大な働きをなす。存在は肯定によって規定せられて現実の存在となるが、否定は存在の規定としてどのような働きをなすのであるか。肯定と否定とはロゴスのことであって(カント学派はこれを価値という)存在ではないが、存在はロゴスの規定なしには存在となることができない。それなしに存在が存在としてあるというのは素朴なるリアリズムであり、乃至は経験論であるが、それはカントによって完膚なきまでに批判せられ、論破せられた。存在はロゴスによって規定せられねばならぬ。存在を規定するものはロゴスを措いて外にはなかった。このことは決して観念論の常套語ではなく、またそれについて我々は必ずしもカントに組するものではなかった。但しここにはこの点についての詳論を省き、存在はとにかく存在として規定せらるべきであり、これを規定するものはロゴスであるということから出発する。

ロゴスは肯定と否定とに分れるが、肯定が存在を規定することは比較的理解せられ易いようである。存在とはそれがそのようにあることであり、それをそのように規定することは肯定作用であるからしてである。もちろんここにも種々なる問題があり一見するほど容易ではないが——そこにカントの不朽の鴻業も尊重せらるべきであるが——我々の問題とするところはむしろ否定作用が存在の規定に対して何をもたらすか。否定のロゴスは存在を如何に規定するかという点にあったのである。

この問題について第一に考えらるべきはスピノザの Omnis determinatio est negatio という著名な命題であった。尤もこの命題についてもスピノザが果して何を意味したかは容易ならぬ問題であるが、先ず素直に文を読んで次の如く解釈しよう。凡てものが規定せられるのは肯定によってであるが、それは事物を規定しても決定はしない。事物が限定せられるのは否定によってであった。限定とはものを規定するのみでなく、それはものをまさにそのものとして、他のものに非ざることを認定することである。例えば赤い花はまさに赤くあり、黄でもなく紫でもない。それを赤として確定することは、その他の諸色でないことによって決定せられる。否定作用は赤にではなく、その他の諸色の上にはたらく。それは要するに区別としての否定であった。ものは分別せられることによってそのものの存在性を確立する。ものは個体であり、個性をもつものとして独自にあるのは、その他のものから区別せられることによってであった。我は我であって汝ではない。その他の人々とも区別せられることによって自我となる。具体的な存在は必ず個別的であり個性的でなければならぬ。それがそのようにあり得るのは偏に我が我ならざるものから峻別せられ、非我を否定することによってであった。

これはとにかく否定の第一歩である。否定作用が存在の規定に働きかける第一の段階である。そして我々はこれを privatio (*στέρησις*) と名づける。否定の概念には種々なるものがあることは後章に詳述せらるべきであるが、先ず第一は privatio の否定であるといわねばならぬ。privatio は privare から由来し、或るものが、又は或る性質が奪われ、取り去られて欠如することである。それは否定の一種であるが、全面的否定でなくして部分的否定である。欠如とは欠損又は欠少することであり、部分的に存在していることを表わす。火災によって家は全焼するが、盗難によっては家財の一部が奪取せられ欠陥するのみである。privatio はそれ故に都無ではなく、一部は否定せられながら他部分が残存することである。スピノザの negatio はこの意味の privatio を言表わすものとして解することができぬであろうか。

それは後章に再述せられる如く、凡ゆるものの「差異」(difference, *διαφορά*) を形づくる原理であった。現実の世界、又は現象の世界は語の最も充実した意味に於いて種々であり、雑多である。個体が一様でなく多様であることはそもそもその概念の本質に基づく。個体は個々のものであり、その限りに於いて互に区別せられてあらねばならない。個別とはそれぞれ別個の物体であるべきである。それらは或は質に於いて、或は量的に、その他の諸点に於いて互に異なり、それ故に互に相違するものでなければならない。

プリヴァチオはそれ故に個物を個体として、のみならずそれを存在として規定する所以のものであった。「否定は存在の本質的なアスペクトである」(ボサンケット) と言われるのも、主としてこの意味に於いてであったろう。孟子は「為さざるものがあることによって、為すべきものがある」(有不為也而後可以有為)(孟子離婁下) と言った。まさになすべきことはむしろ為すべからざるものによって明らかとなるというほどのことであろう。道徳の命法は多く否定的な形式をとり、宗教の戒律も多くは禁止の表現をもっている。ソクラテスのダイモンも *δαίω* に由来し、分たれたる神であり、個々人に宿る良心であった。自らを知ることは自己の知らざることを知ることにあった。

この否定は判断作用としては「無限判断」としてあらわれる。それは無限(infinite)の判断ではなく無限定(indefinite)の判断である。無限定とは存在が規定せられずして不定のままにあることである。例えば色の世界を赤と非赤とに分ち、一つの花を赤として規定するのは非赤なるものを否定することによって果される。それはまさに赤い花であって他の色の花ではない。しかし非赤とは何であるか。それは赤でないことは確かであるが、然らば何の色であるか。それは決定せられていない。そういうのが無限判断――正確に言えば無限定判断であった。そして無限判断によっては事物は決定せられないことは無論であるが、それにも拘らず、存在の規定には意外にこの判断が共働することに驚く。花の赤さはこれを直観することによって十分であろう。花は何故に赤いか、赤いから赤いというより外にはない。しかし花が赤いという判断についてはただ感覚のみのよくするところではなく、そこにはそういうことの真偽がさらに問われねばならぬ。赤いと感ずるのは或は錯覚であるかもしれず、色盲のなすわざかもしれない。そうではなくてそれが確かに赤いということは無限判断を否定することによって可能なのである。その花は赤くあって決して他の色ではないという認識が必要なのである。赤い花の直覚にはそのような迂路は必要でないと難ぜられるかもしれないが、個物の規定には他からの区別ということが第一でなければならぬ。その「他」がたとえ無限定であってもそれは未限定であって、不限定であることは許されぬ。赤い花の直覚に些の疑いもなくそれで十分であるならばよいが、苟もそれが決定されるためには単なる感覚だけでは不十分である。そうしたものが知覚にして同時に判断であり、知覚判断といわれるものであった。

個体の存在はそのように多くの否定によってとり囲まれている。このものの規定はそのものに非ざる多くのものによって包囲せられている。かつて「有るものは何故に有って、有らざるものではないのか、このものはかくの如くあって何故に他のものではなかったか」という二つのことが古き形而上学者によって問われることを常とした。存在を規定するために非存在を以てし、此のものを限定するために他のものを援用することを示したものにちがいない。存在は却って非存在によって規定せられるのである。サルトルはこの情況を「人間存在は無のなかに露出する」(exposer)というような言い方によってあらわそうとしている(Sartre, L'être et le néant, p. 54)。存在の自己性は却って自己ならぬものによって規定せられるところにある。人間は自己に遙かなる存在(un être des lointains)である。この遙かなるものに先んじられ、その中に露出しているとも言う。それのみではない。無は有を外から取り囲むばかりでなく、有の中に入りこんでその中に距離をつくる。距離とは即ち否定であり、ものはそれを内にもつことによって却ってそのものとして規定せられ得るとも考えられ、ものは自己に着くことによってではなく、却って他に対してあることによって初めて自己たることができる。即自が対自となり、対自が対他となるのもこの故にであった。そして対他とは自己に非ざるものに対することであるが、自己は却ってこれによって規定せられることによって、自己を規定することができるのである。そこまで至ると否定はロゴスを越えて余りに形而上学となるから問題を引戻して、再びロゴスの展開に帰ろう。

五

ロゴスの展開は肯定と否定との分立に始まり、肯定に対して否定が独立な意義と存在とを保有するに到って略〻達成せられる。否定は肯定に由来するものでないことは勿論、その下に又はその後に生ずるものでなく、却って否定によって肯定が規定せられ、否定の中に肯定がただようとさえ考えられてよいようである。存在は非存在によって囲まれているといえば余りに形而上学的になるが、少なくとも存在がそのものとしてあるのは否定のロゴスによってであったと言えよう。存在を非存在から別つものは肯定であるよりも却って否定であった。しかも肯否の区別はロゴスの展開に固有なものであり、これを分つことなしにはロゴスは論理に発展し得ぬのである。ロゴスに於いてこの二者が分立するのは何故であるかと問うことは、ロゴスの何たるかを弁えない愚問であるといって差支えないほどである。

さて否定によるロゴスの展開の第一歩は privatio であった。これは現実の論理であり、様々なる個物を存立せしめ且つ支配する「差異」の論理であった。具体的に存在する多くの事物はそれぞれに異なり、それぞれの自性をもつことによって互に相違し、そして関連している。それらはまさに雑多(Mannigfaltigkeit)の世界であり、多様にして多端なる現実である。それを支配するものは privatio の論理であるが、そこにあるものは謂わば存在と非存在との混合であり、一部は存在でありながら、一部は非存在であり存在の欠如であり、非存在の充満である。それを存在にして同時に非存在であるというのは過言であろう。そのような論理的な同一性に於いてあるのではなく、分たれた存在であり *μικτόν* の世界であった。存在自らが混合的であるが故に凡てが雑多となるのである。それはまさに種々なる世界であり、様々なる存在であった。

さてこの世界に於いて特徴的なことは一と他とが互に異なりながら連続しているということである。多なるものの差異は程度をもち、種々なる程度に於いて連続的であるということである。例えば赤と青とは互に異なっているがその間に無限の中間色があり、赤にも朱と紅とが程度に於いて異なりながら連続している。差異は連続なしには成り立たない。互に異なることは程度に於いてであって、断絶に於いてではない。淡紅は濃紅となり、濃紅はさらに他の色に移る。色相はオストワルトによれば二十四となるが、それらはそれぞれに異なりながらまた連続している。二つの色の間には多くの間色があり、間色は無限の程度に於いて相違しているが、またまさにそれによって連続している。連続を作るものが同様性、乃至は同一性とよばれるならば、差異は同一性なしには——そして又同一性は差異なしには不可能であることは素よりである。多は一の集合であるが、多が他となって一に対するとき差異が生ずる。逆に他が多となって一に連なるとき、一と多とは無限に連続することとなるのである。数は一と多との連続であるが、多が他となって一と他との関係を構成するとき、それは数であるよりも数のロゴスとなるべきである。ロゴスとはこのようにして存在から離れながら存在を規定する。そしてロゴスの発展するところに否定の第一歩がふみだされ、privatio

の関係をつくる。一と多とは同質的であり連続的であるが、一と他とはそうではない。他は一に非ざるものとして一の否定であるが、それによって事物は千差万別となる。ロゴスはもとより存在ではない、存在についての或るものであり、それについての「言い表わし」であり、それの判断であった。それは存在についての単なる承認でなく、時としてそれに対する否認であり、肯定に反して断乎たる否定でさえある。否定なしには肯定はなく、否定の出現を外にしては肯定もあり得ぬ。単なる事実の認容は肯定とさえ言い得ぬものである。差異の原理はこの意味に於いて存在についての最初のロゴスであると言われ得よう。そこではロゴスは未だ存在に密着している。存在はありのままの姿に於いて徐にロゴスの世界に受け入れられるが、ロゴスは存在に密着しながらそれを越えんとしている。差異の関係はロゴスの第一歩であるというのもこの意味に於いてであった。

しかし差異はやがて次の段階に推移する。それは「対立」(opposition, ἐναντία)の関係であった。対立は差異の極度的なものであり、さらには滅度的であり、程度を絶して断絶する。それは中間に何ものも容れず、一と他とが断絶して対立することである。一と他とは互に異なるのみでなく、互に反抗して立っている。一が存在ならば他は非存在としてある。肯定と否定とはここに於いて断然として分断され、bivalence の本領を発揮する。否定が否定として完き姿をあらわすのはここに於いてであり、判断とはまさにこの両者の裁断であるに外ならなかった。しかし対立はそのように断乎たる分裂であるが、それが対立である限り一は他に対してあり、一は他を待ってあり、他は一によって成立する。その意味に於いて対立は尚同一性の上に立ち、それなしには互に対向することさえ不可能なのである。殊に注意すべきは、対立の世界は互に反対しながら両立するということである。むしろ両立しなければ互に相対することも不可能であるということである。例えば男女は性を異にするよりも性を反対にすると言わるべきであるが、その故にその孰れをなみすることは許されない。むしろ両性があることによって家族がつくられ社会がありうるわけであって、対立は却って両立を前提とするのである。その点に於いて対立は尚存在性を失っていない。少なくとも存在から離れること遙かなるものではない。その否定は単なる消去ではなく、否定的なる或るものとしてあり、Aでないのではなく、non-Aである。Aがあると共に非Aも同様にありうるのである。白と黒とは対立する色であるが、白と同じように黒も存在し、正と同様に負も存在しうるのみでなく、むしろ共に両立することなしには対立は成立し得ない。対立は両立を少なくとも前提すべきであった。

然るに次にこの両立をさえ許さない立場が第三の階層としてあらわれる。それは矛盾(contradiction, *ἀντίφασις*)の関係であった。ここでは対立が両立しない。肯定と否定とは同時に成り立たない。両者は単に異なるのみでなく、互に対立するが、さらには啻に対立するのみでなく両立しない。それが肯定であれば同時に否定であることが許されない。肯定と否定との断絶はここに極まり、ロゴスの展開はここに於いて完成する。否定は単なる否定的な或るもの(non ens)ではなく、まさに否定そのものとなってその機能を完発する。それはまさに存在から隔歴したロゴスの世界であった。それはもはや共にあらざる存在であり、同時にありえぬ存在であった。それは否定的な或るものではなく、まさに存在の否定であり、それとは反対の言い分(anti-phasis)であり否定の断定であった。このような否定が出現することによって初めてロゴスは存在を超越し、ロゴスとしての面目を遺憾なく発揮する。アリストテレスによれば、矛盾とは「同じものが同時に、そして同じ事情のもとに同じものに属し、且つ属しない」ことであり、それを禁ずるものが矛盾律であった(Aristoteles, Metaphysica, IV, 3)。矛盾関係とは肯定と同時に否定を許さないものであり、肯定であれば否定でなく、否定であれば肯定でなく、肯定は同時に否定と両立しない。その孰れか一つであって両者は同時に成立し能わぬ。一方が立てばその反対は成り立たない。両者は敵対の関係にあり、不倶戴天の敵として相殺的である。その間柄はただ関係として放置せられてよいものではなく、相手を倒さねばやまぬ必殺の関係である。そのような危機をはらむものが矛盾の関係であったのである。

まとめて言えば、ロゴスの展開は肯定と否定との分立に始まり、両者が互に如何なる関係にあるかによって三段の発達をなしとげる。第一に privatio の関係であり、第二は対立のそれであり、第三は矛盾の関係であった。そして第一の段階は雑多の世界を作り上げ、そこでは種々なる存在が互に相異なったものとして現象する。それらは互に異なるが故に多であり、肯定と否定とは入り交って現実の世界を形成している。そこではロゴスは存在と密着して未だそれ自らの面目を明らかにしていない。謂わば存在とロゴスとの混合の世界であり、主客未分の原初的世界であった。ところが第二の対立の世界に於いては肯否は存在から離脱して、ロゴス的対立の論理を形成する。しかしそこでは対立的なる二者は両立するものとして尚存在の旧態を残している。第三の段階に至ってロゴスは全くそれ自らの本領を発揮して矛盾の関係となる。それは肯定と否定との同時存在を許さぬものである。一方が立てば同時に他方が立たぬ。肯否は完全に論理的となって互に相容れぬものとなる。それらは純粋に矛盾の関係として相剋的となってしまう。両者が両立しないのは論理的であって存在的にではなかった。矛盾律とは矛盾の関係にある両者を峻拒する原則であり、矛盾のあるところには真理はないときめつけるものであった。現実の世界は存在であると共に非存在である。むしろ両者の協力によって様々な世界を作り上げているが、論理の世界はこの両者を対立せしめるのみでなく、両者の同時存在を断乎として排拒せんとするのである。矛盾律が論理の中枢としてあるのもこの故であった。

ヴェーダーンタ哲学の一派 Advaita に属するダルマラージャ (Dharmarāja) もまた否定について四つの区別をのべた。一は前否定 (pre-negation)、二は後否定 (post-negation)、三は絶対否定 (absolute negation)、四は相互否定 (mutual negation) である。前否定とはやがて来るべきでありながら今はなきものであり、後否定とは既に去りたるものの今もなき否定である。それらは現実の世界を構成するであろう。第三の絶対的否定に至って絶対に相容れぬものとなり、それ故に第四に於いて相互に否定せられる。第一は今はないがやがてあるであろうものであり、第二は現にないが過去にあったものであり、それらは非存在であるよりも不在に近い。友人を訪ねて今は不在であるにしてもやがて帰り来るであろう。永久に帰らぬ人は死せる人であり、死は生と対立するのみでなく、互に矛盾する。それはロゴスの世界であり、ロゴスにして初めてよくする立場である。ロゴスとは肯定と否定とが分別し、しかもそれらが互に否定しあうところに成立する。それは部分的否定でなく、全体的否定であり、やがては絶対的否定にまで導く。

ヘーゲルの哲学はまさにその如き立場に立っている。彼に於いては存在と非存在とは同時に成立し得ぬが、却ってその故に矛盾が存在の体系の枢軸をなすと考えられた。形式論理に於いては矛盾律は矛盾を排斥する原理であり、矛盾のあるところに真理はないが、ヘーゲルにとってはそれとは逆に、矛盾のあるところに存在が発展しそれなしには存在は動かない。存在が動的であり発展するのは偏に矛盾がその原理をなすからであり、存在がそれ自ら矛盾的であるからしてであり、矛盾なくしては存在そのものが存在し得ないからしてである。従ってヘーゲルに於いては矛盾律の意味が一変し、その功用が逆転した。それは矛盾を排斥する原理ではなくして、却って矛盾を許容し剰えそれを中軸とするものとなった。形式論理に於いては矛盾が矛盾である限り許すべからざるものであったが、ヘーゲルにとっては矛盾はまさにその故に彼の哲学の原理をなす。存在は矛盾の故に崩壊するものとなるが、同時にまたその理由からして動き発展しそして高められるものとなる。凡ては存在を静止としてではなく、動的なるものとして把握するところに懸っている。存在はそもそも発展的であり、根元の存在からして既に動的であって止まることを知らぬ。それがそうであるのは存在が常に非存在によって破壊せられ、定立が反立によって崩壊せられることによってである。存在はその根元に於いて否定をふくむ。直接なる存在は必ずしも具体的ではない。それが純粋であればあるほど却って抽象的であり、純なる存在は同時に純なる非存在である。直接経験に於ても存在は有ると共に無いものであり、無きとともに有るものであり、その故に肯定と否定とを蔵している。そしてこの分裂のあからさまに現われ来るのは判断に於いてあった、判断とは分別することであり、正に対して反を定立することであるからしてである。しかもこの両者の分立するところにロゴスが生成するとすれば、存在は初めからロゴス的であるのみでなく、凡ゆる存在に亘ってロゴスが支配的となる。即ち汎論理主義(Panlogismus)が彼の立場とならざるを得ぬのである。

しかしこの分裂に於いて正と反とは如何なる関係にあるか、ということが恐らくヘーゲルにとって最大の問題となるであろう。しかしそれに対する答えは案外に簡明である――それらの関係は矛盾の関係であってその他にはない。それは欠如の関係でないことは勿論、単なる対立のそれでもなく、まさに矛盾の関係でなければならなかった。それらは互に矛盾するが故に存在しないというのは形式論理であるが、矛盾があればこそ真に存在しうるというのがヘーゲルの哲学であることは有名である。しかしこの矛盾がそうあるためには如何なる関係がそこにあるのか。それが矛盾的関係である以上は相殺的であり、一方が他方を破砕し撃滅しなければならぬ。しかしそのために存在は消失するのではなく、却ってその理由から存在が存在し且つ発展するのである。矛盾は破壊の原因ではなく却って建設の原理となる。しかしそれは如何にしてであり、何の理由によってであるか。それはロゴスがそれ自ら「反照」(Reflexion)であるからしてである。ロゴスの働きは単に分裂であるのみでなく、それ自らに於いてそれ自らを反照するところにある。存在はただそこに有るのみでなく、有るとは何であるかが反省せられ、有ることが何によってであるかが反照せられる。一が一であるのは他によってであり、多に於いてあるからしてである。この反省は悟性ではなく理性的であり、それ自らに自らを反省するだけではなく、反照的に働くからしてである。ロゴスはここに於いて単なる論理ではなく、論理的な運動として反照作用(reflektierende Bewegung)を行うからである。ロゴスは今や存在を擦過する思惟ではなく、その本質に喰い入って理性的(vernünftig)となる。単なる理性ではなく措定的な理性となって、自己自身を反照する。存在が直ちに非存在となるのではなく、それが彼をそれ自らに編み入れる(Selbstverstrickung)からである。反省とはそれ自らの中に自己に反するものを措定しながら同時にそれを自己の中にかえすことであり、自己でありながら自己でないものとして、また自己に非ざるものでありながら自己的なるものとして措定することである。それは肯定から否定への移行でありながら、しかもこの移行を止めることによってまさしく発展を完遂せんとするものである(Die Reflexion ist Übergehen als Aufheben des Übergehens...... Hegel, WL. II, 14)。

ヘーゲルにとって存在の発展は尽く反立するものの統一として把握された。そして反立は統一と矛盾するものであるから、発展の全過程を貫くものは矛盾関係であり矛盾そのものであるが、互に矛盾するものが統一せられるのは何によってであるか。それは一方が他方を媒介することによって可能であるといわれるが、媒介とは何であるか。媒介とは仲介であり、二者を結合するためには三者がなければならない。媒介は Vermittelung であるが、それは Mitte の働きであり中を立てることである。最近モイレンは主としてヘーゲルをこの見地から解釈して、彼の体系を「破られたる中(Die gebrochene Mitte)として把握しようとしている(Jan van der Meulen, Hegel, 1958)。それは1つの見解ではあるが、彼のいうように、中的なるものが結合の根として(Die Idee der Mitte als Wurzel der Vereinigung)認められうるかどうか。「中」を如何に考えるかによってこの説もあながちに誤りとはいえないけれど、「中」とは両者の間にある存在であり、少なくとも中間的なものでなければならぬ。Vermittelung という語はなるほど Mitte から来たものにちがいないが、ヘーゲルの媒介は果してそのような「中」によってなされたものであるか。むしろ彼の媒介の概念は「中」なきものであり、媒介者なき媒介であるといわねばならないのではないか。モイレンが「中」に加えて「破られた」(gebrochene)という語を用いているのもそのためではなかったか。存在は非存在を破り、非存在は存在を破ることが即ち媒介であって、その外に第三のものがあろう筈はない。正が反と結合するのはそれらが互に矛盾するからであり、互に対手を破壊するからである。この破壊の根拠は両者が矛盾関係にあるからであって、矛盾するものはヘーゲルにとっても破滅作用を行うより外にはなかった。しかもそれが同時に結合作用であるのは決して第三者のよくするところではなく、また中間的なるものの存在の故にではない。謂わばヘーゲル哲学に於いての媒介性は媒介するもののなき媒介である。仲介する第三者を必要としない仲介である。vermitteln は文字通りに Mitte を失う(ver)ことである。媒介性は彼にとって存在と非存在との外なるものの能くするところではなく、存在がそれ自ら非存在となり、非存在が存在となることによって可能となる。存在が同時に非存在であるならば矛盾であるが、存在が非存在となることは必ずしも矛盾ではなく、また不可能でもない筈である。むしろこのような関係を生ずることが矛盾の働きであった。始元の存在は同時に非存在であった。直接なるものは無内容であるからして却って抽象的であるが故に非存在でなければならない。直接とは Un-mittelbar であり、未だ媒介せられないものである。存在は非存在によって媒介せられることによって具体的となりうる。具体的な存在は非存在によって媒介せられるものでなければならぬ。しかしこの媒介は他なるものによってでなく、それ自らによってそれ自らに於いて行われなければならない。それは存在がそれ自らに矛盾をふくみ、その意味に於いて存在が同時に非存在でもあるからしてである。ものが或ものとして措定せられるのは他のものから区別せられることによってであった。しかしそれが単に他のものによってである限り未だ差異の世界に止まる。ヘーゲルにとって他なるものは肯定に対する否定でなければならない。ヘーゲルに於いてはただ存在と非存在とがあるのみであった。ものが一定のものとして決定せられるのは、その他のものに非ざることによってでなければならない。それはその他のものではなく、その他のものにあらざることを意味する。そしてあることとあらざることとは互に矛盾するから、ものの規定は矛盾性によって可能であると考えられる。存在と非存在とを媒介するものはそれ故にその他の何ものでもなく、まさに存在と非存在との矛盾性であるといわれねばならない。存在はそれ自らに矛盾をふくむが故に却って自己同一となり、そしてそれ自らなる或るものとして措定せられうるのである。

　事物が存在するというのはそれがそれ自らに於いて、それ自らとして同一性をもつことである。自己同一性をもたぬものは或るものとして存在することができない。同一性はただに思惟の第一歩であるのみでなく、存在の第一の原理であった。存在と思惟とが同一であり、主観と客観とが一であるということもこのような根本的事実を指したものに外ならぬ。この思想は遠くギリシアのパルメニデスに始まり、思想の歴史に於いてたえず主張せられたところのものである。近代に於いて最も力づよく唱道せられたのは或はフィヒテの哲学によってであり、就中シェリングの同一哲学に於いてであった。前者に於いては「我は我である」(Ich bin Ich)という着想として、「自我のうちに自己自身と同一な或るものが、常に全く同一な或るものがある」という著しく自我的な哲学として建設せられた。それは自同律と同じものではあるが、単なる論理ではなく、自我の力強き働きによって措定せられたものであり、凡ゆる措定の根本をなす事行(Tathandlung)であった。

シェリングの同一哲学はさらに一歩をすすめ、その同一性は絶対的同一性にまで推進せしめられた。その同一性は自我の同一性であるよりは、自我と自然との同一性であった。「在るところの凡てのものは絶対的同一性それ自らである」という(Schelling, Darstellung meines Systems der Philosophie)。この同一性は無限であり、自体的に一なるものであり、しかも端的に在るところの唯一のものであるともいう。それはA＝Aという形式で表わされるが、この形式とこの同一性の存在とは一つであり、従って論理と存在とも同一でなければならぬ。それは同一性の同一性であるから絶対的同一性と名づけられる。同一性は遂に「同一なるものの同一」にまで押し進められたのである。

然るにヘーゲルに於いては同一性は決して同一なるものの同一ではなく、同一と非同一との同一であると考えられた。同一性は既にそれ自らの中に、非同一なるものをふくんでいる。いな単にこれをふくんでいるのみではなく、同一性はそれ自らに於いて非同一なるものでさえあった。非同一なるものは同一なるものに対して別にあるものではなく、それはそれ自らとして同時に非同一でもある。同一なるものが非同一となるのはそれ自らに於いて、それ自らを反照することによる。非同一なるものは同一者から出てくるのではなく、同一者はそれ自らとして非同一なるものであった。これを例えばフィヒテの考え方と比較して見よ。フィヒテにとっては自我は非我を措定し(setzen)、自己に対して他なるものを措定する。自我はその強烈な実践によってそれ自らから非我を作定し、それを自己に対するものとして措定する。たとえ非我は自我に対して対立するものであってもそれは自我の実践的な働きが自ら働くために作り出されたものにすぎぬ。働くということは何ものかに対し、何ものかを目的として働くことであるから、自我に対して非我を定立することなしには働くことはできない。むしろこの働きを可能ならしめるために非我はその対立物として措定せられ、時としては一つの障壁としてでさえもある。障礙なしには働きは働くことの意味を失い、まして強力な働きとはなり得ぬ。自我はそれほどに力づよく、それほどに自我的であり、何ものをも恐れずいかなる障害をも克服せんとする意志である。フィヒテにも矛盾の思想があって、例えば「自我自身の本質のうちには一つのより高き矛盾がある」という語も見られるが、矛盾の概念はヘーゲルとは全く趣きを異にし、それは自我が自らの中に措定した矛盾であり、ヘーゲルに於いてのように存在としてある矛盾ではない。むしろ非我は自我の事行のために殊更に作られたものであり、やがて克服せらるべく設定されたものにすぎない。フィヒテの哲学はあくまでも自我の絶対性を強調するところにあって、非我はそれに対抗し矛盾するほどの力さえももっていなかった。「非我はそれ自ら自己自身を規定する自我の所産(das Produkt)である。それは決して絶対的なもの、自我の外に措定されたものではない」(I, 218)という。それは高々自我の自己制限によってあるものにすぎないが故に存在するものは自我のみであり、その意味に於いて自我は絶対肯定であり、絶対の自由でもある。何故に自我が自らのうちに制限を措定するかはフィヒテによって答えられず、また答える必要のないことであろうが、恐らくは非我は自我の事行にとって問題として、乃至は克服さるべき課題として残されたものであろう。

フィヒテ哲学の第一原則は「AはAである」という同一律であるが、これは必ずしも「我は我である」と同じものではない。後者の命題は「我が有る」(Ich bin)という根本的事実に基づいているが、「AがAである」ということは「もしAがあるならば、そうならばAがある」という論理的形式を言表わしたものであって、Aが有るか否かには関らず、ただAがあるとすれば、という仮定の下に論理の第一原則として妥当するのである。

フィヒテの知識学の第二原則は「非AはAでない」ということであり、茲に否定の概念が初出するが、フィヒテによればこの法則は第一原則から形式的に導出されたものではない。非Aはそれ自らとして定立せられたものであって、端的にして一切の理由なしになされたものであるという。しかしこの非Aは内容的にはとにかく、形式的にいえばやはり第一原則から導出せられたものでなければならぬ。非AがAでないということはAはAであるという同一性の反面に外ならぬからである。そしてこの矛盾を解決せんがために設定されたものが第三の原則であった。それは非AはAによって形式的に限定せられてはいるが、内容的の側からいえば無制約であるということである。さて第三原則に於ける自我と非我とはどういう関係にあるか。非我が定立されているかぎり自我は定立せられない（なぜなら非我によって自我は廃棄されるから）。しかるに非我は自我の中に定立されている（なぜなら非我の反立は自我の同一性を前提し、且つこの自我の中に於いてのみ定立が行われるのであるから）。非我は自我の中に定立せられながらまたそれに背いている。非我は自我によって定立せらるべきでありながら、また自らが自らとして存在する限り自我に抵抗している。この明らかに矛盾した事実は如何に解決せらるべきであるか。フィヒテはこれに答うるに「制限」の概念を以てしようとする。根原的な「制限作用」(einschränken)によって作り出された限界概念によってこの問題を解こうとした。ところが制限の概念の中には存在性と否定性との概念のほかに「可分性」(Teilbarkeit)がなくてはならぬ、可分性とは量可能性であり、「量」(Quantum)の範疇に属する。第三原則は第一と第二との綜合であるが、その根本綜合は量化によって徹底する。そして量化せられた世界は実在を全面的に否定するものではなく、ただ一部廃棄するのみであるから明らかにprivativumの世界でなければならぬ。第三原則は「自我も非我も可分的に定立する」ものであるからそれは「欠如」の世界を構成するのである。フィヒテに於いては自我と非我とが互に反立するものであるが、しかしそれは未だ徹底した矛盾関係にあるのではなく、実をいわばただプリヴァチオの関係に引戻すことにすぎぬ。かくてフィヒテにおいては、綜合は相対立するものを止揚してこれを宥和せしめるヘーゲル的な方法ではなくして、むしろ自らの反面に対立を保持し、自らの部分に否定を携えて無限に発展する自我の事行としてあらわれる。自我は絶対的な働きであるからそのうちに非我を定立することも自由であるが、それ故に非我は自我から導出せられるものではない。非我定立の根拠は却って自我の制限性にある。自我は単に無限の働きではなく、それ自らのうちに制限性をもち、それによって非我を定立するのである。この制限性の根拠はどこにあるのか。これを自我の絶対的な自発性にあると考えるラスクの解釈(E. Lask, Fichtes Idealismus und die Geschichte)は余りに行きすぎたものであり、カッシーラーが批判したようにそれは知識学を一種の発出論理(emanatistische Logik)に強いるものであるといわねばならぬであろう(Cassirer, Das Erkenntnis Problem, III)。

フィヒテの哲学は未だ弁証法的論理に達していない。たとえやがてヘーゲル哲学に至るべき前階段ではあってもそれとは別種の立場である。フィヒテを支配するものは強烈な自我の哲学であり、雄偉な絶対我の独壇場であり、就中これを全面的に彩るものは力強き事行の実践であった。フィヒテは「自我は一切であり、そして無である」と高言したが(Fichte, Grundlage der gesamten Wissenschaftslehre, I, 264)、自我は一切であっても単なる無ではなく、それが無であっても決して東洋的無ではなかったであろう。

六

フィヒテの哲学が結局は privatio を方法論的立場とするものとすれば、シェリングの哲学は「対立」(contraria, Gegensatz)を主要なる原理としていると言えないだろうか。対立とは自我と非我とを対立せしめ、精神と自然とを反立せしめるものであるが、恰もそれが対立であるが故に、互に反対しながら両立し、両立するが故に同一となる。シェリングの哲学は「同一哲学」(Identitätsphilosophie)であるといわれる。まことにその通りであるが、同一とは何が如何にして同一であるのか。AがAであるというのは同一判断であるが、そのような形式的なるものによっては同一なるものは規定せられず、発見もせられ得ぬであろう。シェリングは「思惟の原理と存在の原理とが一致する」ところから出発しているが、それは「自己自身によってのみ、自らの存在によってのみ考えられる(durch sein Sein denkbar)

ようなものであり、また「それがある限りに於いてのみ考えられる」ようなものであった。つまりそれは無制約者である。無制約者とは「ただあるがゆえにあり、考えられるが故に考えられるものである」。それは自我である。絶対的に自我的なものはそれがそれ自らに於いてあり、それ自らとしてのみ考えうるものである。それは自己自身によってのみ初めて実現せられるものでなければならない。もしそれが自己自身によって実現されるものでないとしたら、自我の存在を表現する命題は「自我が在るならば自我は在る」という命題によって言表わされるものでなければならない。しかしこの命題が単に語の繰返しではなく、何かの意味を有すべきであるとするならば、自我が単にそこにあるのみでなく、それがそれ自らとしてあり、それ自らに於いてあることを言表わすものでなければならない。そしてかくの如く言表わすことは単に自己の存在をではなく、自己存在の同一性を表明することであるべきであった。それ故に同一性が存在を基礎づけるのであって、逆に存在が同一性を基礎づけるのではないのである。そしてこのような根本的性格から出発するものが同一性の哲学であるに外ならなかった。

しかし同一性とは単なる一ではなく二つのものの同一であり、少なくとも制約者と被制約者との区別を前提することなしには同一的となり得ぬものである。自我はたとえ絶対的であっても、それに対する非我なくしては自我でさえあることができない。

自我に対する非我とは何であるか。精神にとって自然は如何に対立するのであるか。もし非我が自我から発出するものであるならば、悪しき意味の観念論でしかなく、自然の何たるかは遂に知らるべくもないであろう。シェリングは就中自然を重んずる哲学者であったが、彼にとって自然とは何であったか。シェリングの自然は神のうちなる自然である、それは単なる物ではなく、況や物質ではない。しかしそれと同時にそれは神によって創出されたものでもなく、また神から発出したものでもない。自然がもしそういうものであるならば、それはそれ自らの存在性をもたず、まして神に対して対抗する力もないはずである。闇は単なる光の影ではない、光に対してさからい光に先き立って、それ自らの存在をもつ。闇を照すものが光であった。暗黒なくして光も輝くことができない。フィヒテにとっても非我は自我から発出したものでないにしても、少なくとも自然によって措定せられたものであったが、シェリングの自然は凡ゆる定立の前に実存するところのものである。自我は自らを制限することによって非我を定立するというが、そのような制限は何処に根拠を有するのであるか。もしそれが自我そのもののうちにあるとするならば自我は絶対的ということはできない。自我は自らを制限する必然性をそれ自らのうちに有たねばならぬからである。根本的自我はかかる欠如性を本有するものであるのか。もし然らば非我は自己の存在根拠をそれ自らに有たず、ただ自我によって与えられるにすぎぬこととなってしまう。シェリングの自然はそのような仮初なものではない。それはそれ自らの存在を有し、それ故に神と対立し、さらには神に反逆しもするのである。自然は時に罪悪として考えられるが、それは単に善から作り出されたものではない。善は何故に悪を作り出す必要があるか。悪のないことがむしろ善であり、善が完全であればあるほど悪はその所在を失う。何故に悪によって自己を制限する必要があるか。必要があっても如何にして善を制限することができようか。自然は神の外にあってそれ自らの存在をもたねばならぬ。そうでなければそれは神の一つの属性にすぎぬものとならざるを得ぬであろう。例えばスピノザの哲学に於いてのように物質は精神と相並んだ神の一つの属性であったように。自然は神の外にある。しかしながら、にも拘らず自然は神のうちにある。自然は神のそとにあるが神のほかにあるのではない、自然は神にとって他なるものであっても決して神の外(そと)にあるものではなく、却って神のうちにあるのである。「神のうちなる自然」(Natur in dem Gott)ということがシェリングの誇り高き思想の一つであった。この有名な思想はシェリングの神概念についてのさらに著名な思想をもたらす。シェリングにとっては神は一方に実在するかぎりの本質(das Wesen, sofern es existiert)であるが、他方に、実在の単なる根抵であるかぎりの本質(das Wesen, sofern es bloss Grund von Existenz ist)である。ともに本質であるが、本質がそれ自ら存在であるか、又は存在の本質であるかによって明別せられる(Schelling, Das Wesen der menschlichen

Freiheit, IV, 250)。そして自然に対する神は後者であり、神が即ち自然なのではなく、神は自然の根拠としてあり、両者が明別せられながら尚自然は神のうちにありうる。自然は神のうちにありながら神のほかにあり、神とは対立しながら、しかもそのうちにある。それはシェリングが長い思索の後に到達しえた晩年の思想であり、恐らく彼の哲学の冠冕をなすものとして貴まるべきものであろう。

しかしこの自然はどこから来たものであるか。それは神のうちにあっても神から来たものでないのみか、むしろ神に対して抗立するものでなければならぬ。自然の根拠が何にあるかはシェリングにとって神秘なるものであり、我々にとっても不可解のものである。ヘーゲルが批判したように、シェリングの体系はスピノザの哲学と同じく神と自然との無媒介的統一であって、その間の論理を欠く。スピノザに於いては精神と物体とは共に神の属性ではあっても、それらが神に於いて如何に関係するかの説明がなされていない。その点からしてヴィンデルバントがシェリングの哲学を新スピノザ主義と名づけたことも誤りではないが、スピノザでは精神と物質との対立であったものが、シェリングでは神と自然との対立としてあるから、その論理は更に暗さと厳しさとを加えるであろう。シェリングに於いては自然は神のうちにあっても要するにその外なるものであり、神は何故に自己の体系と異なり、自己の本源に根ざさない対立物(自然)を措定しなければならなかったか。この問題は神が善でありながら、何故にそれ自ら悪を創造したかという神義論にも通ずるものである。それに対するシェリングの解決が如何にもあれ、所詮彼の立場は神と自然との対立に悩みながら、しかも端的な同一性を主張せんとするものである。ここにまた彼の「自由論」が展開するのであるが、その前に或はその根拠に予想せられるものは、存在の「対立」的関係であった。フィヒテの哲学が存在の欠如的関係とそれにまつわる種々の問題を討究せんとするところにあったとすれば、シェリングは神と自然との対立から出発し、それを土台として彼の体系を樹立せんとしたものであると言えよう。フィヒテの「自我」は絶大なるものではあるが、それ自らの中に制限をひそめ、自我はそれ自らを制限するのみでなく、事物と事物とは互に制限することによって量的存在を構成せんとする。自と他とを区別するものも、またこれらを結合するものも、「制限」を原理とする欠如的関係であった。シェリングの「神と自然」は絶対的な対立の関係にある。自然は神のうちにあるが、神にとっては他なるものであり、神のほかなるものである。自然は神によって措定されたものではなく、それ自らの根拠をもち、それ自らによって存在するものでありながら、神のうちにあり、しかも且つそれに抗している。これは対立の哲学に非ずして何であろう。

然るにヘーゲルの哲学に至っては「対立」がではなく、「矛盾」が支配する。ものとものとは互に異なるのみでなく、また単に対立するだけではなく、まさに互に矛盾している。彼にとっても矛盾律は形式論理に於いてのように矛盾を排斥する原理ではなく、却ってこれを許容するところのものとなった。矛盾なきことがではなく、逆に矛盾あることによって存在は動くものとなる。存在は静止でなく運動するものであるが、存在をしてかくの如くあらしめるのは矛盾の論理によってであった。矛盾なしには存在は動かない、動くことなしには存在は実存し得ない。矛盾は論理の原則であるのみでなく、存在の原理でもあったのである。

しかし存在に於いて矛盾は如何にあらわれ、矛盾によって存在はいかに規定せられるのであるか。存在と非存在とは矛盾するが、何故に非存在は存在に対して抗立するのであるか、また両者の如何なる関係の仕方が矛盾関係とよばるべきであるのか。肯定に対して否定が分立するのはむしろロゴスの本質に属し、この分別なしにはロゴスは展開しないのであるが、それらが互に矛盾するとは如何なる関係としてあるのか。存在と非存在との矛盾とはこの両者が互に異なるのみでないことは勿論、単に対立することでもなく、両者が互に相殺的であるということでなければならない。対立するものは尚両立をゆるすであろう。いな両立することなしには対立は不可能でさえある。然るに矛盾に於いて対立は両立を許さない。一方が立てば他方が立たぬことが矛盾関係である。両者は互ににらみ合うだけでなく、相手を倒さねばやまぬのが矛盾的な関係の仕方であった。両者は倶に天をいただかざる仇敵であり、同時に両立し得ぬ運命をもつ。

弁証法論理はまさにこのような矛盾関係から出発し且つこれを原理とする。人によってはこの論理の中心を「対立」におき、その立場を対立関係として把握しようとするが、私はこれをとらない。また弁証法論理を「差異」の関係にまで拡大して理解しようとする人もあるが、私の納得しえぬところである。もちろん矛盾は対立と関係し、対立は差異と無関係ではないが、しかし弁証法の論理たる所以のものは偏に矛盾関係と対立関係とにあって、差異の世界には及ばぬものと思われるのであるが果してどうか。毛沢東は差異はつまりは矛盾であるという。差異の世界にも矛盾が浸透し、世界は到るところ矛盾の関係でないものはない。これは矛盾の有無の問題ではなく、ただ矛盾のちがいの問題にすぎぬという(毛沢東「矛盾論」大月版五二頁)。しかし差異の世界は privatio の支配するところであって、必ずしも矛盾の論理の左右するところではない。互に異なる人々はその異なるところに安住して必ずしも相争わない。ただ階級意識に眼覚めて、凡ゆる経済人がブルジョアとプロレタリアとに分裂するとき初めて対立となり、さらに進んでは矛盾関係として相争い戦わんとするのである。階級は単なる差異のではなく、対立の又は矛盾の関係であるべきであった。差異は中間に無限の中項を許容し連続的であるが、対立は中間断絶して不連続である。差異は決して矛盾と同一の関係ではない。差異の中にも一種の矛盾があるというのならわかるが、それにしてもそのような矛盾は果して矛盾と言いうるか。それは矛盾でなくして差異である。差異と矛盾とは同一ではなく、「ちがったもの」でなければならぬ。ちがったものは差異であって、それぞれに許される。しかし「まちがった」ものは正しいものとして同時に許されない。まちがったものは誤りであり、真理と矛盾するが、「ちがったもの」はそれぞれに正しいものとして許容せられ、必ずしも択一的ではない筈であろう。それともまちがったものはちがったものと同一であるというのであるか。マルクスの弁証法はヘーゲルのそれとちがったものであっても、それ故にヘーゲルの弁証法はまちがったものであると直ちに言いうるであろうか。マルクスがヘーゲルを批難するのは唯物的でないという点にあって、必ずしもそれが弁証法でないということではなかった筈である。マルクスはヘーゲルの観念論を捨てたが、必ずしも弁証法を斥けはしなかった。両者が共に弁証法である以上は論理として同一のものでなければならぬ。たしかにマルクスの立場はヘーゲルのそれとはちがってはいるが、その理由から直ちにヘーゲルの弁証法はまちがいであると言えるのであるか。ちがいは即まちがいではない、互にちがっていても、それぞれとして共に正しい場合もありうる。人間の顔はそれぞれちがっている、が、それ故に一人の人の顔がまちがいであると言えるか。毛沢東は差異にも矛盾があるという。それは矛盾の有無の問題でなく、矛盾のちがいの問題であるという。そうならば差異に於ける矛盾はちがった矛盾であり、従ってまちがった矛盾でなければならぬ。まちがった矛盾は矛盾ではない、もはや矛盾でなくして差異でなくてはならぬ。差異と矛盾とはやはりちがったものである、決して互にまちがった関係にあるものではなかろう。それとも矛盾とちがったものは依然としてまちがったものであるというのであるか。

弁証法論理は矛盾と対立との関係から成立つものであって、差異関係はこれにあずからぬものであると言わざるを得ない。差異の関係は弁証法論理の外にある。それを認めないのが毛沢東の、さらには彼のマルキシズムの立場であった。その理由はマルキシズムが、凡ゆる経済現象は初めから階級的分立の関係にあったという基礎経験に立っているからであろう。しかしこのことが歴史的事実であるかどうかは未だ多くの議論の存する所であるであろう。しかし弁証法論理が矛盾と対立との関係によって成立つという点に於いて、我々はマルキシズムと完全に一致する。これは十分に主張せられねばならぬ点であるであろう。但し弁証法がその孰れに重きを置くべきかという点については問題がある。我々は毛沢東と同様にこの論理の中軸を矛盾関係に置かんとするものである。世には弁証法の原理を専ら「対立」に置き、矛盾に基づかないことを強論する人もあるが、私は毛沢東と共にこの説には賛同することができぬ。少なくとも弁証法の論理は矛盾性にあって、対立性にあるのではない。対立はむしろ両立性を多分にふくみ、矛盾のように否定性を貫くものではない。矛盾は破壊力であって、対立は保存性であり、弁証法論理の発展はこの二つにかかっていることは勿論であるが、動的なる発展の契機は先ず矛盾性にあることは誰の目にも明らかであろう。正と反とは何よりも先ず矛盾するが、却ってその故に発展的でありうるのであって、この両者の媒介はモイレンの把握したように「破られたもの」でなければならぬ。合は勿論綜合であって、これをもたらすのは対立の関係であるが、対立の前に矛盾があり、対立の後にも矛盾がなければならぬ。矛盾が対立の関係に移って合となっても、又直ちに反を喚起してこれと矛盾関係にあることとなる。それが弁証法論理的な発展であった。対立は謂わば矛盾と差異との中間にあって、破られた関係を繕うことの役割を果す。対立は反立である限り矛盾に結びつくが、それが両立である以上、同時に差異の世界につながるものでなければならぬ。その意味に於いて対立は弁証法の中心にあるが、その理由からして主力であるとはいえない。ディアレクティクの中軸は何といっても矛盾関係にあり、矛盾から出発し、それによって媒介せられながらそれに於いて終るものと言わざるを得ない。この点からして我々もまた毛沢東の如く矛盾論を書かねばならぬが、しかし彼の如く差異をも矛盾と同一視することはできぬのである。

これらの点を明らかにするために、煩をいとわず、初めに帰って次の如く詳述しよう。

弁証法論理はもちろんロゴスの発展であるからして、存在と非存在との、肯定と否定との分別を以て出発する。否定の概念は種々な起源を有するが、弁証法に於いて最も鮮明に、且つ強烈にあらわれることは知られた事実であるが、問題は偏えにこの両者が如何に関係するかという点にかかっている。この関係は大凡そ差異と対立と矛盾とに区別せられるが、これらに於いて肯否は如何に関係するのであるか。差異は互に異なることであり、一が有するものを他は有せず、他の有するところを一が欠如していることであった。それは存在と非存在とからなる世界ではあるが、両者の関係は欠如(privatio)の関係であるにすぎない。そこには未だ弁証法的思惟がなく、またそれに止まれば弁証法的な理解を欠く。否定は部分的否定として肯定とつらなり、無限の度によって連続している。否定は肯定に反するものでなく、両者が共にあずかって一つの欠如体をつくり出す。否定作用は未だ独立な機能を果し得ないで高々存在の欠如態を構成するのみである。「対立」に至って否定は初めて肯定に反抗する力と働きとをもつこととなる。反立の最も顕著なるのは対立に於いてであって、ロゴスが二分するのも茲に至ってであった。人と人との間柄も互に異なるのみであるならば、各人がそれぞれ分に安んじて争わないが、一たび対立するとき忽にして相容れない関係に置かれる。しかし対立が対立に止まる限り未だ平穏である。却って対立は両立することによって成立つとも言い得よう。男女は性に於いて対立するが、両性なしには家族もなく、社会も成立し得ぬであろう。然るに矛盾に於いては両立は砕かれ、対立は「破られたる関係」となる。一方が立てば他方が立たず、両者は同時に成立することができぬ。一者を肯定すれば、同時にこれを否定することが許されない。そのような厳しい関係にあるものが矛盾関係であり、かくの如き危機をはらむものが矛盾の原理であった。そして弁証法とはまさに矛盾の論理であり、少なくとも矛盾関係を常態とするものであるに外ならなかった。それは矛盾を排斥する論理ではなく、逆に矛盾によって貫かれた論理であるからして、ヘーゲルの立場はまさに形式論理の矛盾律を逆転したものであるといわなければならない。矛盾はやがて対立関係に転移するものであっても、それ故に対立が弁証法の中心的原理であるとはいえない。対立はさらに差異に転ずべきであっても、差異は決して弁証法のうちにあるとはいえない。差異の世界はむしろこの論理の外にあるといわねばならぬのではないか。弁証法論理は主として矛盾と対立との関係を原理とする。矛盾によって破られた関係は対立に於いて救われ、保たれそうして高められる。矛盾は破壊の原理であるが、対立は保存の、または保持の原理であり、破られたる矛盾は対立に移ることによって保全せられ、且つ高められる。しかし対立は長くそれに止まることができず、またやがて矛盾の関係に転ずる。テーシス(thesis)はアンチ・テーシス(antithesis)によって破られるが、対立に於いて結びつけられ、そして高められる。止揚とか揚棄(aufheben)というのはこの作用を言うに外ならなかった。対立によって救われた矛盾は綜合(synthesis)となるが、それもまた一つのテーシスとしてやがてそれに対するアンチ・テーシスを喚起し、かくして破壊と綜合との無限なる過程として発展するものが、弁証法的論理の綱格であるべきであった。その発展はさらに進んで差異の世界にも及ぶが、しかし弁証法としては矛盾と対立との二つの原理によって十分である。毛沢東の考えるように弁証法を差異の世界にまで拡げることは、誤謬でないにしても、余りにゆきすぎた理解であるといわねばならぬのではないか。差異の世界は互に「ちがった」世界ではあるが、必ずしもその故に「まちがった」世界であるとはいえない。それはそれとして特有な原理を有し、弁証法論理の支配するところではない。否むしろこの世界こそは日常的(alltäglich)であり、平常心のただよう世界であろう。卑近な例をとれば、世界の人々は平常的にはただ「人さまざま」なる世の中に住む。非常時となって互に反抗し敵視するとき、対立の関係に入り、さらには闘争状態に陥る。しかも対立のある限りこの闘争はつづいて止むことなきが原理的に必然であるとすれば、矛盾関係とは何という痛ましき人間関係であろう。

しかし今我々はそのような平凡な感傷にふけっている場合ではない。次にこの矛盾関係に於いて存在と非存在とが如何に関係し、以て弁証法的論理を構成するかを的確に理解しなければならない。矛盾はヘーゲルの「論理学」の本質論第二編第二章に於いて主題として論ぜられている。このことは矛盾の概念が本質論に於いて完き姿をあらわすことを示すものであるが、それ故に矛盾が存在その他の領域に於いて主要原理をなさぬということではもちろんない。それはヘーゲルの全体系を貫く中心の原理であった。ただそれが本質論に至って明説されたことに並々ならぬ注意を払うべきであろう。矛盾律は形式論理の第二法則であるが、ヘーゲルにとっては思弁的論理の第一原理であるべきであった。このことは論理というものがヘーゲルに於いて形式的より思弁的なるもの(das Spekulative)に転換されたということを表わすに余りある。思弁的とは何であるか。それは有と無とを単に存在としてではなく、「関係」として見ることであり、有を存在としてでなく、成として或は動として見ることである。そしてそのように見ることを可能ならしめるのは「本質」の立場であり、凡てをその立場に於いて有らしめるのが思弁的論理であるに外ならなかった。それ故に存在として矛盾するものは真理として成立しないが、本質の世界に於いては却って矛盾するが故に生成するのである。存在として無は有に矛盾するが、本質としては決して矛盾しない。いな矛盾しながら共にこれらを包容し、むしろ矛盾することが真理となるのが本質の世界である。それは存在のそのままにあるものではなく、存在のそれ自らに対してあるものであり、即自(an sich)の存在ではなく対自(für sich)の世界である。存在のただそこにある状態ではなく、存在が反省せられ、又は反照されたものである。

「本質」は反照せられたる存在であり、存在は反照せらるべき本質でなければならない。即自にして同時に対自的なるもの(an und für sich)が即ち存在にして本質なるものであり、存在は反照せられた本質に於いてまさにその本質をあらわすのである。存在としての有と無とは互に矛盾するが、本質としての両者は矛盾しない。本質の世界に於いては矛盾は矛盾しながら却って両立し、互に相容れるのである。思弁的論理学に於いては矛盾は排斥せらるべきではなく、逆に歓迎せらるべきものであるのもこの理由に基づくのであろう。

ヘーゲルにとってはそれ故に有が有であるのは無によってであり、無が無であるのは有に於いてである。それ自らにあるものはそれ自らに非ざるものによってあり、それ自らとしてあるものもそれ自らに非ざるもの(他)に於いて可能となる。その具体的なるものをヘーゲルは即自にして対自なるものとして言表わした。サルトルの解釈によれば、対自とは「それであるべきもののないことであり、そしてそれでないはずのものがあることである」(Sartre, L'être et le néant, p. 121)。**それ自らとしてあるべきものがそうでなく、**それ自らに非ざるものがそうであることである。それ自らとしてあるものがそれ自らでないが故に、それはそれ自らに対してあるものとなり、それに対するものはそれなくしてはありえぬが故にそれ自らに対してあるものとなる。即自にして同時に対自なるものが最も具体的な存在であった。それは単なる存在でなくまさに反照せられた存在であり、ただに存在の本質ではなく本質としての存在であらねばならなかった。

しかし以上のように言えば、それは有と無と同一視し、有は即ち無であり、無が同時に有であるという同一哲学になりはしないか。決してそうでなく、またそう考えることはヘーゲルの最も嫌うところであった。ヘーゲルは若き日に「フィヒテとシェリングの哲学体系の相違」を論じたが、何よりもこれら同時代の有力な諸哲学に対して自己の哲学が如何に異なっているかを論明することがその主なる目的であっただろう。そして云う、「同一哲学はただ同一なるものの同一を主張するが、自分の哲学は同一と非同一との同一(Identität der Identität und Nichtidentität)を論ぜんとするものである」(L. I, 59)。ヘーゲルの弁証法は単なる同一論ではなかった。同一論にも様々な種類があるが、ヘーゲルにとって同一なるものは何よりも先ず矛盾の同一性であった。同一は同一なるものによって成立つのではなく、同一ならざるものによって生成する。それは同一なることによってでなく、同一ならざるもの――殊に矛盾するものによってのみ同一となりうるのである。矛盾するものは同一でない。しかし矛盾することによってのみ同一となりうるのである。それは有の論理でなく本質の論理であり、成(Werden)の論理でなければならない。既にそうあったものの論理でなく、そうあるべきまたはそうあるであろうものの原理である。既にあったものの、現にありまさに有ろうとするものについての――即ち本質についての論理でなければならなかったのである。

そこに媒介という概念が浮び上る。有と無とは同一ではなく、また有は即ち無であるのではなく、両者は矛盾するからして有は無によって無は有に媒介せられる。思弁的論理はこの一筋につながる。しかしヘーゲルに於いて媒介とは何を意味し何の働きをなすのであるか。媒介は vermitteln であるが、この語は Mitte から来たものであり、媒介とは二者の間に中的なものを入れる考えであることは常識であるが、ヘーゲルにとってはそのような「中」はなかった。モイレンは近著の「Hegel」に「破られた中」(Die gebrochene Mitte)と副題しているところから見ると、彼はヘーゲルの哲学を Mitte によって理解せんとしているようであるが、果して正しい把握の仕方であるかどうか。たとえそれが破られたものであっても、中の思想は必ずしも媒介の概念と同一視するわけにはいかぬ。むしろこれを明別するところにヘーゲルの特色があり、のみならず我々にとっても少なからぬ問題を提起するのである。中とは二者の中間にある第三者であるが、ヘーゲルの媒介は果してそのような中間者を必要とするのであるか。Vermittelung は単に Mitte の破られた姿にすぎぬのであるか。媒介は一から他方への移行であるが、移行とは単に一方から他方への過渡ではなく、二者の綜合でなければならぬ。綜合は空しく移りゆく過渡ではなく、まさに両者の綜合でなければならない。この結合を中的な第三者によって遂行せんとするのは外からの綜合であり、媒介ではなくしてただなる仲介であるにすぎない。AとBとを仲介するものはCであるが、この結合の成り立つためにはさらにAとC、CとBとの結合が必要となり、その関係は無限に溯及せられねばならぬであろう。中を第三者とすることは媒介を可能ならしめる所以でなく、徒らに複雑ならしめるにすぎぬ。ヘーゲルの媒介は媒介者なき媒介でなければならぬ。外なる仲介ではなく、自己が自己自らを媒介するところの自己媒介(Selbstvermittelung)でなければならない。モイレンは Mitte を説きながらそれを破られたものと視た。そしてそれは「精神は自ら生命に切りこむ生命であり、自己の苦しみにおいて自己の知を増す」というツァラトゥストラの思想(Zarathustra, 277)にも通ずるものがあると言う。

しかしヘーゲルに於いて有が無に媒介せられるのは、肯定が否定的なるものとの関係に於いて肯定的であり、否定的なるものは肯定との関連に於いてのみ否定的であるという意味であるより外はなかった。肯定と否定との外に第三者があって仲介せられるということではさらになかった。つまり媒介とは媒介するものと媒介されるものとが同一であるということである。この外に媒介する第三者といったものがあろう筈はない。肯定と否定とはたしかにちがっている、いな互に矛盾している。それらが媒介されるとは、矛盾しながらまさにその故に綜合せられることの謂いである。その故に「なお、未だではあるが、既に」(Noch nicht und doch schon)媒介せられていることである。何を苦しんでその外に第三者をもち出す必要があろうか。ヘーゲルにとって存在の発展は大凡そのような方式に於いてなされた。媒介とは一方が崩れて他方に移行することであるが、それは崩壊することが同時に建て直すことであるという原理に基づいている(zugrunde gehen＝zu Grunde gehen)。その過程が単なる移行ではなくて止揚であることも、この点から十分に察知せらるべきであろう。媒介とは媒介し、媒介される関係であるが、単なる関係ではなく、同一化するところの働きでなければならぬ。そしてヘーゲルにとっては同一化は単なる同一の同一ではなく、非同一の同一であるから、媒介とはこの同一化作用の反省に外ならない。しかもヘーゲルにとっては同一化は矛盾の同一化であるからして、媒介は矛盾の自己反照であるに外ならなかった。矛盾の外に何かがあって媒介するのではなく、矛盾関係自らが自らを反省するところに媒介が可能となるのである。それは全く論理の媒介であり、就中矛盾の自己媒介であり、媒介者なき媒介であった。モイレンはこれを「破られた中」と名づける。破られるとは即ち繕われることであるという論理なしには、そうは言えない筈であろう。

七

上によって我々はヘーゲルの論理思想を叙述するとともに、それが西洋の思想史に於いて如何なる位置を占め、何の意味を有するかを明らかならしめんとした。ヘーゲルの弁証法論理はまことにロゴスの思想発展の、最後のそして恐らくは最高の段階を占めているといってよいであろう。それは西洋哲学の最後を飾るものではないにしても、ヘーゲルも自負したように、彼の弁証法論理はロゴス思想の最高の展開を示しているといって過言ではないであろう。ヘーゲルの没後彼の哲学方法は却ってマルクスによってうけ継がれた。ロゴス思想は同一なるものから出発し且つそれによって貫かれている。同一なるものは先ず存在の論理としてあり、事物が存在するのはそれが自己同一性をもつことであると考えられた。存在は存在であって、決して非存在ではない。有るものは或るものであって、決して他なるものではない。存在は一である。しかしそれが一つの存在であるということは他の存在でないということでなければならぬ。ここに於いてロゴスは二つに分たれ、存在に対して非存在が分立する。

しかし分別は存在のことではなく、実はロゴスの世界にあった。存在からロゴスに移ることによって弁別の世界が展開する。存在とは肯定せられたものであり、非存在とは否定せられた世界である。非存在とはロゴスによって分別せられたものに外ならぬ。ロゴスに至って初めて分別のあることは、分別によってロゴスが展開することと同意味であろう。非存在は無きものであるが故にこれを一つの或るものとさえ言えないからである。或るものは有るものであって、決して有らぬものではない。或るものはそのものであって、決して他なるものでない。事物について存在と非存在とを分別するのは偏にロゴスのなせる業であり、肯定と否定とを区別するのは専らロゴスの本質に属する。ロゴスなしには分別はなく、ロゴスのあるところに必ず分別が行われる。存在に区分あるのもロゴスの分別によってであった。但しこのとき存在とロゴスと孰れが先であり、何がより根本的であるかを問うことは止めよう、また止めてよいと思う。なぜならロゴスと存在とを区別することも既に一つの分別であり、既にそれ自らロゴスであるからである。

さてロゴスの展開は上述の如く三つの段階に於いて行われた。一は差異であり、二は対立であり、三は矛盾の関係である。そしてこの矛盾のロゴスを中心として展開したものがヘーゲルの弁証法論理であった。矛盾律は形式論理に於いては矛盾を排斥する法則であったが、弁証法に於いては逆に矛盾を中心とするロゴスとなった。ロゴスの発展はここに於いて最も徹底したものとなり、それ以上の展開はあり得ぬかのようにさえ見えたのである。しかしそれがそうでなかったことはヘーゲルの死が哲学の終焉でないことは勿論、その中止でもなかったことによって知られよう。ロゴスの展開にはなお一つの残されたものがある。形式論理は同一律と矛盾律との外に、第三に排中律を法則とする。ヘーゲルのなしとげたのは矛盾律の逆転ではあったが――そしてそれによって論理の体系は展開し尽くされたように見えたが、豈にはからんやなお一つのとり残された問題がある。それはロゴスの第三の法則たる排中律の逆転である。ヘーゲルといえどもこの問題に一指も触れていない。その他の、又はその後の何人によってもロゴスのこの展開は試みられなかった。既述の如く、思想の発展の長い歴史は思想の三大法則の批判と逆転とによってなしとげられた。苟も何らか新しい哲学を樹立した人は、この法則の孰れかの変革者であったと見ることが我々の見方であった。同一律は凡ゆる存在とロゴスとの出発であり、それなしにはロゴスの展開はありえないほど根本的なものではあるが、それがそれに止まる限り空虚であり、そこから何らの展開も見られ得ない。AがAであるということは誤りなきことであるが、余りにわかりきったことであり殆ど自明的でさえあって、それが知られても何ものも知ったとは言えない。それはただ同一なるものの反復であるか、または同一概念の分析であるにすぎぬ。我々の知りたいことは単にAがAであることをではなく、AがBであることをである。ロゴスが単に同一性にとどまることなく肯否に発展し、互に相異なるものが如何にして統一せられうるかを明らかにすることが認識論の仕事であった。カントの生涯はこの問題の解決にささげられていることは周知の如くであろう。認識は概念の分析ではなく、経験との綜合でなければならない。AがAであることはたとえ誤りではないにしても真理ではなく、少なくとも真理をなすに足らぬ。認識は必然にして且つ十分でなければならない。カントにとって綜合は単なる結合ではなく、先験的綜合判断でなければならなかった。与えられた経験は精神にとって異質的なものではあるが、尚この異他的なものなしには同一性はあり得ぬのである。同一性は少なくともそれだけでは不十分であることを指摘した点に於いて、カントは同一律に対する最も鋭き批判者であり、彼の哲学はまさにこの意味に於いて批判主義(Kritizismus)と名づけられるにふさわしい。彼の哲学は西洋の哲学史上一新紀元を劃し、近代哲学の礎石は彼によって置かれたといわれるのも理由なしにではなかった。

ヘーゲルに至って矛盾律が変革された。彼によって思想のこの第二法則は単に批判されたのではなく、逆転されたのである。かく云う意味は既に大方は明らかであろう。矛盾律は彼に於いて矛盾を排斥するものとしてではなく、逆にこれを中心とすべきであったからしてである。ヘーゲルを以てロゴスの発展の最頂点とみなすことの必ずしも過言でないのもこの故にであった。

しかしロゴスの発展はこの批判者と逆転者とによって大凡尽くされたというべきであろうか。西欧に於いては或いはそうであるかもしれないが、それ故にロゴスは西洋の哲学に限られていると何人が言い得よう。そこに於いてなしとげられたのは論理の第一と第二の法則についてであったが、第三の法則については未だ何人によっても、また何れの時代に於いても触れられたためしがない。第一の法則に対する批判はあり、第二の法則の逆転はあったが、未だ第三の法則に対する鋭き批判者も思いきった変革者も、私の寡聞なる、未だこれあるを聞かないのである。

我々はここに残された問題をとりあげて何らか致すところあらんとするのであるが、驚くべきことにはこの研究は既に古きインドに於いて試みられているのである。それは龍樹の「中論」における思想と方法とである。龍樹は大乗仏教の創始者であるが、我々は彼に於いて東洋の思想の淵源と本質と及びその特色とを見出さんとするものである。果して許さるべきであるかどうか。

ロゴスの展開はヘーゲルに於いて極まったがロゴス以外に論理がないというのは西欧思想の越権であり倨傲でさえある。東洋にはまた一つの論理がある。それはレンマ (lemma) の論理であった。我々はそれを提撕することによって西欧に対する東洋思想の特色を挙示するとともに、何らかの意味に於いて世界全体の思想体系を樹立せんとするのである。レンマの論理は単に東洋文化の Idealtypus であるのみでなく、世界的思想体系の一翼を担うものであり、両者を区別しながら共に含むことによって、世界的な思想体系が完成せられうるのではないかとさえ思うのである。本書はその一つの試論であるにすぎない。

第三　テトラ・レンマ

一

レンマ(λῆμμα)は λαμβάνω という動詞に由来した名詞であり、この動詞は一般に「つかむ」「とらえる」(take hold of, grasp, seize)等々の意味をもっている。殊にそれは χείρ(手)という語と結びつき、例えば διὰ χειρῶν λαβών (手をもってつかむ)のように用いられることの多いのを見ると、第一に極めて具体的な把握の仕方をあらわす。時として暴力をもって奪いとるというほどの意味をもっていて、文字通りに「把握」を意味する。単に抽象的に認識することではなく、具体的にして直観的な理解の仕方をいうのである。サンスクリットに於いてこれに当るものは √labh (gain)又は √lamb (hang)等の語根であるが、共に極めて直観的な把握の仕方を意味することに於いて一致する。ヨーロッパの学問的方法がロゴス的であるに対し、東洋的思惟はレンマをおもなる方法とすることを挙揚して、そこに両者の区別を明らかにすることが我々の仕事であるが、それには先ずできるだけレンマの何たるかを明らかにしておかねばならぬ。

レンマは何よりも先ず、具体的に直接にものを把握することであるが、直観といえどもそれが一つの学的方法であるからにはそれにふさわしい論理がなくてはならぬ。論理がないことを論ずるのも一つの論理であるから、苟も学問に携わる以上は何らかのロゴスを無視するわけにはいかないであろう。問題はむしろそれがロゴスの如何なる種類であるか、又はあるべきかという点にある。ヨーロッパのロゴスはアリストテレスの論理に始まりヘーゲルの弁証法的論理に至って発展の極度に達した。レンマが何処に起り、如何にして東洋の論理となったのであるかが、先ず問われねばならない。

インドの古い時代、恐らく釈迦と同時代に、六師外道という学派があり、その一派のサンジャヤ(Sañjaya)によってしばしば次のような論法が行われたと伝えられている。「汝若し他世ありということについて問わんに、予にして若し他世ありと考えたならば他世ありと汝に答えるであろう。されど予はかく考えず。然りとも考えず。其他にも考えず。然らずとも考えず。然らずというにあらずとも考えず。」「汝若し他生なしというにつき、汝若し他世ありまたなしというにつき、汝若し他世あるにあらずなきにあらずというについて問わんに……」「化生の有情あり、なし、ありまたなし、あるにあらず、なきにあらずというにつき、」「善悪業の異熟果あり、なし、ありまたなし、あるにあらずなきにあらずというにつき、」「人は死後存す、存せず、存しまた存せず、存するにもあらず存せざるにもあらずというにつきて問わんに……」。沙門果経は以上のような論を「vikkhepa」と呼んでいるが、サンダカスッタはアマラー・ヴィケーパ(amarā vikkhepa)と名づけた。この名称は六十二見中にも出ており、そこには種々な細別があるようであるが、沙門果経はこれをサンジャヤの説として一括している。しかしそれは何を意味するものであろうか。

玄奘はこの amarā vikkhepa を不死矯乱論と訳しているが、それは誤訳であって、amarā はパーリ語の鰻を意味し、決して梵語の amara と混同してはならぬ。第一、梵語では語尾 a が短音であるがパーリ語では長音である。玄奘はこれを梵語と見て「不死謂天、以天長寿外道執為常住不死」という理由から「不死」と訳したのであろうが、これでは意味が通じない。それはパーリ語として読み「鰻」と訳すべきである(宇井伯寿「印度哲学研究」第二、三六四頁中)。例えば、死後に他生があるかという問に対して、あるともないとも、ありまたなく、あるにあらずなきにあらずともいう。それは所詮有るとともに無いことを言うのであって、極めて曖昧な答であり捕えどころがない。恰も鰻のようにヌラヌラとして捕えがたい奇論である。それはなるほど矯乱論であるが、玄奘がこれを不死と形容したのは意味の上ではとにかく明らかな誤訳であろう。アマラーは不死ではなく、鰻でなくてはならぬ。恰も鰻の如く把えどころのない惑乱論である。徒に人を惑わし、何を取り何につくべきかを迷わしめる僻論であるというより外はないのである。ソクラテスの周囲にも多くのソフィストがあったように、釈迦の時代にも六師を数える多くの外道があった。律蔵の大品(Mahāvagga, I, 23)によれば、成道の翌年王舎城に来た釈迦のもとに、二百五十人の衆徒を率いて仏弟子となった舎利弗、目犍連も、もとはサンジャヤの弟子であったと伝られている。

さらにジャイナ教によると、仏陀時代の思惟を四論に纏め、その第四に無知論(ajñānavāda)があって、その論旨は大体に於いてサンジャヤの所説と同様であったと言う。それは西洋の agnosticism と同様に主知説を排するためのものであったが、インドの無知論の特色は、その前に四論があり、その後に強き宗教的実践を伴う点にある。四論とは㈠肯定、㈡否定、㈢肯定でもなく否定でもないもの、㈣肯定でもあり否定でもあるものという四つの論であり、それが所謂テトラ・レンマ(tetra-lemma)とよばれるものであるが、特に注意せらるべきは第三と第四の論である。西洋の論理は bivalence であって、判断は肯定か否定かの孰れか一つであってその外にはない。その外に第三のものはあり得ないという。それはまさに第三の排中律であった。然るにインドではこの外に第三及び第四の立場があり、これらを共に「中」に入れるならばインドの論理は中を排するものではなく、却ってそれを容認するところの論理である。即ち排中律を逆転して容中律を認めることがインド人の考え方であったと言わねばならぬ。

ジャイナ教の注釈者は、知識は解説に導く所以のものでなくして、却ってタパス(tapas)に導くものであると説く。タパスとは苦、又は苦行の意であって、四論によって知識のとるに足らざることを知ることが修定の第一の条件であった。アマラー・ヴィケーパは単に四論を分別するのみに止まらず、却って知識を批判し、その主知主義を破砕し、以て真に宗教的な修定を打ち立てんとするところにその面目があった。宗教的立場としてはさもあるべきであろうが、我々の目ざすところは人間の思惟の方式としての論理であり、これを四論として組立てたインド的方式についてである。

四論の区別は第一に人間の考え得る、又は考うべき四つの場合を尽している。この外に我々の思惟は考えようもなく、またこの他の如何なる思惟の様式も不可能である。それは決して矯乱論でも詭弁でもなく、人間の思考にとって当然又は必的な区別であり、且つこの区別はただにサンジャヤに始まったものではなく、インドに於いては早くから行われたものであるようである。それは一般的には atthi (it is), n'atthi (it is not), atthi ca n'atthi ca (it is and it is not), n'ev'atthi na n'atthi (it neither is nor is not) としてヴェーダやウパニシャッドに於いて人々に頻用されたものであった。重ねて言う、この四論は人間の考え方の凡ゆる場合を尽したものであり、その他に我々の考え得べきものはなく、それによって我々の種々な考え方が十分に尽されているという点に於いて興味あり、しかも西欧の論理に於いては見られない一つの論理のパターンであることに於いて、殊に重要なのである。

四論は近頃「四句分別」と訳されているようであるが、それが妥当でないことは後に説く。四論の順序も様々であり、時としてはただ区分と列挙に止まり、そこに何らの原理もないようであるが、それでは東洋の論理たる資格を欠くであろう。外道では㈠肯定、㈡否定、㈢肯定にして否定、㈣肯定でもなく否定でもない場合という順序になっているが、私は第三と第四とを逆にして、両否の論理を第三に置き、両是の立場を第四に置き、そして両否の立場を全論理の中心におきたいと思う。両是の立場は矛盾律によって固く禁ぜられているのにそれが可能なのは、両否の論理によって先き立たれているが故にであり、それなしには両是の見方も成立し得ぬからである。ヨーロッパの論理に於いては判断は肯定か否定かの孰れか一つであり、その外にあり得ぬ。即ち bivalence が唯一の方式であったが、インドに於いてはこの外に尚二つのレンマがあり、所謂テトラ・レンマ(四論)である。しかもこの両否の論理が「中」の立場を啓くところのものであり、その上に立つことなしには両是の論理も成立することができぬ。第三のレンマはインドの論理の——殊に大乗仏教の論理の出発をなすとともに、その中核をなしているのである。

二

このことは大乗仏教の創始者龍樹(Nāgārjuna)の論理を瞥見しても容易に看取することができるであろう。彼の「中論」の劈頭第一偈は、諸〻の有体が「不生不滅、不常不断、不一不異、不来不出」であることの主張であった。この有名にして果敢な論法は明らかに両否の論理の表明であり、まさに第三のレンマの主張に非ずして何であろう。龍樹は生滅の世界から出発しないで、不生不滅の論理から出発しようとした。何故に然るかは後に詳論せらるべきであるが、とにかく彼の立場が生を否定し、滅をも否定する論点におかれていたことはたしかである。それは第三のレンマにあるに外ならなかった。彼の論理は生を肯定するか否定するかにあったのではなく、生を否定し滅をも否定するところから始められたのみでなく、それによって一貫せられている。生滅の有体を把握するためにこのような両否の論理によったことは、殊更なる我々の注意を促し、まさにこの点にインドの論理の中核があるとさえ思わしめるものがあるのである。龍樹のこの立場は勿論四つのレンマの一つの場合といったものではなく、さらに深くさらに広い論拠をもつものであって、やがてここからして絶対否定の思想が樹立せられるのであるが、少なくとも形式上それは第三のレンマに位置することだけは認められねばならぬ。かくいうのは龍樹の教学がサンジャヤの伝統に属すると言おうとするのではもちろんない。恐らく龍樹はそのような外道には一顧の労をも与えはしなかったであろう。しかしヘーゲルの雄偉な弁証法論理がゼノンの詭弁から発達したように(アリストテレスもディアレクティクの起源をゼノンに求めている)、龍樹の論理もサンジャヤの四論の洗練されたものと見るのは必ずしも僻論ではなく、況や謬説であるとは言えないであろう。それがたとえ歴史的には許されないにしても尚問題として考えうる。両否の論理は明らかに第三のレンマに属するものであった。それは肯定を否定するのみでなく、否定をも否定する両否の論理である。のみならず更に凡ゆるものについて凡てを否定せんとする絶対否定の論理となった。両否がさらに絶対的否定にまで洗練せられた点に龍樹の特色がある。

なお四つのレンマは単なる四句分別ではなく、第三のレンマによって区切られる。第一と第二とは世俗の論理であり、第三と第四は勝義の論理に属する。大乗仏教に有名な世俗と勝義の区別もここに胚胎するのではないか。何故にこの二つの世諦が峻別せられ又はせらるべきかは久しく不問に附せられていたが、ここに至ってややその理由を見出すに難くないであろう。これを区別せねば大乗仏教は成立たぬからである。世俗の論理は bivalence を立場とし、二価値の論理を主とする。そこでは判断は肯定か否定かであって、肯定でありながら同時に否定であることは許されない。それは矛盾の原理に背くからである。そこでは判断は肯定か否定かの孰れかであって、その外にはあり得ない。もしその外に第三のものがあるとするならば、排中律によって禁止せられるからである。しかしそれは世俗に於いてであっても、勝義の論理についてではなかった。勝義的にはむしろそれと全く逆なのである。勝義の立場にとっては先ず排せらるべきものは排中律そのものであった。排中律は逆にそれ自らを排するものとなる。判断の根本的性格が bivalence に置かれる限り、肯定か否定かの孰れか一つであって、その外にあり得ない。然るに龍樹にとっては、その外に有り得るのみでなく、なければならぬと考えられた。然らばこの第三のものとは何であるか。これが第三のレンマであり、肯定でもなく否定でもないという両否の論理である。それは第一と第二のレンマを倶に否定するものであり、肯定を否定するのみでなく、否定をも否定するものであった。either—or の両者をともに否定する neither—nor の論理であった。この両者を否定して何があるか。世俗の世界に於いてはこの否定の後には何も残らない。判断は肯定であるか否定であるかの孰れかであって、その外にはない。それ以外に何ものもあり得ぬ。事物は存在するか存在しないかの孰れかであって、その外の何ものでもあり得ない。もしあり得るとすれば無というものしかない。しかし無は無であって、何ものでもなく、それがそうである限り何ものでもあり得ない。それがあり得ないからしてこそ無といわれるのであろう。あり、又はあり得るものは凡て有であって無ではない。無というものはない。もしもあればそれは有であって、無ではないからである。

また有と無との間に中なるものはない。仮にそれがあるとしても、それは何ものでもないか、乃至は両者の混合でしかないであろう。世の中に男女の両性はあっても中性はない。中性とは単に文法上の仮構にすぎぬ。如何に男が女らしく、女が男性化しても、性別としては男女の二者があるのみであって、その外に又はその間に中性といったものはあり得ない。そのように存在と非存在との外に、又はその間に第三のものはない——それが第一と第二のレンマの主張するところであった。それはその通りであるが、しかし尚そこに何かがある。何らか第三のものがありうるように思われてならない。英語ではこの点が明らかでないが、ドイツ語では entweder — oder の否定は weder — noch であり、noch は単に oder の否定に止まらず、なお(尚、猶)何ものかがという意味を含んではいないか。これは単に言葉のあや(feeling)であるかもしれないが、なお何かを期待せしめずしてはおかぬものがある。相手の峻拒に出合って理屈では尤もでありその通りだとさえ思う、が尚そこに何かがある、あり得るような気がしてならない。ドイツ語では反意(否定)を表わす語として aber と doch との二語が使用せられる。doch は noch に通ずるものとして、「けれど」「なお」「でもなお」という感じを表わす。肯定と否定とが倶に否定された場合、そこに何ものも残らなくともなお何かがある、少なくとも何かがありそうな気持がしてならぬ。

それは啻にフィーリングのことではなかった。第三のレンマは単に一つのレンマであるのではなく、龍樹にとっては論理の出発であり、凡ての論理の基本であり、この論理なしには大乗勝義の立場は見出され得なかっただろう。このことはいくら縷述されても多きにすぐるということはないであろう。

龍樹の教学は有部の立場を徹底的に批判することから出発したのであるが、彼にとって有とは存在であるよりも有為であり、恰も bhāva はこの両義を蔵するところから、批判の対象は専らこの概念の分析に集中せられた。生ずるとは存在することであり、滅とは非存在となることであるが、龍樹はこの二者を共に否定して、不生不滅であるという。

存在は生じもしなければ滅しもしない。存在は去ることもなく来ることもない。生ずるとは何ものかから起り、滅するとは何ものかに移去することであるが、生ずることには由って来るところの原因があり、滅することにも然るべき理由がなければならぬ。生滅の問題は従って因果の関係であると別言することができるが、しかしそれは何によって、また如何にして可能であるか。因から果が生ずる場合、因中に既に果があるかないかの孰れかでなければならぬ。もし因中有果ならば因果は同一となり、別に新しい果の生ずる必要はなくなるであろう。反之因中に果がなければどうして因から果が生ずることができるか。果は自から生ぜず他からも生ぜず、自他からも生じない。しかも無因から生ずることほど不合理なものはないとすれば、因果の関係はいずれの場合にも不成立となる。因と果との二つの事象があってもこの二つが如何にして結びつくかは説明し得られない。因果とは単に因と果との結合であるだけでは不十分であり、この両者が必然に結合することが要求せられるが、この必然性はどこにあるか、どこから得られるか。ヒュームが疑ったようにその必然性はどこにも見出すことができない。ただこの二者の結合の経験を繰返すことによって、習慣的にそこに必然性があるかの如く思われるのみであるという。

殊にこの関係について難関となることはその無限逆行性(regressus ad infinitum)である。因は果に対し原因となるものであるが、それ自らは又一つの果としてさらにその因を求めて止まぬ。親は子の因であるが、親は又祖父母の果であり、因はさらに因を求めて無限に到ってやまぬであろう。最後に自己原因(causa sui)を設定しても、因果関係であるからにはそれも一つの果であって、因なき果ということは自己矛盾でしかない。因果の連鎖はかくして原因の原因にさかのぼり、結果の結果に及んで無限の過程をたどらねばならぬであろう。

三

因果関係は必然性なしには成立たぬが、必然とは要するに孰れの時、孰れの場合にも然あるべきであるから、それを単なる論理性としてでなく、存在の同一性として把握するならば、それは一異の問題に帰せられることとなろう。因果の同一性が強調されればされるほど必然性は増上するが、しかし同一性の発展は要するに因果の関係をなさぬ。因果とは異にして一、一にして異なる関係でなければならぬが、しかしそのようなことは如何にして成立し得るのであるか。成立することは必ずしも生ずることではないが、異にして一であり、一にして異であるためには、先ずそれが一にもあらず異にも非ざることが論定せられねばならない。生にもあらず滅にも非ざることが証明せられることによってのみ、生でもあり滅でもあることが可能となる。龍樹はこのような論法を駆使して凡ゆる現象を徹底的に批判せんとした。それは批判であるよりも徴難であり論破であるようにさえ見える。それ故に彼は世にも稀なる虚無主義者と見做されたが、彼の批判は所謂破邪にして顕正なるものであり、その否定はレンマの第三なるものであり、それは他のレンマとの関係なしには理解せられ得ぬものである。その否定は絶対否定であるが、にも拘らず四つのレンマのうちに位置づけられ、就中重要にして中心的な位置を占めている。龍樹の論理は決してサンジャヤの四論ではない。四論はただ人間の思考の四つの場合を数え上げたのにすぎないが、龍樹の立場は一つの原理によって——第三のレンマによって統一せられている、それは一つの体系であったのである。

龍樹は凡ゆる現象を批判しながら特に四つの現象を撰出したのは何故であるか。この問題は従来殆ど不問に附せられていたが、思えばそれも一つの問題となりうることであり、殊にテトラ・レンマに関連してゆるがせにできないものなのである。龍樹は生滅、断常、一異、去来について、不生不滅、不常不断、不一不異、不来不出を主張したが、何故にこの四者をとりあげて、他を顧みなかったのであるか。それには深い理由はなく、ただ凡ゆる現象について批判することは不可能であり、たとえ可能であっても不必要であると考えたのであるかもしれない。しかしそれにしても特にこの四つを範疇的にとり上げたのは何故にであるか。それについては何の教えられるところもないが、或は次のような理由によるのかもしれない。生滅と去来は世俗の現象であるが、一異と断常とは就中論理に属する。そのことが大凡認められてよいとすれば四つの範疇は四つのレンマに対応して設定せられたものと見ることが許されないか。龍樹の破邪はもちろん四項八不に止まらず、百非千不に亘るべきであるが、それは余りに広漠にすぎるからこれらを四項にまとめ、さらに世俗と勝義との二分に於いて八不の然るべき所以を論証せんとしたのではないか。論破の形式は一様であり常套的でさえあるが、またそれだけ徹底した尖鋭さを加えている。観因縁品第三偈はその代表的なるものであるが、「もろもろの存在にして如何なるものでも、何処にあっても、自より、他より、また〔自と他との〕共より、或は無因より生ぜしものはない」と言う。仏護はこれに註して、「諸法は自より生ぜず、彼の生は無意義なるが故に」、所以は「自体を以て現に存するものには更に生起することの所用がないから」と言う。果が既に因中にあるならば〔数論の説〕、因から果が生ずるというのは無意味である。なぜならそれは同じものから同じものが生ずることであって、別に新しい何ものも生じたわけではないから。しかし果と因とが全く別のものであるなら、どうして因から果が生ずると言い得ようか。両者が全く無関係であるならば、因果の関係は言うまでもなく不可能である。不可能ならば因果はありえないし、可能であってもそれが自同的である以上、無意義であるか無用でしかないであろう。因果は自生であるとも他生であるともいえない。況や自生にして且つ他生であるとは言い得ない。しかしその理由から因なくして果が生ずるとは勿論いうべくもない。以上の四つの場合をまとめていえば次の如くであろう。一、果は因より生ずるか、二、果は因より生じないか、それは bivalence の論理であった。しかるに次に果は因から生ずるのでもなければ、生じないのでもないという第三のレンマがある。そしてだから第四に果は因から生ずるとともに生じないという逆説が成立つ。龍樹の論法は一見四論を尽く砕破しているようであるが、内容的には四つのレンマに則って論議しているのである。凡てを否定するかに見えたものは第三のレンマであった。これによって第一と第二の論理を砕破し、翻って勝義の世諦を顕正せんとしたのである。世俗の因果は成立しないが、勝義の因果——それは因果でなくして縁起であるべきであるが——は依然としてある。否むしろそれを主張せんがために凡ゆる世俗的因果を論破しつくそうとしたのである。そうでなければ龍樹の教学は徒なる詭弁に類するか、若しくは虚無説に堕すと言われても仕方がないであろう。

観去来品は去来なる運動を、主として「去」の観察として取扱う。去来はもとより一つの運動であるが、去を主として、来について殆ど論じないのは別に他意あるわけでなく、生滅の問題が主として生の中におさめられたことと同様であろう。龍樹は去について去法と去者とを分析し、去法についても已去と未去と去時とを区別するのは抽象であり虚構であることを指摘して、専ら去るはたらきの具体的な相を伺察しようとした。去は「去りつつある」ところに於いてのみ見出されうるが、しかし現去とは何であるか。已去は嘗てあったが今はなく、未去は未だあらざるものなるが故に今はなく、「已去は去らず未去亦去らず。已去未去を離れたる去時に去らず」。去は去りつつある現去にのみあるのであるか。しかし現去と雖も去りつつある限り既になく未だない。現時と雖も刻々に過ぎ去り瞬時も止ることを知らない。何処に現去があり、何時に去りつつある現在が見出され得ようか。この論破の形式は「中論」第七に於いても「生じつつあるものと、已に生じたものと、未だ生ぜざるものとは、如何にしても生ぜず」(第十五偈)といわれ、「已に住したものは住せず、未だ住せざるものも住せず、現に住しつつあるものも住しない」(第二十三偈)という論法によって取扱われている。

去来の問題とその取扱い方とは恐らく「中論」に於いての龍樹の論法の代表的なるものであろう。生滅の論は有無の問題であり、因果の問題であって、中論の基礎的部門をなすものであるが、去来の問題は有のはたらきについての考察であるから、レンマの論理としては明晰を欠くが、にも拘らず龍樹の論法はいつの場合でも同型であって一貫していることを看取するに難くはないであろう。去は来の反対であり、去ることは無きことであるが、去ることは不在であっても非在ではない。不在は今はなくともやがてあり、帰り来ることを期せしめる。滅は全くの非在であるが、去は仮りそめの非有であるといえる。去来の問題に於いては有無の論がさほど明確でないのはそのような事情によることと思う。しかし茲に於いてもレンマの論理は十分にあらわれている。先ず去と来とは同時にあり難く、同一なものではもちろんない筈である。しかし去は来からくるのでもなく、来は去から生ずるのでもない。去は来に次いで起るが、決して来を原因とするものでない。来が去って去があるのでもなく、去が止って来が起るのでもない。そういう考え方は去と来とを別々に見ての上に成立つものであるが、世にこれほど愚しいことはないであろう。来と去とは一つである。少なくとも一つのものについての状態の推移にしかすぎない。去が来からくるというのは一つの誤りであり、去が来からこないというのも他の誤りである。それ故に去は来からくるのでもなく、去は来からこないということも誤りでなければならぬ。これは第三のレンマであって、両否の論理である。しかしそうはいうものの、去来は日常のことであって、昨日は去り今日が来り、今日が去れば明日の来らんことを人々は期して待つ。両否の論理はただ凡を砕破するものではなく、それを通して、またはそれによって両是の立場を顕わさんとするものであった。それが第四のレンマであるとすれば、茲にも四論の論式が正しく且つ十分に活用されているのを見る。去来は施設であり、去もなく来もない。去は来によって去であり、来は去を俟って来となる。決して去は来から起るものではなく、来は去を因とするものではない。因は原因と熟して因果関係を意味するが、また「よりて」と訓ぜられる。しかし因果の因と依存の「よりて」とは峻別せらるべきであり、ここから縁起は因果とは別種の関係としてあらわれ、そしてそれが東洋人の考え方の一つの特色をなすに至るのである。

有と有のあり方について四論の雄弁に語られたのは「中論」第十「観燃可燃品」である。同品第一偈に云う、「若し薪が即ち火であるならば、作者と作業とが一となる。若し火が薪と異なるならば、薪なくして火あるであろう」。火と薪と一体ならば薪に点火する必要はない。全く別のものであるならばどうして薪が燃え得ようか。燃えることは薪に火が点ぜられて起る現象であるが、若しそれらが同一であれば、火は絶えず燃えつづけ点火する必要はない。また火の燃ゆるために薪を投入する要もないであろう。しかし若し火と薪とが全く別のものであるならどうして火を薪に点ずることができようか。火と薪とは同一でもなく、また異なったものでもない。それであればこそ火は薪に点ぜられて燃えるという事実がありうるわけである。して見ると火が現に燃えつつあるのは何によってであるのか。薪はそれ自らとしては燃えない。火は単に火として燃えることもない。火は薪に点ずることによって、薪は火に点ぜられることによって初めて燃えるという実事が生ずるのである。別言すれば薪は火によって、火は薪を待って燃える。薪とは単なる木でなく火となるべき材であり、火はそれ自ら火でなく薪を点ずべき火としてのみありうるのである。

さて火と薪とは以上の如く相待的であるといわれるが、そのような関係に於いてある限り火と薪とは先ず別々のものでなければならぬ。火が火であり薪が薪としてあることは、これらがそれぞれそれ自らとしてあり、自性をもつことである。しかしこれらが各〻自性をもち独自的であるならば、燃ゆるという現象は生じ得ない。火は薪を燃すべき火であり、薪は火によって燃さるべき木片であることによってこれらは完全に相待的となる。してみると火と薪とはそれぞれ自性をもちながらまた自性を失わねばならぬ。このことは一見すれば矛盾であり、自性説と因待説とは相容れぬもののようであるが、決してそうでなく、却ってそれ故に相対的にして相待的なる関係を円成するのである。相対とは互に相対することであり、その限りに於いて事物はそれぞれの自性をもたねばならぬが、自性に固執する以上、事物はそれぞれに別のものとなって、相互の関係を失い孤立的なものとなってしまう。然るに事物が世にあるのは必ず他との関係に於いてであり、この関係なしには自己が自己であることさえ不可能なのである。自己とは何であるか。それはそれ自らであって他でないことであるが、そういうことそれ自らが既に他との関係をふくんでいる。自己はただ自己によって規定せられ得ぬ。況や自己として確立することはできない。自己は他によって、又は他を待って初めて自己としてあり得るのである。それは単なる他との関係でなく、他との相待的関係であった。それ故に相対は相待を前提する。しかしそれと同時に相待はまた相対を前提としている。なぜなら他を待つということにはとにかく自己に非ざる他がなければならぬ。他に依存するのは他が自から別にあることによってのみ可能であるからである。相対は自他を分別することであるが、相待はこれらを一にする関係である。相対は対立的であるが、相待は融合的である。両者は一見相容れぬもののようであるが、却ってこの両者によって具体的なものの関係が円成せられうるのである。

この点は後章「相対と相待」に於いて再述せられるであろうが、玆では先ず龍樹が如何に峻烈に因果の関係を批判し、むしろこれを砕破せんとしたかを見なければならぬ。その論法は時として詭弁に類するようにも見えるが、決してそうではなく、所謂破邪顕正が彼に於いて如何に徹底的に、且つ正当に遂行せられるかを見るべきであろう。

西欧の学問は事物の因果関係を明らかにする点にあった。因果の関係が明定されればそれにて一応の解決がつく。一つの病症が何を原因として起ったかを知ることができれば、それを除去することによって治療も可能となる。癌が不治の病であるというのはそれが何を原因とするかが未だ不明であるからであろう。ヒュームが因果の法則を疑ったのは殆ど学問に対する全面的懐疑でさえあった。カントが「純理批判」を書いたのもこの懐疑から学問全体を救護せんとするところにあったと見ることもできるであろう。龍樹があれほどに峻烈に因果関係を徴難したのは果して何のためであったか。それは単に議論のための議論でなくして、それによって新しい一つのものの見方を樹立せんとしたところにある。しかもそれは因果説とは全く別個の一つの関係であり、従ってそれは西欧のロゴス的立場に於いては見られなかったものである。それは縁起の関係であった(それも後章「縁起の構造」に於いて詳述せられる)。縁起の関係は大乗仏教に特異な立場であり、従って東洋的思惟の特色をなすものである。しかも龍樹の徹底した立場はこの縁起関係についても鋭い批判を加え、それさえも成立せぬかのような観を呈している。しかし龍樹の言わんとするところは縁起の否定ではなく、それは専ら世俗の世界の論理であり、世俗は空であるから縁起も空でなければならぬという点にあったようである。しかしそれらの論構について究めることは未だ早きに失する。我々はなお中論に於ける龍樹の論法をたどって二三の問題を吟味しなければならぬであろう。

四

以上は生滅と去来とについての討究であり、次に一異と断常について綿密な吟味がなさるべきであるが、龍樹の論法は一貫して同型であり――またそこに彼の徹底さを称すべきであるが――煩を厭って多くを述べぬであろう。強いていえば何故に彼はこの四つの問題をとりあげ、又はそれに限ったかを問うべきであるが、それも大した問題ではなく、或は便宜上のことであったかもしれない。四つの問題について八不をのべたが、否定は単にそれのみに限られず百非千不に及ぶべきであろう。ただ前述の如く、生滅、去来と、一異、断常との間には少しく趣きを異にするところがあり、前者は世俗の現象について、後者は論理の関係について論じたものとして区別することもできるが、それも大した問題ではなかろう。龍樹の立場は凡ての事柄について批判と否定とを徹底するところにあった。

一異は一と多との関係であり、一に対して他なるものは凡てが多として把握せられる。多なるものはそれぞれに異なったものであり、所謂雑多の世界(Mannigfaltigkeit)であるが、それらは多として一括せられて一に相対する。そして一と多との相対は一即多という有名なテーゼとして解説せられるのであるが、即とはどういう関係であるのか。それは後章「即の論理」に於いて問題となるが、茲でそこまで及ばないにしても、即とは決して同一ということでなく、互に相対立する以上、何らかの異同をたたえるものでなくてはならぬ。それは一にして同なるものでなくして、異にして同なるものでなければならない。直接に端的に一なるものではなく、異にして一なるものでなければならない。そこには異を異として定立するだけの余裕があり、しかも異にして一なるものでなければならない。龍樹の立場は一般に自性を破却するものであったが、それらが異である以上相異なる自性がなければならない。それは「差異」(difference)の世界であった。差異は単なる肯定ではなく同時に否定であるが、その否定は negatio ではなく privatio であるべきであった。それは全き否定でなく部分的な否定であり、謂わば肯定と否定との合体である。この否定は仏教的否定とは程遠いものであるが、現実の世界に於いては少なからざる意味をもつ。仏教の立場はややもすればこれを無視乃至は軽視して、専ら一と多との対立関係にもちこむが、異の問題が論ぜられる限り、それだけでよいものかどうか。一異の問題はさらに対立の問題に移り、対立を因待として把握することが龍樹の特色であるが、相対と相待との区別は依然として残されている。むしろこの問題を徹底的に討究することが、「即」の論理を解明すべき手がかりとなるのではないかと思う。

一異と断常とはかくしてまさにレンマの論理の問題でなければならない。断常は連続と断絶との問題であるが、これを取扱ったものに例えば「中論」第七「三相の討究」がある。そこでは生と滅との外に住が加えられ、有為は生住滅を三相とすることが述べられている。第一偈に云う、「若し生が有為ならばそこには生住滅の三相が結合している。」生と滅との間に住が加えられたのは何故であるか。それは第一に存在が単なる存在(asti)としてではなく「有為」(bhāva)として把握されたことによってであるが、何故に存在は有為として把握せられねばならなかったか。それは存在が連続するものであり、単に生滅するのみでなく、住するものであるからである。住とは本性であり、凡ゆる生がそれに於いて住し、それによって連続するところのものである。生滅とは住の始めと終りであり、住は生滅を連続せしめている。しかし住と生滅とは如何なる関係にあるか。生生は本性の生であり本性は生生を生ずるのであるが、恰も燈が自体と他体とを照らすように本生は生生を照らす。燈は自ら光であると共に他を照らすものでもある。しかしもし燈が自体と他体とを照らすならば、闇もまた疑もなく自体と他体とを暗くするであろう(第十三偈)。光は闇を生ずるものでなくて、闇を破るものでなければならぬ。闇は光を生ずるものでなくして、光を覆うものでなければならぬ。光と闇とはこの点に於いて単に対立するものでなく、反立するものでなければならない。反立は互に相殺的であって両立を許さない。光と闇とはただ異なるものではなく、互に戦うものであり、互に滅却せんとするものであり、その関係はまさに断滅的である。にも拘らずそれを断滅としてあらしめるものは何であるか。それは住であり或は住に於いてであった。住は本性であるが、本性に於いて生生があるのはこのように断絶にして連続的なるものの故にであった。

「中論」第十五「有と非有との討究」に云う、「有り(asti)とは常見の執であり、無し(nâsti)とはもとより断見である。故に賢者は存在と無とに依着すべきでない」(第十偈)。「自性上存するものは凡て無とならぬというのは常見、前には存したが今は無いというのは断見となる」(第十一偈)。それによれば常見が有の見であり、無見が断見であることが知られよう。常とは存在が自性をもって有りつづけるという連続性をあらわす概念であり、「断」とは存在が自性をもって有りつづけないという非連続を意味する語である。常と断とを共にふくむものが住であるが、しかし住は何故に連続にして同時に非連続でありうるのであるか。それは住が端的に連続であるが故にではなく、まさに非連続の連続であるからしてである。ましてそれが連続の連続でなくて、必ず非連続の上に立った連続でなければならぬからである。正確にいえば、住は連続でなく且つ非連続でもないからして、連続でもあり非連続でもあり、非連続の連続でもありうるのである。住は連続であるが、単なる連続ではなく非連続の連続でなければならない。住は常であるが、常は断の上に立たねばならぬ。断は常の断であることは常識であるが、真理は常が断の常であるべきことを示す。しかもそれは住が常でもなく断でもないことを前提しての上のことである。常断二見を共に否定することによってのみ常にして断なる住が成立しうるというべきであろう。それはまさに第三のレンマが仏教論理の中軸をなすことを明示するものに非ずして何であろう。

世に有るものは生ずるか滅するかの孰れかである。生ずるとは生じて有ることであり、滅するとは生じ終って今は無きことである。たえず生じ常に滅するのが有為の世界であり、我々が世にある限り生滅の流れにただよい、有無の二見に頭没頭出せざるを得ない。それは bivalence の世界であった。しかるに龍樹は不生不滅という。生を否定するのみでなく滅をも否定する。生の否定は滅であるが、滅の否定は何であるか。滅を否定すれば乃ち生にかえるというのは常識であるが、世にこれほどの当然らしく、しかも不当なるものがあり得ようか。少なくとも龍樹の教説はそのようなものではなかった。彼にとっては不生と不滅とが二つの別事ではなく、不生にして同時に不滅であったのである。生に非ざるものは滅であり、滅でないものが生であるというのは常識であるが、生でもなく滅でもないということがまさに彼の言わんとするところであった。有為そのものが生じもしなければ滅しもしないということが彼の言わんとするところであったのである。しかし有為が変化である限り、生じまた滅するものではないか。不生不滅ならば生滅はなく、従って有為もないはずではないか。しかるに龍樹は断乎として不生不滅を主張する。有為が即ち生滅であるのに、敢えてそれを不生不滅といわんとするのは何故であるか。それはこうである——有為が生滅であることと、不生不滅であるということとは明らかに矛盾する。しかし龍樹の立場から言えば生滅ということも誤りであり、不生不滅ということもそのままではうけとれない。生滅を否定すれば不生不滅となるが、龍樹の論法を徹底すればそれもまた否定せらるべきであるから、有為は生滅とも不生不滅とも言えないはずであろう。有為について生滅をいうのは一端であり、不生不滅を言うのも他の端であり、その孰れも言えないとすれば要するにそれについては何ごとも言えないこととならざるを得ぬ。有為は有無の論によって存立することはできぬ。他の途によって把握せられねばならない。それがレンマの立場であった。就中第三のレンマの論理であったのである。

それ故に龍樹の不生不滅も単に生滅に対する Antithese ではなく、肯否の両端に亘って共に否定するものである。詳言すればそれは単なる不生不滅ではなく、生滅と不生不滅とを共に否定するところのものでなければならぬ。ただ肯定を否定するのみでなく、否定をも同時に否定するところの絶対否定(prasajya-pratiṣedha)でなければならない。それは明らかにロゴスの矛盾律を超えたものである。矛盾するものは論理の立場に於いては許さるべくもないが、レンマに於いてはただに認容せられるばかりか、むしろそれを至当とするのである。それはロゴスの立場を超越することによって初めて開かれうる一つの新しい立場である。少なくともロゴスのそれによっては理解せられ得ぬ一つの別の立場であるといわなければならない。
ヘーゲルに於いても矛盾の原理は新しい意味に転換せられたが、彼は依然としてロゴス的な立場に跼蹐してその埒外に出ることができなかった。矛盾律は彼によって矛盾を排斥する原理としてではなく、逆に矛盾を中心とするものに転換されたが、未だそれを超越するまでに至らなかった。況やそれを超脱して新しい一つの立場を啓くには程遠かったのである。

この点はさらに排中律についても同様に言わるべきであろう。矛盾律は肯定と否定との同時併立を厳禁するものであるが、それ故にロゴスは肯定か否定かの孰れかでなければならないのみでなく、そのほかに何ものも――中とか第三のものとか――あり得ぬことを主張するのである。しかるに龍樹の哲学はまさに「中」を立て、中道を高唱せんとするものであった。ヘーゲルにとってはMitte(中)はひたすらにVermittelung(媒介)に転ぜられて中間の存境を認めなかった。有が無によって媒介せられるのは専ら有無の論理性に依ってであって、そのほかの何者によってでもない。有無のほかに、又はその間に第三者があって両者を媒介するならば、有と媒介と、媒介と無との間にさらに中間者があって媒介し、その関係は無限に至って止まることを知らず、ただ問題を複雑にするだけであって遂に解決しうべくもなかった。中間は無境であり、却ってその故に無媒介となる。それは媒介者なき媒介であり、媒介作用の外に媒介者を認めない媒介である。矛盾律がヘーゲル弁証法の中軸をなしていたように、排中律は依然として龍樹の立場を貫いている。「中」の思想はヘーゲルに於いては遂に許さるべくもなかったが、龍樹に於いては「中」の思想が中心的位置を占めている。彼の主著が「中論」または「中観論」と名づけられたのもこの故にであり、そしてまた彼の教学が大乗仏教の淵源をなしたのも恐らくはこの理由からしてであっただろう。彼の立場は明らかに「中」の思想を中心としている。そしてそれが排中律の逆転を意味することも略〻認められてよいであろう。但しかく言うのはもちろん龍樹が意識的にこれを志したというのではない。恐らく彼は思想の三法則について何をも知らなかったし、況やその第三則の逆転を志したわけではないであろう。しかしそれを意識するとしないとに拘らず彼の仕事はまさにそうであり、少なくともそうあるべきであったと言えないだろうか。そのように見ることによってのみ彼の思想の偉大さをともに彼が東洋人として如何なる寄与を世界の思想界にもたらしたかを正当に評価しうる所以のものではないだろうか。

「中」の思想が龍樹によって如何に規定せられ、何を意味しているかは今後の研究の全面に横たわる課題であるが、予め先取して言えば次の如くであろう。排中律が中を排斥するものであるに対して龍樹は「中」を立てんとする。しかしそれは中間の存境でなく、また第三の或るものでもない。それは全き否定であった。単なる否定ではなく、否定をも否定するところの否定である。相対的否定でなく、絶対的否定であった。否定する或るものではなく、否定それ自身であった。果してそうならばそれは要するに何ものでもなく、有るべからざるものであり、中とさえ言えぬものではないか。折角「中」を立てながら却ってこれを否定しているのではないか。これに対する龍樹の答えは次の如くであるであろう。論者のいうことはその通りであるが、「中」は有でなく、無でもなく、それ故に有でもあり無でもあるところのものである。中を有とすることは文字通りに人をして中有に迷わしめる。中は有るものでなく、況や或るものではなく、まさに無きものであり、無きものであるよりは無というそのことであった。中は即ち無であり、そのようなものとしてあり、まさにそれ故に中として立てられうるのであった。龍樹の不生不滅等はまさにそれであるより外にはない。存在は生であるか滅であるかであるべきであるのに、彼にとっては不生不滅であった。事物は生か滅かの孰れかであって、そのほかにない筈であるのに龍樹にとっては尚その他に「中」があった。しかし中という或るものがあるのではなく、有るものはただ生でもなく滅でもないというまさにそのことだけである。しかしそれが真の「中」であったのである。これはまさに第三のレンマであるに外ならなかった。生を肯定することは第一のレンマであり、これを否定することが第二のレンマであるが、その孰れもが共に否定せられる、それが不生不滅ということであった。龍樹の論法が常にこれを以て一貫しているのは第三のレンマがまさに彼の思想の中軸をなしていることを証して余りあるだろう。彼はその故に絶対否定論者となったが、またまさにその理由からして「中」の教学者でもあり得たのである。ヘーゲルに於いては「中」は媒介に転ぜられたが、龍樹の媒介はそれ自らを否定する無であったのである。

「中論」に論ぜられた否定は凡ゆるものの砕破であるとともに、砕破そのものをも砕破せんとする。第三のレンマは専ら否定の跳躍にまかせられたが、否定そのものが即ち「中」であると分って見れば果してどうであろう。生じもしなければ滅しもしない荒土の上に、生じもし滅しもする回春がやがてめぐってくると分れば果してどうであろう。不生不滅なるが故に、まさにその故に生滅がある。それはパラドックスではあるが龍樹にとってはそれがまさに四つのレンマの結構であったのである。生滅はそのままでは許し難い。不生不滅を通過した上でなければ生滅はない。生滅は世俗の世界でありロゴスの支配するところであるが、しかしそれに対して龍樹は思う存分に不生不滅の利剣を揮った。しかしその故に世界は無くなり無化せられるのではない。却ってその破邪によって新しい一つの世界が生れ出さしめられたのである。それは第四のレンマであり、第三のそれと共に勝義の世諦を形成する。即の論理はそこに初めて生れる。それは所謂「即非」の論理であり、単なる即ではなく非にして即なる即非の論理でなければならなかった。第三のレンマの絶対否定なしには「即」の論理は開発せられ得ぬ。生と滅とは世俗の世界に於いては明らかに矛盾するが、勝義の世諦に於いては矛盾しないのみか却って相即するのである。即とは否定せられることが即ち肯定せられる所以の関係である。決して先ず肯定せられ然る後に否定せられるのではない。即一とは単に存在と存在との同一ではなく、存在と非存在の同一であるべきであるように、肯定も単なる肯定ではなく、非にして是なる肯定でなければならぬ。ヘーゲルの言ったように、同一の同一性ではなく、非同一の同一でなければならなかった。「即」の論理は勝義の世諦に於いてのみ妥当性をもち、それ故にロゴスにではなく、レンマに属すべきものなのである。ヘーゲルの論理にはこの世俗と勝義との区別はない。どこまでもロゴスの立場にあって、理性的 (vernüftig) といってもロゴスの世界を一歩も出たものではない。感覚から悟性をへて理性に発展する彼の論理も依然としてロゴスの立場に始終し、ロゴス的論理の展開を示すにすぎなかった。「精神現象学」に於いては感覚から絶対知への発展が綿密に考察せられたが、それは偏に理性的なロゴスに於いて考えられたものであり、それから一歩も出たものでないことは明らかである。それに比して仏教の二諦観は発展でなくして区分であり、勝義は世俗を離隔するのみでなく超脱していたのである。ヘーゲルの止揚(aufheben)は斬新にして巧妙なる思想ではあるが、そこには連続のみがあって断絶はない。大乗の二諦は固より断絶の立場ではあり、正しくいえばそれは断絶でもなく連続でもなく、まさにその故に断絶的でもあり且つ連続的でもあり得るのである。非連続の連続ということもこのようなレンマの論理に於いてのみ理解せられうるのであって、それが同時に連続の非連続である所以のものもレンマの立場によって始めて把握せられ得よう。二諦については後章に詳述せらるべきであるが、それらの区別と関連もレンマの立場を除いては正当に、しかも正確に把握せられ得ぬことを予め明言しておかねばならない。

西欧の論理はロゴスの論理であるに対して東洋の論理はレンマの論理であるという。我々の言わんとするところはそれに尽きているのであるが果してそういうことが正しいか、正しく且つ妥当なものとして承認せられうるかどうか。

レンマの論理はサンジャヤの amarā vikkhepa に始まり、それは玄奘の訳したように一種の矯乱論にすぎないが、意外にもそれが龍樹の論理につながり、もし彼の論理が大乗仏教の基礎を置いたものとするならば、レンマの四論はインドの思想に遍く一つの根本的な原理としてあり、延いては東洋思想の特色をなすものと言わなければならぬ。もちろんこのように言うのは龍樹がサンジャヤの継承者であるという意味では決してない。恐らく彼は矯乱論などを知る由もなく、たとえ知っていてもこれを継承する意志はなく、却ってこれに対して烈しい論難を加えたにちがいないであろう。しかし弁証法論理が遠き淵源をゼノンの詭弁にもつということが言われ得るとすれば、同様に龍樹の論理もサンジャヤの四論に古き起源を引くということもあながちに誤りではないといって差支えはないであろう。龍樹は四論の中、第三のレンマから出発した。そこに既に彼の見識があり、そこからして体系的な論理が彼によって初めて樹立せられることとなったが、このことはレンマの立場が啻に龍樹に限られず、広く、且つ古くからしてインド人の思考の方式であったことを証して余りあるのではないか。龍樹といえども恐らくはこのことについて明らかな自覚をもっていなかったかもしれない。しかしこれを自覚すると否とに拘らず龍樹の立場はそこにあり、そのようであったことを指摘することは必ずしも誤りではないであろう。彼の立場をそのように歴史に於いて位置づけることが思想の歴史家の任務であり、且つそうすることの当否を伺察せんとするのが我々の志すところであった。この目的を抱いてレンマの論理的性格を特に龍樹について重ねて問うて見よう。

正確にいって龍樹の論式が果してテトラ・レンマをなすかどうかは疑問である。例えば生滅の問題をとってみても生は存在であり滅は非存在であるが、不生不滅というからにはこれらを共に否定するものであることはいうまでもない。生滅について四つの論式を構えるのではなく、四つの範疇を共に否定しようとする。龍樹の主眼とするところは全面的否定にあった。生を否定するのみでなく滅をも否定し、生滅の関係をも否定せんとする、それは第三のレンマであるに外ならぬ。彼の論法はこれを中核とするというよりも、これ以外にはなかったと言うべきであるかもしれない。しかし龍樹の論法は単にそれのみに尽きぬ。全面的な否定はただ凡てについて凡てを否定する虚無主義ではなく、先ず有については有を否定し、無についても無の存在を否定せんとするのである。「存在するというのは常見の固執、無というのは断見である。故に賢者は存在と無とに依著すべきではない」と言う(「中論」観有無品第十偈)。有を否定することは尚易い。しかし無を否定するとはどういうことであるか。無を否定すれば何がそこに得られるのであるか。無は有らぬものである。有らぬものを尚有らぬというのは何の意味であるか。それが単に無意味な繰返しでないためには有らぬものを尚或るものとして考えねばならぬ。しかし有らぬものを有るとするのは明らかに矛盾であり、不可能でもある。無は有るものでなくして高々或るものであるにすぎない。これを否定するときそれは或るものでさえないからして凡ゆるものでも有り得ぬであろう。凡ゆるものとは有るものの、または有りうるものの凡ての意である。

それは全面的否定であり、所謂都無であった。しかし龍樹の立場は単なる全面的否定ではなく、絶対的否定でなければならない。この区別はしかし何処にあるのか。絶対的否定はそのような全面的なただ徒なる否定でなく、また単なる否定のための否定でなく、否定の原理による徹底した否定でなければならない。そしてその否定の原理はまさに第三のレンマにあった。そして龍樹の立場は恐らくはこの否定を原理とするからして、それは単なる否定(虚無)ではなく、肯否の二見の上に立ちしかもそれを離れたものでなければならぬ。肯定に対する否定でなく、肯定を否定すると共に否定をさらに否定するところの否定でなければならなかった。第三のレンマは単に一つのレンマではなく、第一、第二のレンマの上に立ち、しかもこれらを否定するものであるから、龍樹の論法はその外見にも拘らずテトラ・レンマの論式を失わぬものと見てよいであろう。それは単なる百非の論理ではなく、四つの論式についての否定である。それはただ凡てについて凡てを否定するものではなく、有と非有とについて否定の原理を逞しくしたものでなくてはならない。それは絶対否定であった。しかもそこから結果するものは単なる虚無ではなく、却って有であり実存でなければならない。第四のレンマはこの意味を担い、且つこれを遂行するに足るべきものであった。

生滅等の問題について龍樹の論法は自と他と共と無とであるが、我々はそれをとって四論に擬するつもりはない。ここにも四つの論式はあるがそれはただ因と果との関係について四つのありうべき場合を分類したものであって、論式というほどの名に値せぬ。テトラ・レンマとはあくまでも論理であって、専ら存在と非存在、肯定と否定との問題に関するものであるべきであった。この否定は第三のレンマを中心とするものであるが、それは第一及び第二のレンマに基づくことなしには意味をなさぬ。四つのレンマは徒に列挙せられたものではなく、否定の実践に於いて論理的に組織せられたものでなければならぬ。第三のレンマもこの組織の中にあって威力を発揮しうるのであって、単なる否定ではなかった。龍樹の絶対否定がサンジャヤの全面的否定と本質的に異なる所以のものも茲にあった。四論は単に人間の思考の種々なる場合を列挙したものであり、たとえそれが凡てに於いて凡ての場合を尽したものであっても、未だ学問的体系を備えたものとはいえぬ。四つのレンマの配列の順序にも未だ何らの体系はなかった。人によっては第四のレンマを第三におき第三を第四に配する人もあるが、それでは論理の体系をなさぬ。四論の順序はどこまで双非の論理を第三の位置におき、且つそれを中軸とするものでなければならぬ。しかもそれは単独なる否定としてあるのではなく、他の三つのレンマと密接な関係に於いてあるべきであり、このことなしには論式としての体系をなさぬのみでなく、体裁をさえ備え得ぬものといわねばならぬ。龍樹以後に於いてはこの点がルーズになり、否龍樹自身でさえそのことに気づいていたかどうかは疑わしいほどであるが、テトラ・レンマとしては必ず然あるべきであり、そのことなしにはレンマの論理は体系をなし得ぬと言って過言ではないと思う。

五

ロゴスの論理は肯定と否定とによって成り立ち、その外に何ものをも要しないものであるが、レンマの論理は、㈠肯定、㈡否定、㈢両者の否定、㈣両者の肯定との四者によって組織せられている。前者がbivalenceの論理といわれるのに対し、後者はtetra-lemmaと名づけられるにふさわしいであろう。この区別は単に二つであるか四つであるかというような形式上のことではなく、内容的にも同一視すべからざる区別に於いてあり、論理の体系としても別種の意味と任務とをもっている。そしてこの点からして我々は西欧の論理と東洋の思考方式とを根本的に区別せんとするものであるが、就中テトラ・レンマはインドの大乗仏教の論理として他に類を見ない特色あるものであり、優に東洋人の思惟形式を代表するものとして、アリストテレス以来の西洋論理に対比して些の遜色なきものと言わざるを得ぬのである。この論理はただに人間の思考方法の四つの場合を尽したものというのみではなく、論理として独特な意味をもち且つ組織をもっている。就中第三のレンマは単に列挙せられた一つのレンマであるよりも全体のレンマの中心に位し、且つ凡てを支配する原理をなしている。このレンマなしには他の三者は瓦解して、論理の体系をなさぬ。

このレンマのある限り四つのレンマは論理学の名に値するものとなりうる。それほどに第三のレンマは重要な意味を担っている。しかしそれと同時に第三のレンマは単独な一つのレンマではなく、他の三者と密接な関係に於いてあり、それは四つのレンマの一つであるのみではなく、まさに他のレンマを成立せしめる根基をなすとともに、またそれらによって支えられているというべきである。これを第三位におくか第四位に位置づけるかは些末なことではなく、これによってテトラ・レンマをサンジャヤの四論から峻別して大乗仏教の論理たる所以のものを発揮し得ることとなるのである。

それでは第三のレンマとは果して何であるか。既に伺察しえたように、それは肯定を否定するとともに否定をも否定するところの全面的否定であり、ただに全面的否定であるのみでなく、絶対的否定であった。生にも非ず滅にも非ず、去でもなく来でもなく、不一不異、不常不断なものでなければならなかった。それはまさに龍樹の「中論」の出発であると共に彼の教学を貫く根本命題であり基礎的原理でもあった。それは一言にしていえば絶対否定の論理である。このとき絶対的とは何を意味するかは後章に討究せらるべきであるが、とにかく、それは存在の、又は存在についての論説ではなく、まさに非存在についての、又は無についての教説であることだけは明言してよいであろう。bivalence の論理は存在の学であるが、テトラ・レンマは非存在の、無についての、空に関する教説であることはいくら強調しても過ぐるということはないであろう。西欧の学は存在学であるが、インドの教学は非存在の教説であることは余りにも有名である。我々もまたこの通念に従うものであるが、その意味と構造とを体解し、そして解説することに於いて何らか致すところあらんとするのである。レンマの論理を敢えて提唱する所以もまさにそこにあって、その他の何ものにもなかった。

しかしこの目的を達成するには尚程遠く、それには先ず種々なる徴難に答えておもむろに準備を整えておかねばならぬであろう。第三のレンマは肯定を否定すると共に否定をも否定し、すべてに亘って全面的に否定をつくすものであるが、もしそうならばかく言うことそのこともまた否定せられねばならぬのではないか。否定を徹底するところにこの論理の面目があるとするならば、かく否定する論説もまた否定せられねばならない。第三のレンマは謂わば両刃の剣であって、敵を切るとともに自己をも切る。敵を倒す剣が同時に自己をも倒す武器とならざるを得ぬ。凡てを否定する論理はまたその論理自らを否定するものでなければならない。果してそうならば第三のレンマは論理であるよりも論理の否定であり、この立場にあっては何ごとも主張することが許されない。むしろ凡ての判断を中止するエポケーに終るか、或は凡ゆる発言を封ずる沈黙を守るより外にないのではないか。無についての凡ての教説は尽く贅言であり、無益であるのみではなく無用でさえあると言う。

そのような徴難は古来しばしば聞かれるところであり、龍樹の学派の中に於いてさえ既にこの問題が相争われた。彼の後、学者は二派に分れ、応過論者(Prāsaṅgika)と独自論者(Svātantrika)とが鎬をけずって相争うようになったことは周知の如くである。前者の立場に立つ人は月称(Candrakīrti)を棟梁とする一派であるが、これに対して烈しい論難を構えたのは独自論者の清弁(Bhāvaviveka)であった。清弁は次の如く論ずる。もし絶対否定が龍樹の立場であるとするならばそれがそうである以上それ自らの立場をも否定しなければならぬ。否定の否定はやがて肯定に帰るものではなく、却って自己の立場を破砕するものである。謂わばそれは両刃の剣であって敵を切らんとすれば翻って自己を傷つけねば措かぬ。その剣が鋭利であればあるほど自他を切って止ることを知らぬ。清弁の弟子観誓(Avarokitavrata)は大凡次の如く論ずる。プラーサンギカは敵を徴難することに専らであって自らは答えない。その論はやがて過失に陥るか応に過誤に終らざるをえぬものである。かれらは自らの過誤を自覚することなく敵者の過誤を剔抉するに専らである。豈にはからんやその鋭利な論鋒は却って自己の立論を壊滅せしめる所以のものであり、それ以外の何ものでもあり得なかった。——

これに対してプラーサンギカの慶喜(Jayānanda)は答える。なるほど中観の立場は主として敵者に向ってなされ、翻って自己に反向せられることが少ないが、しかし論争とはいつもそうしたものであり、常に敵手を論破せんとすることに熱中する。過誤は両方にあっても尚我々は否定を徹底するに臆してはならぬ。それは自他のためのみにする論争ではなかった。真理を否定するものはまた真理でなければならぬからである。凡ゆるものを否定して自己に残されたものは無であっても一向にかまわない。なぜなら我は、我に頼むところがないからである。我の立場は「宗」なきことである。「宗」とは他に対して我を立てることであるが、我には何らの「宗」もない。我の立場は立場なき立場である。それ故に我の立場がたとえ滅却されても一向に差支えはない。却って立場なき立場であるからして敵の論難をむかえ、そして反撃することもできるというわけである。我に宗ありと自負するところあるならば議論は物別れとなって解決せられ得ぬであろう。「廻諍論」にも云う(Vigraha-vyāvartanī, 29–30)、「もしわれに何らかの立宗があるならばそれによって我に過失もあろう。我には宗として立つべきものはない。従って過失は我に属しない」。また「四百論」(Catuḥ K 400)にも云う、「有なり、無なり有無なりと宗を立てることがない。そのような彼に対して如何に〔非難しようと〕非難をなすに足らぬ。敵者は論難するわれに対し、汝こそ難ぜらるべきものとして顚倒の論を以て迫るが、能破が所破と会せずして破するのであるか、或は会して破するのであるか。会するには我にも何らかの立宗がなければならぬ。然るにわれに何らの宗がないのであるから所詮は会さずして論諍することとなり、それは大凡そ論諍の体をなさぬものとなろう。自ら宗がないのであるから、とかくに過失に堕すということもあろう筈はない。」

清弁一派は月称の立場を非難して論理の方式に合しないからとるに足らぬという。論理の方式とは宗、因、喩であるが、もし宗を欠くならば何によって、又何を目的として論証せんとするのであるか。清弁は唯識学派とも近く、就中陳那の論理に影響せられる所が多かったが故にそのような非難を浴せかけたのであるが、月称の「宗」は必ずしも三支作法の宗と同一のものではないであろう。論諍に際し自己の立場を有し剰えそれに固執して敵者を論破せんとする。プラーサンギカにはそういう「宗」はなかった。先ず所破の説を認め、敵者の立場に立ってその論のまさに帰趨すべきところに導いて、徐にこれを論破しようとする。それは却って自己に立宗なく立場なきことによって可能なことである。龍樹の「廻諍論」は必ずしも論諍をほしいままにすることをではなく、それを転廻して正道に戻すことを目的としたのである。中観師の言葉はひたすらに「真実を観する分位」にあり、謂わば真実伺察の立場であるから、それは自説を立てることに急なるものではない。徒に他を徴難することに敏なるものではない。独自なる立場を誇るスヴァータントリカこそ却ってその難に当る。立場なき立場もまた一つの立場であると返難されるかもしれないが、それは恰も我等に財なきとき、無財ということを我の財とせよと言うに等しい。寛容なきとき無寛容を我の立場とせよと求むるに等しい。我々は我に認めないことを敵に求めようとするのではない。敵に許容すべからざることを我に許容せよと迫るものでは尚更にない。要するに月称は絶対否定の立場を超越的に見ることによって勝義の世界を打ち立てようとしたに対し、清弁はこれを内在的にとらえて論証せんとした点に、両者の性格的な区別が見分けらるべきであろう。殊に清弁は唯識学派に近く、陳那の論理学にも親炙していたからプラーサンギカに対し論理法則の準拠を強要することに於いて甚だ急なるものがあった。例えば「宗」の問題や因の三相の中、異品遍無性の欠如を指摘して、プラーサンギカの論法を厳しく批難したが、我々の見るところによれば必ずしも当らない。月称にとって宗とは立宗の意であり、むしろ宗なきことを宗とするものであって謂わば立場なき立場である。それが清弁の要求するような論理の「宗」に該当しないことは勿論であろう。清弁に於いて取るべきものはこのような無の立場を論理的に明定せんとした点にあると思われる。

中観派の根本的立場は諸存在の無自性空を説くところにある。諸内処が、自、他、共、無因のいずれよりも生じたものでないとか、眼が眼の自性をもたないというようなことは、世俗的な論理の原理を廃棄することであるが、同時にそれはそれによって勝義的な立場を開示することを目的としたものである。中観派の立言は常に否定命題によって語られるが、それは単に言葉の問題ではなく、同時に存在の否定を意味していた。スツェルバツキーによればチベットに於いてはこの二つを明別し、存在、非存在を yod と med とで表わし、肯定、否定を yin と min によって表現しているという(Stcherbatsky, Buddhist Logic, I, p. 397, note 1)。しかしインドに於いてより大切なことは世俗的無と勝義的な無との明確な区別であった。世俗無は肯定に対する否定であるが、勝義的無はこの両者を超えた無である。前者が相対的無であるに対して後者は絶対無といわれる。清弁はこのような絶対無を prasajya-pratiṣedha と名づけた。この語は必ずしも清弁の独創ではなく、既に古きインドの文典家に於いて頻用されたもののようである。相対的無は paryudāsa-pratiṣedha であるが、これはまた輪廻無ともいわれ、例えば「瓶は家に無い」というとき今は無くとも後に買い求められ、家内に無くとも陶店には有る。それに対して「風は色を持たない」とは畢竟無である。paryudāsa は to exclude, reject であるが prasajya は元来 connect, result を意味し、そこから結果する一切のものを一挙に否定することを表わす。それは否定される当の規定性が輪廻し得る可能性を全面的に遮断して、挙体的に否定すること、又は否定されたものを意味する。それは絶対的否定であるよりは単純な否定とも考えられるが、清弁にとっては単純であるよりはむしろ純粋否定でなければならなかった。例えば「クシャトリヤ」を指示せんとしながら「婆羅門でない」というのは、表面は否定であっても内実は一つの肯定であるから、否定的肯定と名づけられる。しかし婆羅門でないと言ってもその人が必ずしもクシャトリヤとは限らぬ。或は他のカストの人であるかもしれない。絶対否定はもちろんなんらの肯定をも目差さず何らの肯定とも相対せず、単純にしかも純粋に否定するものでなければならぬ。

正理学派に於いては否定は二種に分たれ、一は交互無(anyonya-abhāva)であり他は結合無(saṃsarga-abhāva)であるが、後者はさらに未生無と已滅無と畢竟無とに細分されている。否定的肯定は交互無であり privatio の世界であるが、結合無の中、未生無と已滅無とは単純な無であり、畢竟無は単に simple ではなく pure な無でなければならぬ。清弁の絶対無はニヤーヤの畢竟無から発源したものかもしれないが、その意味は一変している。畢竟無(atyantābhāva)は正理学派の分類の最後に位するものにすぎないが、清弁にとっては prasajya-pratiṣedha は彼の哲学を全面的に基礎づける根本的立場となったのである。それはただに清弁についてだけでなく、一般に中観派の人々に於いても同様であった。月称が宗なき宗を、即ち立場なきことを立場としたのもその理由からしてであった。この一点に於いて月称も清弁も完全に一致する。ただ月称の論理が余りに応過を恐れて却って自己自らに過難を招き、必過を避けんとしつつ自らそれに陥ったのに対し、スヴァータントリカはとにかく独自の論理を立てて積極的に絶対無を証明せんとした点に区別はあるが、それはむしろ些末のことであろう。絶対無とはレンマの第三の立場であるに外ならぬ。それは単なる事物の否定ではなく、否定をさらに否定するものである。肯定でもなく、否定でもないものである。肯定でもなく否定でもないからして肯定でも否定でもあるところの世界である。果してそうあるか、或は単にそうありうる世界であるかは重大な問題を提出するのであるが、この点については後論に譲ろう。

六

それよりも大切なことは、絶対否定を以上のように規定し、就中これをレンマの第三の立場として把握することは、否定の概念についての大なる変革をもたらしたということである。正理学派ではそれは無という対象であったが、今やそれは無化の作用となった。無とはそれがないことであるか、又はそれでないことであるか。無は無というものであるか或は否定そのものであるのか。無が認識の作具(pramāṇa 量)であるのか、認識の対象(prameya 所量)であるのかは陳那以後の諸論理学者によってはげしく問われるようになった。殊に陳那の弟子法称(Dharmakīrti)に至って否定判断の意味は一変したといわれる。それは彼が論理学者であったからといわれるならばそれまでであるが、しかし否定は現量にではなく、専ら比量に於いてのみ見出されるという見解は我々にとっても極めて重要である。現量とは現に見られ聞かれる世界であって直接に知覚せられるものであり、そしてそれがそうである限りに於いて尽く存在でなければならない。たとえそれが錯覚であり空華であっても、そのように見られ知られる限り、その如くあるものでなくてはならぬ。知覚の対象は何らか或るものであり、有るものでなければならない。然るに無は存在しないものである。現にそこになきものである。どうしてそれを現量として知覚し得ようか。知覚するのは何ものかとしてであるとすれば無は知覚せられない。無は何ものでもないからである。正理学派ではそれも「無体量」として取扱われているようであるがその何たるかは明瞭でない。体なき量とは何を意味するのであるか。無を対境として考えれば都無は畢竟無に終らざるを得ぬであろう。所詮無は現量に於いてではなく、比量によって把握せらるべきであり、そしてこのことは非存在の概念を否定作用に転換せしめる所以ともなるのである。比量とは現にあるものから既に無きものを、又は未だ無きものを推理するか、又は現にありながら我々に隠され現見せられないものを推知する作用であるが、孰れの場合にも現量を土台として現に非ざるものを知らんとすることであるから、必ず比量的な何らかの否定を前提する。現量は常に肯定的であるが比量は否定的なるものの認識に於いて勝れている。否定が認識に割り込んでくるのはそれ故に現量に於いてではなく比量に於いてであるといわなければならない。それは「方便心論」に於いて前比、後比、同比として論ぜられ、正理経に於いては pūrvavat (有前) śeṣavat (有後) sāmānyato dṛṣṭa (共見) として分類せられたものである。例えば第一は河水の氾濫から上源地方に降雨のあったことを推知するものであり、第二は蟻の卵を運ぶことからやがて雨あるべしと推知するもの、第三は鳴声を聞いて姿なき孔雀の所在を推知する類である。これらは凡て現見を土台として非見のものを推知する作用であるが、そこに初めて有に対する無の知識がひらかれるのであるという。

法称は凡ての否定判断の形式を十一種に分類した。その第一の形式は自性否定 (svabhāva-abhāva) であるが、他の十種は或は結果の無から原因の無を推理し、或は逆に原因の無から結果の無を推理するもの、或は当の事物と矛盾することから無を推理するもの等々の諸形式であるが、我々にとって大切なことは第一の自性否定とその他の諸形式との区別である。自性否定は事物当体の否定であるが、その他の形式は因果と同一性に関する否定であり、ここに初めて判断形式としての否定があらわれる。同一性の否定は或は対立であり、或は矛盾であるが、インドの論理に於いてこの二つは明別せられていない。法称に於いてもまたそうであった。矛盾は virodha 又は viruddha であるがそれは対立又は反対なるものと明別せられず、且つ多くの場合「差異」とも混同せられていたようである。これらの三つの場合における否定が如何なる様相を呈するかは法称に於いて十分に明らかになっていない。否定的肯定とは「差違」の世界に外ならぬ。例えば牛という概念は非牛の否定として意味をもつが、牛と非牛とは必ずしも矛盾するものではない。非牛は牛に非ざるものの謂いであるが具体的には馬、猿等々の他の動物を意味する。牛はこれらの他動物から差別せられたものにすぎない。非牛とは牛ならざる他の動物の意であり、未だ何を指すのか限定せられないだけであって、決して牛の否定ではないからである。

否定が大なる威力を発揮するのは矛盾と同一性(因果関係)とに於いてであるがそれとてもインドに於いては矛盾は多く自語相違と同一視せられ、矛盾的否定から一つの論理的体系が展開せられるようなことは殆どなかった。中観派の論理を弁証法的に解釈することの誤謬なることがこの点からしても証明し得られると思う。何と言っても否定の諸形式に於いて最も中心的意義を占めるものは清弁の絶対否定(prasajya-pratiṣedha)でなければならぬ。それは肯定に対する否定ではなく、肯定を否定すると共に否定をも否定するものである。それはまさに我々の言う第三のレンマであるに外ならなかった。それは単なる存在の否定ではなく、存在についての否定をさらに否定するものでなければならない。相対的否定でなく、畢竟的な否定であらねばならなかった。月称は中観学派の正統な継承者と目せられ、またそのように自負もしたようであるが、余りにその点を強調したがために世俗から離れ、ややもすれば超越的とならざるを得なかった。月称の功績はむしろ世俗と勝義とを明別し、ロゴス論理に対して、レンマの論理を樹立した点にある。中観の論理は彼によって心ゆくまでに大乗仏教の立場として宣揚せられえたことは、偉とするに足るであろう。清弁はむしろ唯識学派に近かったからしてやや異端視せられたが、しかし彼とても中観学派における巨匠であり、その根本思想はもとより龍樹を襲っている。

陳那には離論(apoha-vāda)という思想があった。それは概念が否定を本質とするという主張であるが、これを逆にいえば否定は概念に於いてのみ成立し、実在は尽く肯定的であるということになりかねない。しかしそれは否定が単なる概念的であって存在には無関係であるということではない。それはただ否定が現量に於いてではなく、比量に於いてのみ成り立つということを別の方面から論じたまでである。存在の世界にも非存在というものがある。存在に対して非在があるようにも見える。しかし非存在というものはどこにもない。どこにもないものが非存在であり、たとえ非存在であってもそれが何ものかであれば或るものであり、有るものでなければならない。非存在とは存在に否定の概念の加えられたものであるという。加えられるといえば誤解を招き易いが、正確にいえば非存在とは否定された存在ということに外ならぬ。非存在とは存在しない存在であるべきであるが、これほど世にも不合理なことはないであろう。無が非存在であるならばそれは皆無又は都無となって、仏教は要するに虚無主義だといわれても仕方がないであろう。無とは無という或るものではない。無そのものである。またそれは単なる非存在でもない。存在でないとともに非存在でもないものでなければならぬ。それは有無を離れ、超越したものでなければならぬ。そう論ずるのが「離論」であった。この立場に立って否定を把握するものが清弁の絶対的否定であった。そしてそれは我々が第三のレンマの立場として云為するところのものであることも余りに明白であろう。

ただ我々の見解が清弁のそれと異なるのはこの絶対的否定を四つのレンマの一つとして就中その第三位にあるものとして把握せんとする点にある。それは啻に否定形式の一つであるのみでなく、人間の思惟形式の四つのパターンの一つであり、のみならずこれを中心とすることによって東洋的思惟を西洋のそれから甄別する義準となさんとするのである。西洋のロゴスは肯定と否定との二つのレンマから成り立ちそれ以上には出なかったが、東洋的思惟には尚この外に第三と第四とのレンマがある。第一と第二とは世俗の論理であるが、第三と第四は勝義の論理に属する。この二諦を区別するものが第三のレンマであり、世俗を勝義に転換することによって独自の論理を展開したのもこのレンマの論理を措いて外にはなかったのである。

中観の立場は徒に凡ゆるものについて凡てを否定せんとするのではない。相対するものについてその孰れをも否定するものである。生滅について生を否定し滅を否定するものであって、単に生滅を否定せんとするものではない。生滅は変化であり、変化は実事であって否定すべくもない。運動は存在と非存在との結合であるから運動はあり得ぬと言っても、依然として風は吹き水は流れる。この実事は如何なる論者と雖も否定すべくもない。これを否定するものこそは虚無主義となろう。中観の否定は生を否定し滅を否定するが、それ故に生滅を否定するものではない。むしろ却って不生不滅を証定せんがために生を否定し滅を否定せんとするのである。生と滅とは相い対する、この相対を否定するものが即ち絶対否定であった。絶対とはまさに相対を絶するものであるからである。しかし生と滅とはさらに相待的である。生は滅によって生であり、滅は生をまって滅たることを得る。この相待を否定するところに絶待がありとすれば不生不滅とはまさに絶待でなければならぬ。絶待とは何であるか、それは空である。絶対は相対の否定であるが、相待の否定は空でなければならぬ。相対と相待との区別は後章に詳述せられるが、絶対はロゴスの論理であり、絶待はレンマの立場であることを予め知悉しておかねばならぬ。そしてこのレンマの立場に於いてこそ中観の空が理解せらるべきであった。absolute は事象から離れて(ab)独りある(solus)ものではなく却って互に相待って在りながらそれを超ゆるものである。相待的なるものは相依的であり、他に依存するが故にそれ自らの自性をもっていない。即ち空でなければならぬ。空は相対を絶するところにではなく却って相待に徹するところに見出される。なぜなら相待とは縁起の関係であり、縁起的なるものは空でなければならぬからである(この点についても後章)。空は大なる否定であるが決して単なる空虚ではなく、況や虚無ではない。却ってものがそのものとしてその如くあることである。ものが縁起的にあることである、ものがそのままに如々としてあることである。「中論」第十八「我の研究」第八偈に云う、「一切は如である。また如ではない。如であって不如である。不如でもなく如でもない。これが諸仏の教である」。私はこの偈ほど「中論」の立場を明説し得て妙なるものはないと思う。それは明らかにテトラ・レンマの論理であり、四論の方式を的示して余りある。世界は単なる虚無ではなく不生不滅であり、生滅の肯定でなくその否定である。それが存在の如であった。しかしこの偈に於いてはさらに「一切は如であってまた如でもない」と言う。如であることは尚一端であり、如でないことがその他端である。世界は如であると共に不如である、それが真如の世界であった。さらに続いて云う、「他を縁として知るのでなく、寂静であり、戯論によって戯論せられず、無分別にして不異義であるのが事象の特質(実相)である」(第九偈)。「(縁に)縁りてあるものは、凡て先ず其(縁)と同一ではなく、また其(縁)と異なるものでもない。それ故に断でもなく、又常でもない」(第十偈)。「不一義にして不異義、不断にして不常である。これが諸仏世尊の甘露の教である」(第十一偈)。

但しこの第十八章には「不如でもなく如でもない」ということが第四位におかれている。我々は上来これを第三のレンマとして四論の中心的な位に置いて来た。龍樹はこれを第四位に置いたのはどういうわけであろうか。一つの理由は龍樹に於いてさえテトラ・レンマの論理が未だ意識的に、しかも体系的に自覚せられていなかったということである。或はまた「中論」の編述者が何げなく四つのレンマを世の常の如く列挙したとも推量せられるのであるが、とにかくこの時代に於いてはレンマの立場は未だ一つの論理として自覚せられ、組織立てられていなかったことは確であろう。それともこの四論を区別することは一種の分別であり、それ故に戯論として棄捨せらるべきであるか。これを遮遣することもまた一つの論理であるから、たとえロゴスの分別が遮遣せられてもレンマの論理は依然として残る。むしろそれを根拠として四論の分別もその遮遣もありうるのではないか。なぜなら不生不滅とは明らかに第三のレンマの論理であり、それがまさに空であり、絶対否定であったからしてである。相待の関係は縁起であり、そのような関係にあるものは空であるから、事物を縁起的に把握することそのことが即ち空観であるに外ならなかった。「中論」

第二十四「聖諦の研究」第十八偈に云う、「縁起であるものを凡て我々は即ち空であると説く。その空は相待の仮説である。これがまさに中道である」。生と滅とは相待的であり縁起によって生ずる。ところが縁起性のものは無自性であるから、従って縁起生は空でなければならぬ。しかしそれ故に一切は空であるというのは未だしである。一切は空であるとともに不空でもなければならぬ。如であると共に不如でもなければならぬ。こういう矛盾したことが同時に可能なるべき論拠はどこにあるか、また如何にしてありうるか。それはロゴスの論理に於いてではなくレンマの論理としてのみ可能であろう。空であって不空であるというのはただそのような矛盾を論理とするということではなく(それならば弁証法となる)、空でもなく、不空でもないところのレンマの第三の立場によってのみ言明せられ得るのである。それは単に説明ではない。まさにそうであるが故にそのように言わざるを得ぬものである。空であり不空であるものはロゴスにとっては矛盾である。しかし空でもなく不空でもないものによってこそ、不空であり空でもあるところの世界がある。レンマの把握するところはまさにそこにあった。それは一見否定であって、何ら積極的なものを示さないようであるが、そこにこそ大なる肯定がある。少しでも存在的であればもはや無ではなく、さりとて空という一つのものであればそれは存在であって、もはや空ではない。真の空は空でもなくまた不空でもないところにのみ見出され得る。それは生でもなく滅でもなくまさに不生不滅の世界でなければならなかった。生じないものは素より無である。不滅なるものは永遠なるものである。しかし永遠なる存在は果してあり得るか。それは高々可能的に有りうるというにすぎぬ。しかも単にあり得るものは現にないものである。過去心不可得、現在心不可得……可得なるものはただ不可得というまさにそれのみである。しかし我々は不可得を直ちに可得とすることができない。ただ不可得を不可得と識ることによってのみ可得となり、真に空を把握することができると信ずるのみである。それがレンマの第三の立場であった。それはひとえに肯定でもなく否定でもない立場に生きようとするものである。不生にでもなく、不滅にでもなく、まさに不生不滅の世界に生きようとするものである。それによってのみ生滅の世界は住むにたえるものとなり、有るに値するものとなる。この順序は決して逆にせられてはならぬ。「中論」の方式は一見すればそれに当らぬようであるが、恐らく真意はそこになかっただろう。彼の立場がレンマの立場にあって、決してロゴスの論理にではなかったことは我々にとって言わんとするものの凡てである。第三のレンマは龍樹の立場を凝固せしめるものでもなく、またこれを停滞せしめるものでもなかった。却って不生不滅によって豊かにはたらきある生滅の世界が展開せられ得るのである。それは néant の世界であって決して rien の世界ではなかった。rien は何ものも無い虚無であるが、néant は有でもなく無でもないからして、まさに有でもあり無でもあるところの世界であったのである。無と空とは従来同一視せられ、或は少なくとも同様に使用せられたようであるが、この点に於いてやや趣きを異にし、むしろこれらを区別した方がよいのではないかと思う。或は進んで区別せらるべきではないかと思う。

第四　相対と相待

一

相対はロゴス的関係であり、相待はレンマの立場に於ける事物の相関関係である。相対と相待とを明別することはロゴス的なるものとレンマの立場とを峻別する所以のものに役立つ。ロゴス的な相対が何であり如何にして発生したかは既述せられたところであるが、行論の順序のために尚二三の重言を敢えてしよう。

現実の事物はまことに種々であり多様を極めている。それがそのものであるのは他から異なっているが故であり、互に相違するが故に様々な姿態を現わすのであるが、それらをそのように表わすところのものは何によってであるか。それは或る物が有るところのものを即ち所有するところを他が所有せず、他の所有するものを自らは所有しないことによって起る。雑多の原理は「差異性」にあった。互に相違するが故に多であり、雑多でさえあるのは、それらが無限に相違するが故にである。それらが相異するのは一が他から引き離され、分つて運ばれる(diafero — differ, *διαφορά*)ことを意味する。たとえ同一なるものに結びついていても程度に於いて無限に相異することは世の常である。しかもそれが程度に於いてある以上互に連続する。赤と青とは異なる色であるがその中間には無限に多くの色がある。程度の差異は一方に異なりながらまた程度として連続しているのである。しかし白と黒とは単に異なるのみでなく対色であり、その関係は程度を絶し対立す、凡ゆる色は遂に稀薄化せられて白となるか、濃縮して黒となるか孰れかであるからして白と黒とは対色となる。このことは前章に於いて privatio から opposition の世界への転移として既述せられた。差異的存在はプリヴァチオの世界であり、転じて private な、個人的な私的な世界であった。然るにそれが対立に到れば著しく公的な、少なくとも団体的なものとなる、人間が対立するときは多くの場合団結して事に当る。それはただに有力なるが故にのみでなく恐らく必然的なものがあろう。私的にも他人に対して対立はあるが力弱い。烈しい対立は団体的なものに於いて著しいことを見ても privatio が privacy をなす所以の理由が知悉せられうるであろう。

ところで相対はロゴスの立場に於いては「対抗」の意味をもっている、少なくとも反抗の要素を多分にもつということが特に注意せられねばならない。対立とは単にそれぞれに対してあることよりもそれに抗して立つことを意味する。それは決して全部の意味ではないが、少なくとも第一の意味であるにちがいない。意見の対立というのも反対の意見をもつことである。対立するものは反抗するものであり、反対するものであるからしてやがてそこには抗立の意識があらわれ、反立の意気に燃え遂には相争うようになる。対立はやがて相闘に転ずる。両立を許さないが故に我が立つためには相手を倒さねばならぬ。ロゴス的には対立が矛盾に転ずるのはこの理由によってであり、またまさに然るべきことは既に縷述せられた。ロゴスの展開は privatio から対立を経て矛盾に到るべきことも前章に詳述せられたところである。

対立は一面両立をふくむが、何よりもそれは「反立」である。それはやがて矛盾関係に移るべきものとして反抗の意識に燃えている。それはやがて闘争に発展すべき必然性を多分に内蔵している。然るに「相待」はこれとは逆な関係である。それは反抗をよりも、互に相待ち相依ることを旨とする関係である。対立するものは互に離反するが、待立するものは互に相依り相資ける。一があるは他によってであり、他があり得るのは一に拠ってである。他の助けを待つことなしには一もあり得ない。一と他とは相互に依存的であり、乃至は扶助的である。それが待立の意味であり相待の関係であった。

もっともロゴス的な対立にも反面には相待的な要素はある、いな対立を矛盾から区別するものはこの相待的な反面であることは既に述べられた。矛盾は相殺的関係であるが、対立は両立的関係であるということによって対立と矛盾とを峻別しようとしたのである。しかしロゴス的立場における対立の意義は何といっても「反抗」の面が強い。それを翻して相待的とするものはロゴスの論理ではなくしてレンマの立場に於いてであった。レンマ的な対立は反抗の意味を失って全く親和の意気に溢れている。それをそのように転換するものはレンマの論理であり、少なくともレンマの本義に属するのである。相待とはただに相対するのではなく、相待つが故に相対すべきものであった。そこには何の反抗もない、何の敵対もない、ただ相待があるのみである。相対するが故に相俟つよりもむしろ相俟つが故に相対しているのである。互に相依るべく分立し、分立しながら互に相まつ。対立はロゴスの立場に於いては反抗に傾き、相殺に脅かされているが、レンマの立場に於いてはこの懸念はなくこの憂いからも放たれている。相待とはもともと相互扶助であるにほかならなかった。

相対の逆は絶対である。絶対的とは哲学に於いて最も好んで用いられる術語の一つではあるが、我々はそれだけ心してそれを用いねばならない。絶対は相対の否定であるが、もし相対と相待を明別するならば、絶対とはその孰れに対するものであるか。もちろん絶対というからには、それは相対を絶したものでなければならぬが、相待に反する絶待もあり得るし、またあるべきであろう。それは絶対ではなく絶待といわるべきものである。そしてレンマの立場に於いてはまさにその意味の絶待者が真の意味の絶対者であったのではないか。絶対者はロゴス的な対立を絶したものであるからそれは論理的なあるものでなければならない。現実の存在は相対的であるが故に絶対者は現実から離れた孤高のものでなければならない、それがab-solusの意味であった。しかしレンマの立場にたてば凡てが相待的であるから絶待者といえども相待者に依存しなければならぬ。相待者を離れて別に絶待者というものがありうる筈はない。また絶待者とは別に相待の世界もありえないことも明らかである。ロゴスの立場に於いては絶対者はとかく孤絶のものとなり易いが、レンマの論理によれば絶待と相待とは互に相まつべきであって、その関係はさながらに相待的でなければならなかった。

しからばこの意味の絶待者とは何をいうのであるか。それは待を絶するが故に何ものにも依存しない、それ自らに於いてありそれ自らによってそれ自らとしてあるものであるが、しかし相待の立場に於いてはそのような絶待は考えられないのみでなく恐らくは有り得ないであろう。従って絶待者は空でなければならぬ。有るものは凡て相待的であるからそれを絶したものはどこにもない筈であり、凡ゆる意味に於いて無でなければならぬ。無そのものが絶待者であったのである。

しかし絶待者とは何であるか、またそういうものが果してあり得るのであるか。絶対ということは哲学用語の寵児でさえあるが、それと区別せられた絶待者とは耳馴れぬ用語であり、或は誤植でないかといぶかる人があるかもしれないが決してそうではない。むしろこれらを明別するところにレンマの立場をロゴスのそれから区別せんとする我々の意図を暗示するものなのである。絶対とはロゴス的に相対的なるものを廃絶することであるが、絶待とはレンマ的に相待するものを遮遣することである。ロゴスの相対は常に対立であるが、レンマ的な相待は必ずしも対立的なものではなくさらに広義の関係的なるものである。対立はややもすれば抗立であって両立を許さないが、待立は逆に相資相待を本旨とする。その関係は少なくとも論理的な contraria でなくして privatio の関係をもふくんでいるのである。外見上から見れば相待もまた対立を表わすように見えるが、父と子との関係は必ずしも造反を本質とするものではないであろう。教師と学生との造反を旨として学校の教育は果して成立つべきものであるか。それは少なくとも異例であって常道ではあり得ぬであろう。

しかし凡ての関係が相待であることは縁起の関係であり、縁起は無自性空であるから相待者は空でなければならぬ。従って絶待者がこの関係を遮遣するものであるとすればそれは空の空なるものであり、空の否定でなければならぬ。これはどういうことであるか。縁起関係が既に空であるとすればそれをさらに否定することは可能であるか。たとえ可能であるとしても果して何の意味があるのか。空の空とはただ無意味な空語にすぎぬのではないか。しかしこのことこそ大乗仏教のまさに説かんとするところであって、決して無意味な空語ではなくまた贅語でもなかったのである。万法が空であるとはそういうもののあることではない。有に代って無があるということでもない。有法に代えて無法があるということではない。第一にそういうものが有るならばそれは一つの有であって無ではない筈であろう。空はさらに空じられねばならぬ。無は徹底的に無化せられねばならぬ。この無化を徹底することが絶待的といわれる所以であった。相待とは他に待つゝあるものである。他に依ってあり、他を待ってのみ有りうるものである。そこには依然として自他の区別が残されている。この分別を絶するものが即ち絶待的なるものであった。他に依ることをやめるならば自己自らに依る外はないわけであるが、しかしそれは自性と自我とを定立することであって縁起性からは程遠い。自性は徹底的に遮遣せられねばならない。人法二無が大乗の基本思想でなければならない、そこに空性がある。縁起は空性であり、空性は縁起性でなければならない。しかしさりとてそのような空性があるとすればそれは一つの有である。空性はさらに無化せられねばならなかった。提婆の「百論」の最後の偈はそれ故に「破空品」であった。彼は凡てを凡てについて破した後その破をもさらに破せんとした。その一節に云う、「有を聞いて喜ばず、無を聞いて憂えず。これを解脱と名づく」と。破すべきは有と無とではなく有とともに無である。有でもなく無でもないものが最後に破せらるべきであったのである。

龍樹の遺作といわれる「七十空性偈」にも「凡そ自らが自性として成ぜられざるものによって、他は云何でか生ぜしめらるべき。されば成ぜられざる他なる縁によって、他は生ぜしめられるにあらず」(第十二偈)とある。又云う、「所相によりて能相は成ぜられ、能相によって所相は成ぜられ、自ら成ぜられるにあらず、相互に(相縁りて)も成ぜられず、成ぜられざるものが成ぜられざるものを成ぜしむることなし」(第二十七偈)。「有為と無為とは多(異)にあらず、一にあらず、有にあらず、無に有らず、有無にあらず。此界分中に此種類を普く摂す」(第三十二偈)。(山口益「龍樹造七十空性偈に対する文献的研究」の訳による。）絶待者は単なる空ではなく、空の空ぜられたものであった。他に依り他を待つものは縁起であり無自性空であるが、真の空はこの無自性をも遮遣するものでなければならぬ。空とは自性の否定であるといわれるがそれは未だしである。畢竟空はこの空性をも空したものでなければならぬ。空をも否定することこそ空の徹底であり、空の執着を離脱したところに初めて空の把握があり得よう。絶対的なものは相対に対しているが、畢竟空は種々なる空と相対するものではない。絶対は相対に反してあるが絶待空は相待空と一である。中辺分別論相品第一第十三偈に云う、「無二有此無、是二名空相、故非有非無、不異亦不一」と。二無とは所取と能取とのなきことを言う。この無有りというのは但だ所取と能取との無があるということである。この二を空相を名づくという。無なるものは無として有るものであるか。この空相は有に非ず、無に非ず。云何ぞ有に非ざる、二の有なきが故に。云何ぞ無に非ざる、二の無有るが故に。此れ空相は有に非ず、無に非ざることを顕はす。この法は二の無を以て、性と為せば有とも説くべからず、無とも説くべからず。云何ぞ有に非ざる、この二の無なるが故に。云何ぞ無に非ざる、是の二、無の有なるが故に。所取と能取とは有ではない、この二つは無いからである。しかしこの二つは無でもない、それらは無の有であるからである。無の有とは無そのものが有るということであるが、もしそうならば無を一つの有と見ることになり無ではなく有とならざるを得ぬ。それ故に二つの無は無ともいえない、また有ともいえない。どちらでもないということが無ということであり、まさに絶待空であったのである。事物は凡て待に依る。待ならずして何ものもない、それが縁起であった。それ故に待を絶することは縁起をも離れることでなければならぬ。しかしそのような絶待なるものはどこにあるか。どこにもないが故にまさに空であったのである。何かの意味に於いて待つあるものは未だ空ではない。何を待つなく、何を望むことなきところに――自らが自らを待つなきところに絶対空がありうるのである。縁起によってあるものは既に空であった。況や縁起を超えたものはまさに空でなければならない。勝義の世界はここに於いて啓かれるであろう。それが勝義であるのはそれがそのようにしてあるより外にありようがなかったからしてである。それはあらぬものであるが、まさにあらぬことの有りうるものでなければならなかった。

二

相対的なものは互に反立的であるが故に対立する両者は各〻に自立性をもち、自我性に強く、少なくとも自性をもつことに於いて鞏固である。我は我であり、他は他であるからして一たび隔歴し齟齬するならば断然として抗争するのである。反立の前提には先ず自性の確立とその主張とがなければならなかった。この関係の成立の条件は先ず自性であり、乃至は自主性であるといわねばならぬ。然るに相待的なるものは互に依存し相俟ち、少なくとも相観待するものであるが故に自性に於いて薄く、少なくとも自我性に於いて力弱きものであるであろう。自性に於いて欠けているとは言えないにしても自主性の薄弱なるものであることやむを得ざる仕儀といわねばならぬ。相依相待とは如何なる関係であるか。その解釈も種々であるが、一のものが存在するのは他に依存し、それがそれであるのは他に依ってであって、他のものなしにはそれがそれであり得ないし、それ自らとしても存在しえないことである。この依存関係には先ず二種の区別がある。例えば上は下の反対であり右の概念は左のそれなしにはありえない。兄は弟があってこそ兄であり独り子には兄はない。兄でなくとも一人の人間であることに変りはないがそれが兄として実存するのは弟の存在に依ってである。この相依は概念的関係であるにすぎない。此あることによりて彼あるという縁起の定義も表面的に見ればこの関係にすぎなかったというべきである。

しかし真実の相依は単なる概念的関係であってはならぬ。例えば全体と部分との関係の如く、全体は部分の全体であり部分は全体の部分であるより外にそれ自らであり、自らとして存在することができぬ。全体は部分をふくみ、部分は全体のうちにふくまれる。このことなしには全体と部分との相互関係があり得ぬが故に全体も部分もそれ自らとして自らの存在をもっていない。即ち自性がないといわれる。自性(svabhāva)とは何であるか、それは文字通りに存在の自己性であり、ものがそのものとしてそれ自らに於いて、それ自らに依ってそれ自らとしてあることである。龍樹は事物の「自性」を否定せんとした。物がたとえ個体であっても必ずしも自性あるといえぬ。ものが全く他に依ってあるならば自性は失われる。相待的であることは無自性ということでなければならぬ。但し相待的であるが故に無自性であるのか、無自性なるが故に相待的なのであるのか。それを問うことはむしろ戯論に類するであろう。相待と無自性とは一であって二ではない。

相対的なるものは無自性ではない。それは反立であり抗立である限り無自性であってはならぬ。もし無自性であるならば反抗することは勿論、対立することさえ不可能であるからである。自性なく個性なきものがどうして毅然たる反抗に出ることができようか。対立は相対的であるが必ずしも相待的ではない。むしろ両立的であるよりも抗争に近いであろう。それは矛盾によって脅されている。それはもともと矛盾から胚胎したものである。そして矛盾とは反撃を生命とする論理であるに外ならなかった。ヘーゲルの弁証法は矛盾の論理を存在の対立に止揚し、よって以てロゴスの発展を期成せんとするものであるが、そこには冷厳な理性の発揚はあっても情意的待依は薄かった。相対はややもすれば反目に傾き反逆に走る。労資協調などということは要するになまぬるい妥協にすぎぬであろう。ロゴスの展開は対立の徹底にあるかのように見え、たとえ綜合はあっても一つのテーゼは必ずアンチ・テーゼをよび起し、そしてテーシスとアンチ・テーシスとはどこまでも対立の関係に持して憚らない。それが相対的であるというのは大凡そ相待的関係から程遠い。相待を相対から明別することは即の論理を弁証法の論理と混同せしめない一つのAbwehr(防塞)となる。

それのみではない。相待的関係がレンマの立場にあることはさらに次の点からしても切論せられ得よう。事物の存在が相待の関係によって有るのは事物の生起が大凡縁起的であるということである。縁起が因果関係と峻別せられて東洋人に特有な思想体系であることは大凡次の理由によるのである。

先ず縁起とは一が他を縁として起ることを意味するが故に何よりも一と他との相待的関係を要求する。相待なしには縁起は起り得ぬ。縁って起るとは一が他を機縁とすることであるに外ならぬ。単に観待するのみでなく互に相依して存在することが縁起の関係であるに外ならなかった。それはその限りに於いて極めて広く且つ根本的な関係である。事物がそこに存在するのはそれ自らとしてではなく、それがそのように現存するのは他によって、他を俟ってであるからである。自己存在といえども自己に依ってあり、自己に依ることによって自己としてありうるのである。因果の関係も因によって果があり、果を待って因があることであるとするならば、それは一種の縁起関係であるとも考えることができる。但し因果には単にそれだけでなく因から果が生ずるということがなくてはならぬが、我々はその何たるかをまた如何にして生ずるかを実証することができない。この実質的関係を無視して単に因と果との相関関係として見るときは因果も縁起の一種と考えて差支ないであろう。この意味に於いて縁起は種々なる関係の中で最も広汎にして博大な関係であるというべきであろう。龍樹のやった仕事は因果を否定することではなく、ただそれを一層広汎な縁起関係に還元することであったとも言えよう。ヒュームは因果関係を否定しただけであるが、龍樹はこれに代えるに縁起の方則を以てしようとした。我々の見方は因果の関係をロゴスの論理とし、縁起の関係をレンマの論理として把握せんとするところにある。しかしそれはどういうことであるか。

三

大乗仏教の根本的立場によれば諸法は尽く縁起によって成立するから諸法は空であるという。しかし何故に縁起は空観につながり、わけてもそれに直結するのであるか。縁起の関係は相対的であるよりも相待的であるべきことは既に知られたが、相待は如何にして縁起の関係を作りあげるのであるか。この問題を解決するものは「無自性」という思想である。それなしには縁起は空に転ずることができない。縁起なるが故に無自性であり、無自性なるが故に空であるというが、この三つの想念は何故に、また如何にして直結するのであるか。無自性なることが即ち空であることは比較的わかり易いが、縁起が無自性であるべきは何故にであるか。

無自性とは事物がそれ自らの性をもたぬということである。事物がたとえそこに存在していても、それ自らに於いてそれ自らとして存在しないことである。事物が存在するのはそれ自らとしてであるかまたは他に依ってであるかの孰れかであるが、前者の場合にもそれはそれ自らによってあることでなければならない。しかし自己が自らによるとは如何なることであるか。依るべき自己が自己自らであるとしても別に二つの自己があるわけではないであろう。それは自己によってあるのではなく、自己に於いてあることである。凡てが自己に於いてあるが故に自己は自己として存在するのである。しかしそのような場合でも存在が自己としてあることは如何にして可能であるか。それは存在がそのものであって他のものではないということによって先ず規定せられる。有るものが或るものであって決して他のものでないということが自己性の第一の条件であるべきであった。それは自性の消極的規定であるが omnis determinatio est negatio という意味に於いて事物の存在性をともにその自己性をも規定するものである。事物の自性とは他性から区別せられることによって先ず規定せられる。これもまた消極的規定であるが、それが即ち依存性とよばれるところのものであった。自己がそれ自らに於いて充足するならば別段他に依存する必要はない筈である。それが何かを待ち何かに依るのは事物が自らに於いて存在するに不十分であり欠けたるところあるが故にである。それは privatio の存在であった。この欠如の極まるところ我は無我となり、我の性は無自性となる。それ故に無自性は相待的な関係に於いて先ず見出されるところのものである。事物は互に相依相待であるが故に無自性でなければならなかった。そして相待的なるものが即ち縁起関係であるとすれば縁起とは即ち無自性であるといわれなくてはならない。しかも無自性が即ち空でありとするならば縁起とは即ち空であると結論せられねばならない。ここに縁起—無自性—空という一連の思想が確立せられるに到るのである。

しかし以上の論結は決してロゴスの推論ではない。縁起が大前提となり無自性が小前提となって空がそこから結論されたものでは決してなかった。恰も cogito ergo sum が必ずしも ergo（それ故に）によって推論せられたものでなく、sum cogitans がその真意であったように、縁起―無自性―空の想念も決して推論の結果でなく、直接に端的に把握せられた直観的なレンマであったのである。レンマが直指又は直観（λαμβάνω）せられたものの意であることがこれほどに明証されることは稀であろう。それはまさにレンマの立場に於いてとらえられた論理であっても決してロゴスの推論ではなかったのである。

しかしそれにしても以上の論説をそのままに受けとることは安易にすぎるであろう。レンマにもまた一つの論理がなければならない、少なくともそこには尚多くの問題が残されているであろう。第一に無自性とは事物が自己の本性をもたぬということであるという。我が我という性質をもっていないことであり、即ち無我ということである。しかし事物にしてそのものの自性をもたぬものがどこにあるか。自性をもたぬものは殆ど非存在に等しい。自性とは事物のそのものたる所以のものであって、これを失うときはものはそのものとしては勿論、一般に存在として存在することさえできない。無自性とは即ち非存在ということになりかねない。しかしもしそれが無であるならば我々はそれについて何事も言うことはできぬ。それが無であるということすら不可能であるであろう。

有るものはとにかく或るものとして、何らかのものでなければならぬ。そしてそれが或るものとして有る限り依然として何らかの自性を有たねばならない。或るものとは何らかのものとしてあることであるが、としてある限りそれはそれぞれの性質をもつべき筈であろう。人間は人間として人間たる所以のものをもつ、それが人間の自性であった。しかし人間の具体的存在は単にそのような自性に限られてあるのではない。人間は種々なる存在の仕方に於いて存在する。或は芸術家として或は学者として或は政治家としてであるのであって、それらを除いて単に人といったものはあろう筈はない。家族の一員としてあるのは父としてであるか子としてであるか。父の存在は子に対しての存在の仕方であり、子なき人は父たるの資格を欠く。しかしこれらの種々なる存在の仕方はそれぞれ自らの性をもつのであるか。それは専ら他を待って、他によってあるが故に自性ではないといわねばならぬ。それらはそれ自らの本性ではなく、ただ他に依って与えられた存在の仕方にすぎぬであろう。そして他に依って生ずるのは縁起であるが故に、人間の具体的存在は縁起によって生起せられたものといわなければならない。父としての存在の仕方は子なきときは勿論、子を失った場合にも消失すべきであろう。そしてそれは縁起によってあるものであった。それ故に縁起の関係は無自性をもたらす。そして無自性は即ち空であるとするならば縁起は存在を空するのみでなく、空を本質とするものでなければならない。無自性空とはそのことを意味すべきであった。しかしながら、空があるというのは何を意味するのであるか。それがある以上は空ではなく、空が空であるかぎり空でさえあり得ないのである。空は或るものでもなくまた有るものでもなくしてまさに無きものである。しかし無きものがそのものとしてある以上或るものであって空ではない。空は都無であってもそれがそのようにあることに於いて一つのあるものである。それは一般に何ものではなく何ものとしてもないものであるが、啻に無いものではなく、無いということすらないものでなければならぬ。それは否定されたものではなく、否定をも否定することそのことでなければならぬ。それは否定としてあるものではなく、否定をも否定するものとしてあり、否定をさえ自性としないものである。それ故に空は無自性でなければならぬという。空が自性を有するならばそれは空というもの、又は空としてあるものであって決して空そのものではなかった。世俗では空は虚なるものであり内容なきものであるが、しかしそれにしても無内容という内容をもっている。無自性とはそれと同じように無自性を自性とするものであるのか。しかしそれはそのような自性をもつものではなく、徹底的に自性なきものでなければならぬ。換言すればそれは自性によってあるものではなく、他に依ってあるものであった。自らが自らによってあるものでなく、他を俟って初めて有りうるところのものであった。従ってそれは真に有るものでなく、仮にあるにすぎない。縁起によってあるものは凡てが仮りそめのものであり、空しき存在であるに外ならない。それは単に仮設されたものであり、少なくとも施設されたものであるにすぎない。それはそれとして自性あるものでないからして殆ど存在しないものに等しい。無常とかはかなさという情念もここに生れる。都てが縁起性によってあり、尽くが相待的にあるというのは何という儚さであろう。

しかし相待性は直に縁起性と同一であると言えるだろうか。たとえそれらがそうであるとしても相待性は何故に縁起の関係をもたらしうるのであるか。相待とは既述の如く相対性と相覆わない。相対に於いて互に相対するものは明らかに区別せられるのみでなくまたまさに対峙するが、相待は却ってその故に互に相待つものである。一は他なくして、他は一なくして成立しない。一つのそこにあるのは他に依ってであり、他を待って初めて可能であるが、それにしてもこの関係の成立つためには一と他とが先ず区別せられてあらねばならぬ。一は一として他は他としてそれ自らに於いてあらねばならぬ。一は他に依って、他は一を待ってあるとしても互に相対して存在する以上は一は一としての、他は他としての何かの自性をもっていなければならぬ。これは自性とよばるべきでないとしても尚何らの自己性を意味するものでなければならぬ。そうでなければ一は他に依って他は一を待ってあることさえ不可能であろうから。存在は何らかの或るものとして存在するのでなければ自らとしては勿論、他に対するものとして存在することもできない。一が他によってあるのは一としての自性を失うよりも先ず他に対しての或るものとして何らかの存在性を有することが肝要である。「廻諍論」(第二十二偈)に明言せられたように、「縁りて生ずるものは無自性(asvabhāvatva)である」としても、縁りて生ずることそのことは自性によらねばならぬ。縁起によって生じたものは無自性ではあっても縁起の成立するためには、一は一として、他は他としてそれぞれ自性をもっていなければならぬ。もしその孰れもが無自性であるならば、一が他に依存し他が一を観待するということすら不可能とならざるを得ないであろう。それ自らに自らでないものがどうして他によって依存せられ、又は他に依存することができるか。自性なきものは殆ど存在性なきものである。自ら存在しえないものがどうして他をして存在せしめうるのであるか。

しかも龍樹は断乎として無自性を主張する。縁起とは両立するものの相待関係であるのにどうしてそれ自ら無自性なるものが相待することができようか。このディレンマ（それも一つのレンマである）を免れるためには両立する二者を互に互の「依止」として想定するより外に途がないと思われる。依止とはしかし何であるか。

依止(samṣraya)の概念は主として唯識説に於いて用いられたものであり、殊にその三性説に於いて「依他性」を規定する原理となっているのであるが、我々の茲に言わんとするのはもう少し広義のものであり、或は原初的のものであって必ずしも唯識説に準拠してはいない。中観論には殆ど見られないが敢えてこれを問題とするのは思想の発展をたどろうとする我々にとって並々ならぬ意義をもつからである。依止とは界であるという。界とは一つの存在のあり得る、又は活らきうべき限界であり境界である。摂大乗論の第一章は応知依止勝相品と名づけられている。多くの版本では「応知」を欠き単に「依止勝相」とあるが、その論題からいっても応知を加えることは無意味ではないであろう。達摩笈多もこれを加え、玄奘もそのようであるのみでなく、それを「所知」とも訳しているのはそれが応に知らるべきものであるからしてであろう。依止は「界」であるが、それは単にそこにあるものではなく、応に知らるべき界であり知るに必要な境界であった。単に措定せられてあるのみでなく、依ってもってあらしめ、拠って以て知らしめるところのものであった。それはそれに依らしめるのみでなく依ってもってそれをそこにあらしめその何たるかを知らしめるものであった。それ故にそれは一つの事柄の「因」ともいわれ「義」とも解せられる。因とは原因であるよりも因って以てあらしめる根拠であり、「義」とはそれをして意味ある存在たらしめるところのものでなければならない。単に観待し依存するのみでなく、そのような働きをそこに止め、且つそれをして関係の拠点たらしめるところのものである。止とは啻にそれをそこに止めるのみでなく、それを拠り所として依存の関係を完うせしめるところのものでなければならない。例えば種々なる色は色としてあることによって具体的な存在となる。色の世界は黒と白とによって限界づけられ一つの領域(Region)を形づくる。凡ての色はこの領域の内にあることによって色の世界を構成するばかりではなく、これを例えば音の世界から区別する所以のものとなる。色と音とは別の世界である。赤とか黄とかは色の世界に属し、音の世界には属しない。凡ゆる色は黒に至って濃縮し、白に及んで稀薄化し、そしてやがては色の世界から脱落する。黒と白とは色の世界と他の世界との界であり、これを限界とすることによって色の世界は音の世界から区別せられる。この界を逸すれば色の世界はあることを止めるであろう。そこに止ることによって赤は色として存在し、色としての義を保つ。赤が色として存在するのはこの界によって限界づけられることによってであり、音が色として存在し得ないのも色の領域から逸脱しているからである。赤、青等なしには色がないと同様に、色なくしては赤、青等も存在し得ない。赤が赤として存在しうるのは赤い色としてであってその他の何ものとしてでもなかった。何故に赤は赤であるか、それは赤が色としてあり赤い色であるからしてである。

唯識教学ではこの依止の役目を果すものは阿頼耶識であったが、それは余りに形而上学的であり、さしあたりその教説には深入りしないことをよしとするであろう。むしろ当面の問題は唯識三性説の依他性についてである。注意すべきは依止の依が増上(adhi)の意味に解せられていることである。「摂大乗論」第六は依戒学勝相品であり、第七は依心学勝相品であり、第八は依慧学勝相品と名づけられ、戒と心と慧によって勝相を学する教説であるが、これらの依は「増上」の異訳であると言う(宇井伯寿「摂大乗論研究」二〇四頁)。もしそうならば依とは増上と同意であるといわねばならぬが何故にそうなのであるか。宇井氏の研究はこの点について何の解明もないが、我々にとっては忽諸に附せられぬ問題である。依は「界」であり「義」であり「因」であることはよくわかるがそれが更に増上の意を蔵するとは何のことであるか。増上は一般に三学が増勝の力を有することを意味するが、無生釈には増上戒学とは謂く戒に依止して正勤修学することであるという。依止と増上とはこの意味に於いて同一であるが、しかし何故にそれが増上の意に解せられるのであるか。それは専ら実修のことであってそれに依って修習が増勝せられることはわかるが、しかし問題はそれに依止することが何故に増上する所以であるのか。実修と理論とは別のことであり、それが問題となるかならぬかは立場の差であるというならばそれまでのことであるが、それにしても依止することが何故に増上する所以であるかは依然として問うに値する問題であろう。

ここに想起すべきは縁起に四種の区別(因縁、次第縁、縁縁、増上縁)があり第四位に於いて増上縁が説かれていることである。この四縁説は「中論」観因縁品第一に突如として現われたように見えるが、言うまでもなく既に阿毘達磨教学に於いては説き古されたものであり、龍樹はむしろこれに対して批判的態度をとっているのである。第十二偈には次の如くある、「無自性である諸〻の有体には存在性はないから、彼があるときに此があるということは可能でない」。月称はこれに註解して云う、「若し此有るとき彼起るならば此は彼の増上縁である。」「然るに諸法は縁起せるものであるからそれらの自性は無である。それ故此有るときという場合の、此なる因性として詮称せらるべきものが何処にあるであろうか。また彼起ると言う場合の彼なる果性として示さるべきものもどうしてあるのであろうか。故に増上縁の定義という観点から言って、その縁が実有として成立することはあり得ない」。

増上とは力用あってそれを他に及ぼすことであるが、それだけの功果をもたらすには、一のものが何らかの自性ある存在でなくてはならぬ。しかし龍樹は凡てのものについて自性を認めないのであるから増上縁を否定したのである。彼の徹底した批判は啻に増上縁についてのみではなく、他の三つの縁についても同様に論破し尽している。そして遂に「彼があるとき此があるということは可能でない」と論結したのである。これは一見驚くべきことであり、仏教の立場が縁起論であるのにそれが全面的に否定せられるのはどうしたことであるかと疑いたくなるかもしれない。しかし龍樹の言わんとすることは、世俗の世界が縁起によってあり、縁起とは無自性を土台とするから空でなければならぬ。勝義の世界は世俗世界の空なることを達観するまさにその時点に於いて開発されるのである。縁起の関係はそれ故に専ら世俗の世界に属する。それを徹底的に論破せんとするところに勝義の立場のあることを思えば、以上のことも決して不可解とはいえぬであろう。

それはとにかく、我々にとって問題となるのは依が増上と同義であるのみでなく、殆ど同一語の異訳に外ならぬということである。それは主として唯識学に於いてであるが何故そうなのか。依は界であり、乃至は境界であるが、それは二つの世界を区別する限界であると共に何よりも先ず一つの領域を構成するホリゾントでなければならなかった。例えばノモス（νομός*）は「牧場」であるが、牧場とは垣根によって囲まれた土地である。自然の原野は限界なき大地であるがこれを垣根をもって区切ることによって牧場となり（牧畜）又は田畑となる（農耕）。区切るということは分割にすぎないが、分割によって領土が作られ、領主の所有権が設定せられる。それと同じように分割することは境界づけることであり、限界することは一つの領域を形成することである。界をもつことによって一つの境が作られ、境界は一つの領土であり領域であるに外ならなかった。

* νομός は牧場であるが νόμος は法である。アクセントの相違によって別語となる。しかしこの両語は恐らく νέμω から由来し分割せられ又は別たれたものを意味する。法とは正しく分たれることを、即配分の正義を意味するものであった。

四

依とは界であるから依止とは一つの領域を作る限界であると解せられる。縁起は相依相待の関係であるが、この依存を可能ならしめるものは何であるか。それは相待する事物であるが、もしそれが自性をもたぬとすれば、何を根拠として縁起の関係が成立し得ようか。龍樹によれば縁起は生産関係ではなく、単なる依存関係であるというが、それにしても互に依存するものが無自性であるならば依存ということすら不可能とならねばならぬ。兄は弟に依って兄たる資格をもつのであるが、兄も弟も共に無自性であるならば何を根拠として兄弟の関係が生じ得るのであるか。

　事物が無自性でありながら縁起の関係に入るためには互が互の依止とならねばならぬ。単に依存の拠点となるのみならずこの関係の止るべき界とならねばならぬ。依が依止として熟語せられたのも恐らくこの理由に基づくのではないかと思う。これは私解であるが必ずしも附会の説ではないであろう。依止は一方に於いて依存であるが、同時にこれを止めるものである。止めることによって相依の関係を成立せしめるものである。恰も界が存在を限定して境をなすが如く、依止を限界として縁起の世界が形づくられるのである。界はただに領域の限界であるのみならずまた増上の働きをもつことによってそこに一つの世界が構成せられる。それが即ち縁起の世界であった。

しかし問題は依然として残る——界によって縁起の世界が作られるのであるか、又は縁起によって界が措定せられるのであるか。龍樹は云う、「諸〻の因縁によって自性の生起することは理に合わない。自性が因縁によって生起するものならば為作(kritaka)となるであろう」(「中論」第一五「有体と非有との討究」第一偈)。為作とは増上であるからそれが玆に働くことは一向に差支えはない。しかし縁起によって自性は作られないという龍樹の所説は如何に解せらるべきか。それは勿論そうであるにちがいないが、縁起によって作られるのは自性でなくして依止でなければならぬのではないか。界はものの限界であるが決して自性ある存在ではない。無自性にしてしかも縁起の界をなすものであるからして、この点に関する龍樹の論破は恐るるに足らぬ。むしろ自性ある事物をではなく、無自性な界を以て縁起の依止とせんとするのが龍樹の見解ではなかったか。彼は続いて云う、「自性がどうして為作性たることができようか。何となれば自性は非為作性のものであり、他のものと非相待のものであるから」(同上第二偈)。この非難も恐るるに足りない。何となれば依止とは決して自性あるものではないからである。むしろ自性あるものに代えて無自性的な依止を以てせんとするのが我々の志す所であったからしてである。依止とは決して有自性の或るものではなく、あくまでも界であるにすぎぬ。界とはそれに囲まれて一つの境を構成するところの限界であって、固より無自性でなければならぬ。縁起は相待的関係であるから一が他に、他が一に依存しなければならぬ。しかしこの一も他も自性ある事物であるならば縁起は生じない。それは龍樹の言う通りであろう。しかし縁起が相待的であるならば相対的な何ものかがなくてはならぬ。それなくしては一が他に依存することが不可能であるのみでなく相待ということが無意味となるであろう。縁起とは一が他を、他が一を依止として成立するところの関係である。縁起関係を形づくる諸項はそれ自らとして無自性であっても「依止」としてなお有るものでありまさに有るべきものでなければならない。

唯識教学の三性説はその第一を依他性に、第二を分別性に、第三を真実性に置いている。依他性の原語は para-tantra であるがそれは para-tantra であり他に依ることを意味する。しかしそれは一が他に依ることであるか、又は同時に他が一に依る相互的なものであるか。素より後者の意であることは明らかのようであるが、もしそうならばそれは縁起の関係を完成するに近かろう。縁起とは相依相待の関係であるに外ならなかったからである。真諦はこれを依他性と訳したが、玄奘は依他起性と漢訳した。けだし真諦にとっては依他性は存在の性であるが、玄奘はこれを相と見るに近かった。三性を性と見るか相ととるかは性相学の重要にしてしかも困難な問題であるが、それはとにかくとして性に重点を置くか相を重視するかによってこの二人の訳語の差違も生じたわけであろう。依他の他は因を指すから、因に依って生ずという考えをとれば玄奘が「起」を加えた気持も分らぬではないが、相依の関係は必ずしも為作によって生ずるものではなく縁起の性に基づく点からいえば、むしろ真諦の如く訳する方がよいかもしれない。仏陀扇多も達摩笈多も他性性とか依他相とか訳し、玄奘のみ依地起相としたのは或は護法の解釈に従って意訳したのであろうか。玄奘の新訳には往々そのような点に考慮が払われ、例えば第二の分別性についても遍計所執性という特異な訳語が当てられている。その理由については様々な憶測もあり、またこの訳語の妥当性についても異論が輩出しているようであるが、要するに玄奘説が護法の成唯識論の解釈に基づいたものであることだけはたしかであろう。護法の解釈が新しさを競うだけそれだけ却って唯識説を歪曲したものである(宇井説)かどうかは別問題としても、玄奘の訳し方には他に見られない細心の注意が払われていることだけは認められてもよかろう。分別は論理作用としては別に誤ったものではないが、分別に執することが諸悪の根源となる。分つということは何故に妄分別となるのか、それは分別に執するからである。人間は分別することなしには思惟することができない。Urteil は teilen することに外ならなかった。しかし分つことによって分たれたものがそのように、またそのままにあると執着することが凡ての誤謬の起源となる。分別そのものがではなく、分別に執着することが悪の根源となる。分別しながらこれを越えて無分別に達することが円成な真実性でなければならない。しかもこの執着性は遍計である。分別性の原語は parikalpita であるが pari は遍であり、必ずしも計ではないであろう。計は一種の執着であるからして妄分別となるのであるが、分別(kalpita)は必ずしも妄ではない、それが妄となるのは執着の致す所であってここにも玄奘の訳意を諒察すべきであろう。

それはさておき、分別性とはもともと一なるものが二つに分たれ、単に分たれるのみでなくそれに執することによって恰も二つのものが実在するかの如く妄想せられることである。主観と客観とはもともと離れたものではないのにそれらが別々のものと見做され、しかも主観が客観を認識するが如くに論ぜられる。そこに誤謬と妄見が胚胎するのであるが、悪の根源はもっと深い所にあって、斯く分たれた二者が如何にして一となりうるかということがさらに問われねばならない。恐るべきはこの問題であって、第一の依他性もこの問題の解案のためにあったとも見ることができよう。一と他とは分たれた二つのものである。しかも分たれたものはもとの原初に還元せられねばならない。そうでなければ認識も可能でないし、真実性も円成するに由ないであろう。しかしそれは如何にして達成し得られるのであるか。この問題に答えんとするものが即ち依他性であるに外ならなかった。一はそれ自らとしてそれ自らに於いてあるものではなく、他もまた同様に自性あるものでない。凡てが無自性であるからして一は必ず他に依り他は一に依存しなければならぬ。相依相待なしには何ごとも成立せず何ものもあり得ない。二つの分たれたるものが一となりうるのもこの関係を措いては外にはなかった。しかし一も他も無自性であるとすれば何が何に依存するのか。依存とはとにかく一が一として存在し他が他として存立し、そしてこれらの間に相依の関係が成立つことでなければならぬ。しかるに一も他も無自性であるならば如何にして相互の関係が成立しうるのであるか。この問題を解くためには一も他も無自性でありながら、互が互の依止となると考えるより外に仕方がないようである。一も他も依止として存在する。それは自らとして存在しないが、他に待して、他を俟つことによって或るものとして存在する。それ自らは自性を有しないが他に関係することによって何らかの存在性をもつこととなる。そしてその限りに於いて存在の自己性を有することとなる。それが即ち依止性であった。項があって関係が成立するか、関係があることによって項が存在するか、関係の問題はいつでもこの難関に悩まされるのであるが、それは要するに論理であって真実はただ一つの実事にあり、関係と項とは分ち難く融一してあるのである。ただこのFaktizitätが論理の説明に堪えうるためには項は自性ある存在としてではなく、依止として境をなすと考えるより外にはなかったのである。卑近な事実を再説すれば、例えば兄は弟に対して兄であり、弟は兄に待して弟という資格をもつ。しかしもし独り子であればこの関係が生じ得ぬことは素よりである。兄としての資格は弟に対してのみ取得する自性であって、弟がなく又は死すれば兄として資性を失う。それは一つの自性であるが、仮りそめの自性であり、兄は兄であるよりも先ず人間としてあらねばならぬ。人間としての自性こそは真の自性であるが兄としての自性はただ弟に対してのみ取得するにすぎない。しかも人間は兄であるか弟であるかの資格に於いてのみ生活する。人間は社会的動物であり、家族又は社会の一員として生存する。凡ゆる関係を除いて人間の自性といったものはどこにも見出され得ぬのである。そしてそれが縁起性であった。人間の具体的存在は自と他との相待によって生ずるが故に、縁起的関係に於いてあるといわれる。しかしそれは仮りそめの存在性又は自相にすぎない。弟がなくなれば兄としての自性もなくなってしまう。夫婦としての関係もはかなきえにしであるにすぎない。縁生のものは従って空でなければならぬ。縁起なるが故に空であるといわれる所以である。夫婦の契りは強きものではあっても無常の波にさらわれては夢の如く消え失せる。夫とし婦としての存在はただ夫婦の関係の成立すべき依止にすぎなかったのである。

中観の立場では諸法が縁起生であるが故に空であると説くのであるが、唯識教学に於いては空は識に置きかえられた。依他性は何によってあるか。縁起は何の理由によって生じうるか。これらの問題に答えるものは尽く「識」である。ただ識のみ(matra)である。従って依止の思想も唯識説に於いてその意味を転換し、識は縁起の生ずる依止として考えられたのである。試みに依他性に関する諸家の説示を二三摘出して見よう。解深密経には依他性を定義して云う、「云何諸法依他起相、謂一切法縁生自性、則此有故彼有、此生故彼生、謂無明縁行乃至、招集純大苦蘊」。「瑜伽師地論」には簡明に次の如く記す、「云何依他起自性、謂従衆縁所生自性」と。ところが「摂大乗論」には「依他性相者本識為種子、虚妄分別所摂諸識差別」とあり、依他性とは染汚と清浄との和合した染汚清浄分のなせる業であるという。それは識の染汚清浄の問題であってこの区別をなすものは識(殊に本識)を措いて外にはなかった。本識は種々なる識を顕現せしめるが、その数大凡十一識がありその一つとして虚妄分別の識がある。そしてこの顕現の依止は本識を措いてほかにはなく、十一識の作用が即ち依他性相であると考えられた。元来識は分別であり、この分別は無を有とするから虚妄であるといわれる。阿頼耶識は真識であるか妄識であるか又は真妄併有の識であるかは異論のあるところであるが、とにかくこれを種子として十一の諸識があらわれ、その一つとして分別識もあるわけである。もし識が分別作用を本質とするならば、本識は真妄を共有しつつしかもこれらを分別するものも識であるから妄識とならざるを得ぬであろう。しかもこれを分別するが故に依他性が生ずるとするならば分別とか依他とかは尽く識のなせる業であるといわねばならない。依他なるが故に空であるというのは中観説であるが、依他性は識のなすところであると説くのが唯識の教学であった。唯識説に於いては凡ての性相の依って来るところは識であり識を措いて外にはなかった。それ故に識は凡ての性相の依止となるわけである。依止の概念はここに於いてその用法を全く別にするわけであるが、その意とするところは一脈の通ずるところがあることを見逃してはならぬであろう。そのように理解することが中観から唯識への発展を理解する所以であると共に、またこれらの伝統性を宣揚する理由ともなるであろう。中観説は縁起論であり、且つ相待論であるが、唯識説はこれを依他性として把握する。しかもこれらの凡てを説明しうるものは

「依止」の思想でなければならなかった。

概括すれば次の如くなるであろう。依止とは界であり限界であるから、ものを限定して一つのものとしてあらしめると共に、一つのものを他のものから区別してそれをそのものとして規定するのみでなく、さらに物と物との関係を限界づけることによって一つの「境」をつくり出すのである。この二つの作用は実は一つの働きであって界は境を作り、境は界せられることによって一つの「境界」をなす。境界とは即ち世界であり世間であった。人間は単独な存在でなく、人の世にある生物であり、人の間にある存在であるが故に人間と名づけられる。「間」とは「間柄」であり、「関係」であるに外ならなかった。そしてこの関係は単なる論理的なものではなく、具体的な「境遇」でなければならない。我々が何処にまた何の時代に生れるかは全く我々の意志を超えている。境遇が「偶」の意味をふくむのもこの故であろう。しかしたとえそれが偶然であってもとにかく何らかの境界にあり、世間にあることはたしかであり、それが間柄である以上人間の運命は相待的たるを免れない。人は世間にあるが故に相対的であり、男女の心中も相対死と呼ばれるが、それに先立って相対は相待でなければならない。相対は時に抗立的であるが、本来的には両立的であるから相待の関係が前提となる。人と人との相待によって家族があり社会があり、人類もありうるのである。そうでなくてこの関係が専ら相対的であるならば、人は人に対して常に狼となる。平和は相対的関係にではなく偏に相待の間柄に於いてのみかち得られる。仏教に於いては、この関係はもちろん相待的として把握せられた。そして相待的とは縁起の関係であるにほかならなかった。我々がこの世に、この時代に生れたのも縁起の然らしめるところである。子が親から生れるのは因果の必然であるが、いつの世に誰の子として生れるかは理外の理であって人智の及ぶところではない。それは全く縁起でありまさに縁生の然らしめるところであろう。男女の結合は自然必然的ではあっても、何人が誰と結婚するかは縁に因るというより外はないであろう。この関係はロゴスの必然によるのではなく、レンマの因由に基づく。ロゴスの関係は必然であり必至であるが、レンマの関係は必ずしも必然的ではなくしかも必ず一定の限界をもち依止によって定められる。関係が界せられて境となったものが即ち「世間」であり、これを可能にするものが「依止」の作用であった。依止は関係を具体化して一つの世界とするものであり、このような世界を具体的に把握せんとするものがレンマの立場であるに外ならなかったのである。

縁起の世界はこのようにして具現する。それは相対の世界ではなくして相待の世間である、それは世界でなくして世間であった。事物がそれ自らに於いて自らとして存在する世界ではなくして必ず他を待って、他によって存立する世間である。自らに於いて存在するにしても尚自らとして存在する世界ではない。自らに於いてさえ、なお自らが自らによって存在するしかない。即自は対自となることによってのみ自らの世界たりうるのである。自らが自らを待って自らでありうるような世界は何処にあるか。自らが自らに対するのはヘーゲルに於いての如く対立するのでなく、待立するものでなければならぬ。対立は一見強く烈しく自我的であるようであるが、案外にもろい。就中それは自ら立たんがために常に他と抗争する。たえざる戦いの故に常に乱れ争わざるを得ない。モイレンに倣って言えばそれは破れたるロゴスである。フィヒテの我は絶大なるものであったが、常にそれ自ら非我を定立し且つそれを克服しなければならなかった。内にひそめられた自我は却って他によって、他を待って成立つものである。他に対してあってもそれと対立するのではなく、相い待つことによって初めて、自我たることを得るものであった。それはそれ故に自我はそれ自らを誇負することによってでなく、否定することによってまさに自我たるを得るものである。自我はそもそも相対的ではなく相待的であるが故に、自らが自らでありうるのも他に待して他によってでなければならない。それはまさに無我であるべきであった。無自性とは自性がないということではなくそれが相待的であるということである。自我の無性を自らの性とすることに外ならない。無自性とは自我なきことをまさに自らの性とすることである。月称の言ったように我に「宗」なしということである。我に立場なく何ら特定の立場に立たぬが故に凡ゆる徴難も恐るるに足らぬという。それは立場なき立場であり、立場なきことをまさに立場とするところのものであった。事物の世界は縁起によって成立つということは第一にそれを一つの領域として世俗諦を構成することであり、第二に縁起の故にその空性を明らかにすることである。世俗の世界は相待的であり、そこに存在するものはそれ自らによってではなく他に依ってであるが故に、無自性であり、無自性は即ち空であるが故に世俗の諦は空でなければならない。これを空として把握することは勝義に属するが、たとえそのように観ぜられても世俗は世俗としてあるのである。たとえ仮りそめの世界であり、はかなき世間であっても、とにかくそのようなものとして現にあるのである。恰も夢幻の如く過誤に満ちたものであってもそれを夢みる限りその如くあり、そのままにあるのである。これを過誤と知るのは醒めての後のことであり、勝義の諦に入った上でのことである。ドクサ(δόξα)はそう見えそう思われた(δοκέω)ものであり、たとえ独りよがりではあってもそう思う人にとってはそうあるより外にはなかった。如如ということも真にそうあるよりも、その如くある世界を意味したのではなかったか。そうでなければ「如」という字が何故に加味せられたかを理解することができない。如法といい如来という。それは法であるよりも法の如くであり、来であるよりも来るが如きものであった。それは神であるよりも imago dei である。神は絶大であり超越であるが故に人間はただ神のイマーゴーを僅かに望見しうるにすぎない。我々の見るものは如法の世界であり、如如の世間である。如とは第一に似せて造られた仮のものであるが、しかし決して放漫に作られたものではなく、それに似して真にせまるものでなければならない。切実にして真実なるものでなければならない。にも拘らず世俗は依然として世俗であり空である。それは一つの界をもちそれ自らの界域をもっている。この界域をなすものが「依止」であるに外ならなかった。相待の世界はたとえ無自性であっても尚一つの界域をもっている。無自性は即ち空であるといってもそれ故にこの界域が無くなるということではない。ただこの界域が空となることを意味するにすぎぬ。界域とはそもそも空であり、空なるが故に凡ゆるものをそれに於いて存在せしめうるのである。「諦」とはそれをいうに外ならなかった。

世俗と勝義の二諦については別に詳述せらるべきであるが、茲には二諦の成立が専ら相待の関係によって成立することに留意すれば足る。相対的なるものからは「諦」の思想は起り得ない。諦とは互に相待って成立しうる界域であるが故にロゴス的にではなく、レンマの立場に於いてのみ構想せられうる思想であることを知るべきであろう。

五

相対を絶するものは絶対であるが、相待を絶するものは果して何であるか。絶対は相対を離れ孤高である(absolutus)が、絶待は相待から区別せられて何であり又はあるべきか。——それを問うよりも相待を離れて絶待というものが果してありうるかを疑わねばならぬほどそれは相待に密着している。相待を絶した絶待は殆ど空に等しい、それはそのものとしてあり得ぬ。有るものは殆ど相待的であって、そうでないものは無に等しい。絶待的なるものは無であり空である。世俗にあるものは凡てが相待的にあり、互に相待的なるものは縁起的であるから、それを越えるものは空でなければならぬ、否、縁起的であることそのことが即ち空であるということであった。空とは空的なものがあるということではない。そういうものがあるならばそれは既に或るものであって無ではないからである。重ねて言う。相対的なるものに対するのは絶対的であるが相待に反するものは無である。即ちそういうものはなかった、少なくともあり得なかったのである。凡てが相待的であるならばそれを除いて別に絶待というものもありようはない。それは無いのである、それはあり得ぬのである。即ち絶待者は無であり空であった。

絶対者はたとえ孤高ではあっても尚一つのものとしてある。相対者を遥かに見下ろし何らか権威あるものの如くに独存する。しかし絶待者は如何なる意味に於いても相待の世界から高翔したものではない。それはその意味に於いて無いものであるばかりでなくそれ自らとして空であるに外ならなかった。

既述の如く相対は互に相対するのみでなく、むしろ相抗する。それは oppositio 又は contraria の世界であって、もともと相資相依の関係ではなかった。たとえそうであってもそれはやがて「矛盾」の世界に又は闘争の関係に推移すべきであった。しかるに相待の世界に於いてはこの必然性がないばかりか、そういう推移の可能性さえも見出され得ぬのである。相待を遮遣すれば無関係となる、関係があるというのは相待的であるということに外ならなかった。相対と絶対との関係は弁証法的であるが、相待と絶待とは「即」の論理によってのみ理解せられうる。絶対が即ち相対であるとはいえないが、相待は即ち絶待であり、相待を離れて絶待的なるものはありえない、あり得てもそれは無であった。無とはないということである、縁起即ち空であるということもその意味であった。龍樹が縁起そのものは縁起しないと考えたのもこの理由からであり、龍樹の矛盾もその意味によって解決せられる。世俗的関係が縁起的であるというのは世俗の諦が尽く空であるということに外ならなかった。世俗諦をそのように把握することが即ち勝義の立場であるに外ならなかった。

勝義の諦は世俗の世界を超越している。しかしその超越は決してロゴス的にではなく、まさにレンマの立場に於いて把握せられるものでなければならない。そこには相待を離れて別の絶待がありえなかった。絶待者は無である。それはどこにもないが故に却って相待的関係を可能にするものである。絶待者は他を待つものでもなく、他に依ってあるものでもなく、それ自らに於いてあり、それ自らに依ってあるものである。それは自らに由り、自らに於いて有り、自らとしてあるもの、即ち自由者であった。それはそれ故に或るものではなく有るものでさえなく、従って無きものであり空なるものでなければならなかった。無と空とは同一視せられ、又は同様に用いられるが、敢えて区別すれば無は有の反対でありensに対するnon-ens,即ちnothingであるが、空は何をそれに対当すべきか。voidnessやdie Leereという語も何となく空々しく、虚であるように感ぜられる。フランス語のrienとnéantとの区別はややこの消息を語るものとして顧るべきであろう。rienは何もないことであり無であるが、néantは空であり、それ故にサルトルもその著を「L'être et néant」と題して決してrienを用いなかった。否定(non)は或は「差異」の否定(privatio)として、或は「対立」のそれとして(ἐναντία)、或は矛盾の否定として種々に語られるが、空はこれらの孰れの否定でもなく、まさに第三のレンマの否定でなくてはならぬ。それは肯定に対する否定ではなく、肯定も否定をも共に(同時に)否定するものである。それ故に絶対的否定といわれるのであるが、正確に言えばそれは絶待的否定と名づけらるべきものでなくてはならぬ。それは単に否定の否定、又は二重の否定といったものではなく、まさに絶待的否定でなければならない。それは相対から弁証された絶対ではなく、相待を絶した否定でなければならない。なぜなら絶待者とは否定そのものであり、相待を離れてどこにも無いからである。色は空であるが空はまた色であり、色を離れた空はどこにもなく、空は即ち色でなければならない。色は縁起の故に空であるが、空が空であるのも色を離れてあり得ぬからである。それが色であり同時に空でありうるのはそれらが色でもなく空でもないからしてであった。空は色を離れていずこにあるか、色を絶しては何ものでも無いが故に空である。どこにもないから無であり、何ものでもないからして空である。肯定でもなく否定でもないからして空である。有るでもなく無いでもないからして空である。相待でもなく、絶待でもないからして空である。

しかしかく言うのは凡てを凡てに於いて、都てを都てについて否定することになり所謂都無説又は虚無主義となりはしないか。凡てを否定して残るものは何であるか。残るものは何ものでもないとすれば要するに何ものも残らないのではないか。しかし恰もこのことからして第三のレンマは第四のレンマに転換するのである。肯定でもなく否定でもないからして肯定でもあり否定でもあるのである。但しこのことはそうあるのではなく、そうあり得るのみではないか、即ち単なる可能性ではないかという疑問がある。肯定と否定とが同時にあるのはロゴスの立場に於いては勿論許されない。それは矛盾の原理によって峻しく拒否せられている。それがそうあるのは現実の世界に於いてではなく、ただ可能の世界に於いてのみ許されることではないか。可能性とはそのようにも有りまたないところのものである。可能性は一でもあり、また他でもありうるものであるが、他であるとは一でないことを意味するから、可能的なものは存在と同時に非存在をふくまねばならぬ。それは一であるとともに他でもありうるところのものであった。他のものは凡て一に非ざるものの中にふくまれるとすれば、可能とは今までになかったものが或るものとなるか、又はならぬかの孰れかであるということである。即ち肯定と否定とを共にふくみながら未だその孰れとも決定せられない存在の情況である。メガラ学派のディオドロス(Diodorus)の言ったように、既に過ぎ去ったものは素より可能ではない、過去は必然であって一指もそれに加えることはできない。可能とは専ら未来に属するが、それが一であるか又はないか(他のものであるか)が未だ決定せられていないものが可能態である。そこに一種の自由があり不定性があるが、この不定性は未定性であって、やがて孰れかになりうるものでなければならぬ。可能性の本質はやがて現実になりうるところにあって、単なる可能的な可能はその名に値しないものである。可能性を現実の上に基づけることはアリストテレスの最も強調した点であり、ディオドロスも「存在しないか又は存在しないであろうものは何ものも可能ではない」ということを可能性の最も重要なる定義とした。換言すれば可能とはそれが実現せられることに於いて不可能でないものでなければならぬ。このことは可能性の定義としてアリストテレスによっても採用せられている(Aristotelēs, Metaph. III 1047 a 24)。しかしそれは可能性を不可能性によって定義するものであって当然不可能とは何であるかが問われねばならぬ。可能性を不可能によって定義することは hysteron proteron であると非難せられるであろう。しかしアリストテレスの立場はこの非難に堪えて尚主張せられ得べきものをもっている。それは可能性とは必ず現実となるべきものであり、現実を無視して可能性とは単に空虚なる言葉にすぎぬということであった。しかしそれ故に可能は現実と同一ではない。それは現実であるべきものであるが未だ現実ではなく、ただ現実となりうるものである。そこには依然として自由の可能性が残されている。必然なものは不可能の世界であって可能的なものではない。不可能とわかれば必然であってどうしようもないが、それが可能である以上は種々なる現実になりうる余地が残されているであろう。その意味に於いて可能は現実でもなく、また必然的でもない筈である。

可能の可能的なる所以のものは既に必然を去り、まさに現実を迎えんとするところにあるといわねばならぬ。それはその意味に於いて存在の様態として最も広く且つ深いものと言われうるであろう。過去は既定であり何とも致し方はない。現実のみが可能性を構成する土台となるが、しかしそれは未だ現実ではない。現在もまた現実となれば一種の必然性をもち、もはや可能性ではないからである。ヘーゲルが好んで用いた方式――現実は理性的であるという語に倣って、現実は可能的なものの現実であり、可能的なものは現実の可能性であるに外ならぬと言っても差支えないであろう。可能的なものこそ現実でありうるし、現実になりうることなしには可能的もあり得ない。その意味に於いて可能と現実とは決して別のものではなく、また一にして同一なるものではない。しかもこのことが両者の一にして異なることを成立せしめる。可能と現実とは一でもなければ異でもない。しかもそれ故に一でもあり異でもあることを成立せしめるのである。現実の世界に於いては肯定と否定とは同時に成り立たない。このことは矛盾律によって厳禁せられている。ところがこれを可能の世界に移せばこのことは優に成立するのみでなく、むしろそうあることが可能性の本質をなしている。可能とは肯定でもあり否定でもありうるところのものに外ならぬ。現実は一義的であるが、可能の世界は同時に他の様でもあり、従ってそうではないことが許されているからである。それはそれ故に不定であるが、またその理由から自由でもあった。自由とは可能性を前提とすることなしにはあり得ぬであろう。不可能は決定的であるが、可能は不可能でないものであるが故に多くの可能性を残している。可能性を不可能性の否定によって定義せんとするのも、この点からして必ずしも無意味ではなかった。しかしこの定義は前述の如く petitio principii であってとるに足らぬ。可能性は現実によって又はそれを土台としてのみ定義せらるべきであろう。

しかし可能と現実とは如何なる関係に於いてあるか。それは一方に於いて互に異なったものではあるが、また同時に同一のものでもなければならぬ。しかしこの関係は如何にして成立するのであるか。それはこの両者が異でもなく、一でもないという論理によってのみ証明せられうる。不一不異であるが故に、まさにその理由から一にして異でありうるのである。そしてこの論理はいうまでもなく第三と第四のレンマによってのみ解明せられうるものであって、ロゴスの論理によっては遂になしとげられないものであった。肯定であり同時に否定であるということがロゴスの立場に於いては遂に許されない矛盾であるに対して、レンマの論理に於いてはこの矛盾がそのままに許容せられるのである。それを矛盾であるというのはロゴスの立場であった。この矛盾を弁証法論理によって解決しようとしたのはヘーゲルの哲学であった。然るにこの矛盾を矛盾としながら、そのままに受け容れようとするのがレンマの論理である。それは矛盾を止揚せんとする論理ではなく――しかもいくらこれを止揚せんとしても依然として残るものがヘーゲルの論理であったが、むしろそれをそのままにして却ってそれによって矛盾を解消せんとするものがレンマの論理である。矛盾がインドに於いて異同の関係として取扱われたのもそういう理由によるのであろう。肯定と否定とは矛盾するが、両者をとにかく異なったものとして取扱い、しかも同時に一なるものとして見ようとするのがレンマの立場である。ヘーゲルはロゴスの論理の上に立って肯定と否定との矛盾の関係からして存在を展開せしめようとしたが、アリストテレスはこれを可能性から現実性への発展として把握しようとした。肯定にして同時に否定的なるものは現実に於いてではなく、可能界に於いてのみ成立しうる。可能性とは肯定でも否定でもありうるものであるからである。しかも可能的なるものは現実への可能性であってその外の何ものでもありえぬ。それは現実への可能性であって単なる可能的な可能性であってはならぬ。現実と可能とは素より異なったものであるがされぱとて全く別のものではない。両者は異にして一であり、一にして異なるものでなければならぬ。しかしこのことは如何にして可能であるか。両者の関係は異でもなくまた同でもないからして異でもあり一でもありうるのである。この論理は明らかにロゴスの論理ではなく、レンマの論理であった。肯定にして同時に否定であるのは現実にそうあるのではなく、可能的にそうあり得るのである。しかも可能と現実とは異にしてまた一なるものでなければならぬ。その論理は一でもなく異でもないからして一でもあり異でもありうるということである。あり得ることと現にあることとは異にしてしかも一でなければならぬ。そしてこの論理が「即」の論理であるに外ならなかったのである。それは止揚の論理ではない。肯定が否定に媒介せられて肯否孰れにもあらざる第三者となることではない。色が即ち空であり空が即ち色であったのである。色と空とはもとより同一のものではない。しかも両者は異なるものではなかったのである。それが異にして一であるのは、異でもなく一でもないからしてであった。この否定を通して、それに基づいて肯定せられることが「即」の関係であった。それはうちつけに異にして同なのではない。異にも非ず同にも非ざるが故にそうあるのである。それが単にそうありうるのみではなく、そう有るのはそのような論理を経てであり且つそれによってであった。

弁証法論理に於いては肯定が即ち否定ではない。肯定はあくまでも肯定であり、否定は決して肯定と同一ではあり得ない。肯定は否定と綜合せられることによって互に否定し合い、その廃棄を通して復活せられんとする。それは謂わばフェニックス的論理であった。そこに復活せられたものはもはや旧の存在ではない。それは綜合によって新しく作り出されたものである。しかもこの新しい存在が一つの肯定となるやいなやまた新しく否定を喚び起しそれと対立する、そして対立の関係は常に抗立の論理でなければならなかった。そこには死即復活の論理はない。死生はただ常に戦い、しかもそれは無限に連続するのみである。死即復活の論理は弁証法的論理によっては到底解明せらるべくもないであろう。即の論理は決して綜合の論理と揆を一にすることができぬ。死生一如ということはレンマの立場に於いてのみ許されるのではないか。弁証法に於いても否定の要素が中心的な契機をなしているが、否定即肯定という論理はそこに於いて成り立たない。それはあくまでもロゴスの論理であって、肯定と否定とを対立として見る立場にあるからである。レンマの立場は相対の上にではなく、相待を基とする論理であるからして、肯定は否定を、否定は肯定を待たずしては措かぬ。互に相待ち互に相依ることを本質とするのである。

絶対は対立を絶するが故に孤高であるが、絶待は待立を絶するが故に空である。空にして初めて待立なき世界に達するが、空によってのみ相待の世界が現成するのである。

相待の世界は縁起の世界である。絶待の諦は従って縁起の関係を絶するものでなくてはならぬ。それはまさにその故に空でなければならなかった。しかし空は空という或るものとしてあるのではない。空は文字通りに空でなければならぬ。空は空なるが故に有るものではないが、却って凡ゆるものをそれに於いて存在せしめるところのものである。空は空として存在するのではない。凡ゆるものをそのものとして、他との関係に於いてその如くあらしめるものである。それ故にこそ空は絶待的にあり絶待者そのものでもあった。それは凡ゆる意味に於いて否定そのものであり空であった。肯定に対する否定でないことはもちろん、否定であることを自らに主張するものではなかった。それは否定をも否定するところの否定、即ち絶対的否定でなければならなかった。いなそれは絶対否定であるよりは絶待的否定でなければならない。論理としてはまさしく第三のレンマであり、東洋的思惟にとっては四つのレンマを通してそれを貫き、それらを支えるところの論理であったといわねばならない。

第五　縁起の構造

一

「中論」の論理は「不生亦不滅」等々から始まる。それは生又は滅からではなく、不生不滅から出発する。肯定又は否定からではなく、肯否を共に否定するところから始まる。即ち第三のレンマから出発することに先ず注意せられねばならない。そしてこの論理はただに龍樹の出発をなすのみならず、彼の教説の全体を通して一貫する論構であったことをさらに想起せねばならない。それは肯定に対する否定ではない。肯定も否定をも共に否定するものであるからして、絶対的否定でなければならない、少なくとも全面的にして挙体的な否定でなければならない。

この否定の論理によって第一に鋭く批判されたのは、生滅の現象であり去来等々の事象であるが、もちろんこの批判は四つの条項に止らず凡ての事実と現象とに及ぶべきものであった。生とは何ものかが生ずることであるが、それには因って来るところがなければならぬ。滅とは或るものが消去することであるが、何故に然るかの理由が明説せられねばならない。ところが原因から結果の生ずるのは如何にして可能であるか。因果の関係は一方に因と果とが一体であり、他方に両者が別体であるという矛盾した関係をふくむ。因果が一体でなければ因から果は生じない。なぜなら果は因から生じたものであり、少なくとも両者は同種でなければならぬからである。しかし因果が一体ならば因から果が生ずるとはいえない。なぜなら因と果とは別体であるからである。親と子とは人間として別体であり、人格としても互に独立的である。しかし子が親から生れた以上は子は親に似たものでなければならぬ。どこかに同一のものがなければ親子とはいえぬ筈である。因中に既に果があれば別に果の生ずる必要はない。因中に果がなければ如何にして因から果が生ずるということが可能なのか。原因なくして勿論結果はないが、原因があっても結果が得られるとは限らない。結果は必ず何ものかの結果であるが、原因があっても必ずしも結果があるとはいえないであろう。因果は要するに一にして異でなければならぬ。しかしこのことは如何にして可能であろうか。ロゴスの論理に於いてはこの関係は明らかに矛盾であって成立し得ぬことである。龍樹はそれ故にロゴスの立場をふり捨ててレンマの立場へ転換した。世俗の論理を遮断して勝義の論理に立とうとした。それが即ち第三のレンマであったのである。世俗の論理が第一と第二のレンマであるとするならば、勝義の論理は第三のレンマに始まり第四のレンマに終る。因果の関係が一にして同時に異であるのはそれらが一でもなく異でもないからである。この第三のレンマの立場を通過することなしには因果が一でもあり異でもあるということが成立することができない。この関係はロゴスの論理に於いては矛盾して成立しえないが、レンマの立場に於いては可能であるのみでなく、むしろそれを真なる関係とするのである。そしてそれが成立するのは単にうちつけに両是を立てるのではなく、一旦は両否によって潰滅せられその灰燼の中から生れ出るのである。レンマの肯定は例えばフェニックス的蘇生であるとも言い得るかもしれない。

ロゴスからレンマへの転換は以上のようにして行われたのであるが、その結果として因果の関係は他の一つの関係に転換せられざるを得なくなった。それは縁起の関係である。因果を縁起の関係に転ずるところに大乗仏教の主導的原理があり、それによって貫かれるところにインド思想の面目があるといえぬだろうか。もちろんインドに於いても因果の思想がなかったというわけではなく、むしろその過多なるに悩まされがちであるが、それは殆ど縁起の関係に読み換えられ、乃至はそのように転釈することにかかり果てていると言ってよいほどである。因とは或るもののそこから生ずる原因であるが、「因って」と読むことから「依って」「拠って」「従って」等々と同意味に解することができる。因とはそこから生ずる原因であると共に、それによって物の有りうる機縁であるとも解せられる。「から」生ずるものは因果関係であるが、「よって」生ずるのは縁起の関係である。両者の区別は常識的には「から」(from, aus)と「よって」(by, bei)との差別であると言われるが、論理的にこれらは如何に明別せられ、どのように意解せらるべきであるか。因果の関係は啻に原因と結果との関係であるに止まらず、その間の必然的関係でなければならぬ。必然性と一義性とは因果関係の中軸をなす。ヒュームがこの法則を疑ったのもこの必然性についてであった。原因も結果もそれぞれの現象として経験しうるが、両者の必然性はどこにも経験することができない。そして経験できないものは確実な知識でないというのが徹底した経験論者ヒュームの立場であった。

ところが縁起の関係にはこの必然性を必要としない。それはただ「此あれば彼あり、彼によって此がある」ということだけの関係である。その間の関係は必然的でないこともあり、偶然的でさえあり得る。むしろ偶然的な関係の方が多いといってよいくらいである。私が彼に遭うのは必ずしも約束あってのことではない。路上に邂逅することもあろう。偶〻出会うこともさらに多いであろう。出遭って行きすぎることも多少の縁である、袖ふり合うことはさらに並々ならぬ縁である。遂に夫婦として結び合うことは世にも稀なる妙縁であり幸福でさえあるかもしれない。

因果の関係はロゴスの必然性によって結ばれるが、縁起の結合はむしろ情理の然らしむる所であってロゴスの外にある。しかしロゴスの論理は唯一の論理ではない。レンマにもまたそれ自らなる一つの論理があるべきであった。レンマにして初めて理解しうる関係のあることはさらに当然であるといわねばならぬであろう。

次にロゴスの必然性は因と果とをそれぞれに独立なものとして措定せしめる。因果とは原因から結果が生ずることであって、このことの成立するためには先ず原因がそれ自らとしてそこにあり、そこからして結果が結果し生成することでなければならぬ。そのためには両者はそれぞれとしてその自性をもつものであることを必須とする。さもなければ因から果が生ずることも不可能であろう。ところが縁起の関係では一は他によって、他は一を待ってあるのであるから、一はそれ自らとしてあるのではない。他は一に待してあるから他が他としてあるのは一によってであり、他の自性によってではない。例えば夫は妻に対して夫であり、独身者は夫としてという資格を欠く。私は人間として一個の存在であるが、結婚しない限り夫としての存在はない。縁起はそのように他により他を待って生起する関係であるから、主となるは他であって自ではない。少なくとも自を没することによって縁起の関係に入ることができるのであって、決してその逆ではありえない。縁起は無自性であり、少なくも没自性でなければならぬ。夫婦の関係も徒に主我的であれば遂に破鏡の嘆をもたらすであろう。もともと見知らぬ人であり、見知っても別人である以上二人が完全に合一することは不可能であり、二つの主我が強く主張せられる限り夫婦は完全なる関係に入ることはできぬ。惜しみなく与えることが愛であるか、または惜しみなく奪うことが恋愛であるのか。いずれにしても縁起の関係に於いては無自性が原理となり、無自性ならでは成立し得ぬものが縁起の関係であったのである。

大乗仏教に於いてさらに無自性とは空の義であった。この点については既に多少論述せられたが、もしこの根本義が正しいとすれば縁起は空を土台としてその上に成立する関係であるといわねばならぬ。因果は存在の関係であるが、縁起は空の関係である。このことは我々にとって最も重要なる区別であって、恐らく両者を明別するにこれ以上のものは外にはないと思われるくらいである。しかしそれがそうであるだけそれだけこれを論証することは困難であり、我々は細心の用意と倦まざる努力とを傾けてこれにあたらねばならぬであろう。

次に因果と縁起との第三の区別は前者が一方的であるに対して後者は交互的であるということである。因から果が生ずるのであって、これを逆にして果から因が生ずるのではない。親から子が生れるのであって子から親が生れるとはいえぬ。因から果が生ずるのは一方的であって、さればこそ「から」ということも言えるのであって、その方向は一定していて同時にこれを逆にすることが許されない。ところが縁起の関係に於いては一が他に依ると共に他が一に依存する。この関係は廻互的であり交互的であって、むしろそれを特色とするところに縁起関係が成立つ。夫は妻に対して夫であると同時に妻は夫に待して妻でありうる。互が互に相依り相待つことによってこの関係が成立つ。もしこの交互性がなければ関係として成立たぬものが縁起であった。従って因果に於いては因が前にあり果は後にある。たとえ因果同時であっても因は原因である限り結果の先になくてはならぬ。多くの場合因果は同時であるが、しかしその場合でも因果の間には先後の区別がなければならぬ。親が先に有り、子は後に生れるのである。出生とか続出するとかがそれを言表わす。ところが縁起の関係には時間がない、少なくとも時間的関係を条件としてそれは成立するものではなかった。夫が妻に対する縁は同時に妻の夫に対する関係であるべきであった。同時(synchron)とは時間の一つの様相であるよりも時間を超えたものである。時間関係の主様式はやはり前後の関係であって、それが失われるとき同時となり、同時とは時間であるよりもむしろ空間的関係であろう。一即一切は就中仏教的考え方であって、そこには時間観念が一先ず括弧の中に入れられているのである。因果は時間的であるに対し、縁起は空間的関係であるともいえるかもしれない。しかしそれは余りに狭苦しく、むしろ因果は自然的関係であるが、縁起は人間的関係であると言ってよいかもしれない。しかしそうとも言えない。ただ縁起は因果よりもさらに広くさらに博大な関係であることは確である。因果はむしろ縁起の一様相であって、縁起こそは凡ゆる関係の最も根本的な関係であるといえそうである。なぜなら因果も原因によって結果があるという関係の一種にすぎないからである。因果はこれに加えて因から果が生ずるという関係であるが、それは縁起的な関係を基として初めて可能であるからである。因から果が生ずるためには因によって果があることを先ず知った上でなければならぬであろう。両者が無関係ならば果は決して因から生ぜぬであろう、関係があるとは即ち何かの縁があるということであるから。縁起関係はこの意味に於いて因果よりも広義であり、さらには一層根本的な関係であるといって差支えないであろう。

　縁起関係については十二因縁起の説が既に古く根本仏教に於いても説かれていた。しかしその原始形態に於いて如何なるものであったか、またこれを如何に解釈すべきかについては多くの異説があるようである。これを胎生学的に解するときは宿生の惑から老死に及ぶ時間的経過を示したものであろうが、それは多く牽強附会の説に傾く。また十二因縁を輪廻の次第を説くものと見る小乗の解釈も恐らくは本意に遠いものであろう。少なくとも時間の考えを入れて説くことはこの説の歪曲をもたらす。十二因縁説は決して人間の存在の発生し来る順序を説明せんとするものではなかっただろう。例えば名色は識の次に述べられているが、それは識から名色が生ずるというのではなく、識は名色を予想しそれによって有るのであり、名色は六入を、六入は触を、触は受を予想している。そしてこれらの凡ては尽く無明に掩われて居り、活動過程に於いて、一般的には愛、具体的には取を根本とする。無明は愛、又は渇愛としてあり、就中受取として執せられる。そのために我々の生存は苦となり、苦しみつつ生きる我々の生存は老と死に至って終る。このとき十二支の一々は決して原因結果の連鎖に於いて説かれて居るのではなく、むしろ条件と帰結との関連を追うて列挙せられている。各支は相関的相依的関係にあって一が他を条件とするのはこれを縁としてあることに外ならぬ。支体は本来現実の我々という具体的存在の全体を分析して数え、列挙したものであって、各支の各〻が部分として実在することを示すものではない。そこに注意せられるべきはこの関連が決して時間的発生の次序を説くものでなく、各支の階層が互に縁起の関係にあることを示すということである。そう解することによって古伝の胎生説は勿論、輪廻にまつわる三世両重説や二世一重説をも脱皮することができるのである。これはワレザーによって初めて注目せられ(Max Walleser, Die philosophische Grundlage des älteren Buddhismus, 1904)現今多くの学者によって採用せられる所謂論理的解釈であり、我々もまた賛同するものであるが、ただここに用いられた論理的という意味が在来のロゴス的と解せられるならば我々のとらざるところであり、この関係があくまでも縁起的である以上、レンマの立場に於いて把握せられねばならぬ筈である。なぜなら相依相待の関係は因果関係でないことは勿論であるが、さりとて単なる論拠と帰結(Grund u. Folge)の関係ではなく、条件と consequentia との関係でなければならなかった。それはロゴスの論理ではなく、まさにレンマの論理でなければならなかった。それは常に「此あるとき彼あり、此生ずるにより彼生じ、此なきとき彼なく、此滅するにより彼滅す」という縁起の根本思想を原則とするものであって、此と彼とはあくまでも条件関係であってロゴスの論理でないことに注意が払わるべきであろう。条件とはconditioであり condere(建設する)を原意とするから、それは単なる論拠ではなく成立の根拠でなければならぬ。条件的関係は生が条件であり老死は結末となり、生がこれによって condere せられることを意味する。一と他とが互に依りてあることはこれを「縁として」あることに外ならぬ。それが相依である以上は凡てが現在に於いてあり、またそこに於いて行われる。因果の関係は因が去って果を生ずるのであり、たとえ同時にあっても因は先に果は後にあるべきである。カントの言ったように因果の関係は論理的、乃至は範疇的であるが、因果の事実は時間というシェマによって媒介せられ、先後の区別なしには因果の現実とはなり得ぬ。その意味に於いて因果の事実は必ず時間的であるが、因果の関係は超時間的であるともいえる。しかし豈にはからんやそのような因果関係はもはや縁起の関係に転ぜられているのである。果があれば必ず因がなければならぬと言いうるが、因があっても必ずしも果があるとは限らない。因果は因から果が生ずるのであって、逆に果から因が生ずるのではない。この逆関係を考えるときそれはもはや因果の事実ではなく因果の関係であり、のみならず縁起関係に転換している。なぜならば縁起関係とは一が他に依存すると同時に他が一に相待的たらざるを得ないからである。それは縁起関係の本質に属して、もはや因果関係ではない。このことは因果関係が純粋となり且つ広汎となればなるほど、縁起関係に帰入するということを語って余りある。レンマ的な縁起関係が却ってロゴス的な因果の根柢にあり、前者が後者に比して一層根本的であり且つ広汎でもあるということが、この点からしてさらに明証せられうるであろう。

二

月称の Prasannapadā によれば縁起の原語 pratītyasamutpāda は pratītya と sam-utpāda の合成語であり、pratītya はさらに prati と itya とに分解せられ、iti は eti であり、eti は行くことを prati は至るの義であるから、prati＋iti は行

きて至るということである、sam は総体を意味し utpāda は起ること、顕起するの意であるから pratītya-sam-utpāda は諸法が因と縁とに相待して生起するのが縁起であるという（山口益訳「中論釈」I、七頁）。ここに第一に注意せらるべきことは「縁によって」ということが「縁を待って」と解せられたことである。依とは待ということであった。それに「よって」とはそれを「待って」ということであった。待ってとは他を俟つことであり、他の資をかり、他の力に依り、待って観ることである。この思想の発展は重大である。依りてが待つことを意味するとすれば、ものが存在するのはそれ自らによってではなく、他に依り他を待ってあることとなる。存在の無自性がここに的示せられるのであるが、さらに移って次の点を明らかにしなければならぬ。月称註に続いて云う、「然るに余の人々（大徳室利羅多の派の人々）は語る。iti は行くこと、壊することであり、itya は行くことに適える義である。さらに prati は種々、重複の義である。種々なる聚、諸法に属して、行くことに適える、即ち壊する諸〔法〕の生起が縁起であると説明するのである」。この定義は「倶舎論」世間品巻九に出ている縁起の語源的解釈と同じものであるが、問題となるのは prati を月称のように「至る」の義にとるか又は「重複」の意にとるかということである。月称と並んで論陣を構えた清弁はむしろこの室利羅多の説をとって prati は種々、重複の義であって、月称のように単に「至る」の義でないという。この語源に関する両者の論争の是非については私の判定に苦しむところであるが、少なくとも prati を「重複」と解する清弁の説は縁起の本質について一段の深義を加えたもののように思われる。月称は eti は行くの意であり prati は至ることであり、「至って起るは縁起である」と言い、至るとは「眼に縁り色に至って眼識生ずる」という如く、そのものに至るのはそれに会しそれを縁として諸識の生ずることであると解釈するのであるが、行くことと至ることは殆ど同一事であって、何故にこの如き二語を重ねて用いなければならなかったか。prati は清弁の解する如く「相互に至りて、相会して（prāpya）」ということであり、殊に「相互に」ということが重視せられねばならないのではないか。prati を重複と解するのは単に聚、又は諸法の意でなく、「相互に」「交互に」又は「廻互的に」等の意に解し得る。そしてそのように解することによって縁起が単なる生起ではなく、特に区別せられて縁起たる所以のものを発揮し得るのではないかと思う。なぜなら縁起とは因果的生起の如く因から果に一方的に至ることではなく、翻って果から因に至ることを同時に含むからである。因果では因から果が生ずるのであって、決して果から因を生ずるとはいえぬ。然るに縁起では一が他によるとともに他が一に依ることが単に可能であるのみではなく、必然でさえもあるのである。兄は弟によって兄であるとともに弟は兄によって弟たり得る。縁起の関係は常に交互的であり、またこの相互性なしには縁起として成立し得ぬのである。生起は異時的であるに対し縁起は同時的であるのもこの交互性を維持せんがためであったと言えよう。

月称はまた云う、「清弁が自宗を定立して此有るときは彼有り、此生ずるによりて彼生ず。此処に縁在るとき〔果あり〕なる義が縁起の義であると云ったがそれも宜しくない。〔かく解するによっては〕縁（pratītya）と起（samutpāda）との二つの語について、一々における義の殊別を明瞭に語らないから」と。しかし問題はそこにあるのではない、「此有るときは彼あり」ということが同時に「彼有るときは此有り」と折返し得るかどうかが問題なのである。因果の関係に於いては果があるときは必ず因があるが、因があっても果の生じない場合もあろう。この関係は交互に反復することはできないが、縁起に於いては廻互作用が可能であるのみでなく、却ってそれを本質とするのである。それを意味するのが prati という接頭辞であった。男は女に出会う（至りて、会して）ことによって恋をするが、それと同時に女が男に答えることによってのみ恋愛が成り立つ。ただ一方的であるならば片思いに止まるであろう。男女の縁は交互的でなければならぬ。親は子を愛するが子は必ずしも親を愛しない、それは因果の関係が中軸をなしているからである。夫婦はもともと他人であったが縁あって結びつくのであるから、この関係は偶然的でありその出会いは邂逅にすぎないが、それが交互的であることによって親子以上の強きずなをもたらすこともあるであろう。夫婦の関係は偶然的であり或は人為的であって、そこに何ら論理の必然性はないが、より以上に強き情理の必然性によって結ばれる。

それを縁という。そして縁は異なもの、不思議なものとさえいわれる。それはロゴス的に不可解ではあるが、レンマ的には十分の理由をもち且つ必至的でさえもあったのである。縁は因を助けるものとして第二の因、又は副因とも定義せられるが、もし以上の如く考えると、因果の関係と縁起性とは別の立場であり、のみならず却って縁が主となり因はこれに従属するもの、少なくとも因に比して縁はより広き概念であるとさえ言いうる。因縁という熟語は因と縁とを意味するのか、又は縁に因りてと読むべきであるのか。「因縁生法是名空相」(「智度論」六)という有名な句は「中論」では「衆因縁生法」と訳せられ、「般若燈論」では「従衆縁生法」と漢訳せられている。中論訳は衆の因縁の意であるが、燈論では因が省かれ、衆の縁に従いて法を生ずと読まれる。梵文でも「縁によって生起するところのもの、それを空と我等は語る」と読むべきであるというから、恐らく原文でも縁を主として、因に重きをおかれなかったのであろう。してみると因縁の因は縁と対立する因ではなく、縁に因りてと読んでも差支えないようであり、全体の文意は凡てを縁生によって説明せんとするものであると解してよかろう。因果は原因から結果の生ずる関係であるが、これを広義にとれば結果が原因によってあることと解することもできる。因によって果があり、果によって因があることとも解しうるであろう。それは明らかに縁起の関係であった。因は果を待って因となり、果は因に相待して果であるが故に、それは左によって右があり、弟を待って兄があるのと同様の関係にある。因果関係はもちろんそれだけでは成立しない。ただそのような概念の相関関係ではなく、その間に何らか実的な生成がなければならぬ。また因果の関係は交互的に反転することも許されない。因から果が生ずるのであって果から因は生じない。因は前にあって果は後続すべきである。しかし果のあるところに因があるべきことは因果の概念からしてまさに定められている。縁性とはこの規定性に外ならぬとすれば因果は却って縁起の一種となり、因果の成立する前に先ず縁起関係がなければならぬことも分明するであろう。因果が縁起の下に従属すると言ったのはこの意味に於いてであり、それ以上の意味ではなかったのである。

因果関係は単に因果概念の相待性を意味するのみでなく、如何にして原因から結果が生ずるかという実的な(real)必然性を要求するものである。それは単に実的な関係であるのみでなく論理的な必然性でもあるべきであった。この必然性を見出すことができないからヒューム(Hume)はこれを疑い、遂にこれを否定せんとしたのである。ヒュームのような徹底した経験論からしてはどこにもこの必然性は見出され得ぬ。原因があれば結果があり、結果のあるところには必ず原因がなければならぬということは明らかであっても、如何にして原因から必然的に結果が生ずるかは経験的に実証せられ得ない、況んや論理的に証明することは不可能であるからして、ヒュームは因果律を放棄せんとした。しかし必然性はただ論理的、乃至はロゴス的なものに限られていない。それは必然性の一種であっても全体を尽してはいない。ロゴス的必然性の外にレンマ的必然性があり、少なくともあり得るのである。それが即ち縁起性であった。それはもちろんロゴス的には不可解であり、経験的にも不可得であるかもしれないが、依然として一つの必然性であるにちがいはなく、むしろ世俗の世界はこのような関係に満ちているのである。ダンテがベアトリーチェに逢ったのは偶然であっただろう。親鸞が法然に出あったのも偶事であるとしかいえない。しかし親鸞にとってこの邂逅は宿世の因縁と感ぜられ、たとえ法然にすかされて地獄におちても悔いないだけの思いにつながれていた。それは縁性の必然であった。それは相待の論理であるより外になかった。ロゴスの論理ではなくレンマの論理によってであったのである。

この論理は専ら相依相待の原理に基づいている。それは一が主となって他がそれに従属し、一が原因となってそこから他が生ずるのではない。一によって他があり他を待って一があるのである。その関係の成立には何故に、または如何にしてということが問題にはならない。たとえなっても多くの意味をもたぬのである。それがロゴス的には不可解でありながら尚他の立場に於いて、即ちレンマ的に成立しうることはこの点から確証せらるべきであるであろう。

カントは「範疇論」に於いて「関係」の範疇に三つの区別を数えた。第一は実体と属性との関係、第二は原因性及び依存性、第三は相互性の関係であるが、我々の留意すべきは第二の因果性についてである。カントは何故に因果を論じながら併せて依存性を附記したのであるか。恐らく以上の意味に於いてこれを因果性から峻別して独立な範疇として見なしたものではあるまい。ただ因果関係が原因と結果との依存によるが故に、この点を附記したにすぎぬであろう。しかし我々にとって重要なことは第二の因果関係から第三の交互性へ移ることの経緯である。依存とは相互依存でなければならぬ。単なる依存でなく相依相待でなければならぬ。因果は次に相互性に移らねばならなかったのである。カントの分析は単なる列挙ではなく、第三が第一と第二との綜合としてあることを常套とするが、因果が次に相互的関係に発展するとは我々にとっても興味深い。依存が相互的であることは即ち因果関係を縁起関係に推移せしめる所以であるからである。原因から結果の生ずるのは一方的であるが、因が果に、又は果が因に依存的であり且つ相互的であることは、因果から縁起の関係に推移せしめる所以をなすのである。カントは因果論に依存を附記しながら、それによって縁起関係に想到することがなかったのは、彼の立場がロゴス的であってレンマ的でなかったためであろう。まとめて言えば因果と縁起との区別は大凡そ次の点にあるであろう。因果も縁起も二つのものの関係であるが、因果はただそれに止まらずこの間に何ものかが生ずる関係であり、実的な生産関係である。我々はこれを「from」の関係と見て「by」の関係から区別する。従ってそれは一方的であって交互的ではない。これらは同時に反転することが許されない。因から果が生ずるのであって果から因が生ずるのではない。然るに縁起ではAがBを縁とすることは同時にBがAを縁とすることであった。二つのものの依存は相互的であって決して一方的であってはならぬ。

次に縁起の必然性は著しく情理的であって決してロゴス的でないということが知られる。父母から子が生れるのは自然の因果関係であるが、他人の子を養って義父母となり義子となることは縁起の関係である。このとき「義」とは正しいことよりもむしろそれに擬してあることを、真であることよりもむしろかりそめであることを意味する。かりそめとは他から借りてあるというほどの意であろう。夫婦の関係も固よりそれに近い。全く見知らぬ男女が縁によって結合し二世を誓うことがその関係であった。それ故に因果にも縁起にもそれぞれの必然性はあるが、その性質は大凡そ異なることを思い知るべきである。縁起のそれはロゴスのではなくレンマの必然性であることを重ねて知るべきである。

三

月称は「中論」第十に註して相関性(parasparāpekṣa)に二種の別あることを指摘している。一は二つのものが相依であってもそれらは有自性であると言われ、他は相依なるものは必ず無自性でなければならぬと言われる。そして龍樹のとった立場は勿論後者であって前者でなく、その然る所以を論じて「中論」第十火と薪との討究に次の如く論ずる。「因待のある事物にも自性があるということを我々は経験上知っている。例えば火は薪に因待してあるが、しかし火は無自性ではない。火には熱と光とがあり、その限りに於いて自性と効用とのあるべきことは勿論であるからである。同じように薪は火に因待して有るものであるが、しかしそれも無自性ではない。焼かれる四大種(物質的元素)という自性が有るからである。」以上の論に対して月称は云う。「もし火と薪とが存在する(即ち自性がある)ならば、それはそうであるかも知れない。しかしそれらは存在していない。何故であるか。この世間に於いてもし火と薪とが存在するならば、それらは定んで一として存在するか或は異として存在するかであろう。しかるにどちらの場合も道理に合わない。もし薪がすなわち火であるならば作者と業とは一となる。もし火が薪と異なるならば薪なくても火は有るであろう。」この問題に対する龍樹の批判は例の如くテトラ・レンマの論法である。「薪と火とは一でもなく異でもないからしてこれらは無自性でなければならぬ。」しかしこの答は少しく的はずれであり、我々はむしろ次の如く答えねばならぬであろう。火と薪とは互に相依ってあるが故に火は薪の火であり雷火の火ではない。火は火としてそれ自らにあるのではなく必ず薪の火であるか雷火かその他の火でなければならぬ。それと同じように薪であることは火に依ってそうあるのであって、それを除いては一片の木材にすぎぬ。木材としてあることは薪の自性であるが、薪としてあることは火に対する又は火によって与えられた特性であるから、薪のそれ自らなる性質ではない。私は一人の人間であるが、私が夫としてあることは妻に対してであって私の自性又は固有性ではない。むしろ私は私の自性を没し完全なる夫婦関係に入ることによって家庭は円満となるであろう。もし私が余りに個性を発揮して自我的であるならば家庭は破壊せられるかもしれない。縁起の関係はむしろ自性を失うことによって成立する。それは自が他に依り、他が自にたよる関係であるからして、無自性を原理とすべきであるといわねばならぬ。

縁起は単なる関係ではなくして、相待的関係でなければならぬ。そして相待的なるものに於いて主位を占めるのは相互の依存性であって個々の事物の自性であってはならぬ。そこに於いても個々の事物は存在性を失わないが自性を失う。二つの事物はたしかに二つの異なったものであるがそれらが相関するのは緊密に同化することによってである。縁起の関係に於いては自性を主張することは禁物であり、むしろそれを没しそれを忘しなくてはならない。自性に固執するかぎり縁起の関係は破滅せられる。火と薪とは物質として別異のものであるが燃ゆるという事実に於いて一となり、火を除いて薪はなく薪なくしては火は燃えない。現実にあるものはただ「燃えつつある」という一つの事実のみである。ここでは火が薪を焼くとさえいえない。薪とは別異に火があるのでもない。火を除いて薪は燃えないがまた薪なしには火はないからである。男と女とは人間として別異の存在であるがただそれだけでは夫婦の縁は生じない。夫は妻に対して夫であり妻は夫によってのみ妻たり得る。

しかしそれにも拘らず夫は妻と一ではなく男は女であることができない。却ってそれらが互に異なるが故に一は他に、他は一に至って会することができるのである。「中論」第十第六偈に云う、「もし火が薪から異なるならば薪に至るであろう。例えば女が男に到り男が女に逢うように」。互に相会うのはそれらが互に異なるが故であるが、しかしそれらが異なる限り相合わない。それらが自性を固執する限り結合は得られない。男と女とは人間として別体であるが、夫婦は相互の因待なくては成立しないのである。

因果関係に於いては原因は先にあり結果はこれに続く。たとえ同時にあってもそれが原因である限り結果に先立たねばならぬ。カントも言ったように論理的関係としては因果の間に必然的関係がありさえすれば十分であるが、現実の因果現象に於いてはその外に時間の前後がなくてはならぬ。因果の範疇を現実の現象に妥当ならしめるのは図式としての時間であった。ところが燃ゆるという現象に於いて薪と火との関係は如何なるものであるか。火が先にあって薪は後に加えられるのか、薪が先ずあって火によって点火せられるのであるか。薪を離れて火はなく、火に先立つ薪は一片の木材にすぎぬ。月称の所論によると、もし薪が先にあると考えるならばそれは理にあわない。火が薪から離れてあると考えることも事実に背く。もし薪が先にあるならばそれは薪ではなくして単なる木片であり、木材は必しも燃料ではなく、或は建築の材料であり或は木工の資料ともなり得るであろう。また火が薪なくしてあることも事実として不可能であるから、火と薪とが互に相待って初めて燃ゆるという現象があり得る。しかしここに相待つというのは如何なることであるか。相待つという以上は同時になければならぬがそれにしても火と薪とは別ものであり、それらが異なったものである以上は決して一であることができない。第十四偈に云う、「薪が即ち火であるのではない。火は薪より以外の処にあるのでもない。火は薪を有するものでもない、火の中に薪があるのでもない。薪の中に火があるのでもない」。月称によると所有には分離的と非分離的との二種があって、前者は提婆達多が手を所有しているというような場合であり、後者は彼が知覚を有し形相を有しているという如き場合である。ところで所有をこれら孰れの意味に解するにせよ、火と薪との関係は一方が他方を所有するという関係でないことが明らかである。なぜなら火と薪との関係は所有者と所有せられるものとの関係ではないからである。火は薪を所有せず、薪の中に火は所有せられてはいない。

因待とはそもそもロゴスの関係ではない。それは一つのものが他を待って、他に依って在ることを意味するが、待つとは期待することであり、俟つとは願望することであり、しかもそれらは充たされるに難く失われるに易い。期待ははずれ希望は挫折しがちであり、幸いにして相会することがあっても真に結びつくことは稀であり、況やそこには論理の必然性も見出され難い。世にあって真の師友に出会うことの如何に困難であることか。たとえ出会っても行きずりに近く、幸にして相まみえても不縁に終るかもしれない。因果の関係は必然性を旨とするが縁起の関係には多くの偶然性がつきまとう。それにも拘らず人間は運命を憶い、情理の必然性を求めてやまぬ。無自性にしてしかも必然的なるものは如何にして得らるべきであるだろうか。

「中論」第十五第一偈に云う、「自性は因と縁とによって生ずることは可能でない。因縁によって生じた自性は所作性であろう」。従って縁によって生じたものは自性がない。なぜならばそのようなものは所作性であって自性をもたぬからである。もし凡てのものが縁によって生じたものであるならば、事物には自性がなく自性なき法は空でなければならぬ。空にして自性なきものが如何にして法を現成することができるのであるか。自性は svabhāva であり bhāva の自体的なるものである。羅什は bhāva を多くの場合「法」と訳しているが法はもともと dharma であって bhāva ではなかった。仏教に於いて dharma が何を意味するかは多くの異論のあるところであるが、少なくとも「中論」に於いて取扱われているのは bhāva であって dharma でないことだけはたしかのようである。羅什の訳では法、物、有法、有の四語が用いられているが、彼の最も好んで用いたのは「法」であり、彼はこれによって dharma と bhāva とを共に「法」の中に統一しようとしたようであるが、この両者は決して同一でなく、且つ「中論」の主要問題は前者でなく、むしろ bhāva であったことは稲津氏の綿密なる原典批判によって明らかにせられた点である(稲津紀三「龍樹に於ける存在の問題」、「思想」七九号)。

自性とは存在の自体的なるものであるが、事物はそれぞれにかくの如き自体性を有するのであるか。前述の如く「燃ゆる」という事象は火と薪から生ずるものであるが、これらの二者はそれぞれの自性を有するか否かが大なる問題である。常識的にはこれらの自性を許容するのが常であるが、断乎としてこれを否定したのは龍樹であり、これを全面的に否定するところに中観論の特色があった。bhāva は bhū という動詞語根の変化であり、それは有ると共に成るの意味をもち、単にものが存在することをのみでなく、存在するもの (das Seiende) をもさすのであるから、ものの性質や心的現象等はもちろん、瓶や酪のような事物もその中に数えられ、五陰十二処、因果業等の如き思惟に於いてあるものも、それらが在ると考えられる限り凡てが bhāva の中に包括される。ところでそれが単に存在又は存在することであるのみでなく、存在するものである以上は何ものかであり、何らかの或るものとして規定せられねばならぬ。たとえそれが実体化せられないにしても尚何らかのものであり、物であり者でなければならない。そしてものは何ものかとしてある限りそのものとしてそれ自らに於いてそれぞれのものであるべきであろう。例えば瓶と酪とのように、また酪と酥とのように。一つのものがそれ自らに於いてある以上は他のものもまた同様にそれ自らに於いてあるから一は他と区別せられ、また互に区別せられることによってその自らとしてあることが可能となる。それ故にものはそれぞれなるものであり、それ自らの性質を、或はそれ自らとしての特質をもっていなければならない。それが即ち自性(svabhāva)であった。それ故にものは自性をもっている。自性なしにはものは存在することができない、自性をもつということが存在するということと殆ど同一義となった。しかしこの意味の自性とは何であるか、存在の自性とはそもそも何をいうのであるか。存在は存在することより外にないのであるから存在の自性とは存在するというまさにそのことであり、存在それ自らであり存在が存在であるということである。しかしそれは存在の根本義であり一般性であってもそれによって何ものも語られていない。何ごとかが語られていても何ものも知られ得ない。ものが存在するのは何ものかとして存在するのであるから単に存在するということがではなく、何ものかとして何らかの仕方に於いて存在することが問われ且つ語られねばならぬ。それは存在の性ではなくしてその相である。存在は相として規定せられることによって具体的となる。一切有部は存在を相によって五位に分類して五蘊説を立てたが、それが自覚的に組織化せられたのは六入説に於いてであった。そしてこれらを説明する原理となったものは普光の所謂「相能く性を持す」という教説(倶舎論記)であったのである。このように発展することは bhāva が単に在ることをのみでなく、成ることを意味するからしてであった。かくして原始仏教から初期阿毘達磨論にかけて十二処五十二法の如き複雑な分類と合糅が行われた。法蘊足論には未だ五位の分別を説いていないが、品類足論に於いては色、心、心所法、心不相応行、無為の五法の分別が明白にのべられている。

我々はここにこれら一切有部の諸説を縷述する遑はないが、ただ次のことだけを摘記しておこう。性を相に於いて見究めようとする所謂性相学派は存在を法(dharma)として把握せんとする人々である。存在の自性を求めて相の諸性に及び種々なる法を相の体系として組織せんとすることはしばしば試みられた。かつてローゼンベルクは仏教哲学の体系を法論(Dharma Theorie)として解釈しようとした(O. Rosenberg, Das Problem der buddhistischen Philosophie)。彼は言う。dharma は語源的に dhṛ から導かれ、持す、保持する(tragen)という意味をもっている。それは持者であるがまた被持者でもある。それは存在と諸性質との関係の如くある。因明入正理論には法は性質の持者の有する「性質」であるとせられた。法は一方に種々なる諸相の保持者を意味するが、就中それは特殊相の持者であり、従って普光の言ったように自相は自性と相覆うようにも解せられる。法は不可認識的持者であるが、現にあるものはただその相であるから、存在そのものであるよりもむしろその「要素」でなければならない。そして多くの要素のうち最上の位置を占めるものは涅槃であるから涅槃は法と呼ばれ、仏の教えも仏法といわれる。ローゼンベルクは法を大略以上のように解して、専らこれを存在論的に説明せんとした。それはその限りに於いて誤りではないであろう。しかし dharma は直ちに bhāva と同一ではない。ダルマは語源的には持者であるが、用法としてはむしろ被持者に近く、或はそうしたものとして用いられた場合が多い。羅什が存在を法として訳したのも性を相に於いて見ようとしたためであっただろう。法とは単なる存在ではなく何ものかとしての存在であり、さればこそそこに五十二法のような種々相が分類せられたのであろう。自性をもつということは相をもつことであり自相に於いてあることである。一切の法は各〻の自性をもつ。例えば色法はあくまでも色としての性を持し、受想等の法とはならない。相とはこれ性をいうのである。この意味の相は事物の自性を形づくるものであって決して存在の単なる存在の仕方、または本体に対する現象といったものではない。しかるにローゼンベルクは相を現象と解し、普光の「相はこれ性をいう」という註に基づいて性をもまた現性に外ならぬとした。そこで法が自性をもつとは法が己れの現象をもつ意味となり、かかる現象を持つものは現象の背後にある超越的基体であり、それが保持者としての dharma であると主張するに至った。しかし我々はこのような解釈に賛同することができない。相は単なる現象ではなくして存在の性であり、言い得べくんばその自性である。普光の「相はこれ性なり」との主張はこの意味に於いて解せらるべきであって、ローゼンベルクのように は理解すべきではないと思う。しかし普光はそのように性と相とを同一視しながらまた一方にこれを次の点に於いて明別している。即ち「自に着目する場合には性と呼ばれ、相関連する他の法に着目する場合には相といわれる」。相は一方に自を規定するものであるとともに他に対して自の性格を区別するものであった。自性は単独にそれのみによっては確定せられ得ぬ。自が自であるためには他と区別せられねばならぬ。他もまた他としてそれ自らの性を有するからである。そのようにして自性はそのものとして決定せられるためには他と関連しなければならない。他と関連しそれとの同異を確定することによってのみ自性が確立せられ得るからである。そしてこのように他との区別を確定することを可能ならしめるものが相であるとすれば、性と相とは同一でありながらその方向を異にすることが明らかとなるわけである。しかしながら性と相とにはこのような区別があるものの、自性は常に他によってでなくそれ自らによって、他に於いてではなくそれ自らに於いてあるものでなければならぬ。「中論」第十五第一偈に云う、「物自性は因や縁によって現起することは可能でない。因や縁によって現起したものは作られたものである。物自性は所作のものとなることが出来ない。物自性は作せられることなきものであり、また他に因待しないものであるから」。ものの自性はそれがそのものたる所以のものをなすのであるから、他に依って又は他を待って生じたものではない。それがそのものであって他のものでないのは自性があるからであると考えられる。従ってものが自性である限り他との交渉はない。薪は薪であって火ではない。原因は原因としてあって結果ではない。もしそうならばそこにどうして燃ゆるという事象があり得るか。原因から結果が生ずるということが如何にして可能であるだろうか。bhāva は単にそこにあることでなく、そこにそうあること、即ちそう成ることである。もしものに自性があり、且つそれに固執せられるならば従ってものは成ることができない。変化とか運動とかが不可能とならざるを得ぬ。原因から結果が生ずることもなく、薪と火とによって燃ゆるという現象も起らないであろう。ところが実際に於いて親から子が生れ、焔は燃えている。これらの事象が可能であるためには従って先ず自性ということが否定せられなければならない。自性に固執する限り、ものは成ることができない、成ったものとして在ることができない。自から自が生ずるとは生ずるのではなく、ただ自なるものの転変であるにすぎない。果が因と同一の自体であるならば何故に因が果を生じ、果が因から生ずる必要があるのか。たとえそれが可能であっても要するに無用なことであり無意味なことでさえある。次に自が他から生ずるとすればこれもまた妥当ではない。他なるものは他という自性をもつが故に他であり、自は固より自性を有するからそのように異なった二つの自性は結びつきようもない。それが可能であるのは自他が共に自性をもたぬものとしてあるべきである。しかるに自性をもたぬことはそれがそのものとして存在しないことを意味する。そのものとして存在しないものは如何にして生起の関係をもつことができるか、たとえそれが可能であるとしても何の必要があって生起すべきであるのか。そこに一つのアポリアがあろう。相対は相待であり、互に相俟つものは互に依存することであるならば、ものはそれ自らの存在性を失う。存在を失ったものは無であるから縁起は無となって何ものも縁起せしめ得ないであろう。しかし相待によって失うものは存在の自性であっても存在そのものではない。自性を失ってもそれ故にそれが存在しないとはいえぬかもしれない。例えば夫は妻に対して夫であり離縁すれば夫性を失うが、しかしその故に人間として存在性を失うわけではない。独身者といえども一人の人間として生活しつつある。失うのは夫としての身分であって、人間としての自性ではない。存在が何ものかとして有る以上何らかの自性を失うことはないであろう。さらに相待は自性を失わんとするが、それと同時にそれは自性なしには起り得ない。何故なら相待は月称の解したように他に会して、他に至りて初めて可能であるとするならば、自他はそれぞれそのものとして先ず存在していなければならぬ。至るとはそれに逢着しそれに止ることを意味する、所謂依止(saṃśraya)である。それを依止とすることはそれに至りそれに会し、それを機縁としてあることである。依存することはそれに出会いそれに依拠して何らかの用をなすことでなければならぬ。依頼せらるるものに自性と功能とがないという、これほどたよりないものはないであろう。たよるとはこれを手がかりとし依って以てあることであり、たよられるものはそれだけの自力と自性とをもつことなしには不可能であろう。依って止るべき資格を自らに備えたものでなければならない。して見ると縁起の成立には自他の自性が予想せられる。しかも縁起の関係は自性のある限り成立しないとすれば我々はこのアポリアを如何に解決すべきであるか。

それは関係と項との相互関係にも似ている。関係は少なくとも二つの項なしには成立たないが、しかし二つの項も何らかの関係に於いてでなしには項としてあることができない。例えば兄と弟とは親しき血縁にあるのであるが、兄弟の関係はもちろん二人の人間の存在を前提する。二人はどういう関係にあるか。兄弟であると答えられるとき二人はもちろん存在しなければならぬ。しかし兄弟の関係につながることなしには二人は兄として又は弟として有ることができない。彼は兄として此は弟としてあることによって二人は兄弟の関係にありうるのである。関係と項とは互に相依り、互に相待ってのみ成立しうる。いずれが先であり何が後であるかは問うを要せぬことであり答え得ないところでもある。互に相よってあるというのも決して一方から他方が、他方から一方が産出せられるというのではない。一と他とは相異なるものとして存在し、却ってその故に互に依存しつつあるのでもある。このとき二つのものは先ず互に異なるものとして存在すべきであるが、それらが互に異なるのはそれぞれに自己に固有な存在性を——即ち自性を有するからであって、自性なしには互に相異なることもできないわけである。然るにこの自性のある限り縁起は成立しないという。縁起関係は無自性によってのみ可能であるという。何故であるか。

四

この問題は唯識教学に於ける依他性相と分別性相との関係としても有名である。それについては前章第四節に於いて既に述べられたが、その重要性に鑑みて重複をいとわずもう少し再説してみよう。所謂三性相の説は依他と分別と真実との三性相説であるが、就中問題となるのは依他と分別との二性相が如何に区別せられ、且つ互に如何なる関係にあるかということであろう。真実性は勿論究極であるが、それが円成するのは依他と分別との二性によってであった。ところで唯識説では依他性が第一に、分別性が第二位に置かれている。このことは別に大した意味もないのかもしれないが、事物の存在が第一に依他性によって可能であり、事物の分別はそれに基づいて成立すると見るならばこの順位はかなり重大であろう。なぜなら識の作用は本来的に依他性にあるのか分別性にあるのか、識とはもともと分別する作用であって、それが他に関係するのは二次的であるのかどうか等々の問題が直ちに発せられるからである。唯識の主題は固より識にあって存在ではないが、識もまた一つの存在として見られうるならばこの問題は縁起の問題としても極めて重要なものとなる筈であろう。

依他の原語は paratantra であり、他に依存することを意味するが、この依他ということを性に認めるか相に認めるか、若しくは性に認めてそれが相に現れると見るか(依他性、依他相、依他性相)問題であるが、それよりも我々にとって重大なのは玄奘が特にこれを依他起相と訳したことである。それは恐らく護法の理解によったものであろうが、そこに既に玄奘に特有な解釈があらわれている。真諦は単にこれを「依他性」と訳し、仏陀扇多はさらに簡単に「他性相」と訳しているのに対し、玄奘が特に「起」を加えたのは何の理由によるのであるか。彼が新訳を標榜する以上、そこに何らかの理由がなくて叶わぬはずであろう。このことは厳密な研究を要する問題であるが、私解によれば依他性は単なる性でなく相であり、就中存在のではなく識の相であるべきが故に、依他によって何ものかが催起せられることを意味するのではないか。依他の他は因(正確には縁)を指すが故に他に因りて生ずという点をとれば起発の相を呈し、そこに「起」が附加されたことも強ちに不都合とはいえぬであろう。

このことは第二の「分別性」についてとった玄奘の態度によってさらに著明となるといわねばならない。玄奘はこれを「遍計所執相」と訳した。この原語は parikalpita であるが pari は「遍く」の意であり kalpita は分別せられたものの意味である。この外に「計」を加えたのは何故であるかも問わるべきであるが、それよりも玄奘が「分別」について何事もいわず、所執性相と訳したのはどういう理由によるのであろうか。それは彼が分別性を「妄分別」又は「妄想分別」と解したことによるのではないかと思う。識は必ずしも正しい分別をなすとは限らぬ、むしろ虚妄の分別を多分にふくんでいる。識の本質は却って妄念を、妄想を主分とするが故に、識の職能は分別に於いて正邪と虚実とを計量し分別する点にあるとさえいわれねばならぬ。この計量は固より広く、遍く行われねばならぬ。kalpita は何よりも vikalpa(分割、分別)であり、唯識三十頌に於いて分別は必ず遍計でなくてはならず、kalpita は pari にまで食い入って遍く正邪を分別することでなければならなかった。識の本質はむしろ真妄両想をふくむところにある。阿頼耶識でさえも妄識と考えられ、少なくとも真妄両識の混合と解せられたのもこの理由によるのであろう。識は八識共に妄分別であるとしても、これを虚妄と判ずるのは依然として識であるから、それは全部が妄識ではなく、妄を妄とするものは真識でなくてはならぬ。虚妄の救うべからざるはむしろそれに執する点にある。これを妄想と知悉しながらも尚もこれを捨て得ず敢えてこれに執着することが妄識の救うべからざる固弊である。悪は分別にあるよりもむしろそれに執する点にあるといわねばならない。遍計所執と訳されたのも恐らくそのような事情によるのであろう。玄奘の新訳は意訳にすぎたるものと言われるほどであるが、彼の意とするところは了察に難くはないのである。

依他性と分別性とは互に如何なる関係に於いてあるのであるか。この問題は孰れが先であり何が主であるかということよりも一層重大であり且つ根本的な問題であるであろう。ものは互に分別せられてあることによって一は他に依存し他は一に相待しうるのであるから、依他性は分別の一部であるとも考えられるが、しかしまた依他性なしには分別性も成立たない。分別せられるとは他に待してであり、他に依ってであるべきであるからである。他に依ることなしには自性がありえず、従って他から分別せられることも不可能だからである。ものが或るものであるのは他に対してであった。依他なしにはものがそのものたることさえできぬことは上来しばしば述べられたところである。しかしさりとて依他性と分別性とは同一であり、乃至は同体であるとはいえぬ。その理由として「摂大乗論」応知勝相品第二に次の証をかかげている。一、依他性は名であり分別性は義である。依他性は名によって分別せられるが、分別は義によって分別せられる。名と義とは同一ではない。一つの名に対し多くの義があり、一義に対して多くの名がありうる。さらに名が不定なるに由りこの義相違する。名が多端なるが故にその義多体となる。名が不純なるが故にその義雑体となる。名と義とは同一でないように依他と分別とは同体ではなかったのである。しかしそれにも拘らず依他も分別も共に識の作用であり、識を措いて外に働くべきところをもっていない。分別には二種あり、一は自性を分別する作用であるが、二は差別を分別する働きである。前者は自性に於いての分別であるが、後者は自と他との差異についての識別であるから、これはいうまでもなく他に依存するものでなければならぬ。してみれば分別性の根柢には依他的なものがなくてはならない。それと同時に他に依存するためには他が他として自より分別せられていなければならない。それ故に真諦訳「転識論」に於いて云う、「若し分別性を見ざるときは即ち依他性を見ず。この故に一にあらず異にあらず」と。依他と分別との関係は不一不異なのであった。それ故に両者はまた異でもあり一でもあり得たのである。

この結論は大乗論構の常套であって、別に珍しいものでもないのであるが、しかし三性論にとってはこの結論は一つの特殊な異彩を放っている。その意味はこうであった。依他と分別とは一でもなく異でもない、というのは識について三性が全面的否定せられるということである。三性は要するに三無性であるということである。「分別性名無相性、無体相故。依他性名無性性、体及因果無所有。」それが真実性であった。「真実性を無性性と名づく。」「無有性、無無性、約人法故、無有性。約二空故無無性。」即ち「これ有性に非ず、無性に非ず、故に重ねて無無性と称するなり」。そうして結論して云う、「この三無性是れ一切法の真実なり」と。分別性を失ったところには無分別性があるのみである。真実の分別は無分別でなければならない。「これを無流果と名づく、これを不可思惟と名づく、これを真実の善と名づく、これを常住の果と名づく、これを出世の楽と名づく、解脱身と名づく、三自の中に於いては即ち法身なり」と。それが「転識論」(唯識三十頌の一異訳)の結論であった。

「顕識論」に云う、「一切三界は唯識あるのみなり、何者をか識と為すや。……二種の識あり、一は顕識、二は分別識なり。顕識とは即ち是れ本識なり。……何れのものが分別識なる、即ち是れ意識なり。顕識の中に於いて分別して人天長短大小男女樹藤諸物等を作し一切法を分別す。譬えば鏡に依り色と影色とが起るを得るが如く。是の如く顕識を縁として分別識が起り得るなり。」(「顕識論」第一)。して見ると分別も依他も共に顕識の顕現に外ならなかった。顕識、転じて或は分別識となり依他識となる。しかし識の転変は如何にして可能であるか。それは顕識がそれ自らとして分別でもなく依他でもないからしてである。その孰れでもないからして孰れでもあり得るのである。「三無性論」に云う、「若解意者則一切種名ニ並皆可レ説、亦可説有亦可説無、亦可説亦有亦無。亦可説非有非無、皆不相違」。

顕識は本識であるが、それは依他でもなく分別でもないが故に、まさにその故に依他識でもあり分別識でもあるのである。これは明らかにレンマの第三と第四の論理に基づく。それに基づくが故に三性は三無性となり分別はつまりは無分別であり、「依他性は無生を以て性と為す」(「三無性論」第一)といわれるのである。そしてこの無性性こそは顕識の本性であり、識の顕現は無性的たるを免れない。無性性が即ち真実性に外ならなかった。無性なるが故に真実であり、真実なるものは三性の区別を有しない。しかもそのような分別なきものこそ即ち真の分別を成就しうるのであった。

五

因果の関係は原因から結果が生起することであり、因も果もそれぞれ自性あるものでなければならなかったが、縁起の構造は一に依って他があり、他を待って一の有るところの関係であるから一も他も自性を有しない。自性ある限り縁起の関係は成立しない。それ自ら自己の本性を有しないが故に、他に依存し他を待って存在するのが縁起の関係であるに外ならなかった。

自性とは自己に特有なる性であるが、必ずしも存在の本性ではない。もしそれがそうであるならばこれを失うことは即ち存在を失うこととなり、世に何ものも存在し得ぬこととなってしまう。その意味の非存在は無であって空ではない。無自性は空であっても空は必ずしも無ではなかった。このことについて後に詳述せられるべきであるが、さしあたり自性とは存在の自性であり、存在なしには自性もあり得ない。逆に自性のないところ存在がありえぬ。自性のあるところ何らかの存在があり、存在のあるところそれについての自性がなければならない。しかるに自性を失うことによって——即ち無自性によって尚も何らかの或るものを打出そうとするのは如何にしてであろうか。空は有るものでないとしても尚或るものでなければならぬ。空という或る物でないことは勿論であるが、しかも尚何らかのあるものでなければならぬ。それは何ものでもないとしても尚何ものでもないというまさにそのことを自性とするものでなければならない。それでさえないならば言亡慮絶であって、もはや何をか言わんやである。無自性が空であるというのも空とは無自性であるというのも尚何ごとかを言っているのである。何ごとかが言われる限り何ものかがあり、それが或るものとして規定せられる。或るものとは有るものが自性を有することでなければならぬ。自性なしには有るものは何らかのものとしてあることもできず、何ものかとして語られもしえないであろう。

惟うに縁起に於ける自性とは存在の自性ではなくして、その「依止」に外ならぬといえないであろうか。例えば兄は弟に依って兄であるが、兄であるという性質は専ら弟に対して得られたものであって、必ずしも兄の自性でもなく、また兄の本性でもない。兄は人間としてその他に多くの性質をもち、様々な存在の仕方をもっている。兄弟の関係はその一つの関係の仕方であるにすぎない。関係は何かに至って、または何かと会して成立つのであるから、関係の関係すべき依止――即ち依存の止るべき拠点がなくてはならぬ。関係は無限に拡大するものであるが、徒に拡散するときは関係は成り立たない。どこかにその止るところをもたねばならぬ。少なくともその止るべき拠点を知らねばならぬ。依止とはそのような拠点をいうのである。関係の依存すべき項を意味するのである。真諦訳「三無性論」巻上に云う、「自性と及び差別とのこの二はこれ分別の依止である」と。自性を有するものは個体であり、ものは個体であることによって分別せられる。分別の可能なのはこの依止あるが故にである。兄が弟に対して兄であるのは、弟を依止として兄弟の関係が成り立つからしてである。相依り相待つとは互にそれぞれを依止とすることによって可能なのである。しかもこの関係に於いて兄は弟と区別せられ且つこの区別に依止して兄弟関係が結ばれるのである。

「三無性論」に於いてはこの分別性について六種が数えられている。一は自性分別であり、色等の諸陰の体相を分別するものである。例えば五識が但だ能く直ちに五塵を取るように。二は差別分別であり、色の可見、不可見等の如く色なるが故に可見であり、香味の五塵なるが故に眼の所見となり得ぬが如くである。三は覚知分別であり、例えば前法を見てその名字を識り能く他のために説くが如くである。四は随眠分別であり、前物を見るとも名字を識らないから宣説することができないようなものである。五には加行分別であり、これにも様々な種別はあるが等しく三毒の煩悩を生ずるが故に加行と呼ばれる。六には名字分別、名字とは此の物は正に此の如く、或は色であり、或は識であり、或は有常であり或は無常なりというが如きである。総じてこれらは名によって義の自性を分別するものである。これにも種々なる区別があって、或は名に依りて義の自性を分別し、或は義によって名の自性を分別し、或は名に依りて名の自性を分別し、或は義に依りて義の自性を分別し、或は名義によって名義の自性を分別する等々。

釈して云う。これらは各〻依止となり、即ち境界となりそしてその体をなす。……是の故に義を以て依止となし、名を以て境となし、この名字に縁じて法門となって義類を取るに到る。正しくは所取を以て依止と為し、所縁を境となすが故である。この類に依止すと云うは名、想、言の所起の分別を縁ずることである。想言とは心にこの名を想い、言にこの名を説くことである。これ則ち分別を想言の所依止となすことに外ならない。

自性と差別とはこれ分別の依止であり、覚知と随眠と加行とはこれ分別の体であり、名字は是れ分別の境界なりともいう。次に名に依りて義を分別するのは分別の依止と境界とを顕わすことである。……略述すれば分別は三種を出でず、一は分別の依止、二は分別の体、三は分別の界である。もし分別の体を説かば三界の心及び心法これである。依止と界とは更に別体であるのではないという。

唯識三性論に於いて分別性と依他性とは如何なる関係に於いてあるかは既に略述せられた。縁起が先ず依他性に基づくことは自明のようであるが、依他とは相依相待である以上、自と他とが先ず分別せられてあらねばならぬ。もしそうでなければ自が他に、他が自に依ることとさえ不可能であり、従って縁起の関係も成立し得ぬことは明白であるであろう。自と他とは各〻別のものであり、それぞれに自性を有するからして両者の間に何らかの関係が生じうるのである。しかしそれと同時に自他が全く別個の存在であり、互に相求める想言がなければそこに何らの関係も生じ得ぬことも同様に明らかである。無関心なるものはもとより無関係でなければならぬ。その関係の仕方がたとえ偶然的であってもとにかく自他が縁ずるのは互に想望するからであるにちがいない。袖振り合うも多生の縁といわれる。多生の縁なしには互に触れ合うことは勿論、我の我であり汝の汝である所以のものも確立し得らるべくもないであろう。

事物はそれぞれにそれ自らの名と義とをもっている。義(artha)とは広くは道理と境界と義利と体性とを意味するものであるが、体と界とは物的なるものを、理と利とは心的なるものをあらわす。義とは心ある物であり、意味ある存在でなければならぬ。ものは義をもつことによって個体となり具体的な存在となりうるのであるが、ものとものとは義あることによって関係し、人々は義理あることによって社会をいとなむ。義とは境界であると共に紐帯でもあった。

さらに義とは依止であるという。自は他の依止であり、他は自の依止であるといわれる。依止とはそこに止りそれに於いてあることである。それを土台としそれを領域とすることである。ものに義があるように、関係にも依止がなければならない。関係は項を依止とするとともに項はまた関係を依止としている。自性とは即ち依止に外ならなかった。自のあることによって他があり、他によって自があるのは一つが他の依止となることによってであった。依止が自性でありうるのはこの意味を措いて外にはなかった。依止が境界をなすとはどういうことであるか。義は依止を示すが必ずしも所依と同一ではない。関係は依止に於いて止るが、止ることによって縁を成するものは何であるか。それは分別の所依、及び所縁が何であるかという問いにつながるが、これに答えて分別の所依は有情世間であり、その所縁は器世間であるという。「瑜伽師地論」はこの二種について、それが無始世来、応に知るべし、展転更互に因となる。謂く過去世の分別が因と為って能く現世の分別の所依及び所縁をなし、現世の分別がまた当来の所依及び所縁となる。所縁を依止として縁の起るのは単に交互の関係に於いてのみでなく、時間的に転変して極まりなしというべきである。

世諦には人法の二種、通別の二相があるが、これらは凡て一が他を縁じ、他が一の所縁となって起るところのものである。このとき分別が先であって依他が後であるか、または依他が主であって分別が従となるのであるか。「摂大乗論」応知勝相品第二を見ると、「此依他但是所分別、是因能成依他性為所分別」とあり、依他性は分別性の一部として顕われるようにもとれるが、しかし両者が区別して呼称せられる以上は決して依他は分別の中に埋没するものではあるまい。名は依他性を顕わし、義は分別性を示すとも言われるが、既述の如くこの区別は単に名と義との区別にすぎないのであるが、一が他に依り、他が一を待つためには先ず一と他とが分別せられてあらねばならない。しかし一が他と分別せられるのは一が他に比較せられ、少なくとも互に関係せしめられることによってのみ可能であるから、この点からいえば依他性が却って分別性に先立つといわねばならぬ。両者は孰れを先後とすべきではなく、また孰れが主となり従であるというべきではないであろう。殊に注意すべきは「分別」は単に「区別」ではなく、分つことに於いてそれに執することである。分別は必ずしも邪悪ではなく、悪しきはそれに執することの甚しきことにある。それは単に悪であるのみでなく罪でさえあった。分別あることは思慮あることであり、無分別は却って理性なき暴慢でさえあった。この語が今に至ってその意味を逆にしていることに注意せられてよいであろう。真諦はこれを「分別性」と訳したが、玄奘は「遍計所執性」と訳したことはこの故であったのではないか。遍計は遍く所計することであり、それだけならばむしろ善きことであるが、排すべきはその所執性にあり、執着はややもすれば増上して極まるところを知らない。それは意慾の邪悪なるものであり、度し難き執念とならざるをえぬ。

「三無性論」巻上に云う、「生如如とは謂く、有為法の無前無後なり。有為法は但両性の摂なり。謂く分別と依他となり。此の法無前無後、凡そ三種あり。一には二性を約して無前後を弁ず。若し依他性が前に在り分別有ることなしと説かば依他は成ぜず、若し分別性が前に在り依他性有ることなしと説かば、分別性成ぜず。是の故に二性は遞互に相須ち前後有ること無し、相生ずるを以ての故なり。分別性が既に無ければ依他性は有ならず。二倶に無なるが故に即ち是れ如如なるなり」。

分別性と依他性とはもちろん一ではなく、それぞれの性と相と用とを異にする。分別性は一と他とを区別し、一を一として、他を他として成立せしめるものであるが、しかし一と他とがそれぞれそのように有りうるのは一が他に依って、他が一に依ってあることによってであるから、分別と依他とは決して別のものではない。況やそれらの孰れを前とし孰れを後とすることは不可能である。一にあらず異に非ざるが故に異にしてしかも一であることができるのである。

「三無性論」はさらに続いて云う、「因果に約して無前後を弁じよう。若し因が定んで前に在り、更に因とする所なくんば則ち因を成ぜず。若し因縁無くして自然に因あらば因は即ち無量なり。若し果が定んで前にあり既に因あること無くんば則ち果を成ぜず。若し因縁なくして自然に果あらば果は則ち無窮なり。是の故に因果は定まることなく、前後転転相望す。前に望むれば則ち果となり後に望むれば則ち因と為る。故に生死は無初なり。是の如く因果の体は即ち分別依他なり。分別が既になければ依他は有らず、即ち是れ如如なるなり」。

同じ論法は生滅についても弁ぜられる。「若し生が前にありて滅が後にあらば二の過失あり。一は則ち、未だ老死あらずして已に便ち生を得ん。二には未だ此の生を捨てずして便ち彼の生を得ん。若し爾らば又両失あり。一には則ち用無けん。此が既に生なれば何ぞ彼の生を用いん。未だ報を捨てざる故なり。二に生は則ち無窮ならん。已生が復た生ずれば転々して計ふるに豈窮ること有るを得んや、若し爾らば復た両失あらん。一には但生ずるのみにして滅せず、則ち是れ常なるべし。二には若し多生あらば是れ多衆生ならん。若し爾らば則ち因果は相発生するの義あることなし。又若し恒に生ぜば則ち涅槃なし。若し滅が前に在りて生が後にあらば既に未だ生有らず、何の滅する所ぞ。又先に涅槃して後に生死を受く。先に滅あるが故に是れ則ち解脱し已って還た繋縛を受くるなり。是の故に生滅は前後有ることなし。分別依他を離れざるが故に如如と云うなり。」

因果の関係も生滅の現象も分別と依他とを原理として初めて如々に理解せられうる。因と果とは分別上異なるものであるがそれが因果関係として成立つのは依他性の原理によってである。そしてそれが因果の根柢をなすと分って見れば、縁起は因果よりもさらに広く且つ深く我々の生々を支配する原理であることがわかる。因果は必然的な関係であるが、縁起は偶然性をも包括する。因果は論理的客観的法則であるが縁起は情理的主体的な理法である。

分別性のめざすところは事物の自立性であり、乃至は個物の自性であるが、依他性の志すところは関係の依止性である。自性のあるところ、さらには自性の執せられる限り、事物は個々に分たれるが、自性が依止性に転ずることによって縁起の関係が成立するのである。縁起とは無自性であるといわれるのは自性が消滅することではなく、それが依止性に転ぜられることを意味するものでなければならない。自性を失うことは無となることではあっても空となることではない。無と空とは同一視せられるのが常であるが、尚そこには何らかの区別がなくもないであろう。無自性空ということが言われても無自性が無であるということではない。無自性が無であるならばどうして無自性空を言うことができるか。我々は無自性が即ち無なのではなく、自性が依止となることによって即ち空となるといわんとするのである。そして依止とは依他性の根拠であるからして凡てが依止的に関係づけられることが即ち縁起であり、凡てが縁起的に観ぜられることが則ち空性を発揮する所以のものであると言いたいのである。重ねて言えば、親から子の生れるのは因果の関係であるが、夫が婦に対するのは結縁のきずなである。しかし夫の夫たる所以は婦との関係に於いてであり、独身者はこの資格を欠く。夫性はただこの関係に於いてのみ夫の自性であって、必ずしもその人の自性であるとはいえない。その人の自性は尚さらに別にあるべきである。存在はそれぞれなる自性をもつ。夫性とはそれらの一つの自性であり夫婦関係に於いての一つの特性であるにすぎない。それはその限りに於いて一つの施設せられたものである。夫婦の縁を成立せしむべき一つの依止であるにすぎない。夫は婦を依止として夫となり、婦は夫を依止とすることによって婦たる自性を得る。この意味に於いて普光の考えたように性は相であり、相としてしか現われえない。自性とはこの関係を成立せしむべき依止たるに外ならなかった。何らかの依他的関係を成立せしめるところの根拠であるに外ならなかった。しかしもしそうならば自性はやがて自性たるを止めるのではないか。自性とは自己の特異なる性であり、個別者をそれ自らとして成立せしむべき特質であるべきであるのに、以上の如く観ずればその特異性を失って専ら他との関係への依止となってしまう。これは自性が自性たる所以のものを失う所以ではないか。

自性は自らの性であり、他によって置き換えられえぬ筈であるのに、却ってそれによって他との関係を作り出す根拠であるという。それは矛盾でないにしても甚だ不都合なことではないか。

しかしそれがそうでないことは次の如く考えることによって大凡は理通せられうるであろう。事物はそこに存在するが、ただ存在するというだけでは自性をもつことができない。何らかのものとして存在することによってのみ自性をもつことができるのである。有るものは単に有るものでなく、何らかの、又は何かの有り方に於いて有るものである。有るものは即ち或るものでなければならなかった。これらの様々な有り方を外にして単に有るといってもそれは抽象にすぎない。具体的にはものは必ず何ものかでなければならぬ。そしてその何たるかを示すものが即ちそのものの自性であるに外ならなかった。従って自性といっても存在一般にあるわけではない。それが何らかの仕方に於いて存在するところに却って自性がありうるのである。しかも存在の種々なる存在の仕方を規定するものは却って他との関係によってである。人間は単独に生きるものではなく世界に於いて生存する存在である。世界の中にあることは他との関係に於いてあることである。この関係なしには人間は具体的に実存することができない。単独者や例外者といえども世間に於いて世界に対して少なくともそれに関ってそうでなければならない。して見ると自性といっても他との関係なしにはあり得ない。夫の自性は妻に対して又はそれによって措定される。妻なしには夫の資格はない、妻があってもドンファンは夫たる品格を失う。自性とは自己の性質でありながら却って他によって与えられたものであるといわねばならない。その理由はそれが単に有るものの性ではなく、或るものの資格であるべきが故である。性格とは殊に具体的でなければならなかった。単に一般的なるものは殆ど性格の名に値しない。それが何らかのものとしてあることによって初めて自性をもつことができる。自性とはそのものの特異なる性格であり、そしてその特異性はそれぞれなる存在の仕方によって定まる。しかもそれぞれなる存在の仕方は他によってあり、他を待って規定せられる。自性が或るものの性格であって、有るものの自然でないことがこの点からしても知悉せられるであろう。もしそれを相と名づけるならば自性は却って相にあって性にはない。或は普光のように相を性と同一とするならば自性とは相にして同時に性であるとも言いうるであろう。しかし若し性を相から峻別してあくまでそのものの本性であるとするならば、そのような自性はむしろ無自性とならざるを得ぬ。なぜなら存在それ自らには自性がないからである。自性のありうるのは相に於いてであって性についてではなく、性を本体とする有一般は従って無自性とならねばならぬからである。存在は存在であってもちろん無ではない。しかし存在が無自性である限りに於いて存在は空とならねばならぬ。存在は空であるといわれるのは存在が存在しながら自性をもっていないということである。そしてそれが空であるから却って或るものの存在を可能にし、それを何らかのものとして存在せしめうるのである。或るものは何らかのものとしてそれの自性をもつ。自性とは専ら或るものの性格でなければならなかった。あるものの有は却って無自性である。なぜならそれは単に有るというだけであって何ものでもなく、従って何ものとしても規定せられてはいないから。それはそうではなく、またそうでないものでもない。しかしこの無自性空によって有自性の個体が成立するのである。具体的なる存在が何らかのものとして存在するのはこのような存在一般の(即ち無自性空)の上に立ち、少なくともそれを依止することなしには不可能なのである。もしそれがそうでないとすればそれ自らをも、また他なる何ものをも受容することができぬ、他との何の関係をも認めることができぬ、従って縁起ということも不可能とならざるを得ぬからである。一が他を、他が一を待つことなしには成り立たぬものが縁起であった。他との関係なしには縁起関係もありえぬとすれば、縁起とはただに無自性空を依止とするのみでなく、縁起そのものが空であり、無きものであるといわねばならぬであろう。しかし縁起は即ち空なのではない。縁起は縁起として成り立つ一つの関係であるべきである。ただそれが成り立つのは専ら世俗諦に於いて、又はそれについてであった。縁起は世俗の論理であるが故に空となる。なぜなら世俗諦そのものが空であるから空なるものの論理も空でなければならない。しかし何故に世俗は空であるのか、それは世俗が縁起を論理とするからであるという。これは論理としては一つの hysteron proteron

であるがその意は次の如くであろう。

縁起は世俗の論理であり、世俗にある限り縁起の関係をはなれることはできない。これを空と見るのは勝義の立場からしてであって、この立場なしにはそういう把握の仕方は不可能である。世俗的には縁起は実的な関係であるが、勝義的には空である。縁起があるときは実縁と考えられ、あるときは空といわれるのは立場の相違であって、決して矛盾することではなかった。世俗に於いては因果関係がではなく縁起関係が支配的であるが、そのことがそのまま空といわれるのは勝義の立場から見てのことであった。ここに於いて世俗と勝義とがはっきり区別せられることが必要となってくる。この二つの諦を峻別することは仏教学の重なる仕事の一つであり、龍樹もまたそれ故に多くの努力をこの問題に払っている。しかしこれらを峻別するために、又はその前に世俗と勝義とがそもそも何を意味するかを弁明しなければならない。それが次の章節の問題であったのである。

第六　世俗と勝義

一

インドの仏教に於いて世諦を分って世俗と勝義とすることは既に古き時代に属する。中阿含に於いては勝義は「最勝の聖諦」という言葉によって語られ、スッタニパータの経文によれば、世俗とは「言説」の意味であって、凡俗の言葉によって覆われ隠された世界として頻用された。「大智度論」(大正蔵二五巻六四上)によれば「ただ言説によって言説する」というほどに解説せられている。

世俗の原語としては vyavahāra と saṁvṛiti とがあり、前者は主として「言説」又は「言表」の意味に用いられたが、saṁvṛiti に於いては一つの新しき解釈が加えられた。それは一般に「覆う」ことを意味し、必ずしも言語によってなくとも広く、ものの真相が覆い隠されることを意味するようになったという。月称は「遍く障礙あるは世俗なり」と解義し、さらに注してそれに三義あることを述べている。㈠あまねく覆うことが saṁvṛiti である。無知はあまねく一切のものの真実を覆うが故に。㈡或は相互に存在することが saṁvṛiti である。相互に相依って存在するが故に。㈢或はまたそれは印定(saṁketa)であり言説(vyavahāra)であるという(中論註四九二、一〇)。この中には「言説」の意もあり、相待的な縁起の意味もあるが、㈠の「障礙」が何といってもその原意であり、無明によって真実の態が覆い隠されることをその第一義とする。ところが saṁvṛiti は時として saṁvṛitti としても誌されている。これは t が一つか二つであるかの区別であって或は書記の誤りであるかもしれないが、しかし前者の語根が $\sqrt{vṛ}$ であるのに、後者は

√vṛt であって別の語であり、前者は「覆う、隠す、妨げる」の意味であるに対し、後者の意は「転ずる、行う」等であって明別しなければならぬという(長尾雅人「中観哲学の根本的立場」、「哲学研究」三十一巻、尚これについては佐々木現順の異論がある)。もしこの説が正しいとすれば我々はこの二つの場合を区別して読まねばならぬが、少なくとも saṁvṛiti が saṁvṛitti よりも使用の頻度が高いようであるから、先ずこれを㈠の意味にとって差支えないであろう。それは事物の真実性を覆い隠すことであり、十二因縁の第一位にある無明と同様の意味である。無明とは真実にたいする不解であり邪解であり、自性にたいする覆障である。寂天は云う(「入菩提行論疏」九章第二偈)、「真実は知覚の境ではない。知覚とは事物の自性(空性)を覆う虚妄又は虚誑である。」義浄も「南海寄帰伝」に(致七)「世俗」に代えて「覆俗」と訳すべきことを論じた。ギリシア語に於いても真実は ἀλήθεια であり、それは ἀ+λανθάνω から由来して、覆いを取り除くことを意味することは有名であるが、虚妄とは覆われたる世界であり、それを除去することによってものの真実があらわになりうるのである。文字通り Decke(覆い)をとり去ること(ent すること)が即ち真理を発見する(entdecken)所以であった。

saṁvṛiti の第三義は印定又は表示であるが、何故にそれが言説の意に解せられるか。それは saṁvṛiti がもともとパーリ語 summuti を梵語化したものであって、その原意を止めているからであるという(「荻原雲来文集」七八四、八八〇頁)。語ることと覆うこととは同一ではないが、言説とか名称とかはしばしば誤って表示せられ、却ってものの真相を覆うことがしばしばである。世俗は虚妄、又は邪言の多き世界である。無明によって覆われ、虚言によってあざむかれ易い世界である。謹むべきは冗言妄語の類であり、真如は離言によって、乃至は沈黙に於いてのみ得られる。言語は一つの施設であり、就中名辞の施設であるにすぎない。名は呼称ではあっても必ずしも真実を表示するものではない。むしろ誤りがちであり虚構を施設することの多きものである。それは仮説であり仮設でさえあった。

以上の世俗に対して勝義とは何であるか。それを意味する paramārtha という語は parama(最勝)と artha(義)との複合詞であって、清弁の中観心論によれば、それは最勝なる無分別智といわれ、義とは知らるべきもの、観察せらるべきものの意であるという。しかし清弁は、般若燈論に於いてさらに詳論して、㈠義でもあり勝でもあるから勝義であるという持業釈と、勝なる無分別智であるから勝義であるという依主釈との二つの解釈を施して、第一の解釈は無分別智が義境にたいする相対的知でなく、能所不二の絶対智であるところから、それは無分別智のまさにはたらく世界であり、他によって知られず、寂静であり諸戯論によって戯論せられず、無分別にして差別を絶する真知であるという。「中論」第十八第九偈には勝義に関する龍樹の思想が率直に語られている。曰く「他を縁として知るのではなく、寂静にして、戯論によって戯論せられず、無分別であり、不異義であるのが真実性の特質である」。羅什はこの語を「自知不随他」と訳している。それは他に依ってでなく自らにして知られ、他に随ってではなくそれ自らにある世界であるという。

勝義諦は不可言にして知るべからず、遍知すべからず、識知すべからず、示すべからず、顕わすべからざる世界である。「瑜伽師地論」第七十五(大正蔵第三十巻七一三下)には勝義の五相を述べて、不可言の相と、無二の相と、究理の境から超越した相と、異不異より超脱せる相と、一切処一味の相とが数えられている。

世俗と勝義との意義は大略以上のようであるが、この二つはただに意義を異にするのみでなく、それぞれの境界をも別にするものであった。境界とは仏教では諦(satya)と名づけられる。真俗の二諦は仏教を一貫する重要な思想の一つであることは余りにも有名であろう。それは一つの世界であるよりも世間である。「中論」に於いて世俗が世間世俗諦と名づけられたのもこの故であっただろう。ところが月称は世俗諦としての存在を世間世俗として規定せんとするが、清弁は世間世俗のみならず邪世俗をもそれに組み入れようとする。ここに到って世俗諦に正邪の区別が生じ、単に存在的であるよりも価値的、乃至は宗教的色彩が濃くなって来るわけである。世俗は世俗として一つの世間をなすのみならず、世俗は勝義に対し邪悪なるもの、又は劣悪なるものとして規定せられ、勝義はこれに比してより優れた位置と意義とをもつものとして明別せられるに到った。

仏教はもとより宗教であって単なる教説ではなく、世諦について世俗と勝義とを区別するのも迷乱の世俗から円成の勝義に入らしめ、よって以て衆生の迷誤を度せんとするものであるから、二諦の区別に正邪の価値を導入し、優劣の評価を判定せんとするのは尤もな次第であるが、我々にとってはこの二諦が如何なる論拠によって区別せられ且つ是認せらるべきかを究追することが第一の仕事であらねばならぬ。ここに於いて私は一つの放胆な仮説を提出しようと思う。それは次の如くである。世俗を諦として構成するものは bivalence の論理であり、これに対して勝義諦の構成原理は両否と両是のレンマである。詳しくいえば世俗の論理は肯定と否定とから成り四つのレンマの第一と第二に当るが、勝義諦の原則は肯定でもなく否定でもないという第三のレンマと、次にそれ故に肯定でもあり否定でもあるという第四のレンマであるというのである。別言すれば四つのレンマは二部に大別せられ、第一と第二とは世俗の論理として妥当するが勝義の世界を支配するものは第三と第四のレンマであるという仮説である。それはもとより仮説であって大方の承認を得がたいものであるかもしれないが、私の敢えて提唱せんとするところはさらに遠きであって、この点からしてロゴスとレンマとの二つの立場を明別せんとするところにある。四つのレンマは啻に人間の思考の四つの仕方を列挙するのみでなく(そうならば極めて低劣な乃至は愚劣な分類にしかすぎぬであろう)、第三と第四とを勝義の論理としてまさに東洋のレンマの真骨頂に置き、第一と第二とをむしろ西洋的ロゴスの論理として規定し、まさにこの点からしてロゴスとレンマとの対決を試みようとするのである。ロゴスの発展は肯定と否定とを二軸として展開し、それらの同時成立を峻拒し(矛盾律)、それ以外に何らの論理をも認めまいとするまでに到った(排中律)。しかるに東洋的レンマは却ってこの外に二つの立場を認める――むしろそれらを許容するところに東洋的思惟の東洋的なる所以のものを見出さんとするのである。それが即ち中の立場であった。中とは二つのものの間にあるものでなく、それらのものを共に否定するところに見出される。肯定と否定とのほかに、又はその間に尚も中的な判断がありうるか。もしありうるとすればそれは肯定でもあり否定でもあるような判断でなければならない。しかるにそれは矛盾の法則によって厳しく禁ぜられているから肯否の外に、またはその間に何ものもありようはない。男性と女性の外に中性といったものは有り得ないように。しかし或は言うであろう。色の世界に於いて赤、緑、黄等は白と黒との間にあり、しかもこれらは色の最も鮮活なるものである。白と黒とはただその限界にあり、凡ての色を濃縮すれば黒となり淡化すれば白となり色なきもの、または彩を失ったものとなってしまう。むしろ中間的なるものこそ現実の色の名に値するものではないか。まことにその通りであるが、しかしそれは色の存在の種々なる程度を表わしたものであって、色と非色との中間を示したものではない。我々の問題は色であるか色でないかであって、白と黒との対立についてではなかった。白と黒とは色の領域を劃するものであっても、共に色の世界に属し、決して色でないのではない。問題はそれが色であるかないかであって、色の種々な存在の様態についてではなかった。論理の問題は必ずしも存在のそれと相覆うものではない。しかも我々の問わんとするのは論理の問題だったのである。

この点をさらに別の方面から言えば、赤黄緑等々は互に異なる色であって必ずしも対立する色ではない。白と黒とに至って対色となるが、それにしても尚互に異なった色と見ることができるであろう。それらは nihil privativum の世界であって決して nihil negativum の関係にあるものではなかった。存在の世界には種々なる中間的なものがありうるが、それらは程度に於いて異なるものであり、決して肯定と否定との対立にあるものではない。privativum(欠如)の関係にあるものはいわば部分的否定であり、従って常に否定的肯定をふくむが、nihil negativum は論理的な肯定の関係であり、そこには中間的なものは許されない。肯定であるか否定であるかの孰れか一つであって、肯定であり同時に否定であることは絶対にできない。そこには矛盾律が支配している。そして論理的であるということはこの法則の支配するところにありまたその限りに於いてであった。所詮肯定と否定との論理の世界に於いては「中」的な如何なるものも認められない。それを許さないのが bivalence の論理であったからしてである。さらにこれに加えてそこには排中律が支配する。論理は肯定か否定かの孰れか一つであってその外にない、その他に第三のものはあり得ない。若しそのようなものがあるならば論理は論理として成り立たないからという。論理はあくまでも肯定か否定かの孰れかでなければならぬ。肯定にして同時に否定であるならば矛盾したこととなり、肯定でもなく否定でもないものは論理にとって何ものでもなく、とるに足らざるものであり、無関心のものであり無意味なものでさえある。そのようなものを何としても論理の埒内に許容することができるだろうか。排中律は矛盾律の延長であり、別に異なった原理でないからしてbivalenceの論理にとっては「中」なるものはついに認容し得べくもないのである。然るに大乗仏教はそれとは反対に「中」を認容する。しかも「中」を以てその根本的立場とせんとするのである。それは如何なる意味に於いてであるか、また如何にして可能なのであるか。それに対する答は第一に大乗仏教の立場がロゴスの論理とは異なっているということである。仏教の論理はロゴスの論理でなく、レンマの論理であるからであるという答がそれに続く。就中それはbivalenceの論理でなくして、テトラ・レンマの論理であるということによって大凡そは答え得られるようである。

然らば大乗仏教の論理とはどういうものであるか——これに対する答は次の如くである——ロゴスの論理は存在の論理であるが、レンマの論理は非存在についての、無に関しての、空に即しての論理である。ロゴスの世界は世俗の論理によって支配せられるが、レンマの論理は勝義の論理でなければならない。

大乗仏教の「中」は肯定的にして中間的なものではなく、否定的立場における「中」であり、中なるものでなく中そのものである。肯定と否定との間にあるものではなく、肯定を否定し、否定をも否定するところにまさに現われるところの「中」である。そのようなものが果して中と呼ばるるにふさわしいかどうか、それこそはまさに中の中たる所以のものなのである。中とは肯定と否定との間にある或るものではなく、肯定も否定せられ、否定も否定せられた謂わば全面的な否定そのものの中に見出される。この否定が絶対否定であるか否かは問題であるが、とにかく全面的否定であることだけはたしかであろう。それは或は両否の論理と名づけられてもよいが、むしろロゴスの世界を去ってレンマの立場に入ることによって初めて見出されうる中であり、世俗の中間ではなく勝義の「中」であることだけは間違いがない。

両否は単なる否定でなく、況や肯定に対する否定ではなく、いわば全面的否定であるからして、凡ゆるものが凡てに於いて否定せられ、すべてがすべてに亘って否定せられる。事物は先ず或るものであり、或るものは有るものであるが、有るものについては先ず存在性が否定せられ、或るものについてはその自性が否定せられる。自性とはものがそれ自らとしてあって他のものではないことの謂いであるが、それを失うことはそれが存在しないことであり、少なくとも或るものとして存在しえぬことと同意味である。それ故に無自性は空なりといわれた。空とはものがそこに無いことをではなく、それが有るものでもなく、無いものでもないことをあらわす。前者を理解することは容易であるが、後者の場合は如何に解せらるべきであるか。それはそれが無いことをではなく、それが何ものでもないことを意味する。何ものでもないが故に有らぬものであることを意味する。それが有るものでもなく、また無いものでもないことからしてそれが何ものでもないことを意味する。そしてそれが空の意味であった。空とはそこにそれが無いことをではなく、それが有でもなく、無でもないというまさにそのことを意味する。事物はそこに有るか無いかでなければならぬのに、それの孰れでもないと言う。そのようなものは果して何であるか。それの何であるかが答えられないでしかもそれの有ることは可能であろうか。ものが有るというのは何かとして有るということである。何ものでもないものは有るとすら言うことができないから、それは要するになきものである。しかしそれと同時にそのものについては無いということすら言うことができない。なぜならそれはそもそも無いのであるから。無きものはもちろん有らぬものであるが、それについて何かを言う以上は何ものでもないのではない。少なくともそれは無ではなかったのである。空とはそれ故に有でもなく無でもないという、まさにそのことを意味するのでなければならぬ。さりとてそのようなものがありうる筈はないから、それはものでなくしてことである。有でも無でもないということそれ自らである。その孰れでもないというそのことである。まさにそのことであってその外の何ものでもありえなかったのである。我々はここにテトラ・レンマの第三の立場をまさしく看取することができるであろう。しかし問題はそれにつきぬ、まさにその中にあることを見忘れてはならぬ。そのような両否の立場からして如何にして両是の見方に達しうるかが次に考えらるべき問題であるが、この重要にして究極的な問題に答えうるためには尚多くの準備を必要とするであろう。

二

大毘婆論(七十七巻)に於いては世友の説として、世俗と勝義は次の如く区別せられている。「能顕の名はこれ世俗、所顕の法は是れ勝義」と。衆賢はこれを承けて「無倒にして義を顕わすの名、是れ世俗諦なり。此の名所顕の義、是れ勝義諦である」(順正理論五八)。ここに能顕の名というのは補特伽羅・城・園林などであり、所顕の義とは蘊・処・界等々を意味している。して見ると世俗とは名の世界であり、勝義とは名によって顕わされた義又は法の世界である。この二つの区別に価値の優劣はなく、また互に否定的でもないのであるが、各〻世諦を異にし、支配する所の原理を別にしている。世俗の縁起は無自性であるが勝義の縁性は却って「依止」を自性としている。自性があれば縁起の成立しないのは世俗に於いてではあっても必ずしも勝義の世界に於いてではなかった。依止を土台とする縁起性こそは勝義の論理であるといわねばならない。それ故に衆賢は云う、「世俗とは箇別なき、総相所取の一合相の理であり、勝義諦は箇別ある別相所取の類、またはものをいう」。この区別は主観的な考え方による価値判断ではなく、存在そのものの存在の仕方に関する客観的規定であるであろう。世俗が無自性を土台とする限り一と他との区別の依所がなくなり、総相を合した空の漠々たるものに堕し、空もまた空とならざるを得ぬであろう。縁起の勝相は互に箇別ある具体的な世界の総合でなければならぬ。それは無自性によってではなく依止によって成立する勝義空でなければならぬ。龍樹もこの世界の光景を「他によって知られず寂静であり清戯論によって戯論されず、無分別にして多種の義のない真実の相である」と描いている(「中論」第十八第九偈)。衆賢にとってそれはただ無分別ではなく箇別有る別相所取の世界であり、この点に於いて阿毘達磨の立場は龍樹の思想と相反しているようであるが、世俗を覆障の世界として把握する限り勝義諦はこれを超越したものでなければならぬ。しかしこれを超越することは単に世俗を脱離することではなく、あくまでもこれと区別せられながら、しかもこれと即一なるものでなければならぬ。世俗の原理は縁起であり、縁起は即ち空であり、両者は一なるものであるが、これを縁起関係と見ることは世俗についてであり、空として把握することは勝義の世界に属する。縁起は直ちに空と同一視するわけにいかないのもそれらが各〻世諦を異にするからであろう。縁起が空に転回するには無自性を媒介としなければならなかった。世俗は無自性であるが故に縁起であり、又逆にそれが縁起であるが故に無自性となる。無自性を媒介とすることによって縁起が即ち空となりうるのである。そしてそのように縁起を空に転換するところに勝義が世俗を超脱する所以があるのであって、勝義空はこれより外に把握の道が失われているのである。

しかし勝義空と雖も世俗を脱離するものでない以上それは一つの縁起的なものでなければならぬ。空とは単に空寂たるものでなくして深く世俗に根ざしたものでなければならぬとすれば空の真なるものは何らかの縁起性をもたねばならない。しかしこの縁起性は世俗に於いてのように無自性を媒介とすることはできない。それを媒介して勝義空として成立せしめるものは「依止」でなければならぬ。しかも無自性は消極的であるが依止は積極的な憑拠を与える。一が他によってあるのは互にそれぞれの依止となっているからである。各〻の存在はたとえ無自性であっても何らの依止なくしては存在することができぬ。況やそれが他に縁ってあるからには他を依止とするものでなければならない。ものは互に依止となることによって縁起性を保つが、そのような関係にあることが即ち空であり、勝義的な空の世界であるに外ならなかった。

重ねて問う。縁起であるが故に無自性であるのか、無自性であるが故に縁起が成立するのであるのか。この二つのことが決して別問題でないことは明らかであるが、しかもそれらが一つであることは互に一方が他方の依止となることによって可能であることもそれに劣らず自明のことでなければならぬ。それ故に自性なきことよりも依止であることが一層根本的な事実であることもたしかである。自性が無であることが即ち空であるとすれば、無自性が依止として復活することが真の意味の空でなければならぬことも率直に認められてよい。空は単に無自性であってはならぬ。それが依止となることによって空が充実した意味に於いての空となりうるのである。唯識説に於いては識が空に代えられたが、識の三性は三無性でなければならなかった。識が即ち空でなければならなかったのである。世俗の世界は縁起的であることによって空となるが、勝義の世界は空そのものであり、空が勝義を支配するのでなく、この世諦そのものが空なのである。この世諦の把握はそれをそれ自ら空として、空に於いてするより外にはありえない。世俗の空は当然勝義空に超達しなければならない。この点に於いて勝義空は世俗空に立ち勝っている。月称の如きは世俗を以て方便(upāya)とし、勝義を以て究意目的(upeya)とした。「中論」第二十四第十偈にも云う、「世間の言説に依らずしては勝義は示されない。勝義を了解することなしには涅槃は証せられない」と。もとよりこのような考え方には多分に実践的、乃至は宗教的要素がふくまれている。勝義は文字通りに勝れたる世諦であり、修道者は世俗を超脱して勝義に入らねばならぬ。但し阿毘達磨に於いてはこのような二諦に関する価値的区別は稀薄のようである。世俗といえども存在の一つの仕方であり、ただ勝義とその様態を異にするのみであるにすぎない。この主張には相当の理由があり遽にこれを却けることはできないが、それにしても仏教は単なる認識論ではなくしてあくまでも宗教的実践であるべきことを思えば、月称等の主張はもとより至当であるといわねばならぬであろう。世俗の縁起は「自性」に依存しているが、勝義の縁起は「依止」に基づく。ここに浅深の径庭は没するに由なかろう。十八空は余りに煩瑣的であり、空は大別して世俗と勝義とに区分せられることに於いて十分であるのではないか。そして勝義空は世俗のそれよりも高く位し、深き意義を蔵すると見て差支えあるまい。少なくとも世俗の縁起は文字通りに縁によって起るものであるが、勝義の空は縁性そのものである。玄奘はこれを依他起性と訳したが、真諦は単に依他性と訳読した。ここに両者の唯識教学に対する理解の別があり、真諦によって縁起は依他性であっても必ずしも依他起性ではなかった。起性と解するときそれは主として世俗の縁起となり、真に大乗的なる縁起即ち空となることがむつかしかろう。世俗の縁起は無自性に依って起るものであるが、龍樹の喝破した「縁起なるもの、我是れを空と言う」という根本義は専ら「依止」の関係でなければならない。依止とは依存の原理的なものに属するからである。

自性のあるところ縁起は生じない。それが生起するためには存在は尽く無自性でなくてはならぬ。しかし存在が無自性ならば存在は存在しない。存在するということは自己同一性をもつことであり、即ち自性をもつことでなければならぬから。従って無自性は空となるざるを得ないが、自性なきものが如何にして他性に依ることができるか。何らかの意味に於いて自性がなくしては他性に対することもできず、従って依他の縁起も不可能とならざるを得ぬであろう。自に対する他、他に待する自は何らかの意味に於いてそれ自らの有性をもたねばならず、それを無にしては互に相待することさえも不可能であろうから。しかしそれはもとより自性であってはならぬ。なぜなら自性に充満するところ他性の入りこむ余地はない筈であるからである。それは自性でなくして依止でなければならぬ。少なくとも自性が依止として把握せられる限りに於いての自性でなければならない。そしてそのように自性が転釈せられる限りに於いてのみ世俗の空が絶対空となり、無が空に転移することが可能となるのである。世俗の空は無自性に依存するが、勝義空は依止に依存する。依止に依存するとは同語反覆であり、無意味だと批難されるかもしれないが、それこそ他に依存するのではなく、それ自らに依拠することであり、依存がそれに止るが故に真に依止となり得るのである。他に依存するならば要するに他在であって自在ではないであろう。存在は自らに依存することによってのみ他に対し他を待つことができる。他に対することは自らに於いてあることであり、そのことによってのみ他在は自在となりうる。自在は自性によってではなく自由によってそれ自らでありうる。自由とは他在に対することによってではなく、それ自らによって自らとしてあることでなければならぬ。他を待つよりも自らに待ち、自らに待つよりも自らに由ることでなければならぬ。自性であるよりは自在であり自由でなければならぬ。自由なしには存在はなく、ものが存在するとは即ちそれがそれ自らに由るということであった。存在は自性によってでなく自由によって初めて存在たることができるのである。

自性のなきところに存在は空となるであろう。しかしそれは未だ世俗の空であるにすぎない。自性が自由に転ずるところに真なる空が見出されるのである。しかも自由とは自らが自らを依止とすることであるに外ならなかった。無自性が即ち空なのではない。空とは自由であり凡てをその中にふくむことによってなお余りあるものである。それは自性でもなく他性でもないが故に他性に対しながら自性でもありうるものである。空とは虚無ではなく最も充実した空性でなければならない。現にそこに存在するものではなくあらゆる意味に於いて非ざるものであるが故に、凡ゆる場合凡ての時に於いてあるものでなければならない。

しかしこの論理は果して如何なるものであるか。それは第一に単なる否定ではなく、肯定を否定すると共に否定をも否定するところのものである。単なる肯定に対する否定でなく、肯否を共に否定するところのものである。即ちそれは第三のレンマであるに外ならなかった。空が即ち無であるならば存在に対する非存在となり単に存在しないものとなるが、しかし空はもとより虚無ではない。空とは存在でもないことはもちろん、非存在でもないところのものである。否定に泥着すればそれは決して空ではない。肯定でないことはもちろん、さりとて否定でもないところに空の門は開かれる。それはそもそも空という或るものではなく、無としてあるものでもない。凡ゆる意味に於いて無きものでありながらしかし無いということでさえなきものである。空は一つの依止である。依止は自性でもなく、また無自性でもない。自性のあるところに依他性はなく、自性のないところに止住もあり得ぬからである。他に対する依止であるならばそれ自らにあるものではなく他によってあるものであり、縁起がそのような依他性であるならば存在は世俗となってそれ以上に出ることができない。存在は専ら他に対する存在となって、それ自らの存在であることは勿論、存在そのものでさえもありえないこととなる。存在とはただ他に対してあるものではなく、仮令他に依ってあるにしてもそれ自らの存在なしには他に対することは不可能であるからである。その点からして空を単なる relativity として解せんとするスツェルバツキーの説も我々のとらざる所である。空は縁起であるが縁起は単なる関係性ではない。そもそも関係性ということには関係するものが前提せられねばならぬ。しかもこれを前提することは自性を立てることであって決して無自性であることができぬ。無自性でないものは空とはならぬ。空は即ち無自性であるという。しかし無自性が直ちに空であるのではない。無自性は自性なきものではあるが、恰もそのような無自性を自性とするものである。自性なきことも一つの性であろう。無自性とはまさに自性なきことを自性とするものである。無自性であるからして何の自性もないはずであるが、豈はからんや一つの自性をもっている。それは無自性ということそのことである。自性なきことがそのものの自性となっているということである。それが空であった、空の意味であるべきであった。空とは即ち無自性であるのではなく、無自性を自性とするところのものである。もしこの意味の自性をさえもたぬものであるならば、空は単なる空虚のものとなり、空寂でさえあり得ぬであろう。依止とはそれ自ら無であるがまさにその無を自性とするが故に依止となりうるのである。空とは唯慢然たる空虚ではない、依止によって限界づけられた具体的なものでなければならない。

空は非存在であるが、問題はこの非有が一般的にいって否定の如何なるものに属し、否定的なるものに於いて何の位置を占めるかということである。それは第三のレンマとして顕われるものであるが、それがレンマの一つの形態である以上、先ずその他のレンマと如何なる関係にあるかということが問われねばならぬ。第三のレンマは肯定でもなく否定でもないところの否定であり、啻に肯定を否定するのみでなく、同時に否定をも否定するものであることはしばしば説かれた。従ってそれは第一と第二とに先ず関係せねばならぬ。この二つのレンマを共に否定するところに絶対的否定が生ずるのであるから、第三のレンマは当然に第一と第二とのレンマを前提しなければならぬ。第二のレンマのように肯定に対する否定であるならばそれは相対的否定にすぎぬであろう。同時に否定をも否定し、否定を徹底することによってのみ絶対的否定が得られる。それが即ち第三のレンマであるとすれば、ここに初めて空諦を得る。それはたしかに有ではなくして無の世界であった。しかしこの無は有に対する無ではなく、無という一つの有体でもない。それは空であり、いわば無の無の世界である。有でないことは勿論、無でもないところのものである。それが無というものであれば既に一つの有であり、何らか無という或るものを認めないわけにはいかない。それは都無であるから或るものではなく、大凡そ有るということから遠いものでなければならぬ。しかしそれと同時にそれは無いものではなく、無ということからもかけ離れたものでなければならぬ。さらに世俗に於いてはものは有るか無いかの孰れかであってその外にはない、其の他の第三者又は中なるものは有り得ないという(それが排中律であった)。しかるに勝義の世界に於いてこの第三者がありうるのみならずまさにあり、現に有るものである。従って勝義の世諦に於いては排中律は法則として妥当しない。却ってこれを逆転したものが支配するのである。大乗仏教の立場は排中律の逆転を敢えてするものであることはしばしば述べられたが、このことは今に到ってやや明著なるものとなったであろう。世俗の論理は第一と第二とのレンマによって支配せられ、排中律の妥当する世界であったが、第三のレンマの立場に於いて排中律はその威力と功能とを失ってしまう。そこに於いて初めて中の立場が開顕せられ、やがてそれが勝義の空であることも証得せられよう。空とはこの意味の「中」であるに外ならなかった。

三

仏教はその哲学体系を否定の論理の上に基づけようとするものであるが、しかしその論理の意味は否定そのものにあるのではなく、否定を通して絶対の境地を開顕せんとするところにあるといわれる。しかし否定を通して絶対的立場に超脱することは如何にして可能であるか。これを可能にする否定の論理は果して如何なるものであるか、それが問題である。絶対的否定は単純な否定ではない、また唯なる全面的否定でもない。肯定を否定することは勿論否定をも否定することによってそれは絶対的となるのである。第一と第二のレンマが世俗の論理であるに対して、第三と第四のレンマは勝義の論理であり、殊に第三のレンマは謂わば世俗から勝義への転回をなしている点に於いて殊に重要である。これなくしては世俗から勝義への転換が不可能なのである。これを体解することなしには人間は永久に世俗にとどまり涅槃に悟入することはできないであろう。それは単に世俗を離れそれから脱出せしめるものでなく、それを超出してそれ自らなる絶対の世界に出要せしめるところのものである。

しかしかくいうことは単に世俗と勝義とを甄別して徒に二元の世界を建てようとするものではない。重ねて言えばそれは凡ゆるものの慢然たる否定でなくして、常に第一と第二のレンマとの関連の中にあることが忘れられてはならぬ。それは単なる否定ではなく、肯定の否定と否定の否定とを踏まえてその上に立つところの否定であった。その点からして絶対否定は相対的否定につらなるのみでなく、肯定にも根を張っていることを深く思わねばならない。このことはさらに次の点に於いて重要となろう――絶対否定は肯定の否定のみでなく、否定の否定でもあるからして、それは肯定でもあり否定でもありうる。即ち第四のレンマがここからして即出するということである。

第四のレンマは肯定でもあり否定でもあるものである。肯定にして同時に否定でもあり得るものである。世俗の論理に於いては肯定と否定とは同時に両立しない。もしそうならば矛盾したものとして峻拒せらるべきである。それは矛盾律の儼然たる支配に屈すべき世界である。然るに第四のレンマに於いてはそれは肯定であると共に否定でもある――厳密に言えば肯定でもあり否定でもあり得る世界である。ここに一つの問題がおこる――第四のレンマは肯定でも否定でもある世界であるのか、またはただありうる世諦であるのか。これは極めて重要な問題であって、もし後者ならばそれは有る世界ではなく単にありうる世諦となってしまう。これは容易ならざる問題であるが予め次のことだけは言明して差支えないであろう。第四のレンマは先ず世俗の論理でない。世俗ではこの二つのテーゼは議論の余地なく矛盾律にひっかかるが、第四のレンマは第三のそれを通過してその上に立てられたものであるから世俗の論理によっては律し難きものである。ものが肯定でもあり否定でもあるのは世俗の論理に於いては許され得ない矛盾であるが、何故にそれはそうなのであるか。それは肯定でもなく否定でもないからしてであり、肯否孰れでもないからして、肯定でもあり否定でもあるのである。肯否いずれかでありうるのである。肯定と定まればそれは否定ではない。否定ときまれば肯定でないことはもちろんである。肯否いずれでもないからして肯否いずれでもありうるのである。第三のレンマなしには第四は不可能であるのみでなく、無意味でさえあるであろう。色は空でなく、空は色でないからして色即是空でありうるのである。単にありうるのみでなく、またそうであるのである。空は色ではなく、また色でないものでもないからして空即是色となる。このテーゼは余りにも有名であるが故に却って人を迷わしめる。それは素より色と空との同一性を言ったものではない。その前に、又はその根底に、色は空でもなく、そして空でないのでもないというテーゼが横たわる。即とはそれをいうのである。即の論理は決して同一性の論理ではなかった。同一性の前に先ず差別がなければならなかった。単なる即でなくして即非の論理でなければならなかったのである。それは不同一の同一であり、同一の同一性であってはならぬ。第四のレンマは第三のそれの上に立ち、少なくとも一旦はそれを透過したものでなければならぬ。それは単に凡ゆるものの否定ではなく、また単なる即非の論理でもなく、これだけの複雑にして深長な意味をもった論理でなければならぬ。世俗を超出した勝義の論理というだけでは余りに幼稚であり即非を以て足れりとするには余りに複雑な論理であったのである。

もちろん色即是空の開悟は以上のような紆余の論理をたどることによって獲得せられるものではあるまい。端的にして直観的なる悟入によることは明らかであるが、しかしそれにも拘らず以上の如き分析と論証とを行うことは、それが単なる個人的体験に止まらずして広く人間の思想の体系に位置づけられ、殊に西洋思想に対して東洋的な思索の特色をなすものとして考えられるからである。個人の体験はいかに端的にして直接ではあっても、時として驚くべき誇負につきまとわれる。それは人間の思想の歴史の上に位置づけられることなしには畢竟して私的な経験にすぎぬと言わるべきであろう。

即非の論理は非の上に立って即の論理が成り立つべきことを言うのであるが、問題はむしろこの非が何を意味するかという点にある。非とは単なる否定でなく絶対的否定を意味すべきである。肯定に対する否定ではなく同時に否定についての否定でもあり、それ故に凡てについて凡てが否定せられるものである。しかしそれは全面的否定でなく絶対的否定であり、絶対的であるよりも絶待的否定でなければならぬ。肯定を否定することはもちろん否定であるが、否定を否定するとは何を意味するか。形式論理から言えば否定の否定は肯定となるからそれは一種の肯定であるとも言えるが、しかしそれは余りに形式的であり常識的であって論理的ということにも堪えない。たとえそれがそうであるとしても、それはさらに否定せられ、否定の否定性に於いて徹底せられねばならない。さなくばそれは絶対否定とはならぬ筈であるからである。

然らば否定の否定は果して何をもたらすのであるか。これに対する答は、この否定は単にそれだけでは意味をなさぬということ――さらにそれだけとしてはただ否定の繰返しにすぎぬ、それは必ず他のレンマとの密接な関連に於いてのみ意味をもつということである。それはただそれだけとして解せらるべきではなく、少なくとも直接には第二のレンマ(否定のレンマ)と関連し、間接的には第一のレンマともつながって初めて意味を全うするということである。

それは外形からみれば否定の重複にすぎないかもしれないが、内容的にいえば第二のレンマをひるがえして第一のレンマに結びつけんとするものである。というのは次のような意味に於いてである。第二のレンマは否定判断であって第一のレンマの肯定とは直接に相反する。二つの論理は同時に両立し得ない。矛盾律によって両者の同時成立は厳しく禁ぜられている。しかるにこれを敢えてせんとするものが第三のレンマであり、否定を否定することによって肯定に結びつかしめんとするのである。否定の否定は必ずしも肯定ではない。しかしそれによって否定は肯定と同時に成立しうるものとなる。なぜなら否定の否定は単なる否定ではなく、それを肯定にアプローチせしめ、そしてそれを絶望的否定から救出せしめるものであるからである。絶対否定は必ずしも全面的否定ではないが、人のそれに於いて直面するものは絶望より外にはなかった。しかしこの絶望を通して尚も何ものかを希望せしめるのが第三のレンマであり、どん底に突き当ることによってそれをひるがえし、全面的否定を絶対否定に転ずるものは第三のレンマを措いてほかにはありえなかった。それは肯定ではないが同時に否定でもないからして、肯定でもあり否定でもありうるのである。肯定でも否定でもなければそこに何ものがあるのであるか。全くの虚無より外に何もないのではないかと疑われる。それにも拘らずむしろそれ故に、そこには肯否を共に否定するところの何らかの一つの世界がひらかれる――それは肯定でもなく否定でもないが故に、肯定でもあり否定でもあるところのものである。それはまさに第四のレンマの世界であるに外ならなかった。そのような世界のひらけることは或は忽然としてであるかもしれない。いかなるロゴスといえども窺窬すべからざるものであるかもしれない。しかしそれは決して神秘でもなく秘義でもなかった。レンマの論理は単なる否定ではなく、少なくとも肯否の複雑なる関連に於いてあり、否定そのものが新しき肯定をよびおこす。それはまさに無一物中の無尽蔵である。それは絶対否定であるが故に空であるが、空であるが故に無尽に蔵するのである。立場なき立場であるが故に凡ゆるものをそれに於いてあらしめうる如く、それ自らは空であるからして凡ゆるものをそれに於いて存在せしめるのである。そこには何もないのではなく、無いという立場があるのである。無いということがそれ自らとして一つの立場となっているのである。単なる否定がではなく、否定の否定が支配するところに一つの肯定が見出されるというのは不合理であるか、秘義でもあるのか。それは孰れの場合にも否定として働くより外にありようはなかった。それにも拘らずそこに一つの肯定が芽ばえてくるのである。それは肯定ではなく、否定でもないからして、両面に亘って否定せられながらまさにその故に一つの世界を肯定する。しかしそれは世俗の有でなくしてまさに勝義の肯定でなければならなかった。

重ねて言う。第三のレンマは単なる否定ではなく、否定にして否定的なものであるからまさに絶対否定とよばるるにふさわしい。それはそれ自ら孰れの立場でもないからして、凡ゆるものをそれに於いて成立せしめることができるのである。月称はしばしば「われに宗なし」と言った。自の宗として主張すべき何ものもないからして他の批判をうくべきでないとも言いのがれた。立場なき立場こそは最も大なる立場であると言うべきであろう。立場なき立場であればこそ凡ゆるものを可能にするのである。有るものは勿論、無きものをもそれに於いて可能にするのである。空とはそこに何ものもなきことをではなく、凡ゆるものをそれに於いて存在せしめ、少なくとも存在せしめうべくあるのである。空はそれ自らに於いて無であるが、それに於いて凡ゆるものを可能にする限りに於いて、凡ての存在の根拠であり基盤であるといわねばならない。このことなしには空は何ものでもなく、文字通りに空々たるものとならざるを得ぬであろう。空はそれ自らに於いて非有であるが故に、自らとしてあるものでなく、他としてあるよりも他をしてそれに於いて有らしめるものとなる。空は空なるが故に万物を蔵して余りあり、千象を啓いてあくことを知らぬ。立場なき立場こそ凡ゆるものをそれに於いてあらしめる絶大の立場であったのである。

それは有でもなく無でもないが故に、有でもあり無でもあるところのものである。但しここにいう「故に」は決してロゴスの論理でなくまさにレンマ的論理に於いて解義せらるべきはもちろんである。それはergōではなくしてigiturであるべきであった。ロゴスの推理でなくして即物の体証である。それが外形上全面的否定でありながら全面的肯定であることもこの理由による。それが絶待的否定であるが故に絶対的肯定でありうるのもまさにその理由からしてであった。それを絶対的否定と呼ぶよりも絶待的立場と名づくるにふさわしいこともこの点にあった。絶対とは相対を絶するものであるが故にどこまでもロゴスの立場を離れ得ぬ。そこに支配的なるものは依然としてロゴス的論理であるより外にはなかったのである。

しかるに絶待的なるものは相待を出離している。相待は縁起の世界であるが絶待は空の世界である。縁起にしてあるものは世俗世間であるが空はこれを超越した勝義の諦に属する。空は絶対者でなくして絶待者でなければならない。絶対の絶対たる所以のものは相対を絶するところにあったが、絶待者の真面目は相待者の相待性を否定するところにある。しかし相待性を没することは縁起の世界を否定することであるが故に空とは縁起を没するところにあるのであるか。この問いに対する答えは、一方にまことにその通りであるということであるが、他方にそれはそうでないと答えねばならぬもののようである。なぜなら、空は一方に於いてたしかに縁起と同一でなく、むしろ世俗を否定したものであるが、他方に於いて縁起の縁起性が即ち空であるとも考えられるからである。空は勝義に属し、縁起は世俗世間のことであるとすれば、これらはたしかに諦を異にすべきであろう。しかし世俗の外に別に空というものがあるわけではない。もしそれがあるならば空でなくして有でなければならぬからである。空とは世俗の縁起性そのものであり、世間の相待性そのものでなければならぬ。世俗は縁起的であり相待的であるが、それがそうであるからして世俗世間は無常であり、はかなく仮りそめのものとなる。縁起の縁起性も相待者の相待性もまさにその故に仮りそめのものであり、空しきものでなければならない。それが即ち空であった。空はそれ故に縁起の外にあるものでもなく、相待を離れてありうるものでもない。相待の相待性が即ち空であり、そして相待の否定がとりも直さず空であるにほかならなかった。絶待者とは相待の相待性そのものである。相待性を離れて相待者がないが如く、世俗を無視して絶待者はいずこにも得られぬ。絶待者とはまさに相待者の相待性を意味するよりほかにはなかったのである。相待者は互に相依相待であるが故に自性なきものであるが、却って無自性を自性とするところに絶待者がある。自性なきことをそのままに自性とするところに相待者の相待性が成立つ。そしてそれは空であった。無自性空といわれるのもそれであった。空は無自性を自性とするが故に自性的な世俗をその中に、それによって存在せしめうる。相対を否定するものが却って相待を成立せしめる所以のものとなる。空はただ空でなくして常に相待の空であるべきこともこの理由からしてであろう。絶待者と相待者とはそれ故に一でもないが又異でもない、しかもその故に異でもあり一でもあるのである。これは第三と第四とのレンマであり、この関係の正当に言われうるのは専ら勝義の相としてであり、レンマの立場に於いてあるからしてであった。

絶対者には以上のような微妙な関係は認められえない。それは文字通りab-solusであり孤独にして別離である。それが相対と結びつくためには種々なるロゴスの弁証を要するであろう。それは何よりも相対を絶するものであったが、絶待と相待とはそのような別離に於いてなきのみか却って密実な関係に於いてあり、レンマ的につながっているのである。西欧の哲学者は絶対者を探求したが東洋の賢人は絶待者を追究した。その孰れが賢なるかは知らないが、少なくとも絶待者は絶対者でないことはいくら強調されても多きに過ぐることはないであろう。

第七　陳那の論理

一

この章に於いてはアリストテレスの論理学と陳那(Dignāga)の論理学とを比較商量して徐々に東西両洋の論理思想を対決せしめ、できうべくんば以て両者の異同と特色とを明確ならしめたいと思う。アリストテレスの論理学は長い中世を経てカントに到るまで殆ど西洋の学問を支配していたが、その発展の歴史は如何に見らるべきであるか。ルカシェヴィツの論ずるように、アリストテレスの論理もただ形式的に受けつがれたのではなく、例えばストア学派に於いて大なる転換をとげたと見るべきであるかもしれない。名辞論理学(Namenlogik)と命題論理学(Aussagenlogik)との明確な区別は論理の歴史を書き改めねばならぬほどの権威あるものであるかどうかは別問題としても、アリストテレスの形式論理がカントに到るまで一歩も進歩しなかった——それとともに退歩もしなかった——というのは過言であるであろう(J. Łukasiewicz, Aristotle's Syllogistic, etc.)。

それよりも大切な問題は形式論理学と一般の哲学的論理(例えば弁証法など)との関係如何ということである。既述の如く私はこの点に留意して、形式論の三法則を批判し又は逆転することによってカントの先験哲学やヘーゲルの弁証法が展開し来った、と見ることによってこの問題を解決しようと試みたが、その当否はとにかくそう見ることによって哲学の論理は形式論理学と結びつくのみでなく、思想の歴史に於いて正当な意味と位置とを占めうると確信するのである。

ところでインドの論理学に於いてはそういう関係が果して見出しうるだろうか。

インドの論理学史に於いて一時期を劃する文献としてはガウタマの Nyāya-sūtra(正理経)と仏教のディグナーガの Pramāṇasamuccaya(集量論)と、及びミティイラー学派の開祖、ガンゲーシャの Tattvacintāmaṇi(真理の如意宝)とが挙げられる。ガウタマは紀元二世紀頃の人、ガンゲーシャは十二世紀の出世であるからこの間に一千年の隔たりがある。ディグナーガは恰もその中間にあって大凡紀元後四〇〇年から四八〇年頃在世の人であり、しかも新因明は彼によって大成せられインドの形式論理はこの頃に到って殆ど完成せられたといってよい。その功績はアリストテレスの鴻業にも比せらるべきであろう。しかし問題は陳那の論理と中観又は唯識の偉大なる体系の論理とは如何なる関係を有するかである。陳那は唯識学派に属する人であったからその思想的立場は唯識の論理を基とすることは勿論であるが、龍樹はむしろ正理経の批判者であり、形式論理学に対する徹底した評破家であった。彼の論理は謂わば大乗の論理であって、形式論理などは取るに足らぬ煩瑣な弁論であるにすぎない。清弁はしばしば龍樹の論理が因明の則にのっとらぬことを非難したが、これに対する月称の烈しい反駁は瞠目に値するであろう。空の論理は片々たる形式論理をよせつけない、堂々として天馬空をゆくが如き趣がある。形式的な因明の論理と中観、唯識等の大乗的論理とは果して如何なる関係にあったか、またはあるべきであろうか。この両者が単に立場を異にし目的を別にするところから放置してよいというならばそれまでであるが、しかしそれにしても陳那は唯識学派の人であり、世親にも「論規」の著があった。陳那の形式論理(因明)と中観の大乗論理とは遂に相容れぬものであるか、或は共にインドの論理思想として同じ基盤に立つものであるか。この問題に対する答を先取していえば、両者の関係はロゴスの論理としてではなく、偏にレンマの立場に於いてのみ正しく答解しうるのではないかと思う。しかしそれを詳論するには先ず陳那の因明が何であるか、またそれがアリストテレスの形式論理とどのように異なる特色をもっているかを正確に把握しなければならない。

形式上から言えば、アリストテレスの推論式は大前提、小前提、結論の三要素から成り所謂 syllogism の形式をなすのに対し、陳那の因明に於いても「宗、因、喩」の三品をその要素としている点に於いて相似ているが、その意味と作用とは決して同様ではない。また三支の位置もまるで違っている。因明の第三要素「喩」は却ってアリストテレス論理の大前提にあたり、その結論は却ってインドの「宗」に該当する。

しかしこれらは形式上の事であって論理的には重大な意味をもっていない。問題は「因」(hetu) にある。このことはインドの論理学が「因」を明らかにすることを目的とするが故に因明 (hetu-vidyā) と名づけられたことによっても証して余りあるであろう。アリストテレスの論理も推論式 (syllogism) と呼ばれ、推理の論証が如何にしてなしとげ得られるか、単に伺察又は推察するだけでなくその結論が何によって証明せられうるかということを主要問題としているのである。問題は単に三段の形式にあるのではない、その因にあるのである。因は必ずしも原因ではない、論理的原因、即ち「理由」にあるのである。アリストテレスでは小前提がまさにこの因に当る。それは大前提と結論の中間にあってその故に両者を媒介するものである。しかしそれは如何にして又は何故に媒介の職能を発揮するのであるか。その答を先取していえば、それは「包摂」の論理的作用によるのである。小前提は大前提の中にふくまれ、そして結論をふくむ。この含み含まれる関係による推論が成就するが、しかし包摂とはそもそも如何なる論理的関係であるのか。それはまた因明の因とどのように異なっているか。両者が同一ならば問題はないが、若しそこに何らかのちがいがあるとすれば極めて重大なことがらである。むしろこの点に東西両洋の思想の特色の差といったものが見出されうるかもしれないのである。この問題に深入りする前に一通りインドの論理思想を概説しておかねばならぬであろう。

二

陳那の論理学は量 (pramāṇa) の研究から出発する。彼の主著は「集量論」(Pramāṇasamuccaya) であり、法称はこれ

の規定は『方便心論』や『正理経』に基づいて「量評釈論」(Pramāṇavārttika)、「量決択論」(Pramāṇaviniścaya)等を書いた。量とは何であるか。正理経の現量の規定によれば、㈠それは感官と対象との接触によって生じた直接知であり、㈡それは分別的な言葉によって説き示すことができない、㈢しかもその直接性の故にそれ自らには誤りがない、㈣従ってその知は決定的であり些の曖昧さをも許さないものであるという。㈠㈡の規定は量の成立を示すものであり、とり立てて論ずべきこともないが、そのような直接知が直接であるというただその理由によって誤りなく明晰でありうるかどうか。直接にして端的なるものは却って抽象的であり漠然たるものであり従って不決定であるとも言える。しかしそれはたとえ曖昧であり誤り多きものであってもとにかくそこにあり、現にそのようにある限りに於いて誤ってはいないとも言えるであろう。たとえ幻覚であっても錯覚であってもそれをそのように感覚することに於いて誤りはない。枯尾花を幽霊と錯覚しても臆病者が現にそう感じ怖れている限りその人にとって真実なのであろう。それ故に後世の正理学派は無分別現量と有分別現量とを区別してこの問題を免れようとした。直接にして純粋なるものは無分別であるが、論理の問題となるのは有分別であり、理性によって判断せられ意志によって決定せられたものでなければならぬ。

しかしインドの論理学はそういう発展の途をとらなかった。直接知は無分別であるが無分別とは必ずしも無法性ということではない。無分別者とは決して乱暴者という意味ではなく却って純粋であることを原意とする。論理の出発をなす量は無分別でなければならぬ。陳那はそれ故に「除分別」をそれに代えて用い、この二語の概念を明晰に区別した。現量は現に、直接に捉えられた量であるが、まさにその故に分別を除いたものまたは分別以前のものでなければならぬ。直接に与えられたものであっても決して分別によって構成せられたものであってはならぬ。分別によって判断せられるのはたとえ論理的知識ではあっても決して真なる知識ではありえない。知識はたとえ無分別でなくとも分別を除くことによってのみ直接となりうるのである。

現量の原語は pratyakṣa であるが、それは prati と akṣam との合併せられたものであり、akṣam の prati 的なるものである。ところで prati という前置語は如何に解せらるべきであるか。月称は「中論釈」(Prasannapadā 山口訳I、一〇六頁)に於いてそれは aparokṣa であり a＋paras＋akṣa に分解せられ、akṣa(感覚器官)を超えないものという意味であると解釈している。量は感覚器官によって直接にとらえられたものであり、且つ感覚の領域を超えないものである。色の世界は眼によって見られ、他の感官によってはとらえられない、視覚は専ら眼の感官に限られている。ところが陳那は pratyakṣa＝akṣam akṣam prati vartate と解し、現量はそれぞれの感覚器官に対応して(prati)転ずる(vartate)と解釈する。例えば色は眼によって、音の世界は耳によってのみ把えられるから感覚はそれぞれの感官によって転ずると解するのである。仏教の術語でいえば「現現別転」ということであり、既にシャンカラによっても称えられたものであった。「現現」はさらに「眼眼」であるという説もあるが、それは余りに穿ちすぎた解釈であろう。眼の働きも人によってそれぞれ異なるからというよりも眼と耳等の五官によって現々に異なることを意味すると見る方が穏当であるであろう。

pratyakṣa の語義分析に関する月称と陳那との論争は興味ある問題であるが、その孰れが正しいにせよ、要は現量が感覚器官をめぐって直接に与えられた領域にあると見る点に於いて両者は一致している。月称はその領域を越えないことを以て定義し、陳那もそれぞれの感官によってその感覚も異なるべきことを指摘して量の具体性を強調せんとするのである。月称は尚も陳那を批議して量は単に根(indriya)に依存するものでなく、根と境とによって生ずるものであるのに、陳那はただ根のみを説くのは少なくとも片手落ちではないかというが、陳那の主張にも相当の理由があって必ずしも月称の批難することが正しいとはいえないようである。

然らば陳那の量説の特色は何にあったか。正理経の註釈家ヴァーツヤーヤナも「それぞれの感覚器官がそれぞれの境に対応して働くというのが現量である」と言い、世親はさらに「対象より生ずる知が現量である」と言いきっているのに、陳那が特に感覚器官即ち根を量の依止としたのは何故であるか。陳那は恐らくこれらの定説を知りながら尚も根を重視したのであって、むしろこの点に正理説や世親の考えに対する批判があったと見るべきではないか。若し量の成立に境を中心とするならば prativiṣaya であって prati akṣa ではない筈であるのに、量の原語は依然として pratyakṣa であり、akṣa は常に indriya と同義語であるからして量はやはり根に依存するといわねばならない——それが陳那の第一の論拠であった。第二に陳那の用いた根という概念は必ずしも感覚器官に限られたものではなく、在来の常識的な定義を脱逸して遙かに広く且つ深いものであった。陳那は唯識教学に育てられ且つ終生その圏内にあった人である。彼の言う「根」は単に受動的な感覚、又は器官というような物質的なものではなく、却って「発識」といわれる能動的にして「功能」あるものである。自発的にして「勝能」あるものである。カントの認識論が模写説をくつがえしたように、陳那の根は境を征服するに余りあった。それはなかんずく外境の所造ではない、自ら自果をうむものである。その自果を生ずるや眼根によって眼識が生じ、乃至身根によって身識の生ずるが如くである。真諦はこの功能を「勝能」と訳し、玄奘は「非外所造故」と註した。感覚が感官と対境との接触によって生ずることは殆ど常識に属するが、識は単なる感覚ではない。識の成起は主観と客観との共働によることは勿論であるが、その孰れが主能となるのか。唯識教学では識を唯一とするものであるから重点はいうまでもなく発識に置かれている。境はただに外にあるのみでなく識に対しては殆ど塵に等しい。そして発識取境であって決してその逆ではあり得ぬところにこの教学の心髄が置かれている。根とはまさに発識でなければならなかった。

しかしだからと言って識が凡てであって凡ゆるものがこれから発生するというならば、それは悪しき意味の発出論であり、少なくとも平凡な唯心論となろう。識の成熟にはもちろんその発生に於いても識と境とは必ず両立しなければならなかった。ただ問題は両者の関係如何にあるかこれに対しては仏教的答解は既に定まっている。常套的であるとさえ言わるべきであるが、即ち根境二色、識と一にあらず異にあらずということである。根境共に識の現顕であり二者は不一不異であるが、識の生起は根源的に根による、少なくとも根に依るべきであるというのが陳那の主張であったといってよいであろう。

量の問題は感覚の領域であって識という如き高度の意識についてではないが、感覚もまた識の一部であり、殊に陳那の立場が全体として唯識説に彩られていることからしても、彼が境よりも根に重きを置いたことも無理からぬことであり、この点に於いて月称の批難は当らない、少なくとも陳那に対する無理解を表白したものといわねばならぬ。

月称が現量を「感覚の領域を超えない」ものとしたのは正しいが、pratyakṣa を直ちに aparokṣa に置換したことには多少の疑問があり、彼が境に対応することを重視したことは正しいが、境と根の関係について果して十分な顧慮を払ったかどうかはさらに大なる疑問の存するところである。識に境が対応すべきは勿論であるが、両者は互に如何なる関係に於いてあるか。これらをすっかり分別すれば対応は不可能となり、少なくともこれを説明するに至難となるであろう。根と境とが一となって分別すべからざる所に量としての直接性があるわけであるからである。しかし根と境とが全く一であるならば、対応ということも不可能であるのみでなく無意味であろう。それ故に識と境とは区別せられながらしかも無分別でなくてはならない——無分別でなくして没分別でなければならない。両者は根源に於いて一であっても識が境を知るという限りに於いて一となりうるのであり、またそれとともに両者が対応する以上分別せられてあらねばならぬ。しかし分別せられたものは所詮は二であり、どうして対応するかは不可知であるから、それらの関係は無分別(nirvikalpaka)でなくして除分別(kalpanāpodhi)でなければならない。無分別と除分別とを分別することがまた陳那の一つの仕事でもあった。本来は一であり無分別であるものを一旦は分別し、さらにこの分別を没することによって根と境との関係を正しくそして十分に把握せんとするのである。ここにも一異の関係が問題となり不一不異の答解がこの問題を解く鍵となるべきことは殆ど仏教の常識である。しかし陳那は量の規定に際してそのような形式的、乃至は常套的解釈に満足しなかった。陳那の立場は極めて経験的であり、唯識学派に於ける他の何人よりも経験を重んじたのみでなく、例えば西洋の経験論に比してもさらに徹底した経験論者であったとさえいえるかもしれない。このことは特に強調せられてよいであろう。インドの論理がレンマであってロゴスでなかったという我々の主張も、陳那に於いて最も有力な実証を見出すからである。量論に於いて根と境とは一にして異であり、分別せられながらこれを没しているという説明は一応正当のようであるが、余りに常套にすぎて我々を納得せしめるには十分ではない。この関係はなるほどそうでありそれにちがいないが、それは一応の説明であって現実の関係を如実に語るものではない。陳那の直観主義は決してそのような説明に終始し以て足れりとするものではなかった。

このことは陳那の後を継いだ法称とか法上の所説を見ても明らかであろう。法上は現量を定義して「眼に近接してそれに依存する」と言ったが、依存するとはただ論理的に相待するのみでなく、実際に「近接する」ことの必要を説いたものであり、それは正理学派以来伝統的な「接触」の概念を再び取り上げたものに外ならぬ。「数論経」にも、「現量とは〔根と境との〕結合によって生ずるものであり、その行相を描く知である」(Sāṃkhya-sūtra, I. 89)とある。結合とは根が境に接触し、少なくとも近接して生ずる関係でなければならぬ。この結合を表わす術語は正理、勝論派では sannikarṣa であり、数論では saṃbandha であり、ミーマーンサー学派では samprayoga でありそれぞれ別名であるが、その意味する所は略〻同様であって、接触的結合を意味する。それは根と境との対応であるのみでなく、接合であり触発でもあった。しかし問題はこの接合が如何なるものであり、如何にして行われるかという点にあって単に接触といっただけでは素朴たるを免れない、少なくとも不至であろう。眼耳の二根は色声の二境をとるとき必ず距離を隔てているが、その間には antara(中間)があって接触を可能にするのであるか、又は何らそのようなものを介在せしめずして直接に結合するのであるか。眼は自己より大きいものを見、耳は遙かに遠き音を聞くから具体的な接触は解明に易からざるものがある。「倶舎論」第二巻には「根境の至、不至に関する論」があって詳細を極めているから、就いて見るべきであろう。

世親の「論軌」には「かの対象によって生じた認識が現量である」というから世親にもこれに近い思想があったに

ちがいないが、ここにも対象とは何であるか、それが如何にして認識の依所となるか云云の問題が残されている。陳那は世親に対して「かの対象によって」というのはよろしくないと評破する。唯識説を立場とする陳那にとっては、意識とは別な対象の存在を認め得ないことは素よりであり、対象が意識に対応するといっても、外在的対象がではなくただその相(lakṣaṇa)があるにすぎない。従って対象の認識とは、対象の相を具して生じた表象を、まさにその相に随応して意識することより外にはなかった。しかし対象の相とは何であるか。現量に於いては対象のもつそれ自らの相、即ち自相(svalakṣaṇa)であるが、比量に於いては共相(sāmānya-lakṣaṇa)であるという。比量とは一つの現量と他の現量との関係知であり、現量が直接知であるに対して、間接なる認識であり推理作用に於いて重大な役割をなすものであるが、これについてはやがて明らかにせられるであろう。暫く問題を現量に限っていえば、我々の意識は例えば眼根によって色を見、耳根を通して音を聞く。我々の見るものは色の自相であり、我々の聞くものは音の自相でなければならぬ。もしそうでなければ我々の意識は誤って見、見ることに於いて正しさを失うであろう。色を見るのは色の自性を見ることでなければならぬ。しかし自性とは何であるか、それは対象の自性であるが、何によってそれがそのものの自性であると言いうるのであるか。我々がそれこそ対象の自性と思っても或はとんでもない間違いであるかもしれない。錯覚や幻覚がこのことを示している。人は何によってそれが対象の正覚であると断言しうるか。その根拠を求めて対象に走ることは徒事であり不可能事でさえある。自性を自性として確立するものは所詮自証を措いて外にはなかった。しかし自証とは何であるか、またそれは如何にして証成せられうるのであるか。

この問題は陳那の認識論に於いて最も根本的な課題であり、それがそうであるだけ理解に困難なのであるが、先ず次の如く考えれば大過なきもののようである。自性とは現量に於いては対象のもつそれ自らの相であるが、それは単に境としての現象ではなく、同時に自としての顕現でなければならぬ。なぜならもしそれが専ら境の領域に属するならばこれを自相として把握することができない筈だから。例えば物自体は識を触発はしても、それ自体が我々の識域の内に入りこむというのではない。我々の知るものはものの自体性ではなく自相であり、それが自相であるからには自の顕現でなければならない。認識とは要するに対象の自性を意識の自相とすることであり、少なくとも対象の自相に沿うて、又はそれに準じて意識の相を表定することでなければならない。ここに対象の顕現を識の表現とする識の統一がなければならぬ。それは識の識であり、識の自覚であり、即ち識の自証とも言わるべきものであった。自証とは境と識とを自に於いて統一するものである。ただに統一するのみでなく、この統一を自ら覚受するところのものである。意識の本質は単に外物を受納するのみでなく、さらにその事象を意識し、他を知るとともに自を知るところにある。境の自性を識の自相とする働きが即ち意識作用であるに外ならなかった。陳那にとっては境と識とは単に接触という如き外的関係ではなく、この接合を識自らに於いて自証するものでなければならなかった。意識はそれ自らを意識する。この自意識はさらに溯って無限に到ってやまぬであろう。しかしこの溯行は単なる逆行でもなく、また無意味なる反復でもない。まさにこの溯行の中に識の自相が証せられるのである。それ故にそれは自証分であり、さらには証自証分であった。

しかしそのような自証は如何にして実行せられ、さらには実証し得られるのであるか。陳那はその方法として除分別(kalpanāpodhi)を説く。そのような自証は分別を除外することによってのみ得られると考えていたようである。何故であるか。識と境とは二分であり分別せられたものであるが、それが接合するのは二分を離れて一分となることである。しかしそれが初めから一分であるならば無分別であって、認識は不可能であるよりも不必要であるといわねばならぬ。それが認識である以上はとにかく二分は分別せられてあるが、しかし分別せられる限り認識は不至となる。識と境とは無分別ではなく、分別せられながらこの分別を除くことによってありうるのである。それは無分別ではなく、没分別でもなくて、まさに除分別でなければならない。それは分別による判断でなく、直接な領受であり、又は納得でなければならぬ。一言にしていえば覚受であり、受にして同時に覚なるものでなければならぬ。自証とはまさにそれを意味し、そのような働きに名づけられたものであるに外ならなかった。

三

正理経によればニヤーヤとは量によって対象を探求する働きであるが、量は単に現見の量に止まらず、未見の、又は不可見のものにまで及び、広くそして豊かなる探究を行うものでなければならない。ここに量の概念は現量から比量に拡げられ、現見から比度に拡充せられることとなる。比量とは現量と聖言量とに依止して、これらの後に、それを補うものとして広きに亘って認識を可能ならしめるものである。現量が pramāṇa であるに対して比量は anumāna といわれるのであるが、このとき anu という接頭辞は普通に「後に」と訳され anumāna は paścānmāna と同義であり、主として現量の後に来る認識であるように解せられているが、しかし anu はギリシア語の ἀνά と同様にその源に溯ることを意味すべきではないかと思われる。それは全くの私解であり、語学的に許されぬことであるかもしれないが、少なくとも ana-logos がロゴスのアナ的なものであるに対して、anu-māna はマナス(manas)のアヌ的な性格を示していると見ることができないであろうか。そしてその意味はこうである。現量は現に直下に見られたものであるから直接であり明著な認識であるが、それだけまた極めて狭い範囲に限られている。我々の認識は過去を追い未来を望んで遙に広汎に亘るものであるから、現量を越えて比量に及ばねばならぬ。比量は現に我々の見ざる、又は我々の知らざるものについての知識であり、知識の探求はむしろそれをこそ固有の領域とすべきであろう。現見でさえも量と名づけられた。単に与えられたものではなくまさに量らるべきものである。況んや比量は比度を生命とすることに於いてまさに量の最も量的なものと言ってよい。しかも現量から比量に移るのは前者の後にこれを量るのではなく、量の根源にさかのぼって索源することである。アナロゴスが単なる類比ではなく、ロゴスの源を探ることであるように、アヌマナはマナス(思意)の源流を探ってその因(hetu)を明らかにすることであるとも考えられる。陳那によれば比量に二種あって、自比量と他比量とを区別すべきであるという。正理経の註釈者ウッディョータカラにも既にこの区別があったといわれるがこの点を明説したのは陳那であり、就中それについての新しい意味と作用とを解説したのも彼であった。自比量とは三相の因によって義を観察することであり、他比量とは自ら観察したものを教示することであるという。それを教示するのは専ら他のためであり、それ故にそれは説得であり論弁であるが、自比量は比量そのものの論理的構成を明らかにし、「因」によって論説の根拠を確立せんとするものである。他に対して説示するためには先ずそれだけの論理的構成をもたねばならぬから、自比量は他比量に比してより根源的であり重大でもあるといわるべきであろう。さて比量は如何にして確立せられうるのであるか。それは「宗」(pakṣa)、「因」(hetu)、「喩」(upamāna)の三要素によってであるというのが陳那の三支作法であるが、それが如何に在来の五支法から区別せられ、またそれによって彼がインドの論理学史上空前の優位を占めるようになったかは、余りに有名であり周知のことでもあるから茲には述べない。「宗」とは定立であり提言であるが、インドでは殊に所立(sādhya)といわれる。それは既に立てられたものであるよりは、やがて立てらるべく求められるものである。アリストテレスではそれは前提であり一般的命題であり、そこからして推理のすすめらるべき出発であったが、陳那に於いてはやがて求めらるべき結論であり、それが第一に置かれているのは推論としていささか異様に感ぜられるほどである。しかしアリストテレスでも大前提は一般的ではあるが未だ確定的でなく、前提であり、さらに仮定的なものでさえあることを思えば決して不都合でなく、また不合理でもない。却ってそれが既に証明せられた命題であるならば、推論とは不必要な余計な操作とならねばならぬであろう。「宗」は一つの問題である。既に解かれたる結論であるよりもまさに解かるべき課題であった。

インドの論理学に於いて特異なものは第三の「喩」である。それは西洋の論理にないものであり、また論理性から言って極めて薄弱なもののようであるが、インドに於いてはそれが論理の一要素としてとりあげられ、のみならず極めて重要なる役割を演じているのは何故なのであるか。それは次の理由によるのであろう。インドの論理学に於いてはは喩は単なる比喩又は実例ではなく、況んや仮りそめな「たとえ」(Beispiel は「戯れ」である)ではなく、却ってそれによって実験せられ実証せられるべき必須の条件として考えられた。喩には同喩と異喩とが区別せられるが、両者によって事物の異同がたしかめられ、それによって経験的に実証せられうるのである。その範例を示せば、「宗」声は無常なり、「因」所作性の故に、「喩」凡そ所作なるものは無常なり、例えば瓶の如し(同喩)、凡そ常住なるものは非所作なり、例えば虚空の如し(異喩)という如くである。瓶は作られたものであるが故にいつか壊れる、即ち無常である。声はやがて消え失せるから声もまた無常でなければならぬという。それは日常の経験によって確かめられる事実である。内容上から言ってそれはアリストテレスの大前提に当るものであり、比量に於いて最も重要なる前提となるものである。それは所作は無常なりという命題であるが、この命題の真理性は何によって保有せられるのであるか。所作と無常との結合は論理的に何の必然性ももってはいない。ただ経験に於いて実証せられる実事であるのみである。

喩はインドの論理学に於いて特異なものであるが、その所以をなすのはそれが単なる比喩または例喩ではなく、実は論理の出発をなすのみでなく、推論の理由をなすという点にあった。アリストテレスの大前提がまさにそれに当る。「宗」は却って結論の役目を果す。この点に於いてアリストテレスと陳那の方式は順序を逆にしていると見てよいであろう。これはどうしたわけであるか。先ずアリストテレスの大前提を吟味して見よう。例えば「人間は死すべきものである」という命題は何によって立言せられうるのであるか。父母も死し、隣人も死し、友人も死んでゆくからして凡ての人間は死すべきであるという命題が立てられるというならば、その理拠はむしろこのような個々の事実からの帰納にあるといわねばならぬであろう。それのみではない。もしこの大前提が保証せられるならば推論とは何という迂遠な、しかも無用でさえある思考の操作であることか。大前提がわかれば、私が死すべきことは必然であり当然でさえあって、事々しく結論する必要もないわけであろう。なぜなら私は人間の一人であるから、人間に必然なことはまた私にとっても必然でなければならぬ。何を好んで推論という煩しい手続きを要するのであろう。大前提は却って結論でなくてはならぬ。それを最初に置くには余りに多くの仮定に充ちみちている。それ故にそれは前提(presupposition)――殊に大前提(major)と名づけられる。それは文字通り前に置かれたものであり、仮に予定された(suppose)ものであるにしかすぎない(それが大前提と呼ばれるのは偉大の故にではなく、仮設多きが故ではないか)。それは断言せられるものでなく、仮言せられるべきものであった。ストア学派に於いて大前提が仮言命題としてのみ取扱われるようになったのも恐らくこの理由によるのであろう。「もし人間が死すべきものと仮定すれば」という前提に変換されたのはむしろ正しい。

かくしてアリストテレスの推論式は大前提から結論を導出する作用となり、彼自身も推論を定義して「或るものが定立せられ、それとは別な他の或るものが、それを通して必然に導出せられる操作である」と言っているが(*Ἔστι δὴ συλλογισμὸς λόγος ἐν ᾧ τεθέντων τινῶν ἕτερόν τι τῶν κειμένων ἐξ ἀνάγκης συμβαίνει διὰ τῶν κειμένων.* Topica A 100^a 25–26)、果して前提せられたものからそれとは異なった何らか他のものが続出することができるだろうか。そこに結論せられるものは前提とは全く別な何らかの新しいもので果してありうるだろうか。この導出は単なる続出ではなく、必然的(*ἐξ ἀνάγκης*)でなければならぬことは勿論であるが、それが必然的であればあるほど導出せられたものは新しい他のものではなく、既に大前提のうちにふくまれているもの(*κείμενος*)であるに外ならないのではないか。人間が可死的であることから私の死すべきことは必然に推論せられるが、私の死は別に新しい事実ではない。私の死は必然であっても、私は私の死を経験することができない。なぜなら私が死んでしまえばその死を経験することさえできない筈であろうから。友人も死し隣人も死しても、私が死なければ凡ての人が死すという命題は成立たない。しかるに私が死んでしまえば又何をか言わんやであろう。アリストテレスの推論式は必然性については強いが、新しい経験を導き出すには極めて弱い。却って大前提は個々の経験によって支えられ、それらなしに前提は単なる仮設とならざるを得ないのである。その理由は恐らく次の点にあるのであろう。アリストテレスの論理は概念の包摂に基づいている。私という概念は人間の概念の中にふくまれている。人間は全体であり私は部分であって、部分が全体の中に含まれることは論理の必然であるから、もし人間が可死的ならば私も当然に死すべきであることは自明であろう。それは概念の含み含まれる関係に凡ての基礎を置いたものである。しかし問題はまさにこの点にある。全体がそうであることから直ちに、部分もまたそうでなければならぬというのは少なくとも論理の越権であろう。部分の集合が必ずしも全体と同一ではないように、全体の性質が必然に部分の性質を決定するとは限らない。以上の理由から我々はアリストテレスの推論説に対しては多大な疑問を抱く。それは要するに一つの大なる仮定（大前提）からさらに一つの仮定（小前提）を通じて結論を導出する論理的操作であって、その間の必然性を証明することに於いて成功しているが、そこから果して前提とは異なった他の経験（認識）をもたらすものであるかどうかは疑わしいといわねばならぬ。

ルカシェヴィツは新しき「アリストテレスの推論法」に於いてそれ故に次の如く論ずる。アリストテレスの大前提は定言命題（categorical proposition）でなくして仮言命題（hypothetical proposition）でなければならぬ。前提とは文字通りに前に提言されたものであり、仮に言説せられたものにすぎぬ（premise＝presupposition）。断言的に確実なものではなく、仮に設定せられたものにすぎぬ。しかもそれが大前提として一般的に設定せられたものであるから、その中にある個別なものがそこから続出することは理の当然であり、結論はむしろ前件から後件の続出する consequentia であるにすぎない。アリストテレスは常にこの関係を ἄρα という語によって表わしているが、それは ergō（それ故に）でなくして igitur（即ち）の意味にとらるべきであろう。それは論理であるよりも自明の関係であり何ら証明を要せぬ事実でさえあるであろうと。

なるほどその通りであるが、ルカシェヴィツの指摘に於いて尊ばるべきはそれよりもむしろ次の点にあると思う。アリストテレスの論理は従来名辞の論理学として理解せられてきたが、それは彼から流れ出た形式論理のことであって、彼の本来の論理ではなかった。形式論理とアリストテレスの論理とは決して同一ではない。これを同一視することほどアリストテレスの論理思想を誤らしめることの甚しいものはない。彼の論理は名辞のではなくして命題の論理学でなければならぬ。このことは次の点に於いて明らかに看取せられうる――名辞の論理学に於いて推論の必然性をなすものは「包摂」の概念であり、包み包まれる関係である。私は人間の中にふくまれ、人間の一人であるから、もし人間が可死的であるならば私もいつかは死なねばならぬという。この必然性は私が人間の一人であり人間の概念の中に私が包含されているからしてであって、その他の何の理由によるのではない。それは全く概念の包摂関係であった。しかしアリストテレスの推論式は名辞(概念)の論理でなくして、命題の論理でなければならない。小前提が中間にあってそれによって大前提と結論とが結合されるものでなければならなかった。この場合単なる概念の包摂関係などということは何の役にも立たない。命題と命題との結合はこれとは別種の必然性によらねばならないからである。然らばこの関係を必然的ならしめるものは何であるか。それは「媒介」の思想である。大前提と結論とは小前提によって媒介せられ、拠って以て全体の推論が遂行せられうるのである。小前提は中間にあるが、それはただその理由から必要なのではなく、媒介作用をなすが故に不可欠のものとなるのである。Mitte(中)は vermitteln(媒介する)の作用をなすものでなければならない。さもなければ中間にあるということも何の役にも立たず、また何の意味をももってはいないのである。アリストテレスの論理は命題論理であって推論の必然性は「媒介」にあると見ることが、ルカシェヴィッツのまた一つの発見であると見てよいであろう。概念の「包摂」から命題の「媒介」に視点を移すことはたしかに卓抜な見解であると称せねばならぬであろう。

しかしアリストテレスに於いてこの媒介は如何ようになされたか。アリストテレスの「命題論」(De Interpretatione, chap. 4)に云う、「命題とは言説の意味ある部分である。その一部は独立な意味をもっているが、それは単に名辞であって命題ではない。命題とは多くの部分の集まりであるのみでなく、肯定または否定された文章でなければならぬ。

例えば human は一つの意味をもっているがそれだけでは命題をなさぬ。文章は必ずしも命題ではない。命題は真偽について言われた文章でなければならぬ」。「分析論前書」には次の如く云う、「「命題」とは或るものについて何ごとかを肯定的にか否定的にか言われたところのロゴスである」(*Πρότασις μὲν οὖν ἐστὶ λόγος καταφατικὸς ἢ ἀποφατικός τινὸς κατά τινος·* An. pr. 1. 24^{a}16)。命題論理に於いては名辞がではなく、命題が単位となるが故に、推論とは protasis と結論とを連結する媒介作用であるに外ならなかった。

しかし命題が媒介されるのは如何にしてであるか。名辞の連結は包摂によってであるが、命題の推移は何によって可能なのであるか。大前提が仮言的であるならば結論はその consequentia としてなだらかに続出するが、媒介とはそのような安易なものでなく、中間に第三者を容れて両者を仲介するものでなければならぬ。それは複雑にして曲折あるものでなければならない。

このことを明らかにするために所謂推論の三つの型をとって検討して見よう。

推論の第一型は次の如くである。例えばAがBによって賓辞づけられ、BがCによって賓辞づけられるならばAはCによって賓辞づけられる。BはAとCとの中間にあって両者を結びつけるものである。中間にあるというのはただその間にあるのみでなく、BはAに属し同時にCに属するが故にCはAに属するのである。この型式は Barbara と名づけられたが、凡ての推論型はつまりはこの型式に還元せられうるほど基本的なものであった。第二の型は、同一の事物が一つの事柄の凡てに属し、他の凡てに属しないならば一つの事柄は他の事柄と等しくない。例えばMがOに等しくMがNに等しくないならばOはNに等しくない。これは Cesare と名づけられる型であるが、ここではMが中間項となりOとNとの関係を規定するのである。第三の型は例えば凡てのSがPであり、凡てのSがRであるならば、或るRはPであるというように、Sが中間となりPとRとの部分的結合を推論するものである(Darapti)。

推論の型についての以上の三つの区別はマイエルの言うように、中間概念が他の二つの概念に対してもつところの概念的広さの関係からなされたものにちがいないが、単にそれのみではなく、中間命題の媒介作用が如何ようになされているかという区別によって分類されたものである。第一型では中間命題が他の二つの命題の間にあり、第二型に於いては中間が他の二概念の上にあり、第三型に於いてはその中にある。しかしそのような分位によって区別せられるのではなく、第一型では二つの命題が中間命題によって結びつけられるが、第二型に於いては中間に対して関係づけられ、第三型では二つの命題が中間の中に関係づけられてあるのである。それ故にこの三つの型の区別は中間命題が二つの命題を如何なる仕方によって関係づけるかによって区別せられるわけである。第三型では中間がその中にあるから殆ど媒介を要しない。第二型ではそれが外にあるから関係が微力となる。ひとり第一に於いてそれは外にあると共に中にあるからして媒介作用が最も有効となりうるのである。媒介とは異なるものの同一化であって、一方に属するとともに他方に属するという矛盾した性質をその中に蓄えている。媒介の必要のないものは第三型であり、媒介に困難なるものは第二型であるが、ひとり第一型に於いては媒介に容易でありながらしかも媒介を必要とするものであるから、凡ての推論はBarbaraに還元せられると考えられたのであろう。例えば血族の間柄では媒介の必要はなく、異邦人の間柄では媒介は困難であるが、同邦にしてしかも異性の間にこそ媒介は可能であり必要でさえあるのである。

推論の三つの型の区別はこの中間命題(小前提)の位置によって定められる。アリストテレスも「分析論前書」に於いて、「推論の型はメソンの位置によって我々は知る」(τῇ τοῦ μέσου θέσει γνωριοῦμεν τὸ σχῆμα. An. pr., 32. 47^{b}13)と言っている。第一型に於いては中項は大前提の主辞であり小前提の賓辞であるが、第二型では二つの前提の賓辞であり、第三型では二つの前提の主辞である。この三型の外に第四の型も考えられ、それは中項が大前提の賓辞、小前提の主辞という場合であるが、アリストテレスはこれを看過して、ただ三つの型を論ずるのみであった——厳密に言うとアリストテレスはこの第四の型を転換された推論(ἀντεστραμμένος συλλογισμός)と名づけて推論の一種とは認めつつもこれを一つの型とは認めなかったのである。蓋しそれはバルバラの変種であって別に新しい型とは考えられないと思われたためであろう。しかしそれは例えばEが凡てのBに属し、Bは凡てのAに属するならば、Aは或るEに属すという行論であり、ここでは中項(B)が大前提の賓辞となり小前提の主辞に属するから、明らかに一つの新しい型であり、これをBramantipと名づけて起用する人もある位である。

推論の型を三つに限ることはアリストテレスの説であるが、紀元二世紀頃ローマに住んでいたガレノス(Galēnos)に至って四つに増説されたという。しかしそのことは現存のガレノスの書中にも見当らず、僅に一八四四年にMynasによって出版された、ガレノスのIntroduction to Dialecticの序文に語られているだけであり、それが、どういう資料から得られたかも定かでない。プラントルによれば十一世紀の人Johannes Italusがそれらしいことを言っているが、それも果してガレノスの第四型としてとり上げるほどのものか否かは疑わしい。ショルツはHistory of logicの中にこの第四型をガレノスに帰することは間違いであることを明言している(山下正男訳「西洋論理学史」五六頁)。

三つの型は肯定の形式であるが、その外に否定の関係が考えられ、又全称的でなく、特称の場合も入れて三型がそれぞれ四つに細分せられ(それぞれに名称があるが、煩わしいから省く)、全部で十二の型があることとなるのであるが、我々にとって当面の問題はこれらの諸型に於いて中間命題が如何にして他の二つの命題を結合しうるかということであり、従って推論は何によって可能となるかという問題であってその他にはない。

推論とは大前提と結論とが小前提によって結びつけられることであり、或は小前提を通じて大前提から結論の続出する過程をいうのであるが、小前提は如何なる理由によってこのことを可能にするのであるか、何の権威によってこのことを成就しうるのであるか。この問題に答えてアリストテレスは云う、「三つのホロスが次のような仕方に於いて関係するとき——即ち最後の項が中項に属し、中項が全体として前項に属するとき、又は含まれないとき、そのときに推論は完成する」(An. pr. 4. 25^b 32)。また云う、「大辞とはその中に中項があるところの頂項であり、小辞とは中項を通じてあるものである。」(λέγω δὲ μεῖζον μὲν ἄκρον ἐν ᾧ τὸ μέσον ἐστίν, ἔλαττον δὲ τὸ ὑπὸ τὸ μέσον ὄν. An. pr. 4.

26^{a} 21)。例えば人間が動物であり、私が人間であるならば、私は動物でなければならぬ。このとき動物が大辞であり、私は小辞であり、人間が中辞である。人間が私を動物たらしめる中項である。中項が仲介項であるのは一方に属し同時に他方に属するという二重の関係を有することによってであった。そのように二重の関係を有するものが中項であり、この二重性なしには中項は二者の仲介たることができないのである。しかしこの属するとか属せられるとはどういう関係であるか。アリストテレスはこれを表わすのに主として ὑπάρχειν という語を用いている。この語は ὑπο-ἄρχειν の合成であり、それに属することを意味するが、単にそのものに所属し又は付帯するのではなく、それに隷属し、それの支配下にあることを意味する。偶然的にそのあたりにあるのではなく、必然的にそれに属することを意味する。それ故にそれは多くの場合 ἐξ ἀνάγκης ὑπάρχειν として用いられ、たとえ ὑπάρχειν だけでも既に ἐξ ἀνάγκης の意味をふくんでいた。人間が動物に属するのは偶然ではなく必然である。この必然性によってのみ中間命題は二つの命題の媒介となり得るのであって、それなしにはまたはそれ以外には不可能だったのである。ここに於いて恐らくは「包摂」と「媒介」とは必ずしも同一でないことが分明するであろう。前者は包み包まれる関係であって謂わば身内(みうち)のことである。部分が全体の中にふくまれるのは部分が全体の部分であるからである。そこには何らの抵抗もない。これに反して所属の関係はそれに隷属しながら必ずしもそれに没却していない。属国とは本国の支配に従属しながらいつでもそれに反抗せんとしている。もともと敵対的関係にあったものが力の差によってやむなく隷属するようになったものが属国であった。だから従属の関係は二つの異なったものが(時としては相争うものが)和解せられ、仲介せられることによって成立つ。見しらぬ男女が結びつくのも仲介者によってであろう。媒介ということには果して必然性があるか。ὑπάρχειν が ἐξ ἀνάγκης でありうるのは何によってであるか。小前提が大前提と結論とを媒介すると言っても、もしこの両命題が異質であるならば小前提は如何にしてこれらを媒介することができるのであるか。媒介と言ってもただとりとめもない二つのものを結びつけるのではなく、そこに何らかの理由があり条件が揃っていなければ結びつけようもないであろう。媒介によって必然があるのではなく、必然性によって媒介が可能となるのであって、決してその逆ではありえないであろう。この必然性はしかし何であり何処にありうるのか。

その問題をたどることによって恐らくは nota notae est nota rei という思想にたよりたくなるかもしれない。この語はアリストテレスの「範疇論」第三章一b一〇—一二にある、「一つのことが他のものについて述語せられたとき、その賓辞について述べられたものは同時にその事物について述語せられたものとなる」(*ὅταν ἕτερον καθ' ἑτέρου κατηγορῆται ὡς καθ' ὑποκειμένου, ὅσα κατὰ τοῦ κατηγορουμένου λέγεται, πάντα καὶ κατὰ τοῦ ὑποκειμένου ῥηθήσεται*)という思想に由来しそれを定則化したものである。例えば「人間的」という語は個々の人間について述べられ、また「動物的」ということも個々の人間について述語せられるから人間は動物であると結論せられる。人間と動物とはもともと別のものであるが(動物には人間でないものもあるから)、この二つが結合するのは、個々の具体的な人間に於いてでなければならぬ。個人が仲介者として人間と動物とが連結されるわけであるから、この連結の必然性は個人としての人間の存在にあるといわねばならない。大凡媒介の根拠は実際に存在する事物の中にある。この花は赤いというのはそこに赤い花が咲いているからであろう。それと同じように事物について言われる凡てのことは事物そのものの存在性にあって、推論の根拠もそれを措いて外にはないというのがこの定則の意味するところであった。それ故に nota notae est nota rei ということは推論の原理であるとも考えられるが、しかしショルツも指摘しているように、この原理はアリストテレス的学校論理学の最も無知蒙昧な章の一つである。なぜならもしこの原理が妥当するならば、例えば人間は二足獣である、人間は動物である、という二つの述語から動物は二足獣であると結論することと同様な誤謬に陥るであろう。動物はむしろ四足であることが多いではないか。ショルツはそれ故に「アリストテレスはこれらの原理のいずれに対しても責任を負ってはいない。このような怪しげなしろものはアリストテレスの著作の中にはその痕跡さえ見出せない」と極言している。(H. Scholz, Geschichte der Logik. 山下正男訳四八頁)

アリストテレスの推論法は小前提を仲介として大前提と結論とを媒介するものであるが、その媒介の根拠が果して何にあるかということについて遂に打ち破り難き障壁にぶっつかる。推論とは「何ものかが前提されるとき、その前提とは別なる何ものかを、その前提によって(前提を通して)必然的に生ぜしめるような言説(ロゴス)である」と定義せられているが(「トピカ」第一巻第一章一〇〇a二五、「分析論前書」第一巻第一章二四b二〇)、その必然性が果して何によって得られるかという問題について忽ち破綻してしまう。ショルツもこの有名な定義からは推論の何たるかを読みとることができないと嘆じている。その三段の論法は単なる概念の関係でなく、それぞれに三つの命題であるべきであるが、それらが集まって一つのロゴスをなす(それがsun+logos=syllogismであった)のは何に拠って可能なのであるか。それは恐らく「包摂」の関係であるであろうが、包摂とは正当には概念の関係であって命題のそれではあり得ぬであろう。ルカシェヴィツの如くアリストテレスの推論法を命題論理として見ることは恐らくは正しいであろうが、もしそうならば命題間の包摂関係が如何にして成立しうるかを問わねばならない。この問題を解くために大前提を定言的としてではなく、仮言的命題として見ることも一つの方法であろうが、もしそうとするならば推論とは要するに仮定から仮定へと推移するロゴスの操作となり、それ以外のまたはそれ以上の何ものでもあり得ぬであろう。私がいつか死なねばならぬという結論は、man is mortalという大前提の必然的結果としてあって、別に新しい何ものかを加えたものではない。むしろこの大前提が如何にして得られるかということが第一の問題でなければならぬ。何故に人間は死すべきであるか、それが家人も死し、隣人も死んだという個々の事実から帰納せられた命題であるとすれば、この命題の完全なる真理性は私自身が死んだ後に於いて初めて確立せられ得る真理でなければならぬ。それは単なる仮定であってはならぬ。単なる仮言からは仮りそめなる戯論しか言い得まい。私が死すというのはもっと切実にして厳粛なる事実でなければならない。我々の切望するのはman is mortalという大前提の真実性であり、それさえ分れば私の死は必然であり必至であって何を好んで煩わしきロゴスを弄する必要があろうか。

四

これに対してインドの論理は果してどうであろう。三支作法によれば、宗、因、喩がその要素をなすことは勿論であるが、これらを結合して一つの推論たらしめるものは何であるか。それは因の概念であると答えることは容易であるが、しかし因とは何を意味し何の働きをなすものであるか。先ずそれは現に存在して喩から宗を成立せしめるものである。アリストテレスの小前提が論式の中なるものとして前提から結論を導出する媒介をなすように、因は現実の事実として喩の一般性を宗の具体性に導くところのものである。例えば「あの山は火を有すべし(宗)」という論結をうるためには、「あの山に煙が立つが故に」という現存の事実が因となる。しかし何故にこの小前提が因となりうるのであるか。それは偏えに「煙のあるところに火がある、竈の如し」という第三の喩に依存しているのである。この喩は五支作法に於いてのように比喩または、喩依であるのではなく、まさに喩体として一般的な真理をあらわす。単なる説明の手段でなく、それ自ら一つの立論であり、宗を成立せしむべき論拠となるものである。煙と火とは必然的関係にある、煙の立つところに火があり、火のあるところに煙が立つ。火のないところに火はない。それは現実の事実として日常的であり或種の必然性をもつ。それ故に今かの山に煙があれば必ず火がなければならぬと推論せられるのである。俗俚にも噂さのあるところに何かがある、恰も煙の立つところに火があるようになどと言う。

してみると因とは喩を土台として現実の煙と宗なる火とを結合せしめるところのものであるとも言えよう。喩に於いて火と煙との随伴関係を知っているが、これを土台として現見の煙と未見の火との必然的随伴を証せんとするのである。煙とか火とかが法(dharma)であり、山は有法(dharmin)であるが、論理の仕事は一つの有法に於いて種々なる法が必然的に結合することの証明である。何故に煙の立ちのぼるという法が、山に火があるという法を必然的に随伴するのであるか。その理由は第一に煙と火とが共に有法(山)の法であり、のみならず同品の法であり、互に同類であるのみでなく、法と有法とが同種同類であって容易に結合しうるからしてである。このことを因明では同品(sapakṣa)という。有法と法とが結合するにはこの同品性を第一の条件とするが故に因とはこの同品性が山と煙と火との間に定んで有ることを認定することに外ならなかった。漢訳の「同品定有性」とはこのことを意味する。これに反して有法と法、法と法とが矛盾し互に相容れないならば結合の不可能なることは勿論であって、例えば火と水との間柄の如くである。それは異品(vipakṣa)と言われ、そして異品には因がない。遍く有りえぬということを「異品遍無性」とよぶ。このような場合には因を欠く。従って比量が不成となることも明らかであろう。さて同品と異品は主として法と法との同異であるが、これらは凡て有法(山)の属性でなければならない。火も煙も、山の又は山についての法である。従ってこれらは結局法と有法との関係であることを先ず条件としなければならない。単に煙と火との関係についてではなく、山上の煙と山の有する火について論議せられているのである。だからここには先ず第一に有法と法との同品がなくてはならない。このことを「遍是宗法性」という。

因の三相とは、㈠遍是宗法性(pakṣa dharmatā)、㈡同品定有性(sapakṣa sattva)、㈢異品遍無性(vipakṣa asattva)という三つのことであった。砕いて言えば陳那のいう因の三相とは、㈠宗の有法に於いてあるものであり、㈡宗の法と種類を同じくするものに有り、㈢宗の法と矛盾するものでないということである。因はこのような三相に於いて働くものであるが、要するにそれは喩に於いて得られた経験的事実を論理的に確証せんとするものであるに外ならなかったのである。

ニヤーヤ学派に於いても因の三相が説かれている。㈠朋中の法、㈡相対朋無、㈢復自朋成が即ちそれである。朋(pakṣa)とは鳥の両翼の如く双翼が相待って飛行を可能にするように、二つの法が相依って有法を働きあるものとするのである。煙と火とは山についての法であるからして、山に煙があれば山は火を有すと比量せられる。それは遍是宗法性を意味するものであろう。火と水とは矛盾するものであるからこれらは相共に朋をなさぬ。火は煙と朋となることによってのみ比量が成立しうるのである。復た自に帰ることによって朋が成り、それが成立つことによって比度が行われうるのである。ニヤーヤの第三は陳那の同品に相当し、第二が陳那の第三に相応して、その順序は異なっているがその意味するところは略〻同様であると見てよい。因はこの三相を有するが、論理に於ける相とは単にその現われ方を意味するのではなく、むしろその向、又は面、又は辺を意味するという。何よりもそれは因が或は法と法とに向い、或は法と有法とに面して働くところの種々なる関係を意味する。

陳那に於いてはこの三相が因の具備すべき必要にして十分なる条件(upadhi)と考えられたのであるが、問題はそれに尽きない。私見によればさらにそこには見逃された一つの重要な問題があると思う。因は三相を具えることによって一応は比量を完成するかのように見えたが、そこに尚一つの問題が残されている——それはこうである。因はかくの如きものでありつつ、如何にして比量を正当に果遂しうるのであるか。換言すればこの場合の因は果してどのような因であり、また如何にしてその働きをなしとげることができるのであるか。

先ずこの場合の因が如何なるものであるかということを第一の問題としたいのであるが、因は原因の因でもあり、よ̇っ̇てと読んで、依って以て或ることを成就する機縁とも解せられる。原因の因も依って来るべき因であるから、広義の因は縁って以て有るべきことを表わすに近いであろう。殊に論理の世界は生成の問題をではなく、理由の根拠をたずねるものであるから、因とは依って以て或るものの成立すべき ratio を意味すべきであろう。causa の因は龍樹によって完膚なきまでに破砕せられた。大乗仏教の因は殆ど縁起の因でなければならない。陳那の因(hetu)はもとより因果の因でなくして縁起の因でなければならなかった。ここに於いて我々は hetu と明別せられた liṅga の思想に逢着することとなるのである。陳那の論理に於いてはリンガという語がしばしば用いられているが、それはヘーツと区別せられて何を意味するのであるか。或はこの二語は別に区別せられることなく、併用または混用せられてよいのであるか。しかしこの二語は明別すべきであるのみでなく、インドの論理はたとえ hetu であってもその真意は liṅga でなければならぬとさえ考えられる。これは一見僻論のようであるが、むしろそう考えることによってのみインドの論理の特色を把握しうる所以のものであると私は言いたいのである。

liṅga と hetu との区別については前者は為自比量に於いて、後者は為他比量に於いて使用せられるという点に置く人がある(武邑尚邦「仏教論理の研究」二二九頁)。文献的に果してそうであるか否かは精査すべき問題であるが、仮令そうであるとしてもこの区別は単にそのような形式的使用別にあるのではなく、もっと根本的な意味をもっている筈である。リンガが為自比量に於いて認識の確実性を与える理由はどこにあるのか。それが第一の問題でなければならない。

さて然らばリンガとは因としてどういうものであるのか。それは因果の因でないことは明らかであるが、また単なる論理的理由でもない。それはまさに縁起の因って来るべきところのものでなければならない。liṅga という語はもともと「目じるし」「ものの印し」を意味し、徴標とか象徴とか訳せられる。それに依ってそのものを認識すべき徴相の意味に用いられた。例えば男性の男性たる所以は肉体的には男根によって確認せられる。そのシンボルが即ちリンガであるに外ならなかった(リンガの崇拝もまたその故に起ったのであろう)。それは或るものを産出する原因でもなく、そのものの論理的理由でもない。一つのものが縁って起り、依って有るところのめじるしであり、乃至は依止である。それによって起るものは即ち縁起であるからして、それはまさに縁起の因であるといわれる。リンガを因とすることによってインドの論理は縁起論となり、少なくともそれを原理とするところの論理となる。それを外にして陳那の論理も正しくは理解せられえぬといってもよいほどである。例えば火のある所に必ず煙があるということは竈の経験から由来するのであるが、それ故に火が煙の原因であるとはいえない。火があっても必ずしも煙が立つとは限らないであろう(例えば電気の如く)。

この点については既に正理学派のウッディョータカラ(Uddyotakara 六世紀の人)が峻烈に批判している。彼は不可分の関係とは何であるかを問い、それは、一、因果関係であるか、二、同一物における和合であるか、三、単純な一物と他物との関係であるかであるが、そのいずれも成立しないという。第一の因果関係は不可能である。なぜなら煙は火の中に存在しないし火は煙の中に存在しないで、夫々のものは自己自身の原因に存在するからである。第二の場合火と煙とは同一物の構成因としてあるのではない。というのは異種類の二つのものが一つの実体を構成することはないからである。第三の、火と煙とにとにかく或る関係があるということも不可能である。なぜなら火のない煙も見られるのであるから。一つの実体に於ける二つの属性の如き共存性があるならば別であるが、火と煙との間にはそのような共存性はない。火のない煙、煙のない火も経験せられるのであって、この二つの関係は一定性を持たないという。

それのみではない。これは何人も注意しない点であるが、煙と火との関係は次の如くにも解釈し得る。煙は時としてのろしとして敵の来襲を指示することもある。この場合には煙の意味が一変するのみでなく、因の思想についても重大な変革をもたらす。煙は必ずしも火の因でなく、敵の来襲を示す合図であるにすぎない。煙は必ずしも火の存在を推知する根拠でなく、のろしとして一つの暗号であるにすぎない。玆に於いて煙と火との結合は必然性を失う。煙はただ火に随伴する現象にすぎなくなる。しかもこの随伴は時に偶然的であり、一般性を欠く。それは事実であっても一般的にそうあるとはいえない。況やこれをのろしとして見るときは一つの暗号であり約束事であるにすぎない。敵の来襲は他の方法によっても知られるが、これを煙によって通知することは全くの約束事であり人為的な関係にすぎない。煙は火の原因でなく、その「目印し」であるに外ならなかった。リンガとは恰もその意味の信号、乃至は記号を意味するのである。ここに於いて我々はインドの論理学の特色をはっきり看取することができる。宗と因と喩との関係は凡てが縁起によって支持せられている。火と煙とは喩に於いて経験せられ、因によって結合せられて、宗として結論せられるのであるが、これらの凡てを通じて支配するものは縁起の原理であって、決して因果の関係ではなかった。アリストテレスの推論説に於いてのように小前提は大前提の中に含まれ、結論をふくむという包摂の論理でなく、一が他を縁として、他が一を機として成立するところの縁起の関係がインドの論理に於いては支配的であったと見なければならない。西欧の自然科学は因果の関係を明らかにする学問であったが、東洋の思想は論理の世界に於いてさえ縁起を主とするものであることに甚大な注意が払われねばならぬ。少なくともそうでなければ陳那の論理とアリストテレス的論理との根本的区別が明らかとならぬであろう。リンガが主として為自比量の問題として取扱われているのもここにその理由をもっている。為他比量は論証の問題であり、他人に対する説得を主とするものであるが、為自比量は命題そのものの論理的成立を主題とするものであるから、リンガは恰もこの役目を果すものとして重要となる。しかもそのような任務を有するリンガでさえも以上の如く縁起的であるとするならば、インド思想の一般的立場が大凡そ縁起的であるべきことがこの点からしても明説せられうるのである。

縁起の何たるかは既に述べられたことであるが、この立場からして論理の必然性は如何にして保証せられうるか、就中陳那の論理に於いて因はどのような意味をもち、何の働きをなすかは重要なる問題であろう。アリストテレスに於いて大前提から結論が導出せられるのは専ら「包摂」の関係にあることは周知の如くであるが、包摂とはそもそも何を意味するのであるか。小前提は大前提の中に包まれ、結論は小前提の中に摂せられることによって結論が得られる。小前提はその中間にあって包み包まれる作用を——即ち媒介作用をなすのである。そしてこの媒介作用は必ず然るべきものであるが、問題はその必然性が果して如何なるものであるかという点にある。それは言うまでもなく論理的必然性であるが、アリストテレスではそれが殆ど概念の必然性に堕していることが特に注意せられねばならない。包摂とは包み包まれる関係であるがそれは要するに全体と部分との関係であり、しかもそれは概念の広狭によって規定せられている。例えば「人間は死すべきである」という大前提に、「私は人間である」という小前提がふくまれるというが、それは個人としての我が一般の人間の一部であるからに外ならない。人間一般は広き概念であり、私という人間はその一部にすぎないからして私は人間の中に包まれるという。それは論理の必然性と言われるものの、実は概念の包摂関係にすぎなかった。より狭き概念がより広き概念の中にふくまれるというのは果して論理的必然性の名実に値するのであるか。人間の可死から私の死を予想することはわかるが、人間の概念から私の死の必然性を引出すことは論理の飛躍に非ずして何であろう。私はたしかに人間の一部であるが、死は人間の唯一の性格ではない。もしそのように言えるなら人間は賢いという前提から必然に私は賢いという結論が出てくる筈であろう。前にも言ったように、アリストテレスの推論式ほど堂々として迂遠なものはない。問題は大前提にある、それさえ確立せられるならば結論は自明的にでてくるのである。人間が可死的であるならば私も可死的であることは殆ど自明的であって、別に小前提の媒介を待って事々しく論証するまでもないことである。むしろ大前提が如何にして定立せられるかが問題なのである。ストア学派のようにそれを尽く仮言命題に引き直すならば大前提ほど仮設的なものはないわけであろう。仮設的なるものから如何にして論理の必然性が確保せられうるのであるか。

大前提は仮言的でなくて、定言的命題でなければならぬ。しかしその定言性は何によって得られるのであるか。それが確定的であるならば結論は自ら得られるのであって、別に煩わしい操作を必要としないであろう。それは必然的であっても殆ど自明に近いことであった。何を好んで包摂し媒介する必要があるのか。縁起の関係はこのような必然性を要求しない。むしろかかる論理的必然性なしにも成立しうるのが縁起関係であったのである。我々が互に出会うのは必然的でなく、況や論理の必然によってではなく、むしろ偶然であることが多い。恋愛とか夫婦の関係も多くの場合偶然的な邂逅に始まるのが世の常であろう。親子の間柄は血のつながりによって自然必然的であるが、夫婦はもともと他人であり互に見知らぬ人々であった。しかしそこにも一種の固き結びつきがあり、時として夫婦の契りは親子の関係をも凌駕することすらあろう。それはもちろん論理的必然性でないが故に時に不可思議ともいわれるのであるが、それ故にそれは薄弱なのではない。それには血のつながりはないがたとえ人為的であっても強き二世の契りがある、少なくともあるべきであろう。その必然性は論理的でなくとも情理的である。袖振り合うも多生の縁といわれるようにこの関係は素朴的でありながら極めて広く、仮りそめながらも親密を極めている。そこに何の然るべきものもないと誰が言い得よう。必至にして論理的なるもののみが唯一の必然性であるというのは何人であるか。

因明の因はhetuであるよりもむしろlingaでなければならなかった。たとえhetuという語が用いられている場合でもその意味はリンガであるべきであるというのは過言であろうか。リンガはそれを原因としてあるのでもなく、それを論拠としてあるのでもなく、文字通りにそれに因りてあるものでなければならない。因りては依りてであり待ってであり、それを縁として又は機としてあることである。待つとはその機会を待望することである。此あるによりて彼あり、彼あることに縁りて此あり、此なしには彼なし、彼なくして此なしということであって、種々なる関係中の最も広汎な、また情念的なものであるといわねばならない。因果の関係もむしろそれにつづき、又はそれに補われている。もし因果関係をこのように把握すればヒュームの懐疑論もその意味を失うであろう。徹底した経験論の立場からいえば我々はただ原因の現象と結果の現象とをそれぞれ経験しうるのみであって、原因から結果に到る関係を経験することができない。況やこの作用の必然性を経験し得ないが故に、因果関係は成立し能わぬという。その点はまことにヒュームの論ずる通りであるが、しかしこれを経験しえないが故に必然性はないというのは誤りであり、彼の懐疑論がそのような独断に基づくことを鋭く指摘したのは外ならぬカントであった。因果律は経験から実証せられるものでなく、却ってそれに先立つ。それがアプリオリにあって経験が成立つとカントは考えた。我々は別の方面からヒュームに対して次の如く言いたい――因果の必然性は単にヒュームの考えただけの自然的又は論理的必然性に限られていない。その外に多くの必然性があり就中縁起の必然性がある。それは論理的ではないが依然として一種の必然性たるを失わない。むしろより広汎にして深大な必然性である。たとえ論理性を欠いてもそれ故に必然性がないとはいえない。ヒュームもそこに気づいたならば敢えて懐疑論に陥る必要はなかっただろう。それは縁起の必然性であり、たとえ偶然的なものの間にも尚且つ成立しうる関係であった。ヒュームは因果関係を疑うことに終始したが、それを徹底的に批判することによって因果を縁起に転換した人は龍樹であるといえよう。そして縁起を見ることによって法を見、法をそのように見ることによって空を見得たものが大乗仏教であったのである。我々はここに東西洋の思想の優劣を論ずるよりもそれぞれの立場の根本的特色を何よりも十分に且つ明確に看取しなければならぬのである。

仏教の因果性は縁起性に従属する。煙によって火を推量するのは煙を原因として火を結果とするのではない、煙を縁として火を比量するのである。煙と火との必然的随伴性は決して論理のそれではなく、専ら竈に於ける経験的事実に依る。ヒュームに言わすればそれはただ習慣の然らしむる所にすぎぬかもしれないが、そこに求められているのは因果の関係でなく専ら機縁の関係なのである。火から如何にして煙が生ずるかは不可解であるが、火のあるところ煙があることだけは確実である。因果の関係をそのように把握すれば何の差支えもなく、いずこにも見出されうる事実であろう。何故に、また如何にして原因から結果が生ずるかは我々の知らぬことであり、また知り得ぬところであろう。恰も何故に花が開くかどうしてそれが赤くあって紫でないのかは不可知であるのと同様であろう。我々はただ火のある所に煙の伴うことを知れば足る。仮令それについて因果の説明をなし得ぬにしても、一が他の生起を縁じ、他が一を縁として生ずることを知りうれば東洋人にとってはそれだけで十分であった。少なくともそれによって何も恥じる必要はなかったのである。現代西欧の自然科学者の中にも例えばハイゼンベルグのように、因果の絶対的必然性を認めないで、高々この関係の蓋然性(probability)を主張しようとする人の尠くないことを思えば、縁起の必然性は声高く語られ力づよく主張せられて何の差支えもないであろう。

第八　否定の思想

一

カントは「純粋理性批判」の第一巻「概念の分析論」附録に於いて、「無」の多義性について四つの概念を区別している。一は ens rationis であり、それは対象なき空虚な概念であり、例えば「可想体」である。それは想定しうるものであるが、それに対する対象が与えられていない。例えば全体性に対応する対象といったものはどこにも見出すことができぬ。機会はあるが対象は皆無である。二、nihil privativum これは概念の空な対象であり、対象はあるがそれに対応する概念のなきものである。実在は或るものであるが否定性は無であり、或るものについて何かが欠けていること、例えば影は光の欠如であり、寒は暖の欠損であるように。三、ens imaginarium 対象なき空虚な直観である。例えばペガサスの如く考え得られるが、直観し経験し得られぬもの、即ち想像的又は空想的な存在についてそう言われるのである。四、nihil negativum 概念なき空虚な対象であり、それは自己矛盾をふくむが故に概念の対象として不可能であり、対象は無となる。例えば二直線によって囲まれた図形の如くである。

一と三との無は或は対象なき概念であり或は直観的対象のない空想であって、未だ無をなすに足らぬ。それらは ens と記されて nihil とは書かれていない。無は第二と第四とに於いて見出される。第二の無は欠如的であり、部分的に無きものであって都無ではない。新月は欠けたる月であるが決して無月ではなかった。第四の nihil negativum とは何であるか。カントの用例から見ると「二直線によって囲まれた図形」が無であるというのであるが、それは恰も

「円い四角」のようにそれ自ら矛盾をふくむが故にであって、必ずしも事実に基づくものではない。図形は三つ以上の直線がなければ成り立たぬ。円はもちろん四角ではない。それ故にそういうものは有り得ないという。しかしボルツァーノの言うように、円も一つの意味をもち、四角も一つの或るものであってそれぞれに意味ある存在でなければならぬ。ただその両者が結びつけられて「円い四角」というときに、そういうものは有り得ないからして無となるのである。図形と直線とは必ずしも矛盾するものではないが、ただ二直線と図形とは相容れない概念であるが故に無となるのである。それ故に第四の無は論理的な無であり、論理上の否定がここに初めて姿を現わすと言うべきであろう。円い四角は意味として考え得るが、円は四角であるという判断が否定せらるべきであるからそれは無となるのである。

カントの四つの無の概念の中、第一と第三とは或は仮想体であり或は想像的なる存在であって、決して非存在ではない。第二の privativum は一部否定的であるが全部の無でなく、従って未だ無の概念をなさぬ。第四に到って初めて否定的なるものが現われて来たが、それは論理的無と名づけられてよいであろう。それは論理の矛盾によって否定せられたものであったからしてである。

しかし我々の見解によれば、否定の概念は privatio と oppositio と contradictio の三者に要約せられ、それ以上に、又はそのほかにはあり得ないことは既に縷述せられた。privatio は存在的な否定であり、矛盾は論理的な否定であり、恰もその中間に存在的にして論理的な否定として oppositio があると見てもよいのであるが、カントの表式にはこの「対立」の否定が欠けているのである。

或る意味に於いてこの「対立」の否定は最も重要なものであり、ただ「中間」にあるだけでなく、まさに「中心」的な意義をもつといわるべきであるが、カントはそれに言及してはいない、殆ど無視しているかのようである。もっともカントの所論は「純理批判」の附録として単に「反省概念の多義性」を分析したものにすぎず、さして重要なものではなかったのかもしれないが果してそれでよいかどうか。しかしカントに於いても「対立」の概念が無かったというのは誤りであり、却って彼の若き日に多くの関心を引いた一つの問題であったことを書き忘れてはならぬ。

一七六三年にカントは「負量の概念を哲学に導入する試み」(Versuch den Begriff der negativen Größen in die Weltweisheit einzuführen)を書いた。これは数学者ケストネルの「算術の始源」(Kästner, Anfangsgrund der Arithmetik)を読んで負量を一つの否定的量として哲学の概念に導入しようとしたものである。負は正に対して反対のものであり、正が存在であるならば負は非存在である。しかしそれは決して無きものではなく、負という一つの数であり、ただその性質又は方向を異にする(反対にする)にすぎない。負は否定でなく否定的な或るものであり、肯定的な正と対立する。この区別は論理的なものでなく実的な対立(reale Entgegensetzung)である。肯定と否定との矛盾ではなく、積極的(positive)と消極的(negative)との対立としてある。

以上によって否定に関する三つの概念はカントに於いても大体出揃っていることを見出すのであるが、これらを骨格として自由に大胆に思想を駆使して雄大な体系を組織したものがヘーゲルの哲学であった。その着想の雄偉なる、その構想の豪放にして周密なるまさに我々の浩歎をかちとるに余りあり、彼を以て西欧哲学の大成者と見なすに吝かならざるべきものがあるが、しかし彼の哲学はどこまでもロゴスの体系であってそのほかの何ものでもなかった。彼の哲学的方法は弁証法論理であるが、それがロゴスの体系であることは勿論、自然と精神とを動かすものは論理の体系を措いて外にはなかった。彼に於いてロゴスは発展の極地に達し得たのであるが、その綱格をなすものは外ならぬ否定の論理であった。この点に於いてヘーゲルの論理をnegative Dialektikとして理解しようとしたアドルノ(T. W. Adorno, Negative Dialektik, 1966)の試みも理由なしにではないであろう。弁証法とは単なる同一の哲学ではなく、非同一と同一との同一性の哲学でなければならぬ。然るに同一と非同一とは形式論理の立場に於いては互に矛盾する。そして矛盾するものは否定せられねばならない。それ故に弁証法は否定を出発とし、のみならず否定を生命とする。否定なしには弁証法は成り立たぬ。ディアレクティクは従って negative でなければならぬという。このとき negative

は決して消極的という意味ではなく、文字通りに否定的を意味することは勿論である。弁証法はもともと否定の論理であった。しかしこの否定とは何を言うのであるか。否定の概念に上来述べたように三つの区別があるとすればその孰れが弁証法的否定に該当するのであるか。それは先ず矛盾の否定であり、弁証法は矛盾律の逆転であるべきことは上来しばしば述べられたが、それのみでなく、その他に「対立」と「欠如」の否定を加入すべきか否かが常に問わるべき問題となっている。人によって「対立的」否定を中心に置くべきこと、及び「欠如」の否定をも加入すべきことを論ずるが、私は弁証法的否定は矛盾と対立とにあって、欠如の世界にまで及ぼすべきではないと思う。その理由については前章に於いて既に述べられたから玆には省く。要するに弁証法とは矛盾の論理であり、矛盾的否定の論理であり、対立は却ってこの否定を救護せんとするものであると見なければならぬ。矛盾は否定の最も峻烈なものであり、最も論理的なものであり、矛盾するものは論理的に成立し得ぬのみでなく実事的に両立し能わぬ。それは理論的に否定であるよりも実際的に破滅的である。矛盾するものは啻に挫折するのみではなく破滅せざるを得ない。にも拘らず矛盾を以て原理とし原動力とせんとするところに弁証法論理があり、たとえそれが矛盾の逆転であるとしても依然として矛盾につながっている。

矛盾の破滅を救ってこれを止揚するものは「対立的」否定である。それは一つの否定であるが、決してそれに止まるものではなく、却ってそれを破滅から救護せんとするものである。その意味に於いて対立は否定であるよりも却って肯定的であり、崩壊であるよりもむしろ建設である。対立が両立を許すのもまたは却ってそれを主とするのもこの故にであった。これに比して privatio は弁証法的な論理性を欠く。それは文字通りに欠如の世界であり、欠如の故に論理であるよりも、存在的であり、実存的でさえあるべきであった。それはただ互に異なる世界であり、それ故に多様にして多彩なる現実の世界をあらわす。差異とは一部は有り、他部に欠けたるが故に肯定と否定との合同の世界である。そこには何らの破壊もなく、矛盾もない。ただ無限に相異なり、無際に相つらなる世界であるに外ならない。

この世界にまで矛盾を及ぼすことは自由であるが、それは行きすぎであり過当であるといわねばならない。それは戦いが人間の常態であって平和が却って人間の平常でないというに等しい。戦時こそまさに常時であると言う人が果してどこにありうるだろうか。

対立は矛盾と差異との中間にあって、一方を他方に、他方を一方に推移せしめる過渡の論理であり、従って綜合の論理であるともいうべきであろう。

欠如の否定は a-privatum によって表わされる。abhāva とか asat とかはその例であるが、これらは一般に存在の否定、即ち非存在を意味するものであるが、非存在とは存在性の欠けたものであるのか、または全く存在しないものであるのか。古きインドの思想に於いては非存在は都無ではなく、或るものとして有るのであった。Mādhava 派の人々はこれを一つの tuccha として考える。それは real な事物でないことはもちろんであるが、しかしそれについて云為する以上何らか或るものとして有るものでなければならぬ。もしそうでなければそれが asat であるともいえない筈であるからしてであった。カナーダの Vaiśeṣika-sūtra では asat は abhāva と同一語として書かれている。それは彼の体系の七つの範疇の一つであった。カナーダはしかし asat の何たるかを定義していない。ただその四つの種類を列挙するに止まっているが、Śrīdhara は abhāva を avastu と同一視している。vastu は物質的事物であるから、その反対の avastu はとにかく物的な存在をもたぬものの意であっただろう。それは物的存在に反対なるものである、存在に反するものが即ち非存在であるに外ならなかった。asat が存在性の欠けたものを意味するならばそれは alīka と同様に privatum の世界に属するが、勝論派に於いての如く非存在とは存在(vastu)に反したものという意味にとれば oppositio の立場に立つこととなろう。勝論派の体系では存在と非存在との二つの範疇があり、この派の Bhāttas の連中は非存在とは実在はしないがそれ故に存在しないものではないという考えに終始している。ところが同じ勝論派の人々の中にもそのような論理的な導出の仕方に真向から反対した人がある。例えば Viśvanātha Pañcānana がそれである。

彼は非存在を勝論の六つの範疇の外に置いて、その孰れにも属しないものとした。非存在の存在は論理によって証明せられるものでなく、直接なる経験によって自知せらるべきことを唱道した。この傾向は正理学派の中に伝えられ、例えば Vātsyāyana によって一つの新しい道が拓かれるようになった。彼によれば非存在の定義は否定の道(via negatio)によってのみなさるべきであって、決して存在によって非存在を把握することはできない。非存在はそれ自らの語によって定義せらるべきであり、我々はそれについて直接な意識をもっていると言う。そしてこの否定的意識はそれ自らとしてそれ自らに於いてあり、直接にして不欺なものである。それによって意識せられたものはそれによってのみ規定せられたものであって、決して他から導出されたものではないと言う。ヴァーツヤーヤナは一種の直観を存在についてと同じように、非存在についても明瞭に説こうとした。しかしこの意識は果して如何なるものであるか。それは否定的意識と言わるべきであるが、それは意識そのものが否定的なのではなく、却って非存在についての強く正しい意識でなければならない。たとえそれが否定的であっても意識そのものとして肯定的であるべきであるが、しかしそれについては彼は何ごとも語らなかった。この問題をはっきりと把えたのはウッディヨータカラ(Uddyotakara)であり、否定的意識について何らか積極的な発言をしたのも彼が初めてである。ヴァーツヤーヤナ(三五〇—四〇〇)は正理経の註釈者として有名であり、ウッディヨータカラ(五五〇—六〇〇頃)も Nyāyavārttika の著者として著名の人であるが、我々の関心はむしろこの問題にある。ウッディヨータカラは云う——肯定判断は肯定するが否定判断はそれについて否定するから、否定は肯定を前提している。この二者は同位にあるのでなく、従って否定はそれ自らの存在をもってはいない。否定はそれがあるためには何らか肯定的な或るものに依らねばならぬ。否定は否定するがそれ自ら何ものも肯定しない。地球は香をもつという判断は地球という立体の香を肯定するのであるが、水は香をもたぬという命題はただ香を否定するのみである。それは水について香を否定するのであるから、香がないということについて直接な感覚を我々はもっているはずである。水はこのとき意識の外なる事物として問われていないという。

否定に関する正理学派の特色ある学説は「否定的意識」の存在を語るところにある。それは一般的意識というよりも特殊な意識であり、意識というよりも「気づくこと」(awareness)である。事物の存在については日常これを知ってはいても気づくことは稀であるが、それが無くなったときは急に気がついて探し求める。たとえつまらぬものであっても落しものは気になってし方がない。部屋の中に机があり机上に壺がある。我々はこれに慣れてそこに有ることも忘れがちであるが、壺がなくなったときは慌ててこれを探す。存在の意識よりも不在の意識がより強い、なくなったものにこそより多くの関心がひかれるのである。非在と不在との区別もそこにあるであろう。非在はもともと無きものであるが、不在(absence)は常にありながら今はなきことである。人を訪うて留守だと分ればがっかりして帰るか、又は気長くその人の帰りを待つ。この時我々は不在の事実と否定的意識とをはっきりもつ。これは直接な意識であり、それ自らなる経験である。そのような意識をnegative awarenessというのである。我々は存在の意識とは別に不在の意識をもつ、直接にして鮮かな意識をもっている。これは否定の意識であって、否定の概念ではない。しかしそれは決して意識の否定でなくして、否定の意識であり又はその意味である。ヴァーツヤーヤナはそのような意識を導入して否定作用を説明せんとした。一つの事物の不在はその事物についての否定であり、それについての鮮明な意識である。否定は二重の作用であり、先ず肯定し、然る後に否定するのではない。直接に端的にこの不在を意識するのである。それは肯定の意識とは別種のものであって、決して肯定の上に立つものではなかった。失われた壺は直接に知覚されない、ただ想起されるのみであるが、失われたという事実は直接に意識せられる。この事実は決して推論ではなく、壺が現にそこにないという直接の知覚であり、そういうことの端的な意識の表現なのである。ヴァーツヤーヤナは論理学者であるが否定の概念を導入するにそのような仕方をもってした。この仕方は決して素朴な経験論ではなく、また単なる心理主義でもない。ウッディョータカラはさらにそれを受けて「事物の不在はその場所を変化する」と言った。壺が机上にあるのは一つの場所を占めることであるが、それが失われたときはただ場所があって、壺がなくなったということであろう。即ち場所は空となってその性質を一変するのである。そのように変質された場所の意識が即ち否定の作用であるに外ならなかった。そこに直接に知覚されるのは場所ではなく、場所の変化である。場所が充実から空虚に変ったということである。その場所がそこにあるべき壺を見失ったということである。そしてそれが不在の意識であった。この場所は特定の場所(机上という)であり、この場所に於いて一つの事物のなくなったことに気づくとき、そこに壺がないという認識が生ずるのである。否定作用は殊更に具体的でなければならない。そしてこの個別的な不在から一般的な否定に移るとき非在となる。水中に火がないというのはいつの場合でもそうなのであって、決して仮りそめの不在ではなかった。否定の意識から否定の論理に移るのはまさにこのようにしてであった。そうして否定の概念をこの方面に押しすすめたのが Udayana や Varadarāja 等の人々であった。ウダヤナは十世紀中葉に出た勝論派の論理学者であるが、もともと正理学派から出た人であり、十二世紀後半世にあった新正理学派の開祖ガンゲーシャ(Gaṅgeśa)に先立つこと遠からぬ人である。ガンゲーシャには Abhāva-vāda という著書がありその題名から推察して「非在」について論じたものであると思われるが、私は未だそれを見る機会を得ないのであるから何とも言えない。新正理学派では不在について二つの区別がなされている。一は相互的な不在(anyonyābhava)であり、他は関係的な不在(samsargābhava)である。前者は同存性の否定であり、例えば水と火との如く、水のあるところに火はなく、火のあるところに水はない。これはまた火と水との異なること(vahnir jala-bhedavan)としても表わされた。関係的不在とは相互の関係を否定するものである。これにはまた三種あって、一、前の不在(prāg-abhāva)、二、或る場所における不在、三、後の不在(dhvamsābhava)であるという。一は未だ作られない時の不在であり、三はそれが破壊された後の不在を意味するが、二は現に或る場所に何ものかがないことを表わす。山上に火のあることは可能であるが、湖水に火のあることは不可能である。火と水との関係が否定的であるのは火と水とが相互に否定的であるからである。そこに不在から非在にうつり、非在によって不在が決定せられる理由がある。一家の主人は時として不在であるが、寡婦の家には主人は非在である。不在に於いては存在はやがて恢復せられうるが、非在はこれを存在にかえすことは不可能である。否定的意識(negative consciousness)とは決して意識の否定(negation of consciousness)ではない。却って一つの positive な強き意識である。そこに現にあるものを意識するのはたやすい。余りに容易であるがためにとかく忘れられがちでさえある。しかしそこにものがないという意識は異常であり、時に驚きであり時に嘆きであり、多くの場合強き注意を促す。水を飲もうとして入室してもそこに水指のないことを知ればはたと困却する。それは不在の意識であるが、これを分析すれば次の如くであろう。一、そこに水指という具体的な事物を知覚しない。二、あるべき場所に於いて水指が知覚せられない。そして第三にそれ故に水指を探し求める。その求め方は強く、はっきりした意識である。決して意識の否定などである筈はない。それは否定的な或るものの意識であるが、却ってそれ故に強く烈しい意欲である。この否定は存在の中にはない。存在は有るものであって無いものではないからである。否定は机上に水指がないというまさにそのことであった。それは事物でなくして事物の関係である。それは一つのものではなく、ものとものとの間のこと柄である。しかしそれが事実であり実事であるからには、人間の主観によって作られたものでもなく、また単なる観念的なものでもない筈である。それは一つの事柄(Sachverhalt)である。それは否定的事実と名づけられてよいが、それが有るということ及びそれが直接に認識し得られることを主張した人はクマーリラ(Kumārila)であった。この人は大体七世紀の中頃世にあったミーマーンサー学派の学者であるが、その考え方はこうである――否定的事実とは決して事実の否定でなく、まさに一つの positive な事実でなくてはならぬ。それは明確な客観的な事実である。次にこの事実が知覚せられるのは直接にであるか又は間接的にであるか。この問題はしかし彼にとっては多くの意味をもたなかった。クマーリラにとっては否定的意識の成立条件は、㈠場所の知覚、㈡不在な事物の記憶、㈢現にその事物の知覚されないことであってその外に何も必要ではなかった。この三つの条件の中、第二のものは実は余り重要ではなく、不在の水指は現にそこに無いのであるから、我々はこれを感覚するに由なくただこれを記憶するにすぎぬ。重要なことは失われた水指ではなく、その水指がそこにないということでなければならぬ。そういう否定体(negativum)を果して我々は知覚し得るであろうか。知覚する前に果してそういうものが有り得るであろうか。ガンゲーシャはそういう事態は単に仮設的なものにすぎぬという。しかもそのような仮設的なるものが否定的意識には必要欠くべからざるものであるという。しかしもしそうならば否定体とは仮設的判断によって作られたものとなり、それについての知覚などということは言えない筈である。R. Bhatta や Punātmakara 等の Post-Gaṅgeśa の人々は鋭くこの点を突いている。否定態がもしそのように仮設的ならば、それが或るものとして知覚され得るだろうか。それが直接に知覚されるためにはとにかく何らかのものとしてそこに有るものでなければならない。それは単に仮定判断によって作為されたものであってはならぬ、とにかく何ものかとしてそこに有るものでなくてはならない。しかしそれはどういうものであるのか。それは物ではなくことであり、事物ではなく一つの事態であった。それが有るというのは物としてでなく、物の如くにあるものである。世俗の事物は存在として有るが、勝義のものはただ如如としてあるのである。如とは何であるか、如何なる有り方に於いてあるか、はさらに問わるべき問題であるが、とりわけそれは単なる法(存在)ではなくして如法であり、単なる真理でなくして真如であることがインドに於いては強く説かれた。negativum は決して推論によってでもなくまた仮定判断によって構成せられたものではない。それはまさに否定態としてそれ自ら成立し、且つ直接に知覚せられるものであるべきであった。恐らくそういう否定態はどこにもないであろう。それ故にこそそれは文字通りに negativum と名づけられたのである。

二

否定の概念または思想を導入する東洋人のやり方は大凡そ以上のようなものであった。要約して言えば、negativum

は決して主観の仮構したものでもなく、また単なる観念的なものでもない。それはまさにそこにあるものである。しかしあるというのは事物がそこにあるということと同一義ではない。肯定されたものがそこに有ることは無論であるが、否定はそのように、また同じ意味に於いてそこに有るものではない。それはもともと無いものであり、否定体であるにも拘らずそれは何ものかとしてたしかにある。事物として存在しないが、何らかの或るものとして有る。言語学者バルトルハリの弟子 Nageśa はこれを pratibhāsika sattā と名づけた。それは事物と存在の様式を異にするが、依然として sattā と言うにふさわしいものである。そのようなものを直指するのが否定の作用であり、それに基づいて言説するものが否定判断であるに外ならなかった。その認識はもちろん否定的であり、その限りに於いて有ることをではなく、有らぬことを認識せしめるものであるが、にも拘らずそれをそのようなものとしてそこに認めんとするのである。exist するのでなく subsist するものであるが、尚そのような仕方に於いて有るところのものとして措定するのである。換言すれば、それは事物としてではなく、事物の関係として意識せられる。一つの事物の知覚ではなく、それとその場所と失われた事物の記憶等々の関係の意識としてである。意識というよりもっと具体的な awareness としてであるのである。

しかしそれはそれ自ら関係的なものとして直接な事実であって、未だ論理の世界にふみ入ったものではない。それがそのようなものとして相互的(mutual)にありうるのは如何にしてであるか。例えば火と水との如く一方は他方を否定する、それは事実的に両存しない、火のあるところに水はなく、水をそそげば火は消えてしまう。これらは相互に否定しあう事実である。そしてこのことからして否定は「対立」の論理たる性格を帯びるようになる。さらに対立は矛盾の関係に発展して論理的性格が一応は完成する。インドに於いては矛盾の論理がさほど明確な性格をもっていないのはどういうわけであるか。時として矛盾と差異とが混同せられ、乃至は同一視せられたようにも見うけられるが互に異なることは必ずしも矛盾することではない。しかるにインドに於いてこの区別が軽視せられ、乃至は無視せられているように見うけられるのは何故にであろうか。

否定の概念を表明する接頭辞は a, na, vi 等であるがそれから ati nir, sama 等に転ずる。a は a-privatum の a であり「欠如」を意味するが、インドに於いては果してそのように使用せられていたかどうか。a-privatum は否定の第一態であるが、前にも述べられたようにそれは未だ完全な否定態ではない。それは否定と肯定との混合体である、全面的な否定でなく、部分的な否定である、明確な非定ではなくむしろ曖昧な不定である。弦月は満月の否定であるが、ただ欠けたる月であって無月ではない。欠如とは部分的な否定であってやがて充さるべく補わるべきものであるに外ならぬ。ところがインドに於いて頻用せられる a-bhāva 又は asat は決してそのような欠如的なものではなく、全き意味の「非存在」であったようである。それは有に対する無であった。決して無と区別された欠如的存在ではなかったように見える。a はそれ故に nir に移らねばならなかった。この推移はしかし如何にして行われたか。チルダースは nir を用いた次の二つの概念をあげている(Childers, Pali-English Dictionary)。一は naiskāmya であり、二は niṣkram であるが kram は「向って行く、近づく」を意味し、その否定は「向って行かぬ」ことである。それはまたパーリの nekkhamma と同様にそれに向って行かぬのみでなく「それから離れる、出離する」ことを意味するという。これに対するサンスクリットは naiskramya であって、明らかに欲界から出離することをいうのである。a-kāma も無欲であるが、それは諸欲の欠けたることを意味し、必ずしも欲を離れることと同一ではない。出離とは十分に、又は過分にさえ諸欲を有しながらしかもそれを出離することであり、決して単なる無欲ではない。akāma は時として副詞的に用いられ akāmā という格の形をとることもあるが、それは「心ならずも」という消極的意味を、又は無意識の状態を表わすだけである。

以上によって否定を表わすプレフィクスは a から nis に、nis から nir に発展したことを知るのであるが、文法的には s と r とは容易に転換されるから大なる区別は a と nir との間にある、殊にその間の意味の発展にあるというべきであろう。否定aはa-privatumであり「欠如」を意味するが、nirは「出離」を意味する。そして出離は欠如をではなく、そこからの超出を意味する。出家というのも家をもたぬのではなく、例えば釈迦の場合の如く、むしろ過剰な生活の存在を前提している。出離とはそれを脱却することであった。長部サンギーティ経には五種の出要界(nissaraniya dhātuyo)があげられている。その一つが欲出要(kāmanam nissaraṇam)であるが、それは「無欲に心を任せしめる」ことであると註せられている。そしてそれはakāmaでなくしてnekkhammaでなければならなかった。アカーマは無欲であるが、ネッカーマは「無欲に心を任せしめる」ことである。そこに欲望が欠如しているのではなく、旺盛な諸欲に対して無欲の如く、心をそれに任せしめないことである。ネッカーマは諸欲を離れ、それに執われないことである、就中諸欲に心を任せしめずして、無欲である如く心を放つことである。それは出要であって決して断要ではなかった。出要はnissaraṇaであり、それはnis+saratiから由来しここでも否定的接頭辞はaでなくしてnirである。それは単なる否定でなく、また強度の否定でもない。否定の意味が一変しているのである。更に一歩を進めていえば出欲は無欲ではない、出欲は啻に欲望を脱却することのみに止まらぬ、凡ゆる世俗を脱離することでなければならない。ここに於いて離欲(nekkhamma)はさらに離脱(nikhamma)に進展する。それは単に欲情を離れることのみでなく凡てに於いて世俗を超越することを意味する。この二語はただ一字を異にするのみであるが、厳密には別の語であろう。パーリ語nikkhammaの正当なる梵語化はniskramaṇaであってnaiskramyaではない。称友倶舎釈論にはこの二語を混用しているようであるが、諸界の輪廻より離れることをniskramaṇaとして単なる離欲から区別していることはたしかである。単に欲望から離れることはvairāgyaという別の語によって表わされた。

さらに一歩を進めていえば、この出離は単なる離欲又は離貪でなくさらに一般的な出離であるとしても、しかしそれは直ちにニルヴァーナと同一視せらるべくもなかった。出離は超越であり、善法であるにちがいはないが、それは直ちに涅槃ではない。出家することは俗界を出離することであるが、離俗してさて何をなすべきであるのか。善法は出離にあるのではなく、出離によって何が得られるかが問題である。脱俗はいかに積極的なものであっても尚厭離又は逃避を免れない。そこから脱することにではなく、それによって何が得られるかに凡てがかかっているのである。アビダルマの分別論には「善法は凡て離欲界である」と明言せられているが(Vibhang, p. 86)、それ故にニルヴァーナと同一ではなく、ただそれへの道程であるにすぎない。出離はたしかに善法ではあるが、それに止まる限り未だ不善法であり、ニルヴァーナはこの出離の上に更に何ものかを加えねばならぬ。加えるというよりも真なる出離が果して何にあるかが見究められねばならない。それは単なる脱離でなくニルヴァーナ(nirvāṇa)でなければならなかった。単なる abhāva でなくまさに涅槃でなければならなかった。a から nir に移ることは言語学的に如何なる経過をとるにせよ、その転移こそは我々にとって重大なのである。

さてニルヴァーナとは何であろう。この究極的な問題に対しても我々は常にそして必ず龍樹に帰らねばならぬ。「中論」第二十五に云う、「ニルヴァーナは有にも非ず、無にも非ずというべし」(第十偈)。なぜならもしそれが有体であるならばニルヴァーナは有為であろう。有為なるものは老死を特質とし、老死を離れて有体は存しないから。しかしもしニルヴァーナが有体でないならば何故に非有が涅槃であるであろうか。有体のないところに非有は認められないから。然らばニルヴァーナは有体にして非有であるのであろうか。もしそれが非有と有体との両者であろうならば、ニルヴァーナの中にどうして非有と有体との両者があろうか。この二つが同一処に存しないことは恰も明と暗との如くである(第十四偈)。それ故にニルヴァーナは有体でもなく非有でもなく、また有体にして同時に非有でもない。それが有体であるというのは正しくなく、非有であるというも正しくない。「しかしニルヴァーナがもしそうであるならば、非有でもなく、有体でもないということは何によって表わされるか」(第十六偈)。「一切法は空であるのに、何の無辺ぞ、何の有辺ぞ、何の有辺無辺ぞ、何の非有辺非無辺ぞ」(第二二偈)。「何の同ぞ、何の異ぞ、何の常ぞ、何の無常ぞ、何の無常常ぞ、故に又何の非倶ぞ」(第二三偈)。「若し一切が空であって、起もなく滅もないならば、何ものの断から、或は何ものの滅からニルヴァーナといわれるのか」(第一偈)。「若し一切が不空であって起もなく滅もないならば、何ものの断から、何ものの滅からニルヴァーナといわれるのか」(第二偈)。「無得にして無至、不断にして不常、不生にして不滅、これがニルヴァーナと称せられるのである」(第三偈)。

龍樹の論法は極めて明晰であり、時として常套的とさえ言わるべきものである。それは明らかにテトラレンマの方式であった。ニルヴァーナは有体であるかまたは非有であるか、有体であるとともに非有であるか。これらは彼によって尽く否定せられてそれは有にも非ず、非有にも非ずということが論結せられたのである。そこからしてニルヴァーナは要するに不可得だという結論となった。しかし、我々はさらに一歩をすすめよう。ニルヴァーナは果して無取なのか。もし龍樹の方式を徹底すれば、それは取得でないとともに無取でもない筈である。ニルヴァーナは畢竟不可得であるならば不可得ということが可得でなければならない。そうでなければそれが不可得であるということさえ不可得とならざるを得ぬであろうから。龍樹の論法からすればニルヴァーナは不可得であるとともに可得でなければならぬ。しかしこの反論は如何にして可能であるか。これに対する答えもまた龍樹の論式からしてのみ答えられねばならぬ。ニルヴァーナが不可得であると共に可得でもあるべき理由は――それが可得でもなくまた不可得でもないからしてである。可得と不可得とが共立しないことは明暗の如くではあるにしてもその理由はニルヴァーナが可得でもなく、不可得でもないというまさにそのところにあらねばならぬ。それは明らかに第三のレンマであった。ニルヴァーナは有体であるか非有であるかそれは有体でもなく非有でもない。それはその孰れでもないからして有体でもあり非有でもある。しかしニルヴァーナが有体であり且つ非有でもあるということは龍樹によって厳しく否定せられている。それは世俗の論理に於いても許されぬことは無論であり、矛盾の原理によって厳禁せられるところである。このことの可能なるのは専らニルヴァーナが有体でもなく非有でもないという論拠によってのみ許されることであった。重ねて言えば龍樹にとってはこの矛盾が許容され得るのは、ただ偏に両否の論理に基づいているからしてであった。

いなそういうだけでは未だしである。彼にとっては両是の世界は両否の論理の反面であり、決して別のものではなかった。両否の主張がそのまま両是の論理であって、二者は決して別のものではない。にも拘らずこの二つの論理は互に異なっている。互に異なるのみでなく、互に反対している。両是と両否は異にして一であり、一にして異である。しかしこのことは如何にして正しく主張し得られるのであるか。それは両者が異でもなく一でもないからしてであるというより外にはなかった。このようにして同様の論法を無限に推究することが龍樹の立場であり、また論法の徹底性である。龍樹が自己の立場に忠実であるかぎりこの徹底性を貫徹するより外にはなかったであろう。そこに龍樹の偉大さがあり、我々の驚嘆措く能わざる点もそれを措いて外にはなかった。それは無の論理であるよりも非有非無の論理であった。空の立場であるよりも非有非空の立場でなければならなかった。それは不可得であるというがそれ故に何ら神秘ではない。可得でもないが不可得でもないからして可得でもあり不可得でもあるのである。不可得であるといっても尋常の不可得ではない。不可得でもなく可得でもないからして不可得なのである。不可得であるということも一つの可得でなければならないからである。要はそれがロゴスの論理ではなく、レンマの論理であるという点につきる。世俗の立場ではなく勝義の立場にあるということに凡てがかかっている。nirvāṇa は nir の性格をもつが故にもとより「無」であるが、それは有に対する無でなく、肯定に対する否定でもない。世の常なる表現によればそれは大凡相対的なるものを越えた絶対者であると言われるのであるが、我々はそのような命名にも賛同するわけにはいかない。強いて言えばそれは絶待者である。絶待者は必ずしも絶対者ではなかった。むしろこの両者を明別するところに我々の特異なる理解があったのである。絶対は相対を絶するものであるが、その故にややもすれば相対の世界を離絶せんとする。それは文字通りに ab-solus であり、離れて孤絶せんとするものである。それに反し絶待者は相待を絶するものであるから縁起の世界を超脱するものでなければならぬ。縁起の関係に支配されるものは世俗の世界である。縁起の羈絆を脱することは従って世俗を脱して勝義の立場に転入することである。絶待者は待つことなき世界であるが故に空でなければならぬ。しかし空は存在から離れたものではない。存在を空虚にしたものが空であるのではなく――それは虚にすぎぬ――また存在から離れたものが空であるのではない。空は非存在ではあるがそれ故に非存在という存在があるわけではない。非存在は尚存在を待ってあるが、空はこの相待を絶するものでなければならぬ。それは存在に対してあるものではないばかりか、存在に依ってあるものでもない。それは存在でもなく、非存在でもないからして存在でもあり非存在でもあるところのものである。それはまさにその故に絶待的なものであったのである。

ニルヴァーナを絶対的なものとして定義することは誤りではないにしても不十分であろう。スツェルバツキーはそれを Relativity と規定したことは有名であるが、それは何を意味するのであるか。彼がニルヴァーナを実体的なものとしてではなく「関係的なもの」として把握したのは恐らく誤りではないであろうが、Relativity はまた相対的なものを意味するのであるか。関係は相対的であり、相対的なものが縁起的であるから、縁起が即ち空であるという龍樹の立場に立ってそれをニルヴァーナとして把握したのであろう。しかし縁起は相対的であるよりも相待でなければならぬ。この区別に着目していないがために Relativity は彼にとって論理的な「関係」となった。しかもその論理は西洋のロゴスであって、彼自ら引用したようにラッセルの鋭い批判を甘受しなければならぬ仕儀となった。曰く「Relativity はそれ自ら relative である」(Stcherbatsky, The Conception of Buddhist Nirvāṇa, p. 49)。しかるにニルヴァーナは相対的なものでなくして絶対的なものでなくてはならぬ。相対的なものは相関的であって、絶対者ではない。しかるにニルヴァーナは Relativity であるというのは不条理の甚しいものではないか。彼は言う、哲学者たらんとするものは absurdities に驚いてはならぬと。我々にとってはむしろ驚くべきことを驚かないことこそ一つの驚きであった。

縁起は相対的であるよりも相待的であり、それは勝義の論理であるよりも世俗の論理である。それは何故に同時に絶対空となりうるか。ニルヴァーナは相対的無であるよりも絶対的な空でなければならぬ。relative なものが如何にして同時に絶対的なるものであり得ようか。それとも絶対者は相対者に相対的なのであるか、そうならばそれは相対的であるよりも相待的でなければならぬであろう。相待的なるものは如何にして絶待的となりうるか。相待を絶するものはそれ自らとして自らに於いてあらねばならぬ。それは他によって他を待ってあるものではないからである。しかしそのようなものは或るものではなく——或るものは必ず他を待ってありうるのであるから——さらには有るものでさえない筈である。それが有るものであれば無に待立しなければならぬからである。それはそれ自らに於いて空でなければならぬ。有無を超出した空でなければならぬ。それは単に有に対立した無であるのみでなく、有無を出要した空でなければならない。それは有でないのみでなく、無でもないものでなければならない。縁起の世界は尚、ものとものとの関係をもつ、相待的な関係によってこれは成立っている。そしてその限りに於いてものは尚何らかの自性をもつべきである。それはそのものの自性でなくとも他に対する自性であり、他に待する「依止」であった。しかるに待立を絶するものは凡ゆる意味に於いて無自性であり、無自性空でなければならない。それはたとえそれ自らとしてであっても、無自性であり空でなければならない。それは単に待立の依止であるに止まらず凡ゆる待立の根柢であり基盤でなくてはならぬ。そこからしてそれは何らか基体的のものと解せられるのであるが、ニルヴァーナは絶対無である限り或るものではなく、有るものでさえあってはならぬ。それは凡ゆる意味に於いて無きものであり、絶対的無でなければならぬ。しかしそれは単なる無ではなく無でさえもないものでなければならない。有でもなく無でもない、空そのものでなければならなかった。

否定の思想は a-privatum に始まり nirvāṇa に終る。この両者を過渡するものは nis であると思われるがそれは出離を、超出を、一言にしていえば出要を意味する。それは対立を出離し待立を超越する。絶対は対立を絶するものであったが、絶待は待立を超出するものである。それは単なる無ではなく有無の対立を絶したものであるが、絶待は却ってその故に有無の相待をふくむものである。それは有に非ず無に非ざるが故に有でもあり無でもありうるものである。あり得るが故にそのようにあるところのものである。絶対者が相対に対立しながら如何にしてそれを可能ならしめるかは至難の問題であるが、相待者が絶待者に如何に関係するかは比較的に理解し易いであろう。なぜならそれらは依然として相待的であり、それを離れながら尚それに即しているからである。ニルヴァーナは勝義の世界であって縁起の如く相待的ではない。むしろそれを出離するところに絶待者はあるのであるが、それにも拘らず絶待者は依然として相待者に相待的でなければならない。出離とはそれを離れることではなく、それから出づることであり、その限りに於いてその由って来るものと無関係ではあり得ぬからである。ニルヴァーナは有でもなく無でもないからして有でもあり無でもあるところのものである。それが「即」の関係でありまたその論理であった。即とは単なる同一ではなく、不即不離の関係でなければならぬ。不即不離なるが故に即くと共に離れたものであり、離によって結ばれるものである。対立的なるものはそのままでは決して融合することはできぬ。それは自らを変革することによって僅かに綜合せられうるのみである。しかし待立的なるものは必ず相対しながら同時に相依するものである。相待を越えるものはまたまさにその故に相待を可能ならしめるものであった。それを越えるということはそこから脱することであり、その限りに於いて否定であるが、このことの可能なのはそれが一つの作用としてあるからに依る。脱することは啻にそれから脱落することではない。超脱せんとする強き意志に導かれることなしに如何にしてそれを出要することができるだろうか。それは決して随眠のよくするところではない。それは否定の否定が肯定となるという論理の証明ではない。強き実修のもたらす証果であり、何よりも真摯な修証のみの能くするところである。ニルヴァーナが大なる否定でありながら同時に徹底した肯定である所以のものも、まことに茲にあってその他にはなかったのである。

第九　「中」の概念

一

「中」の概念または思想は、遠き昔から人類の思想を支配し、或は人間の生活の規準として遍く希求せられるところのものであった。ギリシアに於いてはアリストテレスがこれを以て道徳の基本概念とし、中国に於いては子思が「中庸」を書いて四書の一翼とした。実践的な儒教に於いて恐らくは唯一の理論が附与せられたのは彼によってであろう。紀元一、二世紀頃世にあった龍樹は「中」の思想を教学の中心に置くことによって大乗仏教の基礎を確立したことも周知の如くであろう。それらは尽く紀元前又は前後の古き時代に属することを思えばこの思想が如何に悠遠にして広大なるものであるかは殆ど驚くに堪えないものがある。それのみではない。アリストテレスのメソン(τὸ μέσον, μεσότης)の思想は学理的なものであり、「中庸」の教説は実践倫理の規準であり、龍樹の「中」は宗教の根本思想であるとすれば、学問と実践と宗教とを通じて人類の思想を一貫するものがこの思想にあったといっても過言ではないであろう。就中東洋思想と西洋思想との異同を剔抉して徐ろに東西両洋の文化の統一を志す我々にとっては次の点に於いてこのことが重要である——アリストテレスの「中」は存在に於いて求められ、存在についての理論であったが、龍樹の「中」は非存在に於いて専ら空として把握せられている。それは西洋思想が概略して存在学(Ontologie)であるに対して、東洋の思想は無に徹しているところに胚胎するものにちがいない。そのような想定が幸にして誤りなきものとすれば、我々がこれを手懸りとして比較商量することは啻に許されるであろうのみでなく、むしろ積極的に我々の試むべき課題であると思われてならない。

アリストテレスは「ニコマコス倫理学」第二巻六章に云う、「徳とは卓越性である。それはそれを有するところのもののよき状態をもたらし、そのものの機能をよく展開せしめるところのものであるといわなくてはならない。例えば眼の「アレテー」は眼及び眼の機能をよきものたらしめるという如く」。徳とは何であるか。徳のギリシア語は ἀρετή であるが、それは ἀρέσκω からきた名詞であり、よくする (to make good, make up) ことを意味する。鎮める、満たすことなどもその一意であるが、殊にそれをよくし優れたものとすることが真意であった。徳が卓越性と同意なのはこの故である。従って徳とは第一にそのもののもっている能力であるが、単なる能力ではなく、優れたる能力であり、卓越した状態に発展せしめられた能力でなければならぬ。よく (εὖ ἔχον) とは第一に能くであり、そのもののもつ性能であるが、単にその能力の存在であるよりはそれの状態 (ἕξεις) である。例えば馬の徳とは馬をしてよき馬たらしめ、よく走り、騎乗者をよく運載し、よく敵に対してたじろかざることなどである。馬にとってよく走ることがその徳であり、鳥にとってはよく飛ぶということが、魚にとってはよく泳ぐということが、鳥の、魚の徳である。さらに無生物でさえも徳を有すという。小刀にとってはよく切れるということがその徳であり、切れないナイフは殆どその名に値しない、無用のものである。徳は得に通ずということもこの点から正しく言い得よう。一般に徳とはそのもののもっている能力であるが、就中最もすぐれた能力であるというべきである。徳とは有るものであり、少なくとも在るものについての或る状態である。一つの状態でなく優越した状態でなければならぬ。然らば人間の徳とは何であるか。人間は力に於いて牛に劣り、走ることに於いて馬に劣り、泳ぐことに於いて魚に劣る。それらは人間の卓れたものではあり得ない。人間が他の動物に比べて何に於いて優れているのか。人間の卓越性はその智力にある。たとえ体力に於いて他の動物より劣ってはいても、智能によって道具を発明し機械を駆使し、よって以て他の動物よりも優れた効果をあげ得たのみでなく、それらを征服するまでに到った。人間の徳はまさに智力にある。徳は智であり智徳は一致する。

しかしこの能力は何によって徳となるか、能力の卓越した状態とは果してどこにあるのであるか。智能はたしかに人間の優れたる能力であるが、余りにそれが過多なるときは却って人間を損傷する。余りに多き智は人間を傲慢ならしめ、暴慢にさえ導く。多智なるが故に人は却って自亡するかもしれない。さりとて智の過少はもとより好ましくない、無智は自己を卑しくするのみでなく自らの生存をも危くするであろう。それ故に人間の徳とは智力の過不及なき状態、即ち知能の「中」の状態にあるといわなければならない。中の概念はまさにここに於いてめざましく登場するのである。それは全く存在の「中」であった、存在のあるべき状態であった。過多と過少との中間にある位態であった。中が即ち「善」であったのである。

よく(εὖ ἔχον)とは第一に能くであり、能力あること、勢能の盛んなることを意味する。しかしそれを逞しくすることによって却って悪に堕す。善とは単に能力あることをでなく、能力のよき状態、中なる位態をいうこととならざるを得ない。道徳の規準は善にあるが、それが単なる「能く」でないことがこの点からも分明する。しかも現実の生活は善たるに遠いばかりか悪に満ちている。善は理想であり願わしいものであるが、それの実現の如何に至難であることか。我々の日常は善を望んで如何に遠く、悪を忌みながら如何にそれに近きことか。理想は美しいが現実は醜い。善は徒らなる空想であってはならぬ。我々の生活に切実したものであって欲しい。よいということの意味はそれ故に善から他に移らねばならぬ。よくとは第三に「宜」である。宜はgoodでなくwellであり、gutでなくwohlである。能くでもなく、善くでもなく、宜しいことである。宜は適宜であり適度であり、なかんずく適中でなければならぬ。そして適中とは的中であり、的を見定めてまさにそれにあたることを意味する。それは能力であるよりもそれの適宜なる状位でなければならぬ。性能であるよりもその適正な状態又は節度でなければならなかった。一言にしていえばそれは「中」であるべきであったのである。

しかし中とは何であるか、それは二つのものの間にある、即ち中間的なものであるか。たとえそうであるとしても二つのものというのは何を指しているのか。このとき二つのものとは事物ではなく、その存在の程度であり、「より多きこと」(πλεῖον)と「より少なきこと」(ἔλαττον)とによって成立つ。過度(ὑπερβολή)と欠少(ἔλλειψις)とが二つのものとなってその中間にある「適切」(ἴσον)でなければならぬ。アリストテレスは云う、「すべて連続的にして可分的なものに於いては、我々は「より多き」をも「より少なき」をも「均しき」ことをも取ることができる。だがこれらは或はことがらそれ自らに即してという意味に於いてであり、或はまた我々への関係についてという意味においてである。「均」とは過超と不足との何らかの意味における中である。事柄自身に属する「中」とは両極から均しいだけを離れているところのものの謂いであり、我々への関係における「中」とは多すぎず不足しないものの謂いである。前者の「中」は万人にとって同一であるが、後者の場合には凡ての人にとって同一ではない。例えばもし一〇では多いが二では少ないというとき、事柄に即して「中」をとるならば六が「中」である。なぜならそれは均しきだけを超過し、また超過されているからであり、即ち算術的比例における「中項」にあたる。だが我々への関係における「中」はそんなふうにして決定さるべきでない。けだしもしそうだとするならば一〇ムナでは食い過ぎだが二ムナでは足りない場合、体育指導者は六ムナの食物を命ずればいいことになるであろう。実際はしかし六ムナではそれを採る人によって或は多く、或は少ない。例えばミロン(クロトン出身の著名な競技者)にとっては少なく、体育を始めたばかりの初心者にとっては多いというように。……かくして競走や角技に於いて識者は過超と不足とを避け「中」を求め、それを選ぶ。……よき技芸者達はこのものから眼を放たずに仕事をするのである。もし徳は(自然もそうであるが)如何なる技芸よりも精密にして優れたものであるならば、それは「中」を心懸るものでなくてはならない。……このような徳は情念と行為とに関わるのであるが、これらにおいては過超と不足と「中」とが存在する。例えば恐怖するとか平然としているとか憤怒するとか憐憫するとか、その他総じて快楽ならびに苦痛を感ずるということには過多と過少とが存しているのであり、何れも宜しくない。これに反して、然るべきときに、然るべきことがらについて、然るべき人に対して、然るべき目的のために、然るべき仕方においてそれを感ずることは「中」的であり最善なのであり、このことが恰も徳の特色である。また行為に関しても同様に過超と超小と「中」とが存在する。徳は情念と行為に関わるものであるが、これらに於いて過超及び不足は過誤に陥るが、「中」は讃められ正しさを得るのであって、賞讃されるとか正しさを得るということはしかるに何れも徳の存在を予想するものである。徳とはそれ故に何らか中庸ともいうべきもの（まさしく「中」を目指すという意味に於いて）にほかならない」（一一〇七ａ）。

「さらに過つということは様々な仕方においてなされうるが（事実ピュタゴラス学徒がその表に示した如く、悪は無限定であるが善は限定されたものに属する）、正しきを得ることは唯一の仕方においてのみ可能である。「よき人は一つなれど悪しきは人さまざま」とも歌われている。かくして徳とは事理によって決定された、また思慮ある人が決定の標準として用いたであろうものによって決定され、我々への関係において中庸ということによって成立するところの「行為選択の状態」（ἕξις προαιρετική）である。中庸（μεσότης）とは二つの悪徳の、即ち過超に基づくそれと過少に基づくそれとの間における中庸の謂いである……徳はそれ故その実体に即していえばまたその体質を言表わす定義に即していえば中庸であるが、しかしその最善性とか「よさ」とかに即して言うならばそれは却って「頂極」（ἀκρότης）である」（第二巻六章）。

以上によってアリストテレスは徳の定義について結論に達した。我々もまたこれをもって彼の結論であると受取って差支えないであろう。ところが我々の疑い、敢えて彼に質さんとするのもまさにその点にあったのである。なるほどアリストテレスの論ずるように徳とは中庸であるという定義はたしかに正しい。中庸とはその事柄に即して、並びに我々への関係についていえば中的なものであり、事物の在り方から言って「中」なるものであることは恐らく古今を通じ東西に亘ってその正しさを失わぬであろう。子思子の中庸にもそのような考えがあった、少なくともそれに類する思想が儒教の道徳を支えていることもたしかである。この両者を比較検討することも重大でありまた我々の深く関心するところであるが、それは他の機会に譲ることとして、先ずアリストテレスの定義に対する我々の理解と並びに批判とに急がねばならぬ。

アリストテレスに対して第一に問いたきことは、徳は中であり中とは過不及の中間にあるというのであるが、それは事柄自身に即しても我々への関係についても存在のあり方であって、それ以上のまたはそれ以外の何ものでもありえない。しかしそのような存在の在り方が最も優れたる、卓越した、のみならず最善のものであるというのは何故にであるか。彼は以上の引用の最後に、*μεσότης* は直ちに *ἀκρότης* であると結論しているが問題はむしろそこにある。何故にそれはそうなのか、またそうでなければならぬのか。彼はそれについて何の論拠をも明らかにすることなく端的にそのように断論しているのである。これは明らかに存在と価値との混同であり、少なくともそれらの同一性を秘めたる断定であるといわねばならないのではないか。それともアリストテレスは十分にこれを弁えながらなお且つ敢えてそうした断言に出たのであろうか。存在の立場からいえばそれは単に間にあるものであるが、中は何故に最善であるのか。単に中にあるのは却って平凡であり、凡庸であって必ずしも卓越したものとは限らない。例えば成績をとって見ても劣等なのは勿論好ましくないが、ずばぬけて好成績のものは過度の故に非難せらるべきであるのか。成績は満点であるかそれに近いものが讃められるべきであって必ずしも中位にあるものが至善だとはいえない。アクロテースは文字通りに頂極であり却って極端にあるといわねばならぬであろう。何故に好んで平凡なる成績が最優といわるべきであるか。それが好ましいのは中位にあるが故にではなく、最も適宜であるからしてであり、中は間という意味に於いてではなく、あたる、適当である等々の意味にとられねばならぬ。最優秀であってもそのために健康を害するならば適当とはいわれない。たとえ極端にあってもそれが好ましく処世に必要であるならば、もとより歓迎せらるべきであろう。アリストテレスは前出の如く中を定義して「然るべきときに、然るべきことがらについて……然るべき仕方において」等々と言っている。然るべきとはその場合その都度それに最もふさわしいことを意味するのであるから、たとえそれが極度にあってもそれにふさわしく適宜であれば善であるに何の差支えもない筈である。それが中位にあることは善の欠くべからざる条件とはならぬ。適宜でありさえすればどんな位相にあっても一向に差支えはない筈であろう。してみれば中間存境は必ずしも徳の conditio sine qua non であるとは言えない。存在がではなく価値が徳を規定するのである。重ねて問う、中間の存在が何故に善であるのか。それが中位にあるが故に善なのではなく、善なるが故に中的と言われうるのである。中庸がややもすれば凡庸に堕するのもこの理由によると言わねばならぬのではないか。

さらに一歩をすすめて問おう。中とは存在の程度であるが、過度と過少とは中に於いて如何に均等化せられるのであるか。過度を削り過少を補うことによって均が得られるのであるか、均でありさえすれば即ち善なのであるか。アリストテレスは古語を引いて、善は一つであるが悪はさまざまと言っているが、悪がその場合、その人々にとって様々であるならば善もまたそうであり、少なくともそうでなければならない。なぜなら善は悪に相対すべきものであるから。善は果して一であるか、善は即ち均であるのか。均と雖も一様ではあり得ない。過多と過少とを混合すれば乃ち均となるのではない。均とは単なる算術的平均ではなく、ただその都度の宜であるに外ならぬ。或る人にとっては宜きことも他の人にとっては悪しきものでもあろう。同一人にとっても或る時は宜く他の場合には不都合である場合もある。善は一つであっても宜は多である。善は理想であり、宜は現実である。現実なる宜に於いてもそれは単に在るものではなく、あるべきものであり、然るものではなく、然るべきものである。然るべきと然らざるべきとを区別するのは価値の意識であって単なる存在の在り方でない。中が存在の単なる在り方である以上そこから然るべきことは得られない。それが卓越したものであるのはただそうあることによってではなく、然るべきものであるからしてであった。我々の疑問は一言にしていえば存在的な中間が何故に価値的な最善であるか、又はあり得るかという点に集中するのである。

二

「中」の思想について儒教には「中庸」の説があるから、それについても附説することを忘れてはならぬであろう。「中庸」は孔子の孫子思子の著として論語、大学、孟子と相並んで四書の一つに数えられているから儒学思想の一翼をなすことはいうまでもないが、古来この書については種々の疑義があり、その中に語られた思想の評価についても多くの異説があるようである。史記の孔子世家に「子思中庸を作る」とあり、鄭玄の註にも「中庸は孔子の孫子思伋之を作る」と明記されてあるが、表記、緇衣、坊記の三篇には作者を記していない点から見ると中庸篇だけが子思の述作であり、表記以下の三篇は後学の編纂にかかると見るべきであるといわれる。ところが中庸篇そのものも全部子思の作でなく、殊に我々にとって最も大切な中庸首章の中「喜怒哀楽之未発、謂之中、発而皆中節、謂之和、中也者天下之大本也、和也者天下之達道、致中和、天地位焉、万物育焉」の四十六字は楽経の断簡であり中庸の本文でなかろうと疑い、結局中庸の本書は第一章から第十五章に到る部分に限られ、余は漢儒の雑記と誠明の書だと断定したのは伊藤仁斎であった(中庸発揮)。彼がこのように思いきった裁断を下したのは第十六章に鬼神の徳を賛した文があり、これは怪刀乱神を語らぬ孔門の教に違背すると見たからであるが、懐徳堂書院最初の学主三宅石庵はこの章を以て第二十四章の次にあるべきものが錯乱して第十六章となったものだと訂正した。その後学山片蟠桃は「夢の代巻七」に於いて鬼神の章は二十四章に移されることによって、必ずしも乱神を説くものでなく、「鬼神為徳其盛世乎」の語と一致して「中庸の本意脈絡貫通す、千載の一快と云うべし」とまで言っている。このような異解はただにテクストについてのみでなく、仁斎は四書の中、論語と孟子を取り大学と中庸とを貶するに対し、懐徳堂一派の人々(中井竹山、中井履軒)は却って「中庸」を以て儒教の根本原理とし、ともすれば実践道徳に偏し易い儒教に一筋の原理的なるものを注入せんとしたことは注目に価するであろう。徳とは何であるか、それはおよそ事物の能力である。virtue は virtus であり、力であり能力であるというのが西欧の定義であるが、単に有能なことは必ずしも善ではない。悪に強きものは善にも強いといわれるが、また逆に善に強きものは悪にも強いであろう。ただ有能であり強力であることが即ち善なのではなく、力そのものにも善悪の区別が既になさるべきである。徳の問題は能力の存在によってでなく、善悪の価値によって定まる。能力は優れたものであってもそれ故に直ちに善であるとはいえない。立身出世する人はたしかに有能な士にはちがいないが、世の成功者は凡てが善人であるとは言えない。事実は却って逆であるかもしれない。成金者には随分悪辣な人も多いであろう。アリストテレスはそれ故に、単に能力あることによってではなく、優れたる能力のあるところに徳を見出さんとした。しかし優れたこと(aristos)は依然として善きこと(agathos)ではない、貴族が即ち善人ではない。善は存在ではなくまた存在の属性でもあり得ぬ。然らば善とは存在の有り方であるか。存在の如何なる在り方が善なのであるか。アリストテレスはそれは「中」の在り方であると答える。しかし存在の中的な有り方が何故に善でありうるのであるか。この問いに対してアリストテレスと雖も十分な答えを以て我々を満足せしめてくれなかったのである。

儒教の中庸説はこの点について何を我々に教説するのであるか。中庸の首章「喜怒哀楽云云」がこれを説明する最も重要な章句であるが、困ったことに仁斎はこれが子思子の思想ではないという。その論拠として十証をあげているが、その第六証に云う、「中庸の篇名より察すれば当然中庸を説くべき筈なるに、巻頭先ず中和を説くはいぶかし」。第八証に云う、「この条もし子思の言とすれば、下文またしばしば和の字を説くべきに、終篇之に及ぶものなし」。我々は仁斎に問いたい。中和と中庸とは同一であるか或は全く別なことであるか。第一証に云う、「未発已発の説は六経以来群聖人の書になし」。第二証に云う、「孟子は子思の門人に学びたる人にて、その言子思を祖述すべき筈なるに、孟子の書中一言未発の説に及ぶものなし」。しかしたとえ六経以来何人も説かなかったとしても子思がこれを用いて何の差支えがあろう、却って子思の独創として高く評価せらるべきでないか。また孟子が子思の学統に属しながら一言もこれを言わなかったというのは余りに師弟の礼儀を過重した言草ではないか。孟子には孟子としての見識がありまた事情もあって、必ずしも師説を残りなく説かなくっても一向に差支えないことであろう。第三証に云う、「唐虞三氏の書、中を言うも皆已発を以てして未発を以てするものなし」と。続いて云う、「もし未発の中を説けば六経語孟子用ありて体なき書となる」。先人が未発の「中」を説かなかったとしても子思子がこれを説いて何の差支えがあろう。子思子がこれを説くことによって語孟の書が体なきものとなるとでも言うべきであるのか。第四証に云う、「典謨にいう所の中は皆発して節に中るをいう。此処之を和と言ひて中と言はず」。問題は未発に於いて喜怒哀楽が中といわれるのは何故であるかという点にある。已発に於いては和といい、中といわれないのは勿論であって怪しむに足りないが、未発の中とは何であるか。仁斎は未発已発の説は六経以来群聖人の書になしというが、中和の二字を対用した例は周礼の大司楽職と大司徒職とにもあって、殊に後者に於いては中和を忠和に作っている。そして大司楽の鄭玄には「中猶忠也」と言って、大司徒職の文によって「中」を「忠」の仮借字と見ている。後漢書王常伝に「忠将軍」と書かれた官名は馮異伝には「中将軍」と記されているという。この時代には中は忠に通ずるのみでなく、むしろ中は忠の仮借字であったと見てよいほどである。殊に古文孝経に「忠心蔵之、何日忘之」とあるに対し毛詩は中に作っているという。して見ると中和は忠和の仮借であり、和に対する中の本字は忠であったといってよいであろう。子思子も恐らくこの伝統をうけて中を用いながらその意は忠にあったのではないか。この伝統の思想を受けながら未発と已発とに配して新しい解釈を施したものが子思子の説であると見るならば、仁斎の第一の反駁も当らずというべきである。それのみでない、中を忠の意に解することは中庸の哲学に光輝あらしめる第一のものであるとも思われる。中は単に中間にある意ではなく、まさに中心にあり的心にあたることを意味する。恰も天日の天心にあるが如くである。それは天命の性を指しそれに的中して悖らざることをいうのである。それが即ち誠であった。誠はただ心の真実を意味するのみでなく、天の命又は天の性を意味すべきであり、文字通りに「真こと」を意味していたのである。中庸本章は殆ど誠の説をとくにかかりはてている。子思子の哲学は誠の思想を本義とするものであった。「天命之謂性、率性之謂道、脩道之謂教、道也者不可須臾離也。可離非道也。」という有名な章句を引くまでもなく、このことは炳乎として些の疑義も容れ得ぬところであろう。問題は何故にこれを未発の心情に置いたかという点にあるが、これもさして至難な解析を要せぬであろう。なぜなら誠は天の命であると共に人の性であるべきであったからしてである。人の性は喜怒哀楽等に出現するが、これらの未だ発せず分たれざるものが人の本性である。発して節に中るものは和であるが、それは素より中と別なものではない。喜怒は人心の本性であり、人としてこれを備えざるものはなく、時としてそれに悩まされざるはないくらいであるが、いかに激越に発露しても決して則を越えず節にあたることが中であり和であって、それが人の性に忠なる所以であるに外ならなかった。人性に忠なることは単に自然の性情に放埒することではなく、常に節を守り度に専らなることであるべきであった。誠が未発と已発とに分析せられるのは乃ちこの区別に執せしめる所以でなく、むしろ子思子の即実的な説明の仕方に外ならなかったであろう。

ところが「中庸」にはもう一つの中の説がある。例えば「子曰く道の行われざる我これを知れり、知者は過ぎ愚者は及ばざるなり。道の明らかならざる我これを知れり、賢者は過ぎ不肖者は及ばざるなり。」「人は飲食せざるものなきも、能く味を知るものは鮮し。」「子曰く舜はそれ大知なるかな。舜は問ふことを好みて好く邇言を察し悪を隠して善を揚げ、その両端を執りてその中を民に用いたり。」(本章二)。

中とは両端の中央で過不及なきところの意である。周時代の道徳は礼であって、周公が夏殷の礼を損益して制定したものは経礼三百、曲礼三千という壮大なるものであったが、これを貫いて統一するものは中の思想であった。「礼は中を制する所以のもの」であると言われるが、礼記の教えるところは中の制度であり中的な生活の様式であった。孔子の教えは仁であるが、仁とは主観的には忠恕により形式的には礼をふみ行うことであるから、中庸の徳は礼の思想につらなる。子曰く「中行を得てこれに与みせずんば必ずや狂狷か」(子路)。中庸の初めに「君子は中庸し、小人は中庸に反す」ともいう。表記第二段の初めに「子之をいえり。仁は天下の表なり。義は天下の制なり。報は天下の利なり」とある。鄭玄によれば報とは礼の意であるという。中庸本書の最後の章に「仁とは人なり、親を親しむを大なりとなす。義(道)とは宜(義)なり。賢者を尊ぶを大なりとなす」とある。仁は天下の表記であるが礼は天下の利であるから、以て天下を潤すに足るという。坊記第一章には「君子は礼以て徳を坊ぎ、刑以て淫を坊ぎ、命以て欲を坊ぐ」とあるが、第四章以後にあっては「礼以て徳を坊ぐ」ことを頻りに説く。「坊記」はともすれば過度に走らんとする人間の欲情を坊ぎ、それをして節あらしめ礼あらしめるところの坊堤である。中がその原理をなすことは勿論であろう。

中庸の後篇、表記、緇衣、坊記の諸篇はおそらく子思学派の人々によって附加せられた子思子語録の残本であり、本書よりやや後れて編纂されたものと想定されるが、表記には特に仁義が論ぜられ、緇衣には忠敬の工夫が説かれ、坊記には礼の目的と功用が取扱われている。中の思想は何れに於いても原理的に支配しているが、表記では中は忠の意に解せられ、坊記では中は中道の意に釈せられていることが眼につく。緇衣の忠敬は要するに誠と同一であるが特に恒心を失わず、凡てについて謹慎であるべき工夫を教えている。して見るとこの三篇の中にも中の思想が忠から中道に変遷した過程を看取するに難くはないであろう。もちろん編集者は意識してこの順序においたわけでないが、第二の緇衣は両者を連絡するものとしても解せられ得る。我々にとっては子思子の中にこの二つの思想(忠と中間)があることを見きわめることができれば十分であったのである。

しかし子思子の中庸説についてはさらに看過してはならぬ一つの重要な問題がある。それは武内氏によって指摘されたことであるが、中庸説と易伝との関係である。両者の間に密接な関係のあることは既に周く知られたことであるが、中が特に中間の意に解用せられたのは主として易伝の影響によるという指摘は、武内氏の精密にして鋭利な研究に負うところである。

儒家が易伝を尊重したことは知られた事実であるが、殊に十翼が加えられるようになってから従来卜筮家の書であった易が儒家の道徳を説く経典となったことはそれに劣らず重大であろう。十翼は孔子の作と伝えられるが、これは全く臆測であって、或は孔伋の作でありそれが孔丘と混同されたものであるかもしれないが、十翼は必ずしも一人の作品でなく、また時代的に必ずしも子思子以前の作とも断定せられない。しかしその中最も古いのは彖伝と象伝とであって、繫辞伝と文言とがこれに次ぐ。文言は彖象辞の別の解釈であって、今はただ乾坤二卦の部しか残っていないが易の思想を知るに便である。彖象二伝によると易の精神とするところは剛柔の中を得ることであったが、繫辞伝と文言とは剛柔に代えるに陰陽の概念を以てし、陰陽二気の消長によって万物の生々を説くことを易の精神とするに到った。繫辞伝には「生々之を易という」とある。それは中庸説の「生物不測」ということとつながるであろう。また文言にはこの陰陽生々の作用に冥合する方法として「閑邪存誠」を説いているが、これまた中庸説の誠と一致する。中庸説が秦代の作であるとすれば繫辞伝と文言とはまたこの時代の製作にかかると見るべきであろう。

ところが易にはなお説卦、序卦、雑卦の三篇があり、就中説卦は八卦の象、即ち八卦が何を表徴するかを説明せんとするものであり、現在象伝の中に混入している大象の序論であるという。大象は八卦を重ねて作られた六十四卦の各が象の上から観察して如何なる道徳的意義をもつかを説明したものであって、易が儒家に取り入れられるようになったのは主としてこの方面からであった。説卦には陰陽を天の道、剛柔を地の道、仁義を以て人の道となし、易はこの天地人三才を一貫する道理であって、これを窮めてその理を明らめ、人性を尽すべきを教うるものであるという。しかもこれらを一貫する理は「中」の思想であったことは我々にとって殊に興味深い。銭大昕の研究によれば「彖伝中、中を言うもの三十三、象伝中、中を言うものは三十、その言うところの中は、或は正中、或は大中、或は中道、中行、行中、剛中、柔中等。……故に嘗て謂う易の六十四卦、三八四爻は一言以て之を蔽えば中而已」(潜研堂集中庸説)。そして中の意は主として両端の中央或は過不及なき中であったことは我々にとって殊に重要である。想うに秦は儒を禁じ儒書を燔いたが、ただ易だけは卜筮の書として残した。秦及びそれ以後の儒家の徒は易に比してその教義を伝え僅かに命脈を保とうとしたのではないか。文言伝などはその趣きを伝えて余りあると言う(武内義雄「老子原始」二二六頁)。

孟子は春秋を力説して遂にその派から公羊学を発展せしめたが、子思子の後学は易を崇んで十翼の成立を助け以て儒学の伝統を保持せんとしたとも言えよう。孟子は子思子の門に学んだ孟軻の後流であり、その初期に於いては中庸学とその説を同じくしたものにちがいないが、後には春秋によって著しく歴史学派的色彩を加えたのに対し、子思学派は却って易学に帰って中の思想を堅持したものであると見ることもできよう。そしてそう見ることはまた子思子の中の思想に二つの区別のあることを適確に教える所以ともなるのである。中とは両辺の中間の意であるとするのがその第一であり、中とは誠であるという思想がその第二である。そして前者は易学から由来したものであり、第二は儒学の本命に属することは略〻推断に難くはない。但しこの両者の孰れが先であり後であるかを明定することは困難であるが、恐らく秦の受難時代を切り抜けるためには易に頼る外はなく、儒学の復興と共にそれに止るにあきたらぬようになったことは自然であろう。正中の説は素より「誠」の思想と無関係ではなく、前者より後者への発展は順当であるといわるべきであろう。中が忠となり忠敬となり、誠の思想に解せられるようになることは儒学の正当なる発展であるが、中庸には依然として一つの「中」がありそれが易学に由来することを忘れてはならぬ。中が忠であるということは一つの発展であるが、中が文字通りに中間であり、中心であることもまた一つの原意であったろう。ただ問題として残るのは中に加えて庸があらわれ、単なる中ではなく中庸と熟せられるようになったのは何故であるか。

庸の字は庚と用とを合して成ったものであって、「庚」は「更」に通じ、続くの意があるという。それは続いて用いられることによって慣となり、常にありいずこにも見られる点からして日常的な平凡なることを意味するようになるのであるが、「道は人に遠からず、人の道を為して、人に遠きは以て道と為すべからず」(中庸本書第八)と明言せられているように、人の道は近きにあり常にあって暫くも離るべからざるものでなければならぬ。本書冒頭の有名な章句「天の命ぜる之を性と言い、性に率《したが》う之を道と言い、道を修むる之を教と言う」に続いて、「道なるものは須臾も離るべからず。離るべきは道にあらざるなり」とある。道とは常にあって異なものではない。奇にして異なるものは道に遠く、人より遙かにして共に用うるに足らぬ。常に用いられ絶えず手近にあるこそ道としての用に堪えるものである。道とは人々を導いて徳に到らしめるものでなければならない。老子にとっても常道とは道の道とするところにはなく、また道と言わるべきものでもなかった。常道はそれほどに我々の身近にあって、これを道として名づけ又は言い表わすことすらこれを失うのである。（道はまた言うと訓せられる。）世に道といわれるのは真の道ではない。それらは凡て名づけられ言われたものにすぎぬ。中庸の庸は中の用であり、単なる用でなく常なる用である。それは決して凡庸の性ではなく、日常の用でなくてはならぬ。中は徳であるが庸は道である。徳と道とは離るべからざるものではあるが、ややもすれば相背く。これを坊ぐものは庸を措いては外にはなかった。庸徳とは単に徳の庸なるものではなく、道として常に用に堪えるものでなければならなかった。

中庸本書に「庸徳をこれ行い、庸言をこれ謹み、足らざる所あれば敢て勉めずんばあらず。余りあるも敢て尽さず、言は行を顧み、行は言を顧みる」とあって、庸徳が如何に実践的に捉えられているかを見るべきであろう。易に於いてこれに相応する章句は文言伝における「庸言をこれ行い、庸行をこれ謹しみ、邪を閑《ふせ》ぎ誠を存す」であるが、庸が言行と密着していることを思わしめる。但し中庸のこの章句は易伝から来たものではなく、逆に中庸の哲学から易学を解釈したものであり、却って文言が中庸を襲ったものであるかもしれない。庸の使用法が孰れに於いて早かったかはこの引用からして決定し難いが、とにかく庸徳の思想は既にこの時代に定着せられ、「君子中庸に依り世を遯れて知られざるも悔いざるは唯聖者のみ之を能くす」というほどに到った。中と庸とは必ずしも同一ではなく（徳の性質として）、中が単なる徳としてではなく、道として考えられるに到って中庸の思想が完達せられた。そしてそれは易の思想から子思子の解義に及んだものと見ることも強ちに過誤ではないであろう。中とは理であるが、庸とは用であり、道であって、中庸を合することによって子思子の哲学が達成せられえたと見ることが正しいであろう。

儒教の中庸はもとより道徳の教説であってそれ以外の何ものでもなかった。そしてその淵源も根義も偏に孔夫子に出づるものであって、その他の何ものにも拠らぬことは言うをまたぬ。仁斎は文行忠信の四つを以て孔子の教え、論語の精髄と考え、文以て知を致し、行以て善を践み、忠以て己を尽し、信以て物に応ず、これ万世学問の程式也と言ったが、就中忠信は儒教の礎石であり、忠とは中と心の字とを合わせて作られたものであり、自己の内心にはかって偽なきことを意味し、信は人と言の字との合成であるからよく他人の言をきき他人に対して約を守ることである。それらは尽く自己の忠から出るが故に徳は言の成るものであり、行の達すべき宿地でなければならぬ。誠とはまさにそれを言う。誠は天の道なり、誠ならんとするは人の道なりということが子思教学の根本義であった。中庸とはそれ故に天下の達徳であると共に万世の達道である。徳とは啻に事物の天性であるのみでなく、人性のあるべき道程でなければならぬ。しかし誠が天の道ではあってもこれを人の道とすることは容易でない。この両者がもともと一つであっても誠を人の道とすることは容易ならぬわざである。むしろ道徳とはこの至難のことを実現せんとするところにあって、もし容易に一致してあるならば道徳は不用であり無意味でさえもあるのである。人間は善を欲すると共に悪を欲する。悪をも欲するところに自由があり自由なしには人間の存在もありえぬとすれば、人の性は何という複雑にして多端なるものであることか。天の道が即ち人間の道であるなどと安住していられないのである。問題はむしろ誠を人の道とするために何を如何にすべきかにあって、それを無視して道徳の世界はなかったのである。徳は「得」であり、人間のもっている優れた能力であるが、能くなすことは必ずしも善くあることではない。多能なることは却って悪をもたらすことさえもある。よくということは第一に能くであるが、よく生きることはただ逞しく生きることではない。誠は忠と信とであるが内に省みて何を思い、外に信じて何を行うべきであるか。誠は真に近く、誠をもつことは真理を体得することであるにちがいないが、問題はむしろ真とは何であるかという点にある。誠は善であるが、善とは何であり如何にして実現せられうるかということが第一の問題でなければならない。ここに徳とは中であるという答があるが、中とは徳の如何なるあり方であるか。中とは徳の中正なる関係であるといっても中なることが直ちに正であるのか。過不及なきことが礼の本質としても過と不及とを判別すべき根拠はどこにあるのか。それのみでない、何が中正であるかは時と場合とによって異なっていて一概に且つ一般的には規定せられ得ない。善とは要するに宜にすぎぬのではないか。よいということには三つの意味があり、三段の変遷をもつ。第一は能くであり、第二は善であるが第三は宜である。宜は具体的にその都度よろしきを得ることであり、礼の制度である。喪を三年にするか一年にするかは時代の感覚によることであって永久の法則ではない。鞠躬如が人に接する唯一の方式であるとは何人も考えないであろう。人は善を求めて徳につくが徳の何たるを求めて遂に善を見失わんとする。高々得るところは宜であって善ではないかもしれない。*τὸ ἀγαθόν*(good)ではなくして *ὁ καιρός*(right)であるにすぎないことも多々あるであろう。中庸はカイロスの原理であっても未だアガトンの何たるかを教えるものでない。少なくとも中庸は実践の原理であってそれ以上のものではなかったのである。さらに附言すれば中庸は日常性を主とするが故に、ともすれば旧慣に泥み、凡常に親しんで凡庸となりやすい。庸は上述の如く凡庸の意味ではなく恒用の意ではあるが、常習せられ遍有せられるに従って凡庸に堕し易いこともまたやむをえざる事実である。中庸は凡庸ではないがそれに傾き易い。礼がややもすれば形式的となるのもそれ故にであり、宜は多くの場合便宜的なもの、乃至は方便的なものとなるのもその理由からしてであった。過不及なきことが唯一の善であるならば、天才の仕事は大抵は不善とならざるを得ぬであろう。優秀は凡庸を打破して尚余りあるものであるが、競技に於いてそれが如何に人心を誘い、奮起せしめることか。あらゆる可能性を試みることは大凡そ中庸とは程遠い生活の態度である。中は存在的にあり得ても価値的には何程の意味をもつか。中間存境の不可能なることは例えば中性の存在の実際にあらぬことと同様であろう。neuter は non-uter であってどちらでもないということとそのことを表わすのみであって、そういうものがあるという意味ではない。中性は文法上にのみあって人間は男性か女性かの孰れかでなければならぬ。国語によっては中性をもたぬものもあるのはそれが単なるフィクションであることを証して余りあるであろう。人間は男女孰れかの性にあって、その孰れでもないような(non-uter)第三の性はない。道徳は善か悪かの孰れかであって善でもなく悪でもないような徳とは徳とさえ言われ得ぬ。もしそのようなものがあるとすればそれは道徳以前の存在であるか又は道徳外のものでなければならぬ。無記とはそれを言うのであるが、中は無記であっても無記なる存在ではなかった。それはまさに第三のレンマにして初めて把握し得られる世界でなくてはならぬ。中は過不及の間にあるものでなくして、その孰れでもないところにある。その孰れでもないというまさにそのことが中であったのである。そこまで行かなければ中の思想は徹底しない。儒教の中は理論的根拠を欠いている。中庸説はやがて凡庸説になるか、または便宜説に到るより外はなかったであろう。儒教の善は宜であってその外になかった。儒家の求むるところは礼であってそれ以上の何ものでもなかった。たとえ中が忠にまで又は誠にまで深化せられても、それは専ら実践のことであって十分なる理論的根拠を欠く。要するに中国の倫理はひたすらに実用に止まって、それ以上に理論を求むるのは恰も鬼神を語る如く敬遠せられたのである。

三

アリストテレスの「中」は存在と価値とを混同している。存在的に中なるものが何故に価値的に善であるかが彼に於いて証明せられていない。中間的な存在が何故に最も優れたるものでありうるのであるか。最勝なるものは極度的なもの(ἀκρότης)であるべきであるのに、それが中的なもの(μεσότης)であるというのは矛盾に非ずして何であろう。中的にあるというのは存在の情況であり、善とは価値の問題である。アリストテレスの倫理説は存在の問題を価値の立場にすりかえたものであり、善の問題を存在に基づけながら、いつのまにか価値の立場に転換していると評するのは果して酷にすぐるだろうか。もちろん中とは単なる存在ではなく、存在の有り方であり、単なる存在の仕方ではなく、善なる有り方ではあるが、それにしてもこの有り方が善であるというのは何に拠ってであるか。それは既にこの有り方が善であるという価値的見方をひそかに潜入せしめているが故ではないか。何故に中なる存在の仕方が最善であるのか。最善とは最勝であり、頂極的なものでなければならぬ筈であるのに、それが中的な存在にあるというのはどういう理由によるのであるか。

儒家の「中」は単なる中間ではなく、中とは忠であり誠であり、的中であり適宜であることは子思子の「中庸」説を検討することによって明らかとなったが、しかし中国の道徳は礼に起源し、遠くは易に淵源することも上述によって我々の知るところとなった。そして礼とは一つの制度であり謂わば施設であって、必ずしも論理的でないことも明白である。儒家の明らかにせんとするところは善の概念ではなくして、宜の実践であるに外ならなかった。

中の原理がアリストテレスや子思子に於いてなお未だ慊らないものを我々に感ぜしめるのは何故であるか。それはこれらの人々によってなされた「中」の定義が凡て存在に基づき、中的な存在を基礎とするが故でないかと思う。アリストテレスに於いては明らさまにそれは存在について求められた。儒家の思想はそれに比べて専ら実践の世界に見出された。実践は必ずしも存在ではないが、実際に行われるものとして明らかに実的なものでなければならぬ。いずれにしても中とは中間的存在であり、中間存境を認めるものといわざるを得ぬ。果してこのことが正しいか、又は許され得るであろうか。我々は既にアリストテレスや子思子についてその到らざるところを指摘し慊らざることを披瀝した。中とは存在の、又は存在の情態についてではなく、却って非存在に於いてのみ見出さるべきであると考えるからである。中間存境は遂に我々の組し得ざるところの構想であり、これを潔く追放することによってのみ、中の思想がまさに正しく求め得られると考えられるからである。そしてそれを敢えてしたものはインドの思想であり、就中龍樹の中観説であったと思われるのである。

「中論」第二十四、聖諦の討究第十八偈に云う、「凡そ縁起であるものは我々は之を空であると説く。その空は相待の仮説である。これがまさしく中道である」。この偈は恐らく龍樹の思想を要訣したものとして古来有名なものであるが、我々はここに彼の抱懐する「中」の思想の何たるかを簡潔に、しかも力強く主唱せられていることを何よりも看取しなくてはならない。彼によれば世俗の法は凡て縁起によって生起している。縁起生なるものは実体がなく、それがあるのは尽く他に依存し、互に相待的であるが故に空でなければならない。空とは自性なきことである。自性なく自体なきものは従って自存もない。それらは尽く仮構であり空しき施設であるにすぎない。そこにあるといわれるのも仮りそめなる仮名であるにすぎなかった。それ故に縁起が即ち空となる。空なるが故に縁起生であり、縁起的であるということが空ということであった。親から子が生れるのは実的でありレアールではあるが、他人の子を養って親子の縁を結ぶことは仮設であり、仮りそめのえにしであるにすぎない。夫と呼び妻と名づけるのも仮令三世の宿縁によるとはいえ、仮りそめの結合であってそこに何らの自然必然的関係はない筈であろう。縁起的なものが空であるということは比較的わかり易いが、しかしそれが同時に「中道」であるというのは何の意味かまたはどういう理由によるのであるか、龍樹から我々は何の説明をも聞くことができないが、その論理は恐らく次の如きものであっただろう。例えば夫婦の道が中道であるということは常識的にいえばそれが人間の本性に基づくということである。人間は孤独を嫌うのみでなく、人間の存在はそもそも人々の間柄にあって、家族、社会、国家の中に於いてのみ生存する。これに背いて独身であり、これに敗れて寡婦であることは少なくとも偏であって中ではないであろう。中とは人間の本性に基づき、それに的中することとも解せられる。それは人間存在の常道であり、それ故に中道でもあった。しかし人間は時にはこの常道を破り、剰えそれに反逆せんとする。中道を説いた釈迦は何故に出家したのであるか。脱俗は却って法孫の常道となったのではないか。中道は必ずしも常道でなく、中の理論はさらに深く探求せられなくてはならぬ。

何よりも中は先ず空でなければならなかった。それは法を縁起生と見るからであるが、空とは何であるか、又はあるべきであるか。空を空しいこと、はかなきものと解するほど空しいものはないであろう。それはなきものであるがそれ故に無ではない。無であれば無というものがあることになり、空ではない。それは rien でなく néant でなければならぬ。それは有に対する無ではない。有るものに対する他のものでないことはもちろん、有に対する無ではなく、無の無でなければならぬ。有を否定すると共に無をも否定するものでなければならぬ。それは即ち第三のレンマの論理によって開示せられるところのものであって、その外の何ものでも断じてない。それは論理によってではなく、直観によって直接に体験せられるものと反駁する人があるかもしれないが、空の把握は単に漫然たる瞑想によって得られるものではない。たとえ直観によってであっても、それがそうあるべき理由を我々に説示すべきであろう。レンマの論理はロゴスの論理ではなかった。論理をただロゴスに限るからしてそのような批難も横行するのであろう。我々は敢てこれを横行という。直観主義はさらに謙虚にして中道を守って直行すべきであろう。

中とは二つのものの間にあるものではない。また二つのものの混合にあるものではない。有るものはただ二つのものであってそのほかに、又はその間には何ものもなかった。人間は男性か女性かの孰れかであってその外に中性はなかった。判断は肯定であるか否定であるかであってその外に何ものもなかった。もしそのようなものがあるとするならばそれは要するに無でなければならない。しかし無というものもどこにもなかった。どこにも無いものが即ち無であるからである。中は無でもなく空でさえなかった。「宝積経」の有名な一節に云う、「空性によって法を空と為すに非ず、但だ法(の性)こそは空なり。無相に由って法を無相となすに非ず、但だ法(の性)こそ無相なるなり。無願に由って法を無願と為すに非ず、但法(の性)こそ無願なるなり。迦葉よ、是の如く観ずるはこれ中道にして法の真実観なり」と。「空性有と認めて空性に依る人々は、我は彼等を此の教より破壊滅亡せる人々なり。迦葉よ、寧ろ須弥山の量の我見に依るとも無(abhāva)に執著する空性の見(sunyata dṛṣṭi)に依る勿れ。所以は如何、迦葉よ、空性は一切の見を起すものを離脱せしむ。然るにもし空性を見となす人あらば我はその人を治癒すべからずと言う。譬えば迦葉よ、病める人ありて医師は彼に薬を与え、その薬は彼の一切の病毒を一掃し已りて(後も)自ら内臓に在って出で去らずとせよ。そを汝は如何に考えるや。彼は(果して)その病より脱し得べきや。」「否なり世尊よ、若しその薬にして一切の病毒を一掃し已りて(後も)内臓に在って出で去らずとせんに、彼の人の病は一層劇しくなるべし。」「実に是の如く、迦葉よ、空性は一切の見を起すものを離脱せしむ。然るに若し空性を即ち見となす人あらば我は彼の人を治癒すべからざるものと言う。」(「大宝積経」第一一二、大正蔵一二、二〇七中)。これは月称が「中論」第十三「行の討究」の註解に引用したものであるが、その第八偈にも云う、「一切の見を出離することが空であると諸〻の勝者によって説かれた。これに反して空見を抱くものはこれ不治者であるといわれた」と。空というものがあってこれによって諸法が空となるのではない。諸法それ自らが空なのである。空性を以て諸法を空ぜんとするのは与えられた薬が滞って体を腐敗せしめるようなものであって、決してこれを治癒する所以ではない。諸法が空なりというのは決して空性によって空ならしめたのではなく、諸法が既に空であったからしてである。空性は空なるが故にそれ自ら空でなければならぬ。即ちどこにも空性はなかったのである。どこにもないものが即ち空性であるならば空性はどこにあるか、如何にしてありうるか。如何なる意味に於いても無いものが空であるとすれば空は遂に求めて得られざるものではないか。

それにも拘らず我々は尚も空を言い、空について語る限り空とは何ものかでなくてはならぬ。空とは中であった。中は空であるより外にはなかった。それがそうであるのは中が間にありながら、しかも間になきものであるからしてである。間にあっても何ものとしてもないからである。それは何ものかとしてあるのではなく、また何らの境としてあるものでもない。中間存境は遂に認められないのみでなくそれ自ら不可能とならなければならない。

間とは二つのものの、又は多くのものの間柄である。間柄はあるが間というものはない。もしそれがあるとすればそれと二つのものとの間があるべきであり、無限の逆行を許さねばならぬであろう。二つのものはあるがこれらの中間のものはない、ものとしてあるとはいえない。それが二つのものの混合であるならばこのものと二つのものとは又さらに混合しなければならぬ。凡てが混合すれば混合ということすら成立しない筈であろう。

中はものではない、ものとして存在するものではない。即ち無であり空でなければならない。肯定と否定とはあるが、その外に、その間に何ものもあり得ない。肯定と否定とを混合したものは判断として果して何ものであるか。排中律がロゴスの第三の法則として定立せられたのもこの理由によるのであり、ロゴスの立場にある限りこの法則は無条件に妥当すべき筈である。であるからこの法則を破ろうとするにはロゴスの論理を潔く放擲しなければならぬ。しかもそれにも拘らず事物がある以上は事物の間柄がある。それを把握する唯一の道はレンマの論理を措いて外にはあり得なかったであろう。間柄にあるものは肯定でもあり否定でもあるが、ロゴスの論理によればそれは矛盾した関係であって許されないが、レンマの立場に於いてはこのことが可能であるのみでなく、現実でもあるのである。但しこの場合そのようにあり得るのは一つのレンマ的論理を必須なる条件とする。というのは肯否の両是は必ずその両非を必須な条件としているということである。肯定でも否定でもあるのは肯定でもなく否定でもないという両非の論理を前提しなければならぬ。この前提なしには両是の命題は決して成立し得ぬからである。換言すれば第四のレンマは必ず第三のレンマを前提としている。これを前提することなしには絶対に成立し得ぬのが両是の論理であるからである。しかも第三のレンマは両非の論理であり、絶待的な否定であり、従って絶対的否定でなければならなかったからしてである。そしてそのような否定は凡てに於いて凡てについての否定であるからして、無であり、空でなければならなかった。そのようなものはどこにも存在しない。ものとして何ものでもなく、存在として何処にもあり得ないからまさにそれ故に空でなくてはならなかった。第四のレンマは第三のそれの上に立ち、後者なしには啻に成立し得ないのみでなく、殆どその意味をさえ失うものであったからしてである。それが肯定でもあり否定でもあるのはまさにそれがその孰れでもないからしてであった。この否定なしには第四の立場は明らかに不合理であり、ロゴスの第二法則

(矛盾律)によって厳禁せられていることは見易き道理であるであろう。この禁断の論理を撃破して敢てレンマの立場を確立するのも偏にこれらの論理が勝義に属するからしてである。それが世俗の立場の遂に企て及ばぬものであることも以上の理由から略〻明瞭となりえたであろう。そしてこの勝義の論理なしには東洋の論理の本質と併せて、それが西洋の論理から峻別せられる所以のものも明晰とはなり得ぬのである。

「中」の思想はアリストテレスにもあったが、それは専ら存在として把握せられた。彼にとっては中は少なくとも境として存在し、しかもそれが優れたる存境として彼の倫理学の基礎概念をなしているのである。しかし既述の如く存在の中的なるものが何故に最も優れたるものであるかは彼の遂に説明し得ないところである。中的存在は却ってその故に凡庸であるかもしれない。凡庸に非ずともよって以て優れたるもの(ἡ ἀρετή)を解明するに足らざるものであることだけはたしかであろう。それにもまして致命的なことは存在態としての中が果してありうるかどうかということである。中的なものは neutral であるが、既述の如くそれは non-uter、即ち「孰れでもない」ということそのことのみであってそれ以上の何ものでもなかった。果してそのようなものがあるか否かはこれによって何事も語られていない。それは中的な或るもの又は有るものではなく、ただ孰れでもないということそのことを意味するにすぎぬ。それはものとして又は存在としてあるものではない。中は存在ではなかった。その点に於いてロゴスの論理は依然として正しさを失わぬのである。ものは存在であるか非存在であるかの孰れかであって、その外の何ものでもない。中間的な第三者はあり得ぬというのがロゴスの第三法則であった。勝義の立場に於いてもこの排中律は依然としてその正しさを保つ。にも拘らず我々は中があるという、中を許容しなければならぬという。排中律の逆転をめざす論理にとっては果して如何なる立場が茲に見出さるべきであるか。

中はある、中は認められねばならぬ。しかしその故に中は存在であるとは言えぬ。それは我々の結論であるが、果してそうならば中は無いものとならざるを得ぬ。それがあっても厳として排せられねばならぬ。排中律は依然として妥当性を失わぬ。しかしそれにも拘らずレンマの立場はこれを逆転せんとする。ロゴスの第三法則は正しくない。中は排せらるべきでなく、反対に許容せらるべきである。中は存在としてはないが――それは決して中がないということではない――まさに非存在としてあり、無としてある。空としてありそれ自らとしてある。それはその故にあり、ありうるものであり、あるべきものであった。それはその故にありうるものの凡てであり、あるべきものの最勝なるものであった。それはその故にこそあるところのものであったのである。

第十　四諦論と四料揀

一

婆藪跋摩(Vasuvarman)の四諦論はインド人の思考方式として、我々の以上に論じたテトラ・レンマに対してまた一つの有力なる手がかりを与えてくれるように見える。それはもちろん単なる論理といったものではなく、また思考の原理でもなく、実践の理論であり、就中宗教的なる救済の教説であったからして、これを直ちに論理の問題に結び入れることは誤りであるであろう。それはまた大乗仏教の教理ではなく、アビダルマ有部の思想に属するものであるから、その思想の綱格も、因って来るところの伝統も、大乗のそれとは多くの点に於いて異なることはいうまでもない。それをここに拉し来ることは教理上の誤謬であるばかりでなく、方法論の錯誤であると難ぜられるかもしれない。しかし大小の二乗は共に釈迦の遺法であり、孰れが正しい伝統であるかを論ずるよりも孰れも何に由来し、何を根源としているかを見究めることが肝要事である。小乗が歴史的に大乗によって破砕されたということも、大乗非仏説の旺んな言論も共に謬っている。有部は空部によって徹底的に破砕せられたとしても尚その上に新しい有部が建てられるべきである。さもなければ空部は文字通りに空となって何ものをも残さぬであろう。四諦論は有部の教説であるが、その作られたのはアビダルマ教学の後期であり、ヴァスヴァルマンは恐らくは世親の後に世にあった人であろうといわれる。

四諦とは苦、集、滅、道の四つの諦をいうのであるが、先ず諦とは何を意味するのであるか。それは存在の「境域」

であり、場所(loka)とか「境」とか「世間」とかいわれるものと略〻同様のものであるが、それが単に世諦であるよりも聖諦として把握せられた点に宗教的色彩をただよわす。loka は一般に世間と訳せられ、日常性を示すものであるが、宗教的見地からは人々の拠ってあり、於いて住すべき境地を意味する。入菩提行論には loka は端的に jana として示された。それは主体的な人であるが、単なる個体ではなくそれを中心として開かれた世界であり世間である。場処は単なる空間であるよりも、人々のそこに於いてありそこに住するところの場所であり境地であるべきである。

諦の原語は satya であるが、この語はむしろ対境を意味するに近く、これを開くところの人(pudgala)の方面に薄いようであるが、境は勿論人によって作られたものであるから、人なしには境はなく、また境なくしては人もありえないほど密接な関連に於いてある。境が有覆の世俗であるのはそれに処する人間の無明なるが故であるにちがいない。諦はそのように人と境との二者から成立っているのである。そのような考えは早くから且つ広きに亘ってインド人によって抱かれた思想の一つであった。

諦は普通に「世俗」と「勝義」との二諦に区別せられる。世俗諦は saṃvṛti-satya であり、それは覆われ隠された世界であり、その真相の開示されない世諦である。月称はそれについて三義を与えていることは既に述べられた(第六章、世俗と勝義、一七四頁)。月称は入中論一の七に於いてさらに云う、「愚痴は〔真実〕の自性を覆うが故に世俗である。それによって虚構のものが諦として顕われる」。月称は覆障を以て世俗の第一義としたのであるが、その第三として「言説」(vyavahāra)の義をのべている。世俗諦は真実の障礙せられた世界であるが、また言説によって覆われ、誤られた世界である。言説そのものは必ずしも誤りではないが、言説せられたものは既に真実の世界を遠ざかっている。そしてその限りに於いて言説は覆障と同義となる。vyavahāra が saṃvṛti と同様に用いられたのはこの理由によるのであろう。言説はロゴスの世界であり、命名に始まり仮名に終るところの施設である。それは真実を正しく伝えないのみか、それを誤らしめるものでさえあるが故に世俗とよばれるのである。

但しvyavahāraは単に言説の意でなく、さらに広く「活動する、取り扱う」等の義に用いられ、厳密に言説を意味するvyāhāraとは区別せられねばならぬという人もあるが、両者が同じ語根をもち、共にパーリ語のvohāraに対する梵語であることは明らかであるから強いてこれを峻別する必要もなかろう。穿って言えば言説に限られたvyāhāraが世俗の意に転じたものがvyavahāraであり、却ってここに言説が何故に世俗を意味するようになったかの消息を伝えるものとして興味深い事実であろう。世俗とは覆い隠された世界であり、名言によって誤り伝えられた世界であり、それが習行されて仮名の、又は仮説の世界となったものであろう。prajñaptiがこの世界を総称するものとしてsaṃvṛti, vyavahāraに続くのもこの理由による。中辺分別論には種々なる世俗を数えているが、その第一に立名世俗が掲げられ、prajñapti saṃvṛtiと名づけられた。

月称によればsaṃvṛtiの第一義は覆障の意であるが、第二は「相互に依って存在する」こと、即ち存在の縁生を意味するものであるという。この義は一つの新しい思想であって第一義とは無関係のように見えるが、覆障せられた世界の有り方を示すものと解すれば必ずしもそうではないであろう。世俗の世界は縁生である。そして縁生とは即ち空であるべきでありながら、これを世俗として施設しこれを俗世間として執せしめる、それが習俗の世界であった。入菩提行論疏にはこれを黄疸の患者に喩え、覆障の理由を縁生に求めた。それのみではない、saṃvṛtiは時としてsam-vṛittiと書かれている。これはtを一つにするか二つにするだけの違いであって或は単なる誤記であるかもしれないが、しかしそうではなく意識的に区別して用いられるとするならば、saṃvṛittiの語根はsam-$\sqrt{\text{vṛit}}$であって、単なるsam-$\sqrt{\text{vṛi}}$ではなく「生起する」ことであり、単に「覆う」ことではない。もしこの差別を認めるならばsaṃvṛittiの第二義即ち「生起する」ことを、さらには「縁生する」を第二義としていることは月称の言う如く正しいであろう。

saṃvṛtiの第三義はsaṃketaであるがこれが印定又は表示と訳せられるのは、それがパーリ語のsammuti(言説)を原語とするからであろう。saṃvṛtiはむしろパーリ語sammutiの梵語化せられたものだといわれるくらいである。それは全くの「言説」の世界であった。直接には vyāhāra に属し、それがさらに転じて vyavahāra となったとすれば、言説の仮名が土台となって覆障が起り、そして世俗の世界が構成せられるという過程をもの語るに十分であろう。saṃmuti の語根は sam-√man であり、「考える」ことを意味するが、それは主として名言によって考え、言説によって解することであって、それ故に真実を覆いかくすことともなるのである。prajñapti もまた「名称の施説」であり、むしろその故に真実を覆いかくすものとなり、それ自らは実体なき仮名に止まる。そのことを明らかにしたのは瑜伽師地論や大乗荘厳経論であり、そこでは prajñapti が dravya に対立して用いられ、それはその限りに於いて「実体なき仮象」となり、仮名、又は仮立の世界となりはてたのである。

それに対して勝義の諦とは如何なる世界であるか。清弁の中観心論によると勝義(paramārtha)の parama は uttama(最勝、最上)であり、artha(義)は「知らるべきもの、観察し、了解せらるべきものである。それは最勝の出世間無分別智によって了得せらるべきところのものであった。清弁は般若灯論に於いて、paramārtha について一、artha でもあり parama でもあるからという持業釈と、parama なる artha であるという依主釈との二解を弁じているが、孰れにしてもその主意は次の点にある。それは「他によって知られず、寂静であり、諸戯論によって戯論せられず、無分別にして差別的意義のない、それが真実の相である」(「中論」第十八第九偈)。そしてそれを開示し、そのような諦を形づくったものが即ち勝義の世諦であった。それはそれ故に就中世俗の世界と厳しく対立する。それと区別せられるのみでなくまさにそれと反対する境地でなければならなかった。解深密経の勝義諦相品によれば「勝義は五相を有す。不可言の相と、無二の相と、究理の境より超越せる相と、異、不異より超越せる相と、一切処一味の相とである」という。それは第一に分別智の伺い知るべからざる世界である。従って分別を事とする言説の道に捕捉し得ない聖諦である。世俗が言説の世界であるに対して不可説の「有」を有することが勝義の第一義である。他によって知られず、他の何ものによっても解明せられ得ざるが故に、それ自らによってそれ自らに於いてのみ知られ得べき聖諦である。それは他によって知られることなく、他の教示によってではなくみずから現証し身に体して自覚せられるべき世諦である。あらゆる分別が止息し、戯論が塞滅してただ無言に内証せられ、自覚せられた世界が大乗仏教の好んで語る「勝義」である。「勝義諦とは何であるか。認識の活動すらもなきところ、そこに況んや如何なる文字言語の論議がありえようか」。如来が「文殊師利よ、汝、勝義を説くべし」と宣べ、文殊師利が無言のまま座せりしとき、如来は「文殊師利よ、汝は勝義を善く説きたり」と宣えり(中論釈一、六三頁)。清弁は中観義集に於いて、勝義について、異門勝義と非異門勝義とを区別している。異門とは論証の方法によって世俗から区別せられた勝義であり、尚そこに論議を残しているが、非異門勝義は全く論証を離れ、表現を超えた戯論寂滅の勝義諦であり、うちつけに無分別、不可言の境地である。それはまさに聖者の諦であり、求道者のそこに於いて初めて「安立する勝義諦」(「瑜伽師地論」巻七十一)であるといわれる。

大乗の区別は世俗と勝義との二諦であるが、小乗に於いて諦は四つに区別せられた。思想の系譜からいっても大乗と小乗との諦は起源を異にしている。殊に小乗の四諦は全く実践上のことであり修証の問題であって、大乗の二諦とは比類しうべくもない。これらを併説することはとかくの混同として難ぜられるかもしれない。しかし我々は意識しつつこれを敢てしようとするのは次の理由によるのである。第一に大乗と小乗とは共に仏説であり、その淵源する処は一に釈迦の教説に出づるのであるから、これらを遮断することは不自然でもあり不都合でもある。むしろ両者を総括してインド仏教の思想をたどり、そこに特有な論理を見出そうとするのが我々の目図する所であるからして、敢て二諦説につづいて四諦論を伺察しようとするのである。四諦は苦、集、滅、道であるが、前二者が世俗に、後二者が勝義に配することが出来れば龍樹の二諦説に撞着するものはない。むしろその二諦説を詳述して四諦に展開したものが阿毘達磨思想であると見ることが許されるならば——それはもちろん歴史的には許されないことであろうが——我々はこれらを一貫する論理を見出すに躊躇すべきではないであろう。

二

婆藪跋摩の「四諦論」には苦、集、滅、道の四諦が区別せられているが、これらは単に並列的に列挙せられたものであるか、それとも何らか原理的なものがあってそれによって分類されたものであるのか。分別部の所説によれば、一切の有為法は無常なるが故に苦であり、第一義諦に依らざるが故に苦であるという。集諦とはこの苦の因であり、滅諦とは因を滅し苦を断ずることであり、それによって得られたものが即ち道諦であるから、これらは一見して修道の歴程として一連の関連に於いてあることは明らかであるが、この中前二者を世俗に、後二者を勝義に配置することによって四諦を二分して世俗と勝義に配当することは既に早く行われたもののようである。大毘婆沙論七七にも「余契経中説有二諦、一世俗諦、二勝義諦、問世俗勝義二諦云何、有作是説、於四諦中前二諦是世俗諦、男女行住及瓶衣等世間現見諸世俗事、皆入苦集二諦中故、後二諦是勝義諦、諸出世間真実功徳、皆入滅道二諦中故」とある。四諦を二諦に約して説述せんとするものの代表的なものであろう。ところが婆沙論に於いてはそれに続いて前二諦は世俗諦、道諦のみが勝義であるとし、さらに四諦は皆世俗諦、一切法の空、無我の理のみが勝義諦とする諸説を紹介している。「瑜伽論」五五にはむしろこの第三義を正しいものとしているようにさえ見えるのである。そして「自相の差別に由っての故に世俗諦を建立し、彼れ共相一味苦に由っての故に勝義諦を建立すると知るべし」と説く。四諦を区別するのは自相の差に由ってであるが、これらは凡て共相として一味苦をもっている。これを対治するものはただ空、無我の勝義のみであるというのである。

四諦の区別は以上のように厳密ではないが、それはこの区別が単なる理説ではなく、専ら修証を目的とした実践の教説であるがためでもあろう。相は四つであっても想に由れば四つのまま一つである。経には「無常想を修習して一切の貪愛を抜除す」と説かれているが、この場合、想の所対の境は苦諦に外ならず、また一切の貪愛を説くのは集諦であるという。抜除するとは滅することを意味するから、滅諦であり、無常想は道諦を指す。従って四諦は相不同であっても一時に見ることが可能である。相が四つでありながらそのまま一時に想見しうるのは譬えば火の如くである。火は焼きうるものを一時に焼き、焼き尽さねばやまぬものであるからである。またそれは日の如く乾かざるべきものを残りなく乾かし、開くべきものを一時に開かしめるからである。またそれは船のように、此の岸から離れ、彼の岸に達しうるからなどという。それらは四諦が根本に於いて一つでありながら四つの相にあらわれ、種々相を呈しながら一つのものに基づくことを説きあかす。

さて四諦の順序は何故に然るべきであるか。それは第一に麁大の境から細微の境に及ぶ。苦は極重の故に最初に置かれ、それの救済のために苦の因が求められ、それを出離せんがために滅諦が教えられて遂に道諦に及ぶ。四諦の順序は例えば病から治病に向うが如くである。苦は病であり、集は病因の如く、滅は無病の如く、道は薬の如くである。また苦は火の如く、集は薪の如く、滅は火の尽くる如く、道は火の尽くる因の如きものであるという。「清浄道論」三(南伝六四、一四五)にはこれらの関係を種々なる譬喩に依って説明する。「苦諦は荷物の如く、集は荷を担ぐが如く、滅は荷を卸すが如く、道は荷を卸す方便の如しと知るべし。」「苦は飢饉の如く、集は旱魃の如く、滅は豊作の如く、道は適雨の如し」ともいう。

四つの諦は相に於いて四種あるが体に於いては一つである。――しかし何故にそれはそうなのであるのか、それはこの教説が学理のことでなくして専ら修道上の区別であるからである。修道の歴程は現実の苦に悩み、その苦の由って来るところを知り、就中苦悩を滅尽し道安を得んとするところにある。修道の目的も手段も出発も落処も専ら救済にありとすれば、これらの四諦はひたすらに修証の道程を説くものであることは余りにも明白であろう。理論的にいえば龍樹の如く「若し一切が皆空ならば、生も無く滅も無し。かくの如くならば則ち四聖諦の法は有ることなけん」、「四聖諦なきを以ての故に見苦と断集と証滅と及び修道と、かくの如きこと皆無し」、「このことなきを以ての故に即ち四道果なく、四果あることなきが故に得向者またあらざるべし」(「中論」観四諦品第二十四)といわざるを得ないであろう。四諦の区別なきことは、これを裏がえしていえば、それらが一であるということである。少なくとも一なるものが実修に於いて四となるということである。修証の道程としては四つの区別はあってもその志すところは一にして全でなければならぬ。

しかし理論的には四諦は一筋に且つ真向につながるものではなく、少なくともその間に一つの断絶がなければならぬ。第一と第二とが一方に、第三と第四とが他方に明別せられて差支えはない。苦と集とが滅と道とに対向すべきである。なぜなら苦集は現実の世態であるが、滅と道とはその否定であるからである。従って四諦は先ず世俗態と真実態とに区別せられ、進んでは真諦と俗諦とに明別せられねばならぬであろう。四諦の成立を否定せんとした龍樹も真俗二諦の教説をとりあげ且つこれらを彼の主説としたではないか。

この点から最も注意せらるべきは、第三の滅諦である。それは単に世俗の否定であるよりも苦、集の滅であった。単なる否定でなくまさに尽滅であった。しかし滅とは何であるか。分別説部(Advaita)では滅に三種あることを説く。一は念念滅、二は相違滅、三は無余滅である。一切の有為法が刹那に於いて謝滅するのが念念滅であり、諸法が互に相違し一は他に非ず、他は一の性を欠くが故に異なるものが相違滅であり、譬えば火が凡てを焼尽して余すところなき如きが第三の無余滅である。また他部では、滅に三種があり、未有滅、伏離滅、永離滅の区別があるなどと言い、詳細な分析を行っている。しかし有名な分類は非択滅と択滅との区別である。非択滅とは有為の諸法の自性が破壊することをいう。それは空中の石が下に落ちるように我々の選択をまたずして滅せられるものであるが、択滅とは譬えば薪に火を点じてこれを焼くが如く、智火によって滅せんとするものである。これは主として「婆沙論」(三二、又は五一)に於いて説かれたものであるが、それは就中有為法と無為法についてなされた区別であった。滅はnirodhaであり、尼盧陀又は尼楼陀と音訳せられるが、尼は無であり、盧陀は遮障の意である。離と捨と断と棄等とがその類相をなすが、無余滅に到って最も徹底する。それは余すところなく滅尽することを意味するからである。無余滅によるかぎり、未来苦は更に生じない。種々なる滅はそれに随属するが故に、余法に勝り煩悩を断じ苦悩を滅する善法となる。それはそれ故に無余涅槃とさえ名づけられた。

滅は存在の否定であるが、就中有るところのものの、即ち所有の否定である。否定は論理の作用であるが、滅は有るところのものについて或はこれを離れ、或はこれを棄て、或はこれを断ずる。離とは結を離れることであり、思択の滅することでもある。「婆沙論」三一に云う、「云何択滅、諸滅是離繋、謂諸法滅亦得離繋得」(大正二七、一六一a)。棄とか捨とは単にこれを離れるのみでなく、棄て去ることである。断に至って徹底を極める。断絶は絶滅することである。それは遂に無為にまで及ばざるをえぬものであった。無為とは何であるか。「品類足論」には三無為を説く。一、虚空、二、非択滅、三、択滅。二と三とについては既にのべられたが、一の虚空とは何であるか。「国譬経」に云う、「修し、習い、多く信等の五根を行じて能く滅し、過現、未、苦、滅す」と三世に亘りて苦の滅せらるべきは無為を措いて外にはない。虚空とは即ち無為であるに外ならなかった。それは徒らなる虚無でなく、実修上の無為であり、択滅はおろか非択滅の断滅でもある。それは「本無今有有已還無」の境でもあったのである。無為は有法であるか又は無法であるか。無為がただこれ無法にすぎないならば、このような滅は果して聖諦を成じ得ようか。無法は虚無であるが、無為は必ずしも虚法ではない。それは無為という有為であり、為すところのなきが即ち有るところのものとなる。それは一つの所有であった。所有とは必ずしも存在ではない。また人々の所得に限られていない。それは単に有るものでなくして有るところのものでなければならない。無為とはそのような存在の仕方であり、何よりもその純なる様態である。無為法とは色受等の性の証すべきものではない。眼等が見る等々という作用と同様ではない。無為とは是れ滅なのである。単なる滅でなくひたすらに滅であるところの否定なのである。それは不滅に対する滅でもなく、また固より有に対する無でもない。それは有為と無為とに相関しない、況やそれらに相対するものではありえなかった。何となれば有為と無為とは互に因果とならないからである。有為が無為となるのでもなければ無為が有為に転ずるのでもない。このような有為を超えて無為があり、この二法を断ずるところに涅槃が得られるのである。経に曰く、「この苦、滅して余無く、捨して窮尽す。及び欲苦を離れ、来りて続かず生ぜず、是れ静、是れ妙なり。何者の捨ぞ、一切の取並びに渇愛尽く、即ち般涅槃す」。一切の有を離るとも我々は有るところのものを遮棄することができない。我々は既にそして常にその如くあるところのものであるからである。我々にとって可能なのはこのあるところのものに執しないことである。執せられた存在が即ち所有だとすれば、所有を離れることが即ち無為であり、涅槃であった。「所有無きを涅槃となす」と示されている。涅槃とは無所有であり無為であるべきであった。

三

苦集滅道の四諦はあくまでも実修であり修習であって、単なる理論でないことはいうまでもないが、しかし修習はただ行道ではなく、同時に修証でなければならぬ。行うところに証があり、証なくしては行わざるものが即ち修証であるべきであった。四諦は単に修道の順序又は階程であるのではなく、人間存在の体系であり人間思考の範疇でなければならない。そしてそれらが一つの体系をなす以上はそれらを統一する中心義を必要とするが、それは果して何にあるか。四諦がただ一列に並挙せられることなく、前二者と後二者との二部に分類せられ真俗の二諦として把握せられたことは体系化の一歩前進である。苦集は世俗の諦であり、滅道は真諦であるとすれば、四諦は二諦に約せられて所謂真俗二諦論となる。阿毘達磨の四諦説が大乗の二諦論に集約されたのもこの理由によるのであろう。我々はさらに歩を進めてテトラ・レンマに約解しようとするのである。

四諦はとにかく四つのレンマに配せられうるが、世俗諦はいうまでもなく世俗の論理によって支配せられ、肯定か否定かの孰れかであった。苦集は固より否定的であるが、それは仏教に特有なる人世観であり、たとえ世の中が苦悩に満ちたものであってもそれはそのものとして肯定せられ、しかるべく平常化せられている。集は苦の原因と解せられているが、我々から見ればそれは世俗の日乗であり、むしろ無常にして苦悩の集が世俗の当体をなす。世俗はこの常態を肯定するか否定するかの孰れかに就くより外にはない。判断は肯否の二種に限られ且つそれに終始するのである。第三の滅諦は我々にとって主要であるのみでなく、四諦の体系に於いても中心的な位置を占めている。それは世俗から勝義に入る第一歩であり、世俗を勝義に転換せしめるターニング・ポイントであった。この点を通過することなしには勝義の諦に一歩も踏み入ることはできぬ。しかも東洋論理の特質はこの一歩に於いて開顕し始めるのである。

滅諦はもとより一つの断滅である。それは勝義を世俗から断絶するものであるのみでなく、それ自ら一つの止滅であった。断滅とは固より否定であるがそれは単に肯定に対する否定ではない。肯定を否定するとともに否定をも否定するものである。この意味に於いてそれは全面的否定であり、絶対否定でさえある。それが否でなく、滅であるのもこの理由からしてであることを重ねて思わねばならない。滅が単なる実践ではなく、理論的にも殊能を有することはこの点からしても解明せられうるであろう。

仏教の滅は単なる否でなくして否をも否定し、滅をも滅尽するものであることは、滅諦をいやが上にも特色ある論理となす。この論理を通過することによってのみ真諦は俗諦と区別せられ、それなしには世俗と勝義とは隔歴し得られない。それはまさしく第三のレンマの諦であった。

世俗の論理に於いては肯定は否定と反対している。両者は同時に、そして同じ関係に於いては成立しない。もし両立するならば矛盾に陥り、真理性は失われてしまう。それ故に真理は肯定であるか否定であるかの孰れか一つであって、そのほかにはあり得ぬという。それは矛盾律と排中律との厳命するところであった。ところがインドの論理ではそのほかに、肯定でもなく否定でもない一つの論理を発見して、これを「中」の論理とよんだ。そしてそれを立場とすることによって排中律を逆転せんとするのである。この論理の本質は明らかに「否定」にある。それはそれ自らに否定の論理であった。肯定を否定すると共に否定をも否定することによって否定を徹底せんとするものである。それは単なる否でなく滅でさえもあった。しかもこのような滅諦に於いてさえ尚一つの論理を把握せんとするのが仏教の立場であったのである。

肯定を否定すれば一つの世界が現われるが、しかしそれは未だ真の否定ではない。この否定をもさらに否定してこそ否定の骨頂が成するのである。しかし否定の否定とは何であるか。否定をさらに否定することは単に否定の重複にしかすぎぬのではないか。或は否定の否定は即ち肯定をもたらすのか。そう考えるのは世俗の否定であって、真の滅度ではありえないであろう。但しこの世俗の論理は必ずしも無意味ではなく、否定の否定は肯定にかえるという理由から第四のレンマが生ずると考えることも可能であると言うかもしれない。しかしそれは世俗の論理であって勝義の論理ではない。なぜなら第四のレンマは「肯定でもなく否定でもないからして、肯定でもあり否定でもある」ということであって、決してもとの肯定に還るのではないからである。かくして肯定せられたものは真なる肯定ではなく仮りの肯定であり、所謂施設であって真有ではないからである。実に有るものでなくして、ただ有りうるものにすぎない。第四のレンマは厳密にいえば、肯定でもあり否定でもあるものであるが、それは世俗の論理としては矛盾したことであり到底許さるべくもないものである。それが許されうるのは専ら勝義諦に於いてであり、そこには必ず、肯定でもなく、否定でもないという第三のレンマを前提していなければならぬ。この滅諦なしには第四の道諦は成立せず、たとえ成立し得ても無意味であろう。第四のレンマに於いて肯定でもあり否定でもあるのは、先ず第三のレンマの論理を通過した上のことでなければならぬ。それが両是でありうるのは必ず両非の論理によって裏づけられているからである。両非なしにはどうして両是があり得ようか。それは単なる肯定ではなく、両非両是であるところに勝義の論理が成立する所以があった。四諦が二諦に集約せられうるのもまさに以上の理由からしてである。四諦論はもともと実修の教説であり、単に論理の体系でないことは明らかであるが、以上の如くこれを二諦の説に集約すればそこに炳乎たる論理があり、世俗と勝義とは相容れない対立を示す。世俗に沈湎するものは遂に勝義にあずかることができず、勝義に立脚するものにとっては世俗は要するに苦集の世界であるにすぎない。世俗の論理は肯否の判断でありその外の何ものでもない。それを支配するものは思想の三法則であって、それ以上の何ものでもあり得なかった。第三のレンマはこの世界を打破して別に一つの世界を打開するものであるが、それはロゴス的にではなくむしろレンマの性格を帯ぶべきであることは余りに明らかにすぎるであろう。四諦を直ちにレンマに擬することは誤謬でなくとも妥当を欠くと難ぜられるかもしれない。しかしレンマの論理はもともと修習の論理であった。ロゴスが知目の諦であるとすればレンマは行足の修といわるべきである。行足に論理は不必要であるというならばそれまでであるが、行足は決して盲目なる実修であってはならぬ。行足にもそれ自らなる理論がなければならない。何を如何に実践するかが行足の正しい有り方であるのみならず、それなしには行足の行足たる所以のものも失われざるを得ぬであろう。レンマとは単に知目の論理ではなく、却って行足の論理であることを強調することによってこの問題も一応答えられ得たといってよいであろう。

四

臨済の四料揀はまさにここに於いて顧慮せらるべきであるが、先ず四料揀とは何であるか。臨済は前の日普化を打して先ずロゴスの諦を撲滅せんとした。そして後三日を経て再び克符を打してレンマの諦を打成したのである。彼は棒打によって奪滅を計ったが、それは第一、人を奪って境を奪わず、第二、境を奪って人を奪わず、第三、人境倶に奪う、第四、人境倶に奪わずという四料揀であった。臨済は自らそれに下語して云う、「如何なるか是れ奪人不奪境。師云く、煦日発生して、地に鋪く錦、孾孩髪を垂れて白きこと糸の如し」。それは春風駘蕩、ただ満地の春のみあって人なし、人あれどただ天真の孩児のみ。第二の奪境不奪人とは「王令已に行われて天下に偏ねし、将軍塞外に煙塵を絶す」。天下泰平にして人円満す。第三、「如何か是れ人境両倶奪。師云く、拝汾絶信、独処一方」。并汾二州(今の太原府及汾州府)を領した地方長官呉元済が唐朝に背き辺境蔡洲城に拠ったが、やがて官軍の将李愬に襲撃せられ、人境共に滅亡した。第四の人境倶不奪とは何であるか。「王、宮殿に登れば野老謳歌す。王民共に安居して無事平常なり。」

以上の四料揀は臨済の学人接得上の活作略であるが、それは単にそのような手段的なものではなく、境と人との、主と賓との種々なる関係を分挙し且つそれらを組織的にまとめたものである。もとより悟道のことであって、徒に学解の介入を嫌うのであるが、それにしても何らかの商量と列序とがあるにちがいない。我々はそれを見出そうとして敢えて臨済の四料揀にまで及んだわけであるが、第一に注意せらるべきことはそれらが単に主賓の種々なる関係の仕方ではなく、まさにその有りうべき凡ゆる関係を尽くしているということである。人と境との関係はこの四種のみであってそれ以上に、又はそれ以外にはない。奪不奪の関係はこれによって尽くされている。奪は掠奪であり撲滅であるが、不奪は許立であり放行であって、要するに肯定と否定との二つのロゴスによって組織せられたものに外ならなかった。そしてこの体系に於いて就中重大なるものは第三の人境両倶奪の諦である。それはただ人と境とを倶に否定するのみでなく、この否定をも否定するものである。それ故にこそそこから第四の人境不奪が直ちに続出してくるのであって、もし第三がなければこの組織は瓦解せざるを得ないのである。第四は一見第二と酷似して共に天下泰平の相であるが、しかしそこにはいささかの区別がある。将軍塞外に煙塵を絶すではあっても、未だ波瀾をふくみ不穏をただよわす。真の平和は第四に到って初めて求め得られよう。それは第三の両否を通過した上での肯定であって単なる肯定ではなかった。境を没しては人無く、人を滅しては境もあり得ない。しかし人と境とが倶に存するのは人境共に滅した第三諦を土台としなければならぬ。両者を倶奪することによってのみ両者が倶存することができるのである。ロゴスの世界では奪不奪の孰れか一つであるべきであり、且つこの外に第三の立場はあり得ぬ筈であるが、レンマの論理に於いてこの二つの外に尚二つの論理がありうるのみでなく、またあらねばならなかったのである。レンマの論理がまさにかくの如き立場に立つ以上それは明らかにロゴスの立場と峻別せられるのみでなく、ロゴスの論理の遂にうかがい得ないものであった。

臨済の四料揀はまた曹洞宗の正偏五位につながると考えられる。第一の奪人不奪境は正中偏であり、第二の奪境不奪人は偏中正であり、第三の人境両倶奪が正中来であるならば、第四の人境具不奪は兼中至にあたる。曹洞ではこの四諦の外に第五位として人境両忘をとき兼中到に於いて究竟をあらわさんとするようであるが、しかし本来の考え方としては別に相離れたものではない。第一と第二とは或は人を奪い、或は境を奪って互に回互的であるが、要するに世俗の立場であり、正といい偏といってもなお知目のことにすぎない。第三位に於いて初めて正中に来り第五位に於いては遂に兼中に到る。それは単なる知目ではなくして行足の世界であり、単なる観想ではなく、まさに修証の世界でなければならぬ。そこに到り得て人境の問題は忘却せられて兼中到となる。第五位は総収であり、円収であり、そこには人境の区別はなく奪不奪の争いもない。一切が忘れ去られて円然として一如となる。第五位はそれ故に四料揀の外にあるのではなく、これらを総収したものに外ならぬ。それは第五位にありながら一位であり、一にして四なるものである。臨済はこれに対して「全体作用して応ず」と言い、また次の如くも云う、「大徳這裏に到って、学人著力の処、風を通せず、石火電光も即ち過ぎ了れり。学人若し眼、定動せば即ち没交渉、心を擬すれば即ち差い、念を動ずれば即ち乖く。人有って解せば目前を離れず」と。四料揀の究竟地はそのような忘却の境にあり、第五位とはまさにそのような境地をあらわす。

臨済はまたこの外に四照用を説く。四照用の本文は「臨済録」にも「景徳伝燈録」にも載せられていない。ただ「三玄三要」の本文のところに、「権有り、用あり」とあるをうけて「人天眼目」には「権有り、照有り、用あり」とあるところから四照用の法門が説かれるのであるが、それは四料揀の用であり照であることは疑ないところであろう。それは全く修証の料揀であるが、これにも四種の区別が施されていることが我々にとって心すべきことであろう。「古尊宿語録」には次のように詳述せられている、「我、有る時は先照後用、有る時は先用後照、有る時は照用同時、有る時は照用不同時。先照後用は人の有る在り。先用後照は法の有る在り。照用同時は耕夫の牛を駈り、飢人の食を奪い、骨を敲き髄を取り痛く鍼錐を下す。照用不同時は問あり答あり、賓を立し主を立し合水和泥応機接物す。若し是れ過量の人ならば未だ挙せざる已前に向って撩起して便ち行かん、猶些子に較れり」。四照用の照は「照らし見る」の義であり、用ははたらき、用いるの義であることは明らかであるが、それは単に学人を照見して棒喝の働きをなす学人商量の手段であるのか。恐らくはそうであるまい、少なくともそれに限られた小用ではない筈である。照用とは行足であり実践である。それにふくまれた照は尚観想的であるが、用に到ってはあますところなく実修となる。観想と実修とは尚反対するが大なる照用に於いては一であり、又はあるべきであって、決して別なるものではない筈である。照用は商慮であり工夫であり、就中活用であるが、それに於いても中心的な作用は商を奪い用をも滅する第三位にあらねばならぬ。両者倶に奪却されたとき照用倶に亡じ、亡じさられたところに第五の忘境が初めて現成するからである。さらに照用は活作用であるからしてこれを働く賓主がなくてはならぬ。「人天眼目」に云う、「是の日両堂の首座相見、同時に喝を下す。僧、師に問う、還って賓主ありや無しや。師云く、賓主歴然」。しかもその賓主について臨済は四つの区別を数えるのである。

四賓主とは何であるか、これには種々な解があり、或は明眼の師家を主といい、参究の学人を賓と見ることもあるが、真意は四照用に対応して区別せらるべきは明らかである。第一の先照後用に当るものは主中賓であり、第二の先用後照は賓中主であり、照用同時に於いては主中主、照用不同時には賓中賓が対応する。但し「人天眼目」には臨済の四賓主と曹洞の四賓主とは相違があるが如く説く。しかしそれは主と賓との組合せについての異同であっても、これを四種に区分するという根本の考え方に於いては大差はなかろう。主中に賓を求めるか賓中に主を見出すか、それとも主中に主を、賓中に賓を定めるかは暗中に明あり、明中に暗あり、しかも暗中に暗、明中に明あることを本来とするが如くであろう。或は死中に死があり、活中に活がありながら死中に活を求め、活中に死を忘れざることもまた死活の照用であるにちがいない。四賓主の説は四料揀のそれにつながり、恐らくは共に克符に附せられたものであることは、「天聖広燈録」に克符が一僧に四賓主のことを問われて次の如く述べていることからしても推せられる。「僧問う、如何なるか是れ賓中の賓。師(克符)云く、門に倚り戸に傍りて猶酔えるが如し。言を出し、気を吐いて慚惶せず」。学云く「如何なるか是れ賓中の主」。師云く「口には弥陀を念ず雙柱杖、目瞽にして瞳人出頭せず」。学云く「如何なるか是れ主中の賓」。師云く「高く祖師を提げて機に当って用う。利物は須らく知るべし語悲を帯ぶることを」。学云く「如何なるか是れ主中の主」。師云く「横に鏌鎁を按じて正令を全くす。太平の寰宇癡頑を斬る」。学云く「既に是れ太平の寰宇、什麽の為か却て癡頑を斬る」。師云く「夜行を許さず剛に火を把って却って須らく道に当って人の為に看すべし」。四賓主は克符によってそのように解悟せられ且つ編成せられた。その第一と第二とは明晰であるが、第三の主中主と第四の賓中賓とは果して四料揀のそれらと一致するかどうか。臨済は主中賓と賓中主とを主看客、客看主と解してこの二者は主と客との相見を意味せんとしているが、第三の主が主を看るとは何をいうのであるか。それは主もなく客もなく、主客の別をなすことが抑も謬見であるということである。臨済録上堂の語に云う、「上堂、僧向う、如何なるか是れ第一句。師云く、三要印開して朱点側《そばだ》つ。未だ擬議を容れざるに主賓分る。問う、如何なるか是れ第二句。師云く、妙解豈に無着の問を容れんや。漚和いかでか截流の機を負わん。問う、如何なるか是れ第三句。師云く、棚頭に傀儡を弄するを看取せよ。抽索都来裏に人あり」。主が客を看、客が主を看るのはいかにも主客対座、二分相談の如く見えるが豈料らんや主客の頭上、棚上に傀儡師があって、主客の対談を操っているのである。談雅境に入れば主もなく客もなくただ流るるが如き対話があるのみであろう。抽索すれば都来(凡て)裏に人あり。人ありて人に語り、主ありて主語る。それが第三の境位であり、まさに第三の料揀であった。第四位はしかし如何。そこには主なくして客があり、賓のみあって主なきが如くである。主が賓に語るのではなく、またその逆でもなくただ賓が賓に語るのである。主賓の背後にある人は傀儡としてその正体が暴露せられた以上、この裏人は速に撤去せらるべきであり、語る主も語られる賓も共に賓と賓との関係として具体化せられる。妙解(文殊菩薩)と無着(仰山の弟子無着文喜)とはそれぞれ別の人であり且つ時代を異にするからして、共に語り対して談ることは不可能であるが、しかし語られる道の一であり、語る人の綿々たる限り、祖師の思想は嫡孫に及び間髪を容れない、何ぞ憂うるに足らんやである。

後世「臨済将軍」と呼称せられた臨済の教化は好んで喝を吐き、棒をとばして峻烈を極めた。そしてこれらの鉗鎚はもちろん師と僧との直面的な対話であり、賓主の端的な商量であって主賓の最も活潑潑地がそこに見出される。例えば「録」第四に次の如く描かれている。上堂僧有り出でて礼拝す。師便ち喝す。僧云く「老和尚、探頭すること莫くんば好し」。師云く「什麼の処にか落在すと道うや」。僧便ち喝す。又僧有り問う、「如何なるか是れ仏法の大意」。師便ち喝す。僧礼拝す。師曰く、「你好喝なりと道うや」。僧云く「草賊大敗す」。師云く「過、什麼の処にか在る」。僧云く「再犯容さず」。師便ち喝す。是の日両堂の首座相見、同時に喝を下す。僧師に問う、「還た賓主有りや」。師云く「賓主歴然」。師云く「大衆臨済が賓主の句を会せんと要せば、堂中の二首座に問主せよ」。便ち下座す。真なる一喝は本来一味平等であるべきであり、その間に主客の差別などあろうはずはない。況やそこに師と僧との区別、上位と下位さては優位劣位の差等のあるべきわけはない。しかしそこに賓主の別は歴然、主賓の差は明著なりという。主と賓とがあってこそ対話があるのであるが、この区別のある限り真当の対話はあり得ない。主と賓とが一となって間髪をいれないところに真の対話があるのであるが、しかしそれにも拘らず主賓の別は歴然としてなければならぬ。無門慧開は次の如く云う、「もし二庵主に優劣有りと道わば未だ参学の眼を見せず。もし優劣無しと道わば亦未だ参学の眼を見せず」(無門関第十一則)。端的にして峻厳な喝棒には主客の別はなく、雑事の介入をゆるさない。これについて種々なる説明や商用の仕方の区別は許されぬことはもちろんであるが、しかしそれについてもなお四つの仕方がのべられている。

臨済録の勘弁に「師、僧に向う、有る時の一喝は金剛王宝剣の如く、有る時の一喝は踞地金毛の獅子の如く、有る時の一喝は探竿影草の如く、有る時の一喝は一喝の用を作さず、汝作麼生が会す。僧擬議す。師便ち喝す」。これを臨済の四喝と称するのはもちろん彼自らの命名ではなく後人の評唱にすぎないが、そのような虚々実々の方便を縦横に駆使したことは、如何に彼の照用が自由であり活潑であったかを物語るものであろう。第一の喝は金剛王の持つ宝剣の如く、あらゆるものを截断して、一法と雖もゆるがせにはせぬ。碧巌録(七三)に「釈迦老子、一代時教を説き末後に心印を単伝して喚んで金剛王宝剣と作し、喚んで正位と作す」とある。第二の喝は大地にうずくまって獲物をねらう金毛獅子の如く、未だ牙を蔵し爪を伏せながら踞地返擲、優に敵を威服せしめる威力をそなえている。これに対し第三の喝は魚竿の先に草をつけて水面にうかべ影草の下に魚を探誘せんとするように、参学者の力量の極を暗索してこれを釣り上げんとするものの如くであるが、第四の喝に於いては何の蹤跡をも残さない無作用の作である。恐らく臨済のねらったのはこの無作の作であり、第一が否定、第二が肯定の喝であるとすれば、第三は肯定とか否定とかを越えて春日煦々慈光に輝くが如くであり、第四に到っては慈味あふれてまさに恫喝から程遠きものであっただろう。慈明は乃ち喝一喝して云く、「且く道へ、是れ照か是れ用か」。それは照にして同時に用であり、用に活きつつ同時に照の無作である。「如何なるか是れ仏法の大意」と問われて臨済が喝したほどの大喝は恐らくは他にないであろう。一僧が擬議した後、臨済の喝した喝もまたその如くであっただろう。

喝は臨済以前にも臨済と同時代に於いても、しばしば禅者の用であり彼自らも黄檗の下に辛辣に鍛えられたことは有名であるが、それ以上に四料揀を挙示したのは臨済の大喝であり、且つこの区別が単に形式上のことでなく、その裏に臨済の照用の意味が豊に蔵せられていることは特に注意せらるべきであろう。殊に四料揀、四賓主、四照用、四喝は共に四の科目を意味して相つながり、我々のレンマの思想に無関係でないことは我々にとって何よりの喜びである。これらは単に思想の形式であり学道の方便にすぎぬといえばそれまでであるが、何故に臨済はこれを四つの方式にまとめそれ以上の、又はそれ以外の方式をとらなかったのであるか。

喝は口頭の叫びであるが打に到ってはまさに身体的な痛棒である。臨済がかつて河北鎮州城のほとり、河に臨んで一小院を建立したとき二人の上座が顔を出した。普化和尚と克符とである。普化は宝積の法を嗣いだ老漢であり、克符は後に臨済の嗣法となったほどの二人であるが、臨済が「我ここに於いて黄檗の宗旨を建立せんと欲す。汝我を成褫すべし」と宣べたとき二人は珍重してこれを諾し去った。それより後三日普化が顔を出して、「和尚三日前甚麼をか説く」ととぼけて尋ねた。すると臨済は普化を打った。打たれた普化は黙して去った。その翌日克符が顔を出して、「和尚昨日普化を打って甚麼をか作す」と詰め寄った。するとまた臨済は克符を打った。打たれた克符はまた黙して去った。そしてその晩に臨済は「小参説法」に於いて大衆を集め四料揀を説いたという。普化とか克符のような上座の人々には喝をではなく打を以てし、打は黙の裡に烈行せられた。ここにも種々なる打があり、普化に対しては尚第三の喝の如く穏やかであったが、克符が重ねて来るや痛烈を極めたという。しかもこれを機として四料揀が説かれたのである。それは臨済最初の説法であると共に彼の教化を貫く妙法でもあった。しかし四料揀という呼称は臨済の用語でなく、またこの如き区別に執することはもとより臨済の取らざることであり、「人天眼目臆説」にも「或は曰く此の則を四料揀と名づく、甚だ臨済を鈍置す。臨済は石光電火中に向って一機一境を挙ぐ、豈に思量料揀を労せんや」とある。喝や打は端的な活作略であってそこには思量もなく、況やそれについての四種の商量があろう筈はない。臨済自らはこの区別に執しないことは勿論それをしも意識してはいなかっただろう。にも拘らず尚ここにこれらの区別を云為するのは単なる方便としてでなく、況んや分別の類としてではなくそれ以上に何程かの何ものかがなくてはならぬ。馬防の臨済録序の終りに「唯一喝を余してなお商量せんことを要す」とある。余された一喝とは何であるか。大拙老は「ここに余された一喝と言うも畢竟して一喝の用をなさぬ喝に外ならぬのである」(全集十三、一一一頁)と言う。さらに続いて云う、「しかしその人から見ると一喝の用をなさぬと云う。いかにもかっぱの屁のようなものが金毛の獅子の如く飛び懸って来るのである。獅子奮迅の三昧はそれに踞地するものの方に見られるが、奮迅の獅子はその三昧より溢れ出るものに対して立つところの方に感ぜられるのである。金剛王宝剣もその通りである。これを揮うものに在りては長空を斬るようなものであろうが、これを受ける方では実にその個多性を寸断せられる思いがあろう。宗教的行為にはいつも用を作さぬものがある。無作の作である。それはそれを受け入れるものにとって却って掀天動地のはたらきと感ぜられる。出るところでは虚谷の声を伝えるようであるが、聞くところでは実に百雷の一時に落つるが如き趣きがある。妙応無方にて朕跡を留めずと云うのは、無功用的宗教行為の出るところにつきて云われるのである」。四つの喝は凡てこの一喝によって統べられ、種々なる功用は尽く無功用の功用にふくまれる。それは無作の作であり、凡ゆる作の後になお余された作であった。四喝の第三は探竿影草の如きものであり、むしろ穏便にして試索的なものであるが、その前に或はその背後に第一の金剛宝剣があり、第二の踞蹲せる金毛の威嚇があり、共に恐るべき勦滅を意味している。第四の喝は却って無喝の喝であって、大なる肯定を表わしたものであるが、四料揀の表式は前二者と後二者とに分たれ、世俗と勝義とに大別せられ、そして前者から後者に転換せしめるものは第三の絶対否定であることだけは依然として変りはない。喝にこのような定式を云為することはむしろ笑うべきことかもしれないが、それも四料揀の根本性格につながるものとすれば、四喝の中心は第三の喝にあるといわねばならぬであろう。それはもはや恐るべき恫喝でなく滋味溢るる如き垂訓であるべきであろう。そこからして第四の「無作の作」に移るのは一歩にして即甚であるべきであった。

四料揀を我々の語に直していえば四つのレンマの区別となる。第一と第二とは境と人との関係についてであるが、不奪と奪とは明らかに肯定と否定とに相応する。第三のレンマは奪でもなく不奪でもない立場であるが、ただそのような消極的な立場ではなく進んで奪をも奪い、不奪をも奪いとらんとするものである。レンマの主力がこの立場に集中せられたように料揀の商量もこの点に全力をそそがねばなるまい。何よりもそれが両否の論理であり両非の存在の仕方であることに於いて著しい。もちろんそれは古今の禅風を通じた論理といったものではなく、端的な体験であり、直示の悟道であるが、しかしそれにしてもなお料揀といい料簡と名づけられるのは何故であるか。直下の体験もただありのままなる単観ではなく、複雑にして微妙を極めた想様でなければならない。そこにも何らかの体系を求めんとするのは抜き難き学人の宿弊にすぎぬであろうか。それをもそのようなものとして一蹴することは易い。しかし凡ゆる言詮を却けながら尚それについて言詮するのは明らかに自家撞着に非ずして何であろう。そこには一つの体系がなければならぬ。体系をたどることによって悟道に達することは不可能であるが、直示のうちにも体系の参究を怠ってはならぬ。それなしには、又はそれを無視しては悟道は要するに迂愚の放下とならざるを得ぬであろうから。そこにも一つの論理がある。それはロゴスの論理でなくしてレンマの論理でなければならなかった。レンマの特色は無分別にある。分別にしてしかも無分別であり、無分別にして分別歴然たるところにある。レンマの立場は先ず四つに分別せられたが、それらはそもそも無分別につながる。それが即ちレンマの組織であり論理であった。四つのレンマは第三のレンマに於いて極まり、それによって統一せられる。それはその他のレンマから分別せられながらそれはそれ自らに於いて無分別である。無分別なるが故の分別である。臨済の四料揀もまた恐らく第三の「奪不奪を共に奪却する」ところに王座が置かれていただろう。それはまさに奪と言わるるにふさわしい。単なる否ではなくまさに奪である。単なる離でなく、まさに脱である。脱離は単なる否定でなく、まさにそれを蹴って一躍するところにある。出離ではなお足りない。出要であり脱却でなければならぬ。しかしそこにも一つの要があり理がなければならぬ。一つの体系が一貫しなければならぬ。単なる跳躍でなくしてまさに超越でなければならぬからである。四料揀が喝をとばし棒を打するの所以を思うべきである。臨済にしてまさに正風の単伝せられた所以のものを思わねばならない。四料揀は禅法の葛藤である。それをしも徒らに爛葛藤たらしめず、閑葛藤ですらあらしめずまさに活葛藤たらしめるものは果して何であるだろうか。

第十一　即の論理

一

「中」は存在的には中間であるが、作用的には仲介である。仲は「中」に人を加えたものであって人間が介在する。それは媒介作用であった。存在的な「中」はアリストテレスによって明らかにせられたが、作用的なるものはヘーゲルによって活用せられた。アリストテレスでは Die Mitte (the middle) であったものが、ヘーゲルに於いては Vermittelung (媒介作用) として把握せられたのは注意せられるべきことである。それらに対して龍樹の「中」は果して如何なるものであるか、またはあるべきであったか。この問題を徹底的に討究することは啻にこれらの思想の本質を明らかにする所以であるのみでなく、以て東西両洋の思想の異同を鮮活ならしむる一つのキー・ポイントとなるにちがいないと思われるが果してどうであろうか。

アリストテレスの「中」は、已述の如く主として道徳の中心原理として構想せられたものであるが、或る点からいえば彼の哲学の全体を支配する中心思想であったということもできる。イデアと現象とを峻別することはプラトンの Dialectic であったが、彼に於いても(殊にその後期に於いて)二分せられたこの両者を如何に関係せしむべきかが重要なる問題となった。或は参与 (metexis) によって、又は関与 (katexis) によってこの問題を解決しようとしたが、私の見るところではこれらの苦心は殆ど失敗に終っているようである。Dialectic は diairesis であり、イデアと現象を分別するに成功したが、現実の世界はむしろこの二つの統合にあり、それを綜合、乃至は統合することなしにはプラトンの偉大なる体系も崩壊に瀕する。それを鋭く看取した人がアリストテレスであった。彼の立場は逆にこの両者の具体的に統一せられた世界から出発するところにあった。それ故にアリストテレスの存在は著しく中的な性格を帯びてくる。彼の形而上学は存在を可能的なものから現実への発展であると見ることに尽きている。敢ていえばイデアは可能者であり現実はそれの発展であるとするところに著しい特色をもつ。プラトンではイデアは現象から分離せられた(単に区別せられるのみでなく)ものであったが、アリストテレスにとっては両者は連続的であり、それ故に発展的であった。dynamis は力であるとともに可能性であった、単なる可能ではなく可能の力であった。Energeia に対しては可能的であるが en-ergo としてはまさにその現勢でなければならなかった。そして発展態としては可能と現実との中的なものであるべきであったのである。存在は種々なる存在の仕方をもっているが、その第一の有り方は *κατὰ συμβεβηκός* と名づけられる。それは普通には附帯的在と訳せられ、いかにも偶然的であるかのようであるが、可能的なるものの発展は必ずしも論理的必然性をもっていない。可能とは有り得ることであり、有らぬことをも含むからである。しかし可能にもそれ自らな必然性をもっている。それは「中」の性格と論理であるに外ならなかった。中とは二つのものの間にあるから両者の性格を共に帯同している。それ故に動揺し、それ故に発動する。その故に連続し、その故に発展してやまぬ。可能性の存在的性格はまさに「中」にあるといわれねばならない。

論理に於いてもアリストテレスはまた同様な考え方に立っている。彼の論理はシュロギスムであるが、それは *συλ-λόγος* であり、ロゴスの分たれたもの(dia-logos)でなく、その集合せられたものであった。単に集合せられたものではなく、まさに綜合せらるべきものであった。大前提は一般者であり結論が個別者でありとすれば、この両者を結合するものは小前提でなければならぬ。そしてそれはまさに両者の中間にあることによって両者を結合する。それは単なる媒介というようなものではない。それが中間にあるというのは大前提の中にふくまれ、結論を含むが故である。この含み含まれる関係なしには推論は不可能であり、少なくともその論理性は得られぬ。単なる媒介は互に無関係なものをも結合せんとするが、推論の結合は意味の包摂性なしにはなしとげられ得ない。小前提は単に中間的であるのみでなく、包むことと包まれることの中間になければならなかった。

推論の成立根拠は小前提にあり、判断の中心は中辞にある。AがCであり得るのはAがBを含みBがCを含むからであって、Bはこの推論の中辞であるのみでなくまさにその中心でもある。これは推論の第一型であり且つその代表的なものであるが、凡ゆる推論は多かれ少なかれこの型式に順ぜらるべきであった。メソンが推論式に於いて如何に重要な位置を占むるかはこれによって明らかとなるであろう。それのみでない、アリストテレスに於いてはメソンの概念はさらに広く且つ重要な意味をもっていた。「分析論後書」(第二巻九〇ａ五)に彼は次の如く云う、「我々の研究に於いてはそこに「メソン」があるかどうか、メソンとは何を意味するかを探求する。というのはメソンとは茲では因を意味し、我々の研究とはまさに因を探求するものに外ならぬからである」。かくて我々は月蝕があるかという問は、月蝕が何の因によって起るかという問いとなり、我々の探求するのはまさにこの因であるからである。そしてこのことが分れば次に問うべきは、その因が何であるかということである。月蝕とは地球の介在によって月光が欠損することであると知ればこの因を知ったことになり、これを知れば月蝕とは何であるかを知ったこととなる。我々が事物を探求するのはそれが単にそのようにあるだけでなく、それが何であるかを知らんとすることであり、それの何であるかは何の因によってあるかを知ることである。そして事物がそれによってあるところの(単に此とか彼とかでなく一般に有ることの)原因はメソンでなければならぬ。……事物の性質を知るとはそれが何であるかを、何故にそうであるかの因を知ることでなければならぬ。この因となるものがメソンであるとすれば、学問の研究は畢竟メソンとは何であるかを探求することに外ならぬ。

アリストテレスはこの結論をいとも明瞭であると断言しているが(Ὅτι μὲν οὖν πάντα τὰ ζητούμενα μέσου ζήτησίς ἐστι, δῆλον· An. post. II. 90ᵃ35)、我々にとっては尚分らぬ点が残されている——学問の研究が因を探究することにあることは分るが、それが特にメソンであるのはどういう理由によってであるのか。アリストテレスはこの問いに答えていないが彼の真意を推していえば次の如くであるであろう。因は啻に事物の根拠であるのみでなく、事物を此のものとして(他のものとしてではなく)あらしめる因でなくてはならぬ。因はさらに一般に事物を有るものとして(無きものとしてではなく)あらしめるところのものでなければならない。因とはそれ故に有と無との、自と他との中間にあり、これらの区別をそれに於いて成立せしむべき基盤でもなければならない。それ故に因は中にあると考えられたのではないか。とにかくアリストテレスは学問の研究は因の探求であり、この意味の因は「中」であると明言している。ロスも註に於いて附言しているように、ここまでくるとアリストテレスの「中」は推論の「中」よりもずっと広義となり、あらぬ方向に逸脱したようにも見えるが、しかしメソンがそこまで深い意味をもつようになったことは我々にとっても重大である。中とは単に存在的又は論理的な「中間」を意味するのみではなく、まさにこれらの因を意味することとなった。しかも因とは原因であるよりも論拠を意味することによってメソンが学問研究の中心に置かれたことは特に注意せらるべきであろう。

二

ヘーゲルの哲学に於いては中(Mitte)が媒介作用(Vermittelung)に転ぜられたことは有名である。彼にとって存在と非存在の中間に何ものかがあるということは勿論認められなかった。有るものはただ存在か非存在の孰れかであってその外に第三のものはない。それは論理の第三法則によって厳しく禁ぜられたところのものであり、ヘーゲルもこれに従って中間者の存在を拒斥したが、しかし存在と非存在とは啻に対立するのみでなく、又互に関係しなければならぬ。単に関係するのみでなくさらに綜合せられなければならない。この綜合は如何に成され、またはなしとげらるべきであるか。有るものは存在と非存在との二者だけであってその中間に何ものもないとすれば、この綜合もまた専らこれら二者によってなさるべく、それ以外には何の方法もない筈であろう。ところが存在と非存在とは矛盾し相互に否定し合う。両者の関係の仕方は否定的でなければならぬ。肯定が肯定である限り否定ではなく、否定はそうである以上同時に肯定たり得ない。両者を関係せしめるものは否定作用を措いて外にはなかった。従って媒介は否定的となり、少なくとも否定を通じてのみ行わるべきであった。但し媒介が否定的であるというのは媒介作用がないということではない。却って大いにあり、しかもそれが専ら否定的な形をとるということである。

ヘーゲルに於いては第一に「中」は「介」となり、媒介は否定的であることが第二の特色となる。例えば始元の論理をとって見よう。ヘーゲルの出発点は「存在」(Sein)であったが、最も原初的な存在は無内容であるからして存在は非存在と等しい。存在といっても内容的には無であった。始源の存在はそのように存在であってしかも非存在である。しかしそれは、仮令始元にあっても互に矛盾することであり、矛盾する限り動揺せざるを得ない。始元の存在にも存在と非存在とあって、互に媒介せられることによって具体的存在に発展すべきである。最も直接な世界は具体ではなく却って抽象的である。直接とは un-mittelbar であり未だ媒介せられざるものであるが故に抽象的である。具体的なるものは必ず何らか他のものによって媒介せられたものでなければならぬ。純粋経験は具体的であるというのはヘーゲルのとらざる見解であった。なるほどそれは主客未分にして端的な経験ではあろうが、しかしそれ故に具体的とはいえない、却って渾沌として未分なる世界であるかもしれない。ヘーゲルがこれを嫌って哲学の初源を Unmittelbar なものにではなく、媒介されたものから出発せしめようとしたのは必ずしも彼の論理主義に禍されたものといえないであろう。

しかしこの出発はもともと否定的でありその運行も尽く否定的であった。なぜならヘーゲルにとって存在は存在と非存在との矛盾から出発し、且つそれによって全体系が貫かれているからである。両者の媒介はそもそも否定的であり、綜合も否定によってのみ遂行せられるからヘーゲルの体系を貫く原理は否定作用を措いて外にはない。少なくとも否定を通しての、又はそれを土台とする肯定がヘーゲルの弁証法的論理の綱格をなしている。

モイレン(J. van der Meulen, Hegel, 1958)がいみじくも命名したように、ヘーゲルの「中」は「破られた中」(Die gebrochene Mitte)であった。中は存在として間にあるものでなく、間に於いて破られたものである。否むしろ破る作用そのものであり、そういう働き方によって仲介するものである。媒介は単なる結合ではなく、否定によって、又は否定を通してなされた綜合作用でなければならない。ヘーゲルにとっては綜合とはそういう仕方でなしには有り得なかった。周知のようにAufheben(止揚、揚棄)とは恰もそのような仕方であり、一旦は廃棄せられながらその上に建設せられることを意味する。いなむしろ廃棄そのものが新しい建設であった。**zu-Grunde-gehen**も崩壊することであるが、同時にそれを土台として造営せられることを意味する。「中」はヘーゲルに至ってそのように解せられ、それほどまでに深化せられたのである。

しかしこのような否定はヘーゲルに於いて何処に胚胎しそして如何に展開したのであるか。それは彼の方法が弁証法的論理であるということにかかっている。ディアレクティクとは既述の如く矛盾の関係から出発する。単なる「差異」でもなく、また「対立」でもなく「矛盾」がこの方法の骨格をなすところに弁証法の特色がある。その否定はまさに矛盾の否定であった。矛盾の否定は論理的否定の最も徹底したものであり、同時に両立を許さないのみでなく、相手の存在を滅尽せねばやまぬものである。スピノザの否定は未だnihil privativumに止り、論理的否定にまで到っていない。それはものを決定するために他を否定するにすぎなかったが、ヘーゲルの否定はアンチ・テーゼの全面的否定であり、反者を殲滅することによって自己をも否定せんとするものである。この否定の強烈さは何にあるのか、それは全く矛盾の論理性にあると答えられねばならない。事物の関係は一と他との関係であるか、一と多との関係であるかであるが、一と多とは単に相異なるものではなく互に反対する。そこに対立関係が生ずるが、それは未だ存在的関係であって、両立することも可能であった。しかし矛盾は全くの論理的関係であって両立を許さない、それが許されないのはその論理性によってである。肯定と否定では互に相容れない。それは論理の然らしめるところであり、論理の必然性である。両立するのは存在性であって論理性ではない。それは存在的に両立しながら依然として相殺の要素を多分にもっているが故に論理的となるのである。矛盾は純然たる論理性であるが、それを保存しながら存在に移ったものが対立であるともいえよう。対立は敵意を抱きながら自他の両立を認める。なぜなら両立することなしには戦うこともできないからである。互に相当の力と存在とをもってしかも相容れないとき、戦が起りうるのであって、一方が圧倒的に強く、他方が余りに劣弱であるならば戦は起り得ぬであろう。両立は対立の少なくとも一つの条件でなければならぬ。しかし対立する以上互に敵視するのであるから、対立は存在性をとともに論理性をふくんでいる。そしてこのことによって対立はやがて相互否定の関係におかれるのである。対立がそのまま持続するならばそれは妥協であり和解であって、弁証法的発展ではあり得ぬ。存在が常に論理によって引きずられ、支配せられ、変革せられるところに弁証法的発展があるのであって、もしそれが存在的に停滞するならば何らの発展もありえぬことは勿論であろう。このとき移行(Übergehen)ということがしばしば言われるが、それは決して発展ではない。移行とは一方から他方に移動することでありまた他方から一方に帰ることであって、そこには何らの媒介もなく発展もありえぬのである。媒介とはたとえ存在的には両立であっても、その間に従来なかった一つの新しい関係——即ち矛盾関係の生じることを予想する。恰も全く見知らぬ男女が媒介によって夫婦の契りを結ぶが如くに。存在的には依然として別体であっても夫婦となれば精神的に一体となり、少なくとも長き契りに生くべきであろう。媒介は決して移行ではない、相互の関係についての創造でなければならぬ。そして創造とはただ存在の結合でなく、一旦はそれを破壊してその上に新しい関係をつくることでなければならぬ。この働きは論理性であって単なる存在のよくする所ではなかった筈である。しかもこの論理性は肯定的であるよりも否定的であり、破壊を本質とするのであるから、弁証法的発展は先ず抑止し廃棄することから始まる。この働きはまた mediatisieren ともいわれたが、それは単に格を下げるという意だけではなく、元来は小国を併呑して自領とすることを意味するから、相手を否定して自己の支配に属せしめるほどの積極的な力をもつべきものである。否定は肯定と対立するのみでなく、肯定を撃破して自己の中に摂取せんとするのである。少なくとも相手を破滅してその体質を変革せしめんとするものである。そしてそこからして aufheben が「高める」意味をもち、単なる破壊ではなく建設的な意味を加える。大地に横たわるのは単なる崩壊ではなく、却ってその根柢にかえって土台を築くという意味も得られるのである。綜合(syn-thesis)とはまさにそのような新しい創造でなければならなかった。

矛盾の論理性は対立の存在性を破壊する。しかしそれとともに両立の存在性はこの破壊を克服して再び存在性にかえす。それが対立の世界であった。そのように破壊と建設との作用が相剋しつつ無限に運動することが弁証法の行程であるが、この行程が単なる移行でなく、発展であるべきことは素よりであろう。しかもこの発展を支配するものは存在であるよりも先ず論理性でなければならなかった。ヘーゲルの哲学が汎論理主義であるといわれるのも主としてこの理由によるのであるが、しかしその理由からして彼の立場を発出論理ときめてかかることは過当である。発展の過程はどこまでも存在の運動であったからしてである。動くものは存在であって、決して単なる論理のよくするところではないからである。存在はもともと静止的であるが、論理は自由であり、動的である。この論理によって浸透せられるからして存在は運動となる。弁証法的発展とは論理と存在との打って一丸となされたものの絶えざる進展であるといわねばならない。この展開はなだらかに直線的であるのではなく、多くの紆余曲折をもち、ただ平板にではなく、多階層によって連なる。根元の判断は有であると共に無であり、弁証法はそこから出発するのであるがやがて有と無とが対立し、さらには有無の相剋からして破滅的となるが、破滅は止揚せられて再び対立にかえる。この進展は単なる還元ではない。もとのもくあみに帰ることではない。苟も発展といい進展とよばれるからには何らかの進行がなくてはならぬであろう。そしてそれには何らかの階層があり階型をなすものでなければならぬ。存在の世界は本質の世界にうつり、本質はさらに概念の世界に進展する。その発展は無限であるが、ヘーゲルも明別したようにその様相は直線的でなく円環的であり、悪無限でなく真なる無限であるべきであった。真無限は円環的であり、行きつく先は始源に還ることであるが、しかしそれはただ復元に尽きるものではなく、またこの推移の単なる繰返しであってはならぬ。そこには進歩の跡があり、進転の道程がなければならない。それが或は存在であり、本質であり、概念なのであった。しかもこの過程は必ず存在であって単なる論理であってはならぬ。それは階層であり段層であり、それぞれにある一つの世界でなくてはならぬ。この構造なしには発展も不可能であることは案外に看過せられがちのようである。文明の発達を見よ、そこには牧畜から農耕の時代があり、資本主義が盛行し共産社会が勃興した。これらはそれぞれの階層であり事実であって、決して論理ではない。しかも一つの階層から他に移るときそれを可能にするものは自然でなく人間であり、自由にして必然的な論理であったのではないだろうか。そこに弁証法の論理がある。もしこの発展が単に自然のことであるとすれば、弁証法論理などというのは単なる人間の虚構にすぎぬ。どうしてそれが論理たる名を担い且つそれに誇ることができようか。弁証法の立場は単なる論理ではなく同時に存在的であり、単なる存在の関係をではなく同時に論理的関係を明らかにするものでなければならぬ。しかるに西洋のロゴスは依然として論理と存在とを明別し、且つそれぞれに異別なるものとして見る。観念論は唯物論を敵視し唯物論は唯心論を破壊せんとする。この対立は激烈にして且つ永続的であるように見える。しかしそれが対立として果して如何なるものであるか、それを考えることはロゴスの問題であり就中弁証法にとって最も重大なる課題でなければならない。このことを反省するに非ずんば弁証法は論理性を失い、のみならず自らの立場をも失墜することになりかねない。それをこそ徹底的に追究することが弁証法の本務であるのではないか。マルキシズムの立場は観念論と対立する。しかし対立は彼にとっても止揚せらるべきである。もちろんそこには安易な妥協は許されず和解はなまぬるい妥協として峻拒せらるべきであろう。しかし対立の止揚は彼等にとっても単なる方便ではなく、必須にして且つ必然でさえもある。彼等は果して何によって如何にしてこの対立を止揚せんとするのであるか。

それはもとより「媒介」より外にはないであろう。しかしこの意味の媒介とは何であるか。媒介とは単に二つの事物を関係せしめ、乃至はこれらの間に何らかの交渉を生ぜしめることではない。少なくともそれだけではない。互に交渉することによって何らかの変革をもたらすことでなければならぬ。有は無を媒介し、無が有に媒介せられるのはただ両者が何らかの関係をもつことではなく、それによって有と無とが変質し換質せられて今までにはなかった一つの新しい関係が生ずることである。ヘーゲルに於いてこれこそが成(werden)であった。有は無に媒介せられることによって成となる。ここにも多くの階層があり、存在は成となることによってより高き階層に高められるのである。そしてこの生成の階型は無限に続くのであるが、ヘーゲルに於いては先ず三つの階層としてあらわれ、正、反、合の階型をとることは周知の如くである。それは三つのロゴス(tri-logos)であるが、私の見るところではこの関係は一様ではなく尚多くの問題を蔵しているのではないか。正と反とは論理の必然性から直接に媒介されるが、この二者と合との関係はさほどに直接でもなくまた単純でもないであろう。というのは止揚せられた合はやがて正となり、正となるや否や反を喚起することを必至とするからである。正と反との関係は明晰であるが、これらと合との関係はもはや矛盾の論理ではなく全体と部分との関係であるべきであり、合に於いては正も反も共にmomentとして(elementとしてでなく)その中にふくまれねばならぬからである。全体と部分との関係は必ずしも存在的なものではなく、そこにも一つの論理があるとしても、それは矛盾の論理とは極めて趣きを異にしたものであることだけは確かである。それが合であるからには部分の綜合にちがいないが、弁証法論理はひたすらに矛盾関係を原理とするものであるから、合の段階に達しても依然として矛盾をはらみ闘争を必至とする筈である。合が上格の正となるやいなやそれに対する反を誘致し、反がそれに対立する限りまたこれと戦わねばならぬ。このプロセスは無限に到って止むことを知らぬ。止むときがあるならば弁証法的発展はなくなる筈であるからである。それが発展である以上は無限の行程でなければならない。存在が本質に、本質が概念に、概念が精神に発展するとしても、精神はさらに何に発展するのであるか。それがたとえ神にまで到るとしても神はついに何に達せんとするのであるか。それと同じように唯物弁証法はレーニンに到ってプロレタリアート独裁の段階にまで高められたが、それに止る限り弁証法論理から逸脱したものとならねばならぬのではないか。マルクス主義が弁証法論理を原理とする以上独裁は一つの独断であって、遂にそれに停滞することが許されない筈ではないか。この論理の発展は無限にして止ることを知らぬ。たとえ悪無限をさけて円環運動をなすとしてもまたそれに停滞することは許さるべくもない。独裁は一つの全体的立場であって弁証法の論理とは相容れぬものでなければならない。それを主義とする立場は統一をよりも分裂を、綜合をよりも反立を主軸とすべきであるから否定を中心とすることは勿論であるが、我々にとって第一に問題となるのはこの否定が如何なる種類のものであるかということである。一言にしていえばそれはロゴスの否定である。具体的に言えばそれは矛盾のロゴス的否定であった。甲が乙を否定するのは両者が論理的に矛盾するか存在的に対立するかによってである。利害相反してもただそれだけの理由によって敵を打倒する根拠となることはできない。なぜなら自己の利益を主張すると同様に敵もまた彼の権益を固守するからであり、またそれが至当であるからである。利害によって争うのは無名の戦いである。ただ自己の存在を脅かす敵に対しては戦は正当づけられる。敵の存在によって我の存在が滅亡せんとするとき剣をとって戦うはやむを得ざる仕儀であり、且つ正当なる防衛として是認せられるべきであろう。それは矛盾の論理であった。それを出発として対立の世界に入る。対立とは矛盾関係を持しながら、しかも両立する立場である。矛盾は廃滅であるが対立は保持である。この二つを別にして「差違」の世界に入ればもはや闘争はない。百花斉放して春日煦々たりである。差違の世界も否定によって規定せられるがその否定は privatio であって negatio ではなかった。否定の作用は部分的でなく全面的であり、曖昧でなく明断的でなければならない。肯定であるか否定であるかの孰れかであってその外に何ものもない。肯否は常に対立する、そしてそれが実施せられるや必ずその孰れか一つであってその他に第三のものはない。それが排中律の命ずるところであった。弁証法論理は依然として論理の三法則によって支配せられているのである。

ヘーゲルは矛盾の法則を逆転した人であるとしばしば述べられたが、それ故にこの法則を無視した人ではない。それは彼の論理が形式論理に反しながら依然としてアリストテレスの推論式によっていることを見てもわかるであろう。ヘーゲルの体系はただ低次の階層から高次のそれに移行するといったようなものでなく、常に両者が中間的なものによって媒介されるという形式をとった。例えば彼の「精神現象学」に於いて感覚に始まり絶対知に終る精神の発展は、単なる心理学の分析ではなく、精神としてつかまれた限りの「自然」と「論理」とが互に媒介しあいながら統一を実現してゆく過程として把握せられ、且つ叙述せられた。その始元をなす最も単純な感覚的確実性(sinnliche Gewissheit)に於いても、この展開の頂点に到って始めてあらわになるべき論理がすでにそのなかに浸透しており協働していることが見出される。従って精神の現象学とは精神が発展してゆく過程を叙述するのみでなく、精神がそれ自らに於いて自己を媒介し、意識が意識としてある自己の本性を開示してゆく行程として叙述されている。しかも現象学の最頂にある絶対知はやがて論理の科学の始元となり、意識は論理の出発となって雄大なる「精神」の組織を構築する。エンチクロペディや「論理の科学」に於いて出発をなすものは「有」の概念であったが、それが「自然」でないことは勿論、単なる存在ではなく、常に論理によって浸透せられ、それによって展開せらるべきものであった。しかもこの発展の形式は推論であるという。もとよりこの推論はアリストテレスのそれではないが、論理の展開は推論式を措いて外にはない。なぜならば推論の中心は媒介の概念にあったからしてである。存在と論理の諸階層は互に媒介せられることによってつらなり、且つ展開する。単に直線的に推移するのではなく、相互に媒介し媒介せられつつ発展するのである。ヘーゲルがこれを推論と名づけたのは専らこの媒介作用にあったと見てよいであろう。従って論理と精神とが自然によって媒介せられ、概念と推論とは判断によって媒介せられるというような区別は無意味である。前者に於いて自然が、後者に於いては判断が媒語となるというような把握の仕方も多くを我々に齎さない。それはアリストテレス的な媒介であって、ヘーゲルに於いては別に媒語があってそれが両者を媒介するのではない。媒語は否定であるからして、「自然」ほど肯定的なるものがどうして否定的となりうるのであるか。ヘーゲルの媒介には決して第三者を認めない。Mitte ではなく常に Vermittelung でなければならない。それが Mitte であっても常に破られたる「中」でなければならなかった。自然と言い、判断というのもそれぞれの階層であって、決して媒語ではなかった。自然は概念によって、概念は推論によって相互に媒介せられるのであって、その中間に第三者を容れる余地はなかった筈である。謂わば媒介するものなき媒介であって「中」の存境は認められ得ない。それが排中律の命ずるところであった。

ロゴスの論理は肯定か否定かの孰れかであってそのほかに、又は間に何ものをも許容しないのが本筋である。肯定であると共に否定であることも矛盾の法則によって厳しく禁じられている。肯定か否定かの孰れかであってそのほかに何ものもないことが排中律によって厳密に命ぜられている。この二法則を十分に認めながらしかもそれを否定するところにヘーゲル哲学の特色があり、否定は自らを否定することによってそれを徹底するのである。存在は非存在と同時に成立しないが故にこれを否定する。この否定によって非存在は否定的存在となる。しかしまた非存在は否定的であるが故に存在を否定する。この否定は相互的であるが故に否定作用がそこにあり、否定が否定としてその働きを完結するのである。否定がもし一方的であるならば肯否は永久に相容れないであろう。一方が肯定的であり、他方は否定的であって、互に反撥し共にあることはできないであろう。肯定か否定か孰れかであり同時にあることはできないであろう。しかし否定が交互的であるならば一方が他方を否定するとともに他方が一方を否定する。そこにあるものはただ否定のみであってそのほかに何ものもあり得ない。否定が唯一のあるものとなってその他に何ものもないこととなる。ここに到って一つの新しい世界が啓かれる。それは存在のではなく非存在の世界であり、有でなく無の世界である。しかしそこまで到ると媒介ということももはや不用になり無意味にさえなってしまうのではないか。なぜならそこには有もなく、無もなく、有無のほかに何ものもあり得ぬからしてである。アリストテレスの推論で媒語となるものは小前提であり、尚明らかに存在であった。ヘーゲルに到っては媒介するものはなくただ媒介し媒介されることのみがあり、従って媒介は否定作用そのものとなりその外になかった。併し媒介とは少なくとも二者の、又は両端の関係をつくるものであるから、媒介作用には少なくとも媒介される両者がなくてはならぬ。しかし媒介が否定作用であるとするならば両者は互に否定し合って遂にはその存在性をも失うことになるかもしれぬ。両者の存在性を失ってしまえば媒介ということも不用とならざるを得ぬであろう。従ってヘーゲルに於いて媒介作用が行われ、しかもそれが中心となるためには、両端の存在は依然として存在し、どこまでも存在性を保持するものでなければならない。そこには我があり他があり、自我がありそれに反立する他我がなければならない。たとえ他我が自我によって媒介されたものであるとしても、とにかく他我としての自性を有するものでなければならない。ところが茲に於いて自我を否定するとともに他我をも否定するときは果して何があるか。存在を否定するとともに非存在をも無とするときは果して如何なる結果をもたらすだろうか。ヘーゲルの否定は相互的であったが――従って尚媒介を要するものであったが、今や媒介をも不用とする一つの立場がひらかれる。そしてそれが大乗仏教の無の立場であったのである。ヘーゲルでは依然として自があり他があり、即自があり対自があったが、仏教の立場には自他の区別はない。自としての自性、他としての他性を発撫して凡ては洞然として空である。存在は否定せられ非存在も否定せられ、無もまた無化せられ、空も空じられる。その否定は単に相互的であるのではなく、絶対的であった。啻に絶対的であるのではなくまさに絶待的でなければならなかった。絶対的とは対立を絶するのであるが、絶待的とは何らの頼むべきものを期せず何ものにも依存しないことである。他に依らず他を頼むことなきのみならず自己自らにも依存しないことである。超越とはまさにそのようにして初めてひらかれる境地であるといわねばならない。絶対は相対を離れることであるが、尚それが対立的である限りそれを脱することはできぬ。それを出離するに由なかったのである。

三

アリストテレスの「中」は存在の中間的なものであり中的存在であったが、ヘーゲルの中は媒介作用として構想せられた。それに対して龍樹の中は何を主意としてそしてこれらの諸説から峻別し得られるのであるか。これに対する答は既に与えられたものとして我々の前に横たわっているであろう。それは第一にあらゆる意味に於いて存在でない、乃至は存在的ではないということである。それはそれ故に無いものであるということである。有るということが専ら存在としてあることを意味するとすれば、それは無いものであり、無きに等しいものである。無いものを尚も或るものとして「中」というのは不合理ではないか、少なくとも不都合ではないだろうか。それにも拘らず龍樹はこれを無として或は「中」として取扱う。中があるものであるならば無もまた有るものでなければならぬ。しかし無としてあるものは或るものであり、或るものは有るものであって無きものではない。真に無きものはそれを無というものであるとも言えない筈であろう。これを無として言うのは既に或るものとして、さらには有るものとして取扱うことであって、それは無でなくして有であり、無という有でなければならない。それ故に無は無というものでなく況や無の存在ではない。無はさらに無化せられて初めて無となりうるのである。空とは虚なる或るもの(voidness)ではなく、空はさらに空じられて真の空とならねばならぬ。真空とは単にそこから空気を排除することによってではなく、その容器をも無にすることによって初めてそれであり得るのであろう。中とは龍樹にとっては無であり、空であった。中を間として規定するのも、中を仲として理解するのも、それを他によって、他との関係に於いて把握せんとするのである。中はそれ自らに於いて、それ自らに依って理解せられねばならぬ。それは中を無として理解することであった。中は他に於いてあるものではなく、また他を待ってあるものではない。中は絶待的でなければならぬ。そう考えることは中に対する理解の転換である。アリストテレスやヘーゲルとも峻別せらるべき、中の本質もそこにあった。

中はたしかに否定である。しかしそれは肯定に対する否定ではなく、肯定を否定するとともに否定をも否定するものである。他を否定するのみでなく、自らが自らを否定するものである。相待でなく絶待であり、相対的でなく絶対的たる所以も一にかかって玆にある。それは徒に凡てを否定する「都無」ではなく、空空でもない。それは単なる否定ではなく、否定の否定でなければならない。否定の否定は肯定となるというのは形式論理の原則であっても絶待否定の原理でないであろう。しかしヘーゲルの弁証法が形式論理の逆転でありながら依然として形式論理の推論法を捨て得なかったように、大乗の論理も小乗の形式論理を忘却することができなかった。否定の否定は一つの新しい肯定をもたらす。しかしそれは如何にしてであるか。第三のレンマは肯定を否定し、同時に否定を否定するものであるが、この絶待否定によってもたらされるものは何であるか。それは単なる肯定ではなく、肯定でもあり、同時に否定でもあるところのものである。そしてそれが第四のレンマに外ならぬことは縷述の如くであり既知のことであろう。問題は従って第三のレンマから第四のそれに移るのは如何にして可能であり、また如何なる理由によってそれが是認せられ得るかということにある。これに対する答は一言にしていえば「即」の論理である。即とは第三のレンマと第四のレンマとの関連を明らかにするレンマ論理であるに外ならなかった。しかしそれは我々にとって最も大なる、従って至難なる問題であるから全力を尽してその解明に当らねばならぬ。

先ずこの二つのレンマは勝義の論理であって世俗のそれでないということが注目せられねばならぬ。世俗の論理は肯定と否定との bivalence であるが、勝義の論理はこれ以外の、又それ以上の論理であることは既に縷述せられた。即の論理はロゴスの論理ではない。アリストテレスの推論法でもなければヘーゲルの弁証法論理でもなかった。それはまさにレンマの論理であり、それ故に龍樹の立場として特色づけられうるものであった。彼の論理は不生不滅から出発する。それは明らかにレンマの立場を高らかに宣揚するものに非ずして何であろう。彼の出発は肯定でなくして否定であった。しかしこの否定は肯定に対する否定でなく、それに加えて否定の否定でもあった。いなそれはロゴスの論理に加上したものではなく、立場の全き転換を要求するものであった。世俗から勝義へ、凡てが勝義に於いて把えられんとするものがレンマの論理であった。そしてそのことを可能にするものとして即の論理が登場するのである。

しかしながら即とは何であるか、それを論理とするのは如何なる論拠によるのであるか。肯定でもなく否定でもないからして肯定でもあり否定でもあるというのは如何なる論理であるのか。それは第一に推論ではない、前者の前提からして後者の結論は出てこない。なぜなら前者は否定であり後者は肯定であり、否定から肯定を演繹することはできないからである。第二にそれは弁証法的論理でもない。前者と後者とは互に反対しているがその故に互に媒介せられて綜合に達するのではない。即の論理に於いては否定は必ずしも媒介作用ではなかった。そこに於いて前者から後者に転ずるのは端的であり即時にであり、間髪をもいれないほどであるからである。この証明は従ってロゴス的であるよりも直観的でなければならぬ。推論であるよりも直接な体験でなければならぬ。その理解は理智的であるよりも具体的な把握でなくてはならぬ。Erkennen であるよりも Verstehen でありさらには Erlebnis であらねばならぬ。一言にしていえばロゴス的ではなくレンマ的であるべきであったのである。レンマとはしばしば述べられたように、体現的な把握(λαμβάνω)を意味するに外ならなかった。それが肯定であり同時に否定であるのはロゴス的には明らかに矛盾し、形式論理上からは到底許されぬことである。にも拘らずそれがそのようにあり得るのは、その根柢に肯定でもなく否定でもないというレンマが横たわっているからであり、そして両者の関係は密実にして些の間隙もなく、その転換は即座にして即刻に行われるからである。即は即非であるといわれるのもその故であったろう。即の根柢には非があり彼によって是が認められる、それが文字通りの是認であった。是はそのままにしてあるが、それがそうあるのは非によって、又は非に於いて基礎づけられているからしてであった。或るものが有るのは有るものの限定であるが、有るものはむしろ非有であるが故に或るものを限定し得る。もしそれが有であるならば既に規定せられたものであって動きがとれぬであろう。それが或るものであるのは此のものでもあり、他のものでもありうるが故であり、そしてそれを此のものとして限定するのはまさに非有でなければならなかった。第三のレンマは否定であるが必ずしも無でなく、まさに非有であった。それが非有であるが故にそれによって又はそれに於いて有が限定せられうるのである。プラトン的にいえばそれは οὐκ ὄν ではなく μὴ ὄν であるべきであった。そこでは否定が否定として止るのではなく、さらに何ものかを生みだすべきマトリックスであった。非有は有に非ざるものであるが故に却って有の底体となる。第三のレンマはまさにそのような非有であったのである。この意味に於いて二つのレンマの関係は即非であったのである。

即は即時であり即刻であるが、必ずしも時間的関係を意味するものではないであろう。ロゴス的関係でないことはもとよりであるが、レンマの立場に於いて直接性をあらわす。同類語として、「乃」「便」「曾」「載」「輒」「則」等々があり、「則」に至って頂極する。「乃」はそこで漸く、やむなく等の意があり、一事が終り次に移ることをいうのであるが、「便」はこれを利用していくらか方便的な軽さをもっている。「曾」はそんなことが、とやや意外の意をふくむ。「載」はそこでと訳し上をうけて次を促す。「輒」はそのたびごとに、いつでもの意であり、それが度々起りいつでもあることを意味する。「則」は我々ののっとるべき則を、従って法則を意味するようである。

即はこれらの同類語の中にあって時間的に即刻であり場所的に即処にあり、就中レンマ的に離接することを意味するのである。相即というからにはそこにまず二つのものがあるべきであるが、その関係は矛盾の関係でもなければ、対立のそれでもない。しかしそれは欠如の如く混合又は混在ではなく、依然として明晰な区別に立っている。しかし即とは分たれたものが同時にあり、分たれてあるままに一であることであるから、この関係は極めて費にして隠でなければならぬ。「媒介」に於いては分たれたるものが対立し矛盾するが故に相殺的であるが、その関係は論理性を帯び必然的でなければならぬ。しかし即の関係にはそのような論理性はない。ロゴス的な否定性がないのである。両者は区別せられてそこにある。区別せられたままに一つである。このことはしかし如何にして可能であるか。それは一が他を否定し他が一を否定して互に媒介することではない。それは一でもなく他でもないという否定によってのみ成立する。存在でもなく非存在でもないが故に、存在でもあり非存在でもあるという論理である。それはロゴスの論理ではなく、まさにレンマの関係であった。存在でもなく非存在でもなければ果して何であるか、何ものとしてもなく何ものもない。肯定でもなく否定でもないならば何がそこにあるか、何事も有るとは判断し得られない。そこに残されたものは何ものもなく、全くの虚無にすぎぬ。しかるにレンマの立場に立てばそこからして一つの世界が生れる、存在でもあり非存在でもある世界が誕生するのである。存在と非存在とが同時にあることはロゴスの立場の許されざることであった。存在と非存在とのほかに尚何らかの或るものがあるということは排中律によって厳しく拒斥せられた。然るにレンマの立場にとっては存在は同時に非存在であり、存在にして非存在なる尚一つの世界がありうるのである。レンマの立場がロゴスの論理と如何に異なるか、単に異なるのみでなくむしろその法則の転換であり逆転であることが茲に到ってやや分明となったであろう。「中」の世界がロゴス的に不可能であってもレンマの立場に於いて可能であり、否それに於いてこそ成立するものであることがこの点から立証し得られるのである。ロゴス的には中はなきものであり、あるべからざるものであるが、まさにその無きことを立場とするものがレンマの論理であった。媒介に於いては否定は他を滅却するものであったが、即の論理は他をのみでなく先ず自を破砕するものであった。自他を共に破砕することによって自他を共に生かさんとするものであった。この結合の仕方を「即」の論理と我々は名づける。

即の論理はそれ故に第三のレンマと第四のレンマとの関係の論理であり、大乗仏教の勝義の世界を支配する原理である。もとよりそれは世俗の論理ではなかった。矛盾律と排中律との支配する世俗の論理ではなかった。存在と非存在とを関係せしめる媒介の論理でもなかった。矛盾はロゴスの否定をもたらすものであるが、即の否定はレンマの肯定につらなる。そこでは肯定と否定とは対立するものでなく、況や矛盾するものではなく、まさに相即している。媒介と即とは共に否定作用によるものであるが、その否定が全く種類を異にしているのである。矛盾の否定は対立する他のものを否定するが、即の否定は自他を共に否定する。他を否定する前に自己自らを否定している。しかし自己自らを否定するものが果して他を否定することができるか。自性なきものが果して他性を否定することが如何にして可能であるか。この恐るべき疑問に対して次の如く答えらるべきであろう。即の否定は否定するものなき否定である。恰も媒介するものなき媒介が真の媒介であるように、否定するもののない否定が真の否定でなければならない。もし否定するものがありとすれば、それは或るものであり有るものであって、絶対的否定とはならぬ。否定するものなき否定であるが故に否定はそれ自ら否定となる。否定するものなき否定であるが故に絶対的であり、否定せられるものなき否定であるが故に絶待的否定となる。否定に対する肯定がないからして否定の外に何ものもなく、否定が即ち肯定とならざるを得ぬのである。そのような肯定が即ち第四のレンマの世界であった。しかし第三のレンマと第四のレンマとは如何なる関係に於いてあるか。それが即の関係であると言われるのであるが、即とはどういう関係であるのであるのか。この問題に答えて我々は「相待的」であると言わんとするのである。第三のレンマは双非的であり総否的であり、第四のそれは双是的であって素より反対するが、にも拘らずこれらは相待的であり相依的である。凡てを否定することは凡てを肯定することと殆ど相等しい。少なくとも凡てを知らざるものは凡てを知らんとするものであり、凡てに於いて無きものは凡てを有らしめんとするものである。両非と両是とはロゴス的には反立するが、レンマ的には却って相待し、相俟っている。相対することは却って相待を前提しなければならぬ。何の関係もないところに相い対し、互に反立することは不可能であるであろう。相俟つが故にそれが裏切られたとき烈しき反抗に出る。互に期待するところ多きが故に抗立も激甚とならざるを得ぬのであろう。対立するものが個別的であるならばその反抗も相対的となるが、全面的な抗立に於いては互に俟つところも絶大でなければならぬ。第三と第四のレンマとの関係は素より全面的であるから反立にしろ相待にしろ挙体的であることは明らかであるが、相待が相対に先立ち且つその基盤をなすことも洞察に難くはない。ロゴスの対立は抗立的であるがレンマの対立は待立を主とする。前者が弁証法的論理の骨格であるとすれば、後者はレンマの論理の中軸であるといわねばならない。第三と第四のレンマとはそれらがレンマの関係である以上、素より相待的であるべきであった。第三のレンマの否定は第四のそれを待っている。しかもその期待は直接にして端的であった、間接にして弁証を要するものではなかった。その関係を把握するものはロゴスの論理ではなく、直接にして具体的なるレンマでなければならなかった。ともあれ第三のレンマは第四のそれにつらなる。両者は決して同一のものではないが、しかし互に離れたものではない。これを端的な「離接」と呼んでよいが固より形式論理の離接関係を意味するのではない。それらは或は離れ或は接するのではない。或る方面から見れば離れ、他の方面から見れば接しているなどということとは相去ること遠いのである。それは離れていながら同時に接している、接していながら且つ離れている。離と接と同一にして同時のことであった。世俗ではこれを不即不離の関係という。離接が共に否定せられることは第三のレンマであるが、そこから離にして接なる第四のレンマが生ずることは容易であるであろう。それは肯定でもなく否定でもないからして肯定でもあり否定でもある。それが即の論理であった。何故に肯定でもあり否定でもありうるか。ロゴスの論理ではこのことは矛盾として断然排せらるべきであるが、レンマの論理に於いては可能であり、むしろそれがレンマの立場の特色をなしているのである。肯定の根柢に否定がある。否定なしには肯定の世界が成立し得ぬ。レンマの論理はそれを明説するものであった。しかもその証明は端的にして直接である。直接とは文字通りに媒介を経ないものであった(un-mittelbar)。媒介することなしには何ものも具体的とならぬというヘーゲルの論理とは如何に程遠いかを思い知るべきである。レンマの論理は決して弁証法的ではあり得なかった。また二つのレンマは中なる存在によって媒介せられる必要はなかった。レンマの立場にとってはそもそも中的存在はあり得なかったし、中間存境は許さるべくもなかったからである。中とは存在でもなくまた存在論的なものでもなかった。それはまさに無であり、空であるべきであった。それは存在の否定であると共に非存在の否定でもあって、まさにその意味に於いて否定そのものでなければならなかった。この否定によって却って凡てのものが肯定せられうる。否定はそれ自ら無きものにして、しかし凡てをあらしめるのである。

しかし中の哲学は非存在の又は虚無の哲学ではない。非存在とは存在性のないものであるべきに、これを或るものとして立てるのは矛盾である。第三のレンマは単なる非存在ではなくして、肯定を否定するとともに否定を否定するところのものである。否定の否定が肯定であるとすれば、それは否定と共に肯定をふくむものであるといってよい。肯定を否定すれば否定となるが、否定を否定すればまた一つの肯定となる。その意味に於いて第三のレンマは外形上否定であるが実は否定と肯定と両有するのであるともいえる。第三のレンマから第四のそれに移ることの可能性もその必然性もここにあるといわねばならぬ。両非から両是への転換は一歩にしてしかも大歩でなくてはならぬ。たとえロゴス的必然性はなくともレンマの当然性はあったのである。我々はここに不用意に「転換」という語を用いたが、しかしレンマの立場にとってそれは容易ならざる意味をもっているのである。次節の論述は我々の果すべき任務であるであろう。

四

転換の論理は唯識教学の「転変」(pariṇāma)の説に等しいものであるが、必ずしもそれと同一であるのではない。第一に唯識の転変は識についてのことであり、唯だ意識の問題であるのに対し、我々の転換は論理の問題であり、就中レンマの論理であった。意識の問題は心識の研究であるが我々の転換は思惟の立場についての論事である。しかしこの思想は唯識説に負うところが多大であるから、先ずその転変説を一瞥することから始めよう。

安慧によれば転変とは「他であること」(anyathātva)、さらには「前の位から他の位になること」(pūrvāvasthāto 'nyathābhāvaḥ)であるという。彼の「唯識三十論疏」の西蔵訳には「転変とは gyur-pa であり、異(性)に転変することの謂いであり、因の刹那に於いて、滅すると同時に(起り、又)因の刹那と不同なる果が自体を得するとは(即ちこれ)転変なり」という。因果の概念は中論派によって完膚なきまでに論破せられたが、にも拘らず因果関係は依然として実存する。親から子が生れ、実から花が開く。唯識論はこの実事を認めるとともにこれを転変として理解せんとした。そのためには因果は必ずしも原因(hetu)と結果(phala)との関係でなく広く能作(kāraṇa)と所作(kārya)との関係として把握せられることとなったが、「能作が滅する刹那に、同時に能作の瞬間とは姿を異にして所作たることを得ることが転変である」と定義せられるに到った。「婆沙論」三九巻には「転変に二種あり。一に自体転変、二に作用転変」と分っているが、この区別によれば唯識の転変は第二の作用転変に属することは言うまでもない。ここに於いて因果の実事が能所の作用関係に移されたが、しかしそれはただ論点の推移にすぎず、問題は依然として残る。能作と所作とは作用として如何なる関係にあるか。この二者が転じて二分に似るようになるとしても、二分はさらにいかにして一分となりうるか。この問題を解明するために凡てを識に結束しようとしたものが唯識三性説であるが、識は要するに心識であり、たとえ単なる心理作用でないにしてもこの関係の本質を説明するには十分ではないであろう。因が果になるのは因から果が生ずることではないにしても、単なる識の転変によって論明し得られるかどうか。識は刹那にして滅するものを瞬時に於いて保存する作用であるとわかっても、それは事実の叙述であって、一にして異であり異にして一でありうる理由を解明するに由ない。この関係をいささかでも論理的に説明しうるものがなければ我々を満足せしめるに足らぬのである。もしそうでなければ唯識説は逆に再び中観派の烈しき徴難を免れ得ぬであろう。

この問題に答えんとするものが唯識の三性説であるが、それらが何でありまた互に如何なる関係にあるかということは茲に再説する余裕はない。我々の力説せんとするのは三性説が同時に三無性説であるということについてである。三性の関係は何故に無性でなければならぬか、また如何にしてそうありうるのであるか。三性とは遍計所執性と依他起性と円成実性とであるが、これらは三つであって一つであり、一つであって三つである。それらは三性に区別されるが尚も一であるということは三性がそれ自ら無性であるということによってでなければならぬ。三種の性に区別せられながらその区別を脱して一であるということは何故にであるか。三性は有の系列に属しながらこの区別を絶することは、それらが凡て無性であるからである。三性が自ら無性でありながら尚も三性として区別せられるのは何の故にであるか。それに対する答は一にかかって「無性」にある。三性説は性であるよりも相であるとすれば(性と相との関係を論じないにしても)、性は相に先立ってあることは確かである。玄奘の新訳はこれらを相として把握し、真諦は専ら性として区別せんとしているといわれる。孰れにしても三性は三つの世界として並存するのではない。一にして三であり、相互の区別をもちながら尚一なるものでなければならない。それと共に一でありながら性相としては明晰に区別せらるべきものであった。遍計とは真実には存在しないものが所執によって分別せられ、転じて二分に似ることであり、依他とはその分別が様々な縁によって生ずることであり、円成とはこのような主客二分の分別を仮托(upacāra)として遠離せんとするものである。そしてこれらの三つはそれぞれに異なる作用として遽かに同一視することができないにも拘らず、尚一として一つの作用であるのは何の故にであるか、何を根拠としてそのように言いうるのであるか。問題は畢竟して三性が同時に三無性であるのは何の理由によってであるかということに帰するであろう。

この問題に答えうるものは恐らく「異門」という思想を措いて外にはないと思われる。異門は paryāya の訳であるが、先ずそれは pariṇāma でないことに注意せらるべきであろう。この語の原意は「行く」「廻り行く」ことであり、それを「くり返す」「続ける」等の義もあるが、まとめていえば一、arrangement 整えること、二、way, means その方便、三、manner その方法の意に用いられた。ところが第四にそれは alternative kind, art の意があり、この義は直接に原語からは汲みとれないが、仏教に於いて却ってそれが主義となったことは注意に値する。それは単なる仕方でなく、特定な仕方、即ち「変った仕方」「他なる仕方」の意味に固定せられ、玄奘の漢訳では「異門」と訳せられた。それは単なる門でなく異門でなければならぬ。無性に帰入すべき三つの異なった門が即ち三性であったのである。そこからしてパリヤーヤは更に「同義異語」の意にも使用せられるようになった。様々な同義異語を置き換えて一つの概念内容を明らかにするという方法はそれの理解に有効な方法であるにちがいない。安慧はそれ故にパリヤーヤを「別名」(nāmantara)と言い、または「或る義(ものから)に関して様々な声(概念)を知らしめること」であるとも定義している。同義異語はsynonymであり、文法的には極めて軽いものであるが、法門としては重要である。同一の釈迦の教理もこれをうけとる法門は無量であり、人と場合とに応じてそのうけとり方も千差であるであろう。パリヤーヤは語源的にpari＋viであり、所と時と人とに応じて時機相応に語られるべきことを意味する。倶舎論巻二七には称友は異門を解して「差別」(viśeṣa)と言い、或は次第(krama)の義なりと述べている。異門とは同一の事柄が種々に差別せられた門によって語られることであり、次に一挙に一時にではなく、次第を追って順次に述べられることである。そしてそのような仕方に於いて述べられるのは、それが時機に相応し場合に適合するからしてであった。或るものはその有るがままに語られることは困難であり、常に何らかの仕方によって、何らかの分位に於いて語られるよりほかはない。しかもその分位も門も千差万別である。漫然とこれらの一つをとるのではなく、それに最も適応した仕方によって語られることによってのみ、物ごとは我々に正しく解示せられ得るのである。それがまさに異門の意味であった。

しかし異門とはただそのような差別と適宜とを意味するに尽きるものであるか。もしそうならばそれは単に立場の差ということになり、何の立場に立つかは人々の自由であるから、それは要するに考え方や立場のちがいにすぎぬ。議論の分れるとき、それは立場の差にすぎぬといえばそれまでのこととなろう。恰もノモス(*νομος*)は一方に法を、他方に牧場を意味する。もちろんこの両語はアクセントの所在によって区別せられるが、それは「ハシ」が橋と端との両義に使用せられることと同様であるであろう。異門がそのように入門を異にするだけならば論理としては何の役にも立たぬ。入門とは僅かに門にさしかかることであり高々初歩であるにすぎぬ。

唯識の三性説は万法唯識の本義に入るべき三つの門であり、就中選ばれた三つの門戸であるべきであった。三性は三にしてしかも一でなければならぬ。例えば識が依他的であるというのはそれが縁起的であるということである。識は何らかのものに縁りて起るが故に常に他に依存しなければならぬ。しかし識がそのようにあるためには先ず自他が区別せられてあらねばならない。この分別性なしには依他ということも無意味となるからである。自が自によるとは何ものにも依らぬことであり、他に依るということのみが依存の意であるべきであるからである。それ故に識は先ず自他の区別の遍計から始まらねばならぬ、それが識の分別性というものであった。分別は単なる遍計であるばかりでなく、遍計の自の外に他があると考えるのは人間の執着性であるにしかすぎない。しかし自他はもともと一つであり、遍計の執するところのものである。真諦はこれを単に分別性と訳したが、玄奘が遍計所執性と新訳したのもその理由によるのであろう。他の世界は識を離れてないものであるのに、恰もそれが独立にあるかのように考えるのは妄執にすぎない。それは人間に根づよく蔓延っている妄識ではあるが、しかしそれは素より根絶せらるべきものである。少なくともそれから離脱したとき初めてものの真実相が識られ得るのである、そしてそれが円成実性であった。さて識を依他性として見るか分別性としてとらえるかは異門のなせるわざである。依他の門に入れば識は挙体的に縁起関係として見られ、分別の立場に立てばそれは全体的に分別識となる。しかしこの二つの門は互に如何なる関係を有するのであるか。それらは単に或る場合には依他であり、他の見方からは分別であるというだけではない。依他は必然に分別を予想し、分別はおのずから依他をもたらす。分別によって依他があり、依他なるが故に縁起であるが、しかしこのような立場の相異(異門)は何故に生ずるのであるか。それは転換(paryāya)によって起こるという(長尾雅人、転換の論理、「哲学研究」四〇号参照)。転換とは単に三性の列挙ではなくまさにそれらの転変である。それは門を異にすることによって転変するものであるが、単に転換というだけで事足るものであるかどうか。問題は単に門の変更にではなくして何故にこの三性に転換せらるべきかという点にある。もし転換が異門であり、立場を転ずることにあるとすれば、我々は孰れの立場に立つのも自由であり、必ずしも三性に限られたものでなく、またその必要もない筈であろう。何故に識は三性に於いて転換するのであるか。転換とは一つの作用であって必ずしも論理ではない。それが単なる作用ではなくして論理であるためにはさらに転換の論理を探求しなければならぬ。転換の論理は転換という作用を意味してはいない筈であろう。

「摂大乗論」(佐々木月樵四訳対照本三七頁四丁)に云う、「これ等三性のあり方は別異としてあるのか、或は別異ではないのかと問うならば、(答え曰く、)別異ではなく(しかしまた)別異でないのでもない。依他起性こそは異門を以て依他起である。その同じものが異門によっては遍計所執である。異門によってはその同じものが円成実である」。同じものが異門によって三つに分れるというが、それらは互に如何なる関係にあるか。この問題は畢竟するに一つの同じものと三性とがどういう関係にあるかという問題に帰するであろう。なぜならば三性は同じ一つのものの異門に外ならぬが故に。これに対する世親の答は次の如くであった。一なるものと三性とは別異でなくまた別異でないものではない——これは大乗仏教の典型的な答え方であって別に珍しいものではないが、それがそうであるだけそれだけ根本的であり遍通的な答でもあるといわねばならぬ。そしてそれがまさに我々のいう第三のレンマの論理であるに外ならなかった。一つの同じものが三性に転じながらしかも一つでありうるのは、この論理によってであった。転換によってこの論理が生ずるのではなく、この論理によって転換が可能なのであって決してその逆ではない。なぜならもしこの論理がなければ転換とは単に任意な異門とならざるを得ないであろうからである。識は必ず三性をもってあらわれる。それ以上のまたはそれ以外の諸性によってはあらわれ得ない。そこに初めて異門の意義が完うせられる。しかし一と三とは如何なる関係に於いてあるのか。一と言い三と言われる以上それらは決して同一でないであろう。しかしそれらが全く別異のものであるならば、三は一の異門であることさえできぬであろう。これらは別異ではなく、また別異でないものでもない(第三のレンマ)。しかもまさにそれ故に別異でもあり同一でもあり得るのである(第四のレンマ)。しかし我々は更になお執拗に問おう。三性が三異門である以上は明らかに別異のものでなければならぬ。それをどうして別異でないと言えるか。それは三性が任意の立場でなく共に一つの識の異門であるべきであるからである。三はどんなにしても一である筈はない。しかもそれが一であるといわれるのは先ずそれらが互に無関係ではなく、一なるものにつながっているからであろう。三性は単なる三つの性相ではなく、必ず識の三性でなければならぬからである。しかしその理由から三性と識と全く同一ということはできぬ。識は一であり相は三であるから、それらは異でないものではなく、たしかに別異であるのである。従って問題は如何にして別異なるものが同時に同一となりうるかという点に集中する。一と三とが異にして且つ同であるということは如何にして可能であるか。これはロゴスの論理によっては遂に解決し得ぬ問題である。それが許容されないのはそれがそもそも論理的に不可能であるからしてである。しかしロゴスの論理は論理の唯一の立場ではない。レンマの論理によれば一と三とは互に異なりながらしかも同一でありうるのである。それは何故にであるか。それはその前に、又はその根柢に、一と三とが同でもなく異でもないという第三のレンマが控えているからなのである。この論理は同でもなく異でもないからして、同でもあり異でもあるという論理である。それは端的に同がそのまま異であるということではない。それがそうありうるのは同でもなく異でもないという論理がそれに先立ち、且つそれを支えているからである。

「摂大乗論」依慧学勝相品第八に云う、「非レ此非レ非レ此、非レ智非レ非レ智、与境無差別、智名無分別」。無分別智とは分別性のなき智であるが、またまさにそれ故に分別ある智でなければならぬ。分別は無分別に於ける分別である。分別性は無分別の一つの異門であり、依他と円成も凡てが無性に於ける夫々である。第三のレンマが非此非非此を体とすることによって此でもあり彼でもあることの第四のレンマを基礎づけるのである。此でないことから彼であることは直接に出てこない。此でもなく彼でもないことからしてのみ、此でもあり彼でもあることが円成するのである。此であり此でないことは明らかに矛盾したことであってロゴス的には不可能であるが、此でもなく彼でもないことによって此でもあり彼でもありうるのがレンマの論理であった。此でないものは彼であるが、彼でないものが即ち此でありうるか。必ずしもそうではないであろう。彼でないものは必ずしも此ではなく、その他の彼であるかもしれない。

しかしものが此であるか彼であるかの孰れか一つであるべき場合には、彼でないものは此であり此でないものは彼であることとなる。一と他とは一と多との関係となる。一は多でないものであり、多は一でないものという関係に於いてある限り、一でないものは多となることは必定であろう。同と異との関係もまたその如くであって、異でないものは必ず同であり同でないものは必ず異でなければならぬ。識と三性とは異でないからして即ち同であるのであるか。しかしそれらは同でもないからして異でなければならぬ。同にして異であるというのは矛盾であり同時に成立しえないが、異でもなく同でもないことは必ずしも矛盾ではない。なぜならそれは凡てがないのであるから矛盾でもない筈であるからである。それ故に同が直ちに異ではなく、同でもなく異でもないからして同でもあり異でもありうるのである。それを知るのは分別智でなく無分別智でなければならぬ。この知識は智でもなく無智でもない。知に非ず知に非ざるに非ずである。無分別は分別あるに非ず、分別なきに非ざるものである。徒らに分別なきは無思慮であり無謀であり乱暴でさえある。無分別者は無法者に近かろう。無分別は分別のないことではなく、同時に分別なきに非ざることである。それは智と無智との混合ではない。智についての智であり、分別に関する分別である。それ故にこそ無分別が同時に分別となりうるのである。繰返していえば無分別は無智ではなく、分別と無分別とを超えた分別でなければならぬ。無分別に対する分別ではなくこの対立を超えながら対立を成立せしめる根本的な分別でなければならない。無分別が分別に対するとき相対的であるが、それは互に他を待つものであることによって一のものにふくまれる。相対の根柢には相待がなくてはならぬ。尚それに加えて次の如く言わるべきであろう。現実の世界は転変極まりなきものであり、たしかにそのように有るものであるが、その根拠は無にある。単なる無にではなく無にして有、有にして無なるものにある。有為の世界は有ることもなく無いこともないという二重の無によって基礎づけられているのである。それは単なる無でなく二重の無である。有ることの否定であるばかりでなく、無いことの否定でもある。この二重の否定によってのみ真なる無が見出され、そして同時にありのままなる有が把握せられうるのである。有為の世界は単に有るものでなく、有ると共に無い世界であるが、それがそうあるのは有ることもなく無いこともないという二重否定の論理によって基礎づけられているからである。それは単なる不生によってではなく、それとともに不滅であるような原理によって成立しうる。生滅の世界は不生不滅によって成立しうるのである。無分別は分別なきことではなく、同時に分別なきことでもないことをもふくむ。それは或る時は分別なく或る時は分別あるという意味ではない。分別なくして同時に分別あることである。分別と共に分別なきことを、分別なきと同時に分別あることをあらわす。分別なきことをまさに分別することでなければならない。依他性も他に依存すると共に依存しないことであるべきである。ここに三性が即ち三無性である所以のものも十分に窺知し得られるであろう。そしてその意味の「即ち」が即の論理であった。即は第一に即時であり即刻にある。即時は同時でない。異時にしてしかも同時なるものである。異時であってしかも同時であるが故に即となる。単なる同でなくして同に即くものでなければならない。大乗仏教の「関係意識」は常に時間を絶すると言われるが、しかしそれと同じ意味に於いて空間をも絶する。一と多との関係はもとより時間的でもなく空間的でもない。それはロゴスの論理ではなくレンマの論理によって考えられる。即の論理とはそれ故に肯定であるとともに否定的でもあるということであるが、それは先ず肯定でもなく否定でもないという論理によって先立たれていなければならぬ。肯否の双是は必ず双否の否定の上に立たねばならぬ。その順序は決して逆であってはならぬ。しかしこの推論はロゴス的には成立たぬ。我考うが故に我ありということと同じように、両否であるというレンマから両是であるという実事が直接に出て来るのである。前者が理由であって後者が帰結であるのではなく、後者は前者の転換であるに外ならなかったのである。肯定と否定とはどこまでも相容れないものであるが、肯定でもなく否定でもないということと、肯定でもあり否定でもあるということは決して相矛盾するものではなく、却って相俟つものである。なぜならこの二つは一つのことの転換に外ならなかったからである。この二つの命題はもとより同一ではなく、況や全一ではないが、一なるものの異門に外ならなかったからである。転換は事実であって論理ではないが、そう言われるのはロゴスの論理のことであって、レンマの立場に於いて事実は同時に論理であり、論理が即ち実事でなければならなかった。肯定と否定とは矛盾するが、両否と両是とは必ずしも矛盾しない。なぜならそれは論理であるよりもむしろ実事であったからしてである。そしてそれはまたまさにレンマの論理に外ならなかったからしてである。ここに於いては存在と非存在とは互に媒介せられ、然る後に綜合せられるのではない。媒介はヘーゲルの論理であったが、レンマの論理ではなかった。媒介には媒介せらるべき二つのものがあるべきであるが、レンマの論理にとってはそのような分別はなかった。分別のなきところに何の媒介を必要とするか。レンマの立場にとっては分別性はあっても、それはもともと無分別性であった。それは無分別の分別であって分別の無分別ではなかった。分別の無分別は徒らに無法を伴う。無分別の所に何の媒介が必要であろう。アリストテレスにとっては媒介は中間的なものによって行われたが、ヘーゲルに到って中(Mitte)は媒介の作用(vermitteln)として働いた。大乗仏教に於いては遂に凡てが無としてその中に埋没する。中とは中間存境でないことは勿論、媒介作用でもなくまさに無性そのものとなった。中を存在としてではなく、非存在として、無として把握するところに大乗仏教の中道がある。そしてそれがまさに勝義のレンマの立場であるに外ならなかったのである。

第十二　施　設

一

大乗の教説によれば世間は縁起によって成立し、諸法は縁起に於いて存在するが、縁起とは即ち空であるから、それによって成立つ諸存在もまた空でなければならぬという。縁起を見るものは法を見るといわれても、法が空であるならばそこに何を見るのであるか。何ものをも見ないことが即ち空であるとするならば、我々は何をそこに見るとい い得るのであるか。見られる諸法が空であり、これを見ることも空であるとすれば、空に於いて空を見ることは勿論、空によってこれを見ることもまた空しきことでなければならない。

にも拘らず諸法はそこにあり、世間は手近にあり、世界は到るところに存在する。人間が人間である限り人間であることをやめるわけにはいかない。世にあり人の間にあり、世の中に住むことを止めるすべもないのである。むしろ虚仮なるものを虚仮として見るより外にはない。そう見るのが唯一の真実態であるからしてであった。諸法は仮設(upacāra)せられたものであり、少なくともそのように施《せ》設《せつ》(prajñapti)せられたものであるという。そう見るのが縁起空の思想から施設の概念に到る必然の径路であるべきであった。虚仮を真実と見ることは誤妄であるが、それを仮設として見ることは誤りでないのみでなく、むしろ当然といわねばならぬからである。

世間と人間とを施設として見ることは大乗にも行われたが、単なる仮托としてではなくむしろ現実の諸法として見ることは就中小乗仏教の本旨に属する。小乗は大体に於いて有部であるから、諸法を空としてではなく有として把握するのは素よりであるが、施設の思想はこの立場を救護して余りあるものとなった。仏音(Buddhaghosa)に帰せられる「人施設論註」に説かれた「施設」の概念が詳細を極めているのもこの理由によることであろう。「施設」を意味する paññatti は大乗の prajñapti と略〻同意のようであるが、後者が甚だ覆障的であるに反して前者が極めてあからさまな教説として打出されたのも、それが阿毘達磨思想と密接な関係にあることを語っている。佐々木氏の研究によれば pâññatti の含むところの種々なる意味は次の如くである(佐々木現順「阿毘達磨思想研究」)。最も一般的には、「一定の限界づけられた法」(paricchinna dhamma)の意であるが、それは「絶対性がそれぞれの区分された意味をもって有限の相を呈する」ことを表わす。謂わば絶対的なものが自己限定してそれぞれに具体的な様相を呈することが施設の一般的な意味である。例えば寝台と椅子とが乱雑にではなく、よく整頓されて寝室に置かれる如く、先ず設計せられ次に整頓せられ、よって以て完備せられるからによる。patthāpeti は設置することであるが paññatti はさらに溯って先ずは「知らしめ」「開示する」ことを意味している。就中「存在せる施設」としては第一に存在そのものを開示し、告示することを意味していた。存在とは何ものかであり、その何たるかを開示し人をして知らしめるだけの設備がなくてはならぬ。それは存在をして現にそこにあるものたらしめる第一の条件である。施設の第二はさらに「存在せざるものの施設」たるところにある。それは施設であるよりもむしろ仮設であった。なぜならそれが如何に立派であるにせよ、真実ならざるものの設備である以上仮托の装備であるにすぎない。人施設は人為のものとしてこれにつづく。それが人間の工夫によって装備せらるればせらるるほど人工的であることを免れない。第三に「存在による非存在なるものの施設」が加えられる。例えば三明六通を持つ人の如く、そのような人は世間にはざらにない、殆どないと言ってもよい位である。にも拘らず我々は三明六通を持つ人を想定する。さらに第四に「非存在による、存在せるものの施設」もあり、「存在による存在せるものの施設」も第五として想定せられる。例えば眼触、耳触といった場合のように触は別の感覚であるのに、眼もまた触であり、「眼による触眼」とか「所生の触」などといわれる。これまた一つの施設である。最後に「非存在による非存在なるものの施設」も数えられる。例えば刹帝利の子、波羅門の子、制底の子といった場合、人無我の立場からいえばそのような区別のあろうはずはないが、風習の又は因襲観念の致すところ種々なる制度がある。

施設の概念は以上の人間又は世間の諸法に限られず、また万法の生起についても想定せられる。「因施設」(upādā-paññatti) はその最たるものであろう。生滅の因縁法は仏音によって施設の概念に置き換えられた。因果の理法は不可見であり不可得であるが、現実の施設としては十分に取扱い得る。或は五蘊の差別とし、或は作因造果の関係としてあるに難くはない。その操作には種々なものがあり得るが、「比較施設」はその一つとして初頭に立つ。ものが具体的に現われるのは一と他とが比較せられることによってであり、長短、遠近等々は対照によって知られる。比較には先ず一つのものと他のものとの「定置」されることが必要であるが、定置は一つのものをまさに此のものとして設置することによって先立たれねばならぬ。それは「此所生施設」と訳せられるところの tajjapaññatti である。tajja は tadjā であり「そこから生ずる」の意であるが、或るものを一つのものとしてそこにあらしめる原判断であり、存在を現実たらしめる原存在である。それは梵語 tādya に当るものであるが、そのように梵語化されたときは意味のずれが生じ、「このもの」(dies-sein) よりも「そのようなもの」(so-sein) を意味するようになった。それは Ding から Sache への転移である。そして「もの」が「こと」へ転ずるとき施設の概念がはっきりと現われてくる。このものよりも、このようなものは一つの施設を示すにふさわしい。因は単に一つのものではなく、果をもたらすところのものとしてあり因果の施設としてある。因はただ二つの「此物性」ではなく、此のものから彼のものの生ずる関係としてあるが故に「相続施設」と名づけられる。

仏音によれば施設は以上の如く存在に関するもののみでなく、非存在、滅、涅槃にまで及び「無為施設」ということ、即ち無為もまた一つの施設であるということにまで拡げられた。しかし施設とはそもそも存在の設定であり、絶対者そのものであるよりはそれの開示であり顕現であり、就中その諸相でなければならない。そのような存在は存在の如何なるものであるか。それは存在であるよりも存在として施設せられたものであり、存在論的にいえばひたすらに仮設せられたものではあるが、存在的には事実的なものでなければならぬ。たとえそれが夢まぼろしの如くであっても生類にとっても日常的なものであり、その限りに於いて現実なものでなければならない。それは単にあるものではなく我にとってあるものであり、衆賢が明説したように「為レ境生レ覚是真相」(大正二九、六二一C)というほどの真実性だけは有つ。単に有るものでなく自識された或るものであり、啻に自識体であるのみでなく、真なる、善き存在でなければならない。存在は大乗ではbhāvaであり√bhū成るものの意であるが、小乗ではsatであり、それはasの現在分詞であるから現に存在しつつある凡てのものを意味する。歴史的に言ってこの二語が何の時代に起りまた区別せらるるようになったかは不明であるが、阿含ニカーヤ等の原始経典には未だ現われてこない。bhāvaの概念はアビダルマ仏教になって用いられ、satは衆賢によって頻用されるようになった。殊にこの二語が思想史的に明別せられることは重大である。bhāvaは大乗的な概念であるがsatは小乗の立場に於いて多用せられた存在である。satは就中施設の概念につながる。単に存在し又は有為なるものではなく、現に有りつつある存在である。啻に現世的に存在するよりは三世に亘ってありつつある存在である。抽象的な存在でなく、真実なる存在であり、無記なるものであるよりは善悪の諸相をあからさまに担った存在である。直接にして端的なるものでさえなお「此物性」という施設に於いてあった。況や複雑にして多端な存在に於いてをやというべきであろう。施設は仮設ではあるがそれ故に必ずしも虚妄なるものではない。却って真実であり妙有なるものでなくてはならぬ。しかしそのような真実在が何故にまぎらわしい施設という名をとるのか。それはそれが存在の真相を我々に開示しその意味を告示するからしてである。存在が真に存在するものならば素よりそのように開示する。存在がたとえそうでなかったとしても、それをその如くに告示する。虚妄は隠された存在であり、有るものが有らぬように、有らぬものが有るが如くに告示せられたものである。

有るものを有るとし、有らぬものを有らぬということほど真なるものはないであろう。いずれにしても施設とはそのように存在を告示するものであるに外ならなかった。それ故にそれは仮設でありながらも施設であり、仮托でありつつも尚真実の態たることを失わない。かくして施設の概念も存在と非存在との四つの組合せによって構造せられる。第一は存在の施設であり第二は非存在による施設であるが、第三は空の施設であり第四は存在でありながら非存在でもあるような施設である。有るものを無きが如く、無きものを有るが如く、さらに或るものを他なるものの如く他なるものを或るものの如く構想するのは論理的には虚妄であり許され得ぬものであるが、レンマの立場に於いてはこのことが可能であるばかりでなく、却ってそれが真実の世界となる。レンマ的に存在するとはそのように広い意味の sat としてあることであった。それは存在であるよりも施設せられた存在である。存在的な存在であるよりも真実な存在である。それはレンマの立場に於いて、就中第四、第三のレンマに於いて把握せられうる世界と人間とであった。施設とはまさにそのようなものの存在構造を意味するに外ならなかったのである。

二

巴利阿毘達磨は一切法を伺察するために四つの観点をとる。相と味と起と足処とである。相は lakkhaṇa であるが lakṣ は「認める」「mark する」の意であり、事物は相によって見とめられ、見定められる。それは事物を認識する標拠となるものであり、それに依ってものの何たるかが我々に知られ得る。だから相は認識の因ともなる。我々に最も近い因は nimitta であるが、相とは一般に言って、よって以て我々に知らしめるところの性相であるに外ならなかった。「アッタサーリニー」ではそれ故に諸法の自性は相として考えられた(三、三二)。性と相との同異は後に烈しい論議の的となったが、少なくとも性を相として把握するところに小乗の特色があったといえよう。相はものの在り方であるが、種々なる存在の仕方は様々な意味に於いて語られる。様々の意味をもつとはそれが多くの仕方に於いて存在することであるに外ならなかった。意味が心意の味であるように存在の諸相はそれぞれなる味をもっている。それは乾燥無味なものでなくしてそれぞれなる味覚をもつ。rasa とは即ちそれであった。仏音のテーラガータ註釈には十八種の味が数えられている。それらは根味から始まり熟味に終る物理的又は生理的な味であるが、意味や存在の味はまた別種なものとしてそれに加わる。

起とは何であるか。それを意味する paccupaṭṭhāna は梵語の prati-upa-stha と同じく、ものが種子から起発するように、性が相に生長するというほどの意であろう。因から果が生ずるのも「起」によってであり、ものは生成することなしには具相を呈することはできぬ。パーリ語では prati に「反転」の意があるという。起とは起ってある行相、それによって何かの果の生ずることを意味する。それは単に相依の関係であるよりは、現起し現行するところの行相であった。大乗の縁起はここに著しく実存的な相状を呈することとなったのである。

第四の足処(padaṭṭhāna)は興味ある思想であって、諸法の現起に足がかりを与えるものである。それは第一に foot-print を意味し、現行の起発点をなすものであるが、単に一般的な原因でなく、手近な proximate な近因を意味する。その点に於いて nimitta と同様であるが、特にその具象的な相状を示すことは、「清浄道論」に於いて簡明に「近因」と定義せられていることによっても知られよう。それは因であるよりも処であった。理由であるよりも拠点であった。諸法が生起し、現象するにはその依って立つべき基点があり、その来って成るべき場所がなくてはならない。因果は因と果との二概念の必然的関係ではなく、因果する現行の実相でなければならなかった。それは概念の関係でもなくロゴスの必然性でもなく、まさに現実の事行であり、脈々たる具相でなくてはならない。龍樹の分析は鋭利にして峻烈を極めたものであるが、それがそうであるだけそれだけ抽象的たるを免れない。敢て詭弁といわぬまでも論議過度の譏を免れぬであろう。縁起を定義して「此あるによって彼あり」という通説も時として概念の関係であって、左右上下等の概念関係とどれだけの差違があるか。因果の現行はそのような概念の関係によって得らるべくもなく、まして概念の分析によって開明せられうべくもないであろう。意味は単なる義でなくして味をもつ。味は単なる感覚のことではなくしてものの能作性(Kicca)の味であり香りでさえある。してみれば因果は二つの概念のロゴス的関係ではなくして、起発の因と続出の果との連続的現行でなければならない。それはたとえ仮設ではあっても現行としてそのように施設せられたものであるに外ならなかった。それがたとえ虚妄であってもまさにそのようにそこにある真実相でなければならなかった。虚妄を虚妄として現わにすることは却って真実であるべきであるからである。清浄道論の「清浄」に対する原語に vodāna と vodānabhāva との二語があって前者は清浄な形状を意味するが vodānabhāva は清浄になること、存在の清浄化されることを意味するという。しかもそれが「起」の範疇によってではなく「味」の範疇の下に考えられているのは何故であるか。清浄は起発の因ではなくしてむしろその味であるからしてであるのではないか。味は能作の義であるが、就中清浄の味そのものでなければならない。反面に於いてそれはまた清浄であることではなく、能作して清浄となることを意味するのである。

縁の思想も小乗に於いては大乗の理解と尠からず趣きを異にしている。縁は pratyaya であるがこの語は prati＋$\sqrt{i}$＋aya に分解せられ、問題は主として prati という前置辞の解釈にかかっているが、既述の如くそれは「相対して」ということを初義として、例えば prati-ṣṭhāna(対象)のように我々の認識に対して立っているものを意味する。ハイマンの解釈によればそれは絶対者から相対への反影を示す言葉として殊にベーダ時代から頻用されたものであるという(Betty Heimann, The significance of prefixes in Sanskrit philosophical terminology, 1951, p. 12)。詳しくは prati-ap(a)-ā-vṛta の意であって、覆われたもの(vṛta)からその障礙をとり除いて絶対者が現実に開示することをいう。それのみでなく前述の如く prati には「反復」の意があるから相互に反照して伝通し親しみと信頼とをもたらすことを意味すべきである。

ここに於いて縁と縁起とは必ずしも同義でないことを明説すべきであるかもしれない。縁は相互依存の関係であるがそれ以上の何ものでもないのに対し、縁起は唯なる関係でなくこの関係の現起であり現行である。これは分りきったことのようであるが、敢てかく言うのは次の理由によるのである。龍樹も常に prayaya-sam utpada という語を用いたが、彼の意味するところは縁起の関係であって必ずしもその現行でなかったかのようである。阿含の定義は明らかに概念的関係であって論外であるとしても、これを分析し批判する龍樹の論法にもややもすれば同様の口調の見うけられるのはどうしたことであろう。例えば因果の現行を批判して果が因から生ずるためには因の中に果が有るか無いかの孰れかでなければならぬ。もし無ければ因から果の生ずることは不可能であるし、因中有果とすれば既に有るものを再びあらしめんとする無用の手続きであろう。因果の現行は孰れにしても不成立であり、ただ因によって果が、果に依りて因があるという関係があるにすぎないという。それは縁の関係であっても明らかにその現行ではない。むしろ縁の現行を否定せんとして得意の評破を揮ったのである。縁によって有るものは空であるが、縁起そのものがそもそも空であるのか、ないのか。縁起の現行はそれ故に却って小乗に於いて豊かに語られている。そこに於いては因は単なる概念ではなく、まさに能作でありよって以て果の生ずべき足処であることを思うべきであろう。

縁起はそれ故に因縁とも名づけられる。因縁を専ら縁に因りてと読むのは凡てを縁の関係として把握せんとするものであるが、因と縁との結合として使用するときは単なる関係ではなく、因によって作興されたものを意味することは見易い。縁はあくまでも関係概念であって未だ縁起を現行するに足らぬとすれば、因縁にして初めてこれを完うするものであるとは明らかである。阿毘達磨哲学者の中にもこの二つを明別して、「生ずるものは因であり、ただなる条件が縁である」という人もあった。「因は近縁であり縁は実因である」と言った人もあった。また両者の随宜説を説く人もあった。倶舎論疏の著作者称友もその一人であろう。随宜論者とは場合に応じて或は因といい或は縁と言われると考える人々の謂いである。「因(hetu)とは取としての作因であり、縁とは同作としての作因」であるとも定義せられている(ハリバドラ「現観荘厳論釈疏」)。因は単に果の依止であるだけでなく、就中作因でなければならぬ。因果の現象はたとえ仮設であり虚妄であるにしてもそれはそれながらにして真実でなければならない。小乗の因果説は龍樹の批判を知りながら尚も因果の現行を否定するに堪えなかったのであろう。四縁の説は龍樹によって評破されたが、にも拘らず依然として現実の現行であって種なくしては花は咲かない。花あらば必ず実を結ぶ。恰も運動がゼノンの詭弁によって否定されても依然として水は流れ、風は吹くことと同様であるであろう。かかるが故に小乗にとっては六因四縁はもとより十二因縁でさえも事足らず、それを分つに詳密であり、それを説くに熱心を極めている。因は hetu であるがその一般性にあき足らず、hetuka, upadhi, nidāna, paccaya, nimitta 等々の種々なる術語を用いてこれを表現せんとしたのも理由あることであろう。因は単なる概念ではなく、「取」であり「足処」であり、そこからして果の生ずべき起因でなければならなかった。因果は一つの関係であるが単なる概念的又は論理の関係ではなく、まさに何かによって何ものかを生ずべき関連でなくてはならぬ。関係と関連とは必ずしも同義ではなく、総称して paccaya といわれるものの、龍樹の把握は前者に近く、小乗の理解は後者に傾く。龍樹は縁性を関係性として把握したが故に彼の論理的評破の前に一たまりもなく崩壊したが、仏音にとっては因果の関連はさほどに憔悴したものではなく、況んや論理の利刀によって打破せらるべく余りに豊富であり強靱でさえあったのである。縁性は従属と交互とを性とするが、それらは共に現行せられることなしには殆ど無意味に等しい。その故に因はただ一般的なものではなく近因であり、単なる原因に非ずして現因でさえあった。仏音は「分別論註」に「此縁性」(idappaccayata) を説いている。それは一般的な縁性ではなく、此のものの縁性でありまさに此であって他ならぬ因縁性である。それは就中現に行われつつある縁生であって単に一般的な作因性ではない。巴利では「現在」(paccupanna) を分析して次の如く考えている。一、vattamān ûppanna、これは生起し転起している状態である。二、bhūtāpagatûppanna、これは已に有り了って生起したものである。三、okāsakatûppanna、これは結果を生ずる、或は結果がそれから生ぜしめられることである。四、bhūmiladdhûppanna、これは汚染を生ずるための地を得て生起してあることである。汚染を生ぜしめる地は外境にあるのではなく、人間存在の内にあるというのが巴利の考え方であった。以上の四種のウパンナは生起の諸相を分析したものであるが、就中それが時間の関係に於いて説かれていることは注意に値するであろう。因果の関係が論理的であるならば時間は不必要であるが、苟も現実の関連に於いては時間が不可欠の条件となることは**カントの図式論(Schematismus)に於いても明説せられた通りである。因果は因と果との必然的関係にすぎないが、そ**れが因果関連として現行するためには必ず時間の図式をとらねばならぬ。因果の実事は就中現に生じつつある現行に於いて見出される。現在とは単に時間の流れにおける一点ではなく過去と未来をつなぐ一瞬であり、過未は共に現在の過去、現在の未来となるのである。仏音はそれ故に「一刹那縁起」ということをさえ提説した。それは「此縁性」とも手を携えてまさに縁性の現行を可能ならしめ且つ具象せしめる。縁起は単に此と彼との概念的関係でもなく、また両者の必然関係でもなく、まさにこの因からこの果の生ずる一義的な現行でなければならぬ。一瞬は刹那に於いて現在の具象的時間であるに外ならぬ。凡ゆる関連はこの一瞬に凝縮せられることによってのみ具体的となり、現行生起ともなりうるのである。

時間は一つの施設である。それは計量を目的とするが、時計は時を計るべき道具であり、施設であるにすぎない。それが明らかに施設であってその他の何ものでもないことは、時が果して何処にあるかを思わしめずには措かぬであろう。時は過去にも未来にもない。過去は既に去り未来は未だ来らざるが故にそこに時は無い。現にあるもののみが時の片鱗を伺わしめるが、現在はどこにあるか。これを現時として把えんとしても、刻々に過去に落謝し、未来はただその片影を仰望せしめるにすぎない。時はいずくにもなく、即ち無である。僅かに時間としてつなぎとめようとしてもそれははかなき人間の企てであるにすぎぬであろう。それにも拘らず我々は時を有りつつあるものと信じ、これに執着してあくせくとしている。現代人ほど時を追い時に迫まられ時に縛られているものはないであろう。さりながら我々はそれをどこに如何に見出しうるのであるか。時は無であり空であるが、時を計る施設によってそれがあると信ぜられる。それは儚いものではあるが、それがそうであるだけそれだけそれにしがみついているのが人間の日常である。施設せられたものは仮りそめなものであると知りながら、それによるよりほかに生きる道のないのが人間の実存であった。その意味に於いて施設は我々にとって現実であるのみでなく、真実でさえあったのである。

それは存在であるとともに非存在の世界でもあった。非存在なるが故に無とせられるのであるが、同時に存在であるからして真実たりうるのである。存在と非存在とは同時に成立し能わぬが故にロゴス的には虚妄であると言われるのであるが、まさにその故からして一つの世界として、のみならず真実の世間として把え得られるのはただレンマの立場に於いてのみ可能なことである。それはまさに第四のレンマに於いて我々の出あうところのものであった。単なる存在がではなく、それとともに非存在なるものが真実の世界を示現する。第四のレンマはただ一すじの肯定ではなく一旦は否定を通じてその後に、又はその上に立てられた世界である。このことは二重の意味をもっている。一の意味は第四のレンマは第三のそれをアプリオリとし、それなしにはそれ自らの立場もあり得ぬということである。次にしかしながら第三のレンマもそれのみでは自らを完うすることができぬ。それは必ず第四のレンマに移り、乃至はそれを要求するということである。約言すれば四つのレンマはそれぞれの立場にありながら単独には意味をなさず、互に関連しているということである。殊に第三と第四とは勝義の立場として密実な関連をもっているはずである。相互の関係なしにはそれぞれにそれ自らであることもできうべくもない。絶対否定の立場は大乗仏教の骨髄であるが、それがそれ自らを開示し、我々によって把握されうるのは何らかの施設なしにではない。それを我々に告知し開示するものは第四のレンマであり、施設の世界であった。第四のレンマとはまさに施設の立場であるに外ならなかった。恰も時はたしかにあるにちがいないがその正体は無であり、時の把握は時計の施設を待たずしては当用するに由ないであろう。大乗空は貴い、しかしそれを我がものとするには施設なしには不可能である。空は施設なしには文字通りに空しく無きに等しい。それとも無きことが即ち無であり、空しきことが即ち空であると敢言する人があるだろうか。

大乗と小乗との区別と関係もこの点から伺察せらるべきであろう。この区別がいつ頃起りまたその真意が何にあるかは問題であろうが、我々にとって答は単純であり(余りに単純であろうか)、大乗は第三のレンマを立場とし、小乗は第四のレンマの立場にあって凡てを理解し教説せんとするものであるというに尽きる。それが大であるが故に高く、小と名づけられるから低いということほど迂愚な説はないであろう。両者とも均しく釈迦の教説であり、歴史的にはむしろ阿毘達磨思想の方が先にあり、共にインド人の思想であるとするならば一脈の相通ずるところあるべきことは素よりであろう。大乗は龍樹によって開発されたことは確かであるが、彼自らは原始又は根本仏教に血を引きその中に育てられたことは素よりであるから、大乗の背後には長き小乗の伝統のあったことは明白である。況や大乗非仏説さえ一部の人々によって唱えられたことを思えば、有部思想は小の名の故に貶せらるべきでないことは余りにも明白であるであろう。問題はむしろ各〻の教説がそれぞれの意義と任務とをもちながら仏教全体に於いて如何なる役目を果したか、果しうるかを見きわめる点にあるといわれねばならない。そして我々の主唱せんとするところは大乗が第三のレンマを立場とするに対し、小乗は第四のレンマの立場を保有するということである。大乗は空観であるに対し小乗は有部の存在説であるといわれる。存在を空として見ることは恐らくは仏教の根本思想であるにちがいないが、空は一応空しきものであるからこれを把捉するにはそれを存在に於いて開示するより外にはない。もちろんその意味の存在はもはや存在といわるべきでなく、施設的存在でなければならなかった。存在は空によって裏づけられるとき「施設」となる。有部は存在を「施設」として把握することによって、その意義と任務とを完うする。施設の思想は大乗にも prajñapti としてあったが、その完き意味を発揮しえたのは巴利の paññatti であると言ってよい。

しかも第三と第四のレンマは勝義の論理であり、全体として仏教思想の際立った特色をなしている。それは第一と第二のレンマを立場とする西洋の論理と著しい区別にある。そう見るのが――見ようとするのが我々の主説であり、そのような見方を徹底せんとするのが、この書の目的とするところであったのである。

三

以上の所説を敷衍するために尚二三の問題を補説しておこう。阿毘達磨思想に於いては存在とは sat であって bhāva でなかったことは前にも記されたが、サットは存在をとともに非存在を含むものであり、存在でもあり非存在でもあるところの有でなければならぬ。非存在の概念が明らさまに導入せられたのは阿毘達磨に於いてであり、従ってそれに対する bhāva の思想の確立されたのもそこに於いてであるといわれるが、それが常に長音であることに注意せられなければならない。短音の bhava は阿含ニカーヤに於いて既に見られるところであるが、それが長音として使用せられるようになったのは阿毘達磨以後であるという。龍樹は両者を併用しているが、「中論」の原典は主として長音である。そのような使用の区別は単に偶然であるのかそれとも何かの理由あることなのかは原典の批判を待たねばならぬが、少なくとも特に長音(bhāva)の使用が目立って来たことは単なる無意識のなせるわざとは思われない。存在は非存在に対することによって特殊な意味をもつべきであろう。そこには存在と非存在との烈しい相剋があって、遂には両者を共に否定せざるを得ない所まで追いつめられる。龍樹の立論は得意の否定を駆使して存在の殲滅を企てているかの如くでもあるが、存在を立ててもやがて破砕せらるべき存在でしかなかった。長音 bhāva には何かしらそのようなにおいがあり、短音 bhava はむしろ生存、又は生活を意味するもののようである。

衆賢の sat にはそれがない。それは存在であるよりも「有」であった。有であるよりも「妙有」(sat pranita)でなければならなかった。単なる存在ではなく、同時に非存在でもあり、非有でありながら尚たえなる有であることに欠かなかった。衆賢にとってはそれはまさに「有」として表記せらるべきものであり、単なる存在でなく存在にして非存在なるものであり、それ故に「仮有」(prajñapti-sat)であり、施設でさえなければならなかった。施設とは設置であり、仮設であり、全体として仮構的な意味にとられ易いが、決してそうでないことは次の如くにして考証せられうるであろう。

衆賢は「順正理論」に於いて「仮有」の原意を二種に分ち、一は実に依るもの、二は仮に依るものとしている。瓶は前者の例であるが、軍の如きは後者の類に属している。仮有とは勿論仮から来るべきであるが、仮を仮として言うのは決して仮ではない。仮を実の如く装うが故に虚妄となるのであって、仮を仮として打出するのは却って実であり、実有でなければならぬ。衆賢はこれに一、実物有、二、縁合有、三、成就有、四、因性有の四種を数えているが、有とは無を無と知り、有を有と知り、曲れるを曲れりと知ることが真実であるべきものであった。衆賢の有はそのように存在でなく実有であった。如如の世界であり、真如の境界でなければならなかった。

それのみではない、衆賢にとっては実有は妙有であり、存在は善き妙なる存在であった。存在に加えて善という価値概念がそれを支えているのであるが、この意味の善とは何であるか。テデスコ教授によれば善を意味する kuśala は三つの段階を経て徐々に発展した概念であり、第一の sukaṭa から第二の sukalpa をへて第三段階に於いて顕示されたものであるという(Tedesco, Sanskrit kuśala "skilful, welfare")。sukaṭa は sukṛta であり、kṛta は造られたものの意であるから sukṛta はよく造られたもの又はよくなされたこと、well made, well done を意味するものでなければならぬ。そこからして第二の sukalpa は welfare を意味することとなり、この語の hyper-sanskritization として kuśala という語が生じたわけであるから、その意味がこのような語源に系譜を引いていることは勿論であろう。

クサラは第一によく選ばれ、よく成されることを意味するが、その結果としてよき状態、巧みなる構造をもたらすことをいうのである。してみると善とは先ず存在の構造にかかわり、それのよく構造された状態を意味するが故に、何よりも施設の問題に属する。存在は施設である、それが小乗の主論であった。しかし施設は出来うる限りよく構造せられよく設営せられたものでなければならぬ。

施設は存在の問題であるが、善き施設は価値概念によって支えられている。恰も我々の日用語として「結構」といわれるものの如くであろう。結構とは文字通りには「構造」を意味するにすぎないが、「それは結構だ」というのはそれの善きことを、又は宜しきことを意味するのである。構造を結ぶことはよき状態(welfare)をもたらすことに外ならなかった。

巴利ニカーヤに於いては kúsala は puñña(merit)と同一視せられる諸例が見られるという。仏音の註解によればクサラには三種の意味がある。第一は「安穏」(khema)であり、第二は無罪(anavajja)であり、第三は「巧みに成就した状態」(kosallasambhūta)であるが、恐らく善とはそれを本意とするものであろう。kosalla は勿論 kuśala から来たものであるから、それは先ず「巧みなること」(skilfulness)を意味するものである。そして巧妙なることは就中存在の構造に属するから、それは主として施設の問題にかかわることは言うまでもない。安穏とか無罪などということはその状態の気分にすぎないから、クサラの本質は主としてその構造にあり、構造のあるべき状態即ち「善き結構」にあることは明白であろう。そしてこれを表わすものは puñña(merit)の概念であった。この語の語義は「相続を清め浄化すること」としてダルマパーラによって解釈せられている。それは「三界に善なる行」であり「何よりもよく作された善業」であった。puñña は「徳」とも訳せられる、或は又「慧」にも通じる。徳とは能作性であり、慧とはそれを導く智慧である。正しき慧によって能くなされたものが善であるに外ならなかった。善はこの点からして義にも従う。それは義の特殊性であり、正しさのよくなされたものであるからである。成されることは業についてであるが、善くなされることは慧の判断に依る。しかも慧の善さはその正しさから由来するものでなくてはならぬ。

アッタサーリニーに於いては(Asl. 2. 10. 29)クサラについて、語源的には「非難すべき悪法」を震わし振動せしめることを第一に意味するという。これはクサラの ku を以て悪事と解したものであり、恰も雑草を刈る如く悪法は遮遣せらるべきである。それには善悪の区別を正しく判断する慧が先立たねばならぬ。次には選ばれた善を実行にうつす業行が必要とせられる。ku は悪事であるよりもむしろ deficiency であり、動詞的には取り除くことを妨げることによって防ぐことを意味する。sal は行くこと、動くことをいうのであるから、クサラは「邪魔を取り除く」ことによって善たらしめることを本意とする。文法学者パーニニは kusa＋la と分解し、クサは草の意であるから(これは日本語ではない)草を刈ることが、乃ち善の所業であるという。悪を刈りとることが直ちに善となるか否かは不明であるとしても、少なくとも善く造作することの一つの仕方であるにちがいなかろう。善は善を悪から区別して強く押し進め、そして巧みに施設することにおかれる。善は第一に善巧であり巧みに成就することが善であり、善く成就せられた(welfared)ものが幸福である。それが主として施設と結構とにかかわることはこの点からしてもいよいよ明らかとなったであろう。

善(kuśala)と悪(pāpa)とは必ずしも対立するものではないが、悪を取除くことは善をすすめる所以のものでなければならぬ。善もまた余りに巧みにすぐるときは却って悪となり忌み嫌われることすらあるであろう。「結構」とは前述の如く、初めは全く構造の意であったが、やがて「よき」「巧なる」構造を意味することとなる。「結構なこと」とは「宜しき、美しいこと」の意であるが、「もう結構だ」と言えば却って嫌悪の情を表わし、その行為を忌避することに用いられる。これは日本語の用語法であるが、そのような些事にも重大な意味がかくされていることを見逸してはならない。論事も「もう結構だ」と言われぬ前に止むべきであるかもしれぬ——私の所論も、もう結構だと誰が言う。

施設の問題は大乗に於いても説かれてはいるが、殊に重要さをもつようになったのは小乗に於いてあることは知られたる事実であろう。小乗は阿毘達磨を中心とする有部であるから、施設の問題が主要をなすことは素よりであるが、しかし何故にそれがかくの如く特に「施設」として取扱われたのか。それは歴史的に種々の事情に基づくことであろうが、思想史としては次の如く考えらるべきであろう。小乗は原始又は根本仏教から発達して、先ずそして長く仏教の中軸をなすかに見えたが、紀元前後龍樹の出現によって完膚なきまでに批判し評破せられた。大乗がたとえ仏説でなくとも仏教は大乗によってその本意を発揮し得たことだけは動かし難い。龍樹なくしては仏教は仏教の本意を見出し、発揚することを得なかったと言っても過言でなく、この点をいかほど強調しても過ぐるということはないであろう。しかしながら大乗の奥義は空の哲学であり、これを徹底することによって存在は凡てに亙って空ぜられる。空ずることは必ずしも無化することではないが、それにしても存在は勝義にのみ解せられて、現実の実事性を失わんとする。それは世俗に心よからぬところであるのみならず、学的にも片手落ちであると評されねばならぬ。有は依然として保有せられねばならぬ。しかし一度大乗の空義を経た上は、もはや旧套の存在概念に止ることは許され得ぬ。それは単なる存在でなくして有でなければならぬ。有は真有として又は妙有として我々に近く且つ親しいものではあるが、それを裏づけるものが空である以上、有は仮有となり仮設とならざるを得ぬ。施設は決して虚妄ではないが、仮設たることを免れない。仮設なるが故に非有なのではなく、却ってその故に妙有ではあるが、しかしそれが施設であるのは大乗の空義が根本にあるからしてであった。仏教はこの三乗よりなるものであって、孰れを欠いても完全でなく、またその孰れをとって第一義とすることも許されない。大乗を空観であるから貴しとし、小乗を文字通りに小なるものとすることは勿論とるに足らざる愚論であろう。それと共に小乗が施設を説くからといって阿毘達磨思想が仏教の真髄であるかの如く見ることも過論であろう。我々の見方からすれば大乗は第三のレンマの立場にあり、小乗は第四のレンマを立場とする点に於いてそれぞれに異色あるものであるが、しかも第三と第四とは密実な関連に於いてあり、孰れも他を無視してはあり得ぬことを知悉しなければならぬ。我々はこの二乗をレンマの区別としてしかもまたその連関として見ようとするものである。そしてこの両者を共にレンマの勝義的な論理として、西洋のロゴス的立場から明別しようとするのであるが、果してそういう取扱い方が正しいか否か、またそれに先立ってそういう見方が可能であるかどうかは大方の批判を待つこと切なるものがあるのである。

大乗の空義は何といっても仏教の根本思想であり、それは龍樹によって心ゆくまで開発されたものであり、この思想なしには有部と雖もその基盤を失い、少なくとも生彩を欠くのであるが、それは第三のレンマとしての絶対否定の世界であって、そのままでは現実の世界に現成し難い。遂には不可得ということが結論とならざるを得ぬからして、阿毘達磨思想がそれよりも早く、またそれ以後にも頻説せられた。北方インドに於いてのみならず南伝としても大なる派流をなしたことは決して理由なしにではなかったであろう。両者の激突は恐らく世親の「倶舎論」と衆賢の「順正理論」との対論に極まっていると言っていいだろう。衆賢は世親の理解を以て仏教の本義を誤るものとして烈しく徴難したが、世親は殆どこれにとりあわなかった。今にしてその真意を臆測することはもとより不可能であるが、或は衆賢の激論はとるに足らぬものとして黙殺せられたのであるかもしれない。我々にとっては中観唯識の学派と衆賢の阿毘達磨思想とは相容れない対立にあるのではなく、却って相待的に併立して、以て仏教の全き教義を完成するものであったと思われる。衆賢の「存在」はたとえ三世に亘る恒有であり、bhāva でなく sat(これを玄奘は「薩」と訳したが、それも只発音上の偶然の一致にすぎぬ)であるとしても、我々から見ればそれは専ら「施設」の問題であるに外ならぬ。施設は仮設であっても低き価値と存在とを有するものでなく、却って我々に最も親近であり切実でさえある実存でなければならない。施設は絶対者を現成し空を具現化するところの、妙好なる存在態でなくてはならない。それが仮設であることに何の卑下を感ずる必要はなく、またその必然性もない筈である。このような誤謬を避けるためにも我々はこの二つの学派をひたすらにレンマの差別として見ようとするのであり、我々のひそかに目ざすところも誠にそこにあったのである。大乗の空義は絶対否定であるからそれは明らかに第三レンマの立場にあるものであるが、施設の問題は第四のレンマに於いて正しく理解せられるということも恐らくはこれに劣らず力説して憚らぬものであったであろう。衆賢の立場はいうまでもなく阿毘達磨の伝統を保持し、それのみが仏教の骨子であると主張するものであるが、我々から見ればそれはインド思想の第四のレンマ的立場を宣揚せんとしたものであるにすぎなかった。彼の「サット」は例えばジャイナ教の勇士ヂナが示したように「唯一の有」(ekam sat)に近いものであり、「種々な特相を有するものの普遍的な本相である」(「教義精要」二章五)。しかしジャイナ教では有は実であり、「もし実にして有ならざりせば、それは確に非有(asat)なり。然るときはいずくんぞ実たるを得んや。故に実はそれ自体、有性(satta)なり」(一三)。ジャイナ教にとっては非有は無きものであるから問題にならなかった。然るに衆賢にとっては非有も非有としてあるからには実であり、サットは有と非有とを共にふくむ実有であると考えられた。彼の立場からしてはジャイナ教の有は単なる実体(vastu-dravya)とならざるを得なかったのである。vastu に相当するパーリ語は vatthu であるが、元来この語は「場所」を意味して必ずしもそこに在る事物をいうのではない。存在は何らかの場所にあることによって具体的な有となりうるからして、vatthu が存在を意味するようになるのも無理からぬことであるが、それが dravya と同一視せられることは勿論素朴的であり、アッタサーリニーに於いては vatthu はその原意に復して、事物の於いてある「場所」となり、さらには有の有たる「根拠」、又は「依拠」を意味することとなった。加之それはさらに存在の種々なる存在の仕方を整備すべき原理となるに到って高度の意味が展開せられる。実有は単なる存在でなく、よく整備せられ、あまねく施設せられた存在でなくてはならない。単なる存在によってではなく、非存在によって整備せられた妙有でなければならない。ただにロゴスによってではなく、情意によって装備せられた有情体でなくてはならなかった。

四

盤珪(永琢)の禅は私の観るところでは、禅の原体験の証成であるよりはむしろその活性であり、少なくとも施設面に於いて優れているように思われる。彼は「不生禅」を説いたが、彼の「不生」は却って「生」の面目であった。彼は頻りに「不生」を説きながら、そのめざすところはむしろ「生」の活面目にあったと見るのはひが目か。「不生」とは彼にとって現実の生であり、生を措いて別に不生のあるべきはなく、またその要を見ないのである。彼の不生はひたすらにあるがままなる生であり、生を除いて、またはそれを超えて不生のあるべき理由はなかった。

盤珪は不生が仏心であり仏心が不生にして霊明であると説いたが、就中主唱せんとしたことは「不生にしてととのう」ということであった。

「不生が一切のもと、不生なのが一切の初めである」、「不生にして凡てが整う」という。不生なのが即ち凡ての生のあり方であり、まさに生のあるがままなる姿である。眼をあけて白雲を見、歩を運んで流水をわたる。見ようと思わぬに見え、聞こうとせぬのに聞こゆる。雀の声を烏の声と聞き違わず、……皆それぞれの声を聞き違わず、明らかに通しわかれて聞き損わず、それが霊明の徳というものであるという。不生とはありのままなる生であるに外ならなかった。不生は死でなくまさに生であり、生のありのままであったのである。盤珪は普説に対して云う、「汝看よ、日用応縁の処、見色聞声底、此の什麽をか欠少する。当体即是なり。心を擬すれば便ち差う。汝見聞せざるとき即不滅なり。本来不生不滅、古今に騰輝す。その明、日月を超え一切に現成す。その量天地を包む。迥然として迷悟の域を出て凡聖の府を離る」(「盤珪禅師語録」岩波版、一四四頁)。

不生は彼にとって生の別名である。不生ならざる生はなく、生ならざる不生もない。しかし何故にそれを生としてではなく不生として言わねばならなかったのであるか。生のありのままなるに事足るならば敢てこれを不生と言わずともよい。何故に生を規定するに不生を以てしなければならなかったのであるか。

次に問いたいのは彼は常に不生といって不滅とはいわなかった。不生は生に対するのみでなく、滅に対する。不生は単にそれのみでは足りず同時に不滅といわねばならぬのではないか。もっともこの問いに対しては彼は幾度か言う。不生を言って同時に不滅と言わないのは不生の中に不滅をふくむからである。不生といえばその上に不滅を加えるのは余計なことであると。しかし我々がこれを指摘するのはそのような用語上のことではない。盤珪には論理が余りにも不足していてそのために彼の不生禅は全く生活の禅に終ってしまっているという不満である。もちろん禅体験にとっては如何なる意味に於いても論理は不要であり（たとえそれがレンマの論理であっても）、彼にとっては凡ての商量は無用にして無益なる「脇かせぎ」であり「手延べ」であるにすぎない。それらは高々扶籬模壁の閑葛藤であり、悪くすれば爛葛藤たるに堕す。しかしそれにしても不生はさながらに生であり、生はそのままにして不生であるのであるか。盤珪に於いては葛藤が余りにも欠少し、生が不生であることの筋道が安易にすぎるようである。不生はそのままに生であっても不生は生と直ちに同一ではあり得ない。不生が生となるのはただなだらかにではなく、曲折があり葛藤があり、然る上に於いて凡ての不生であることが開悟せられ得るのでなければならぬ。何よりも不生はそのまま生であるのではなく、生でもなく、不生でもないものが、真に不生なるものであるべきであった。この論理は果して如何にあるべきか。古歌にも云う、「善もいや、悪もいやいや、いやもいや、ただ茶を飲みて寝たり起きたり」と。ここに四つのレンマがくまなく語られているではないか。善であるか悪であるか、その孰れも嫌忌すべきであるが、第三に嫌も嫌という。それはまさに第三のレンマに非ずして何であろう。善は取らるべく悪は捨てらるべきであり、それはロゴスの肯定と否定とにあたる。第三のレンマはこの孰れをも否定して、いやもいやという。さてその後に来るものは何であるか、ただ茶を飲みて寝たり起きたりという。困ったことである。それほどつまらぬものは外にないであろう。

盤珪は専ら不生を説いたがそれは生に対する不生でもなく、況や生の否定でもなかった。むしろ不生にして生たるものでなければならぬ、生にして不生なるものでなければならぬ。むしろそれは生でもなく、不生でもないものでなければならない。真なる不生は却って不生でさえないものであるべきであった。なぜなら単に不生といえば生に対し、乃至はそれの否定としてあるにすぎない。正確にいえばそれは生でもなく不生でもないものでなければならぬ。それ故にこそそれは生でもあり不生でもあるのである。盤珪の不生はかくの如くにしてのみ同時に生であり生の施設であり生の活計でもあり得たのである。それを除いて単なる不生を説くのは却ってこれを失う所以であろう。彼はひたすらに不生を説いた。不生にて整う、不生ならでは整わぬと言いつづけたが、しかしそれでは未だ調わない。むしろ生でもなく不生でもないと言うべきであろう。何故に不生にして凡てが終るのであるか、それはそのままなる生であり、不生がさながらに生であったからしてであろう。しかしそれがそのようにあるためには不生であるとともに不生でないものでもなければならぬ。生に非ざるものは不生であるが、不生に非ざるものは果して何であるか。我々はそうは問わない。生に非ず不生にも非ざるものとは何であるかを問わんとするものである。それによってのみ不生にして生であるものが正当に答えられ得べしと思うからである。

このような問いは徒らに心を擬することであって、「脇かせぎ」に堕する所以であるかもしれないが、それにしてもこれだけは敢て問われねばならない。なぜならそれは単なる閑葛藤でなく況や爛葛藤ではない筈であるからである。盤珪は余りに「ありのままなる」ものを説くに専らにして、そのままならざる葛藤を解説するにおろそかであった。彼は云う、「不生にして居ればもはや不滅というもむだ事でござれば、身どもは不生と言って不滅とは申さぬ」と。また「生ぜぬものの滅するということはなきほどに、不生なれば不滅なものとは言わずとも知れていることでござるわいの。不生不滅ということは昔から経録にもあそここに出てござれど、不生の証拠がござらぬ。そのゆえにみな人が只不生不滅とばかり覚えて言いますれども、決定して不生な事を知りませぬわいの」とも言う。しかし盤珪の不生もただ不生の不生ではなかった。それが不生であるのは不生にして且つ不滅であったからしてである。それ故に不滅ということを加えるのは決して余計のことではない。生でもなく、また不生でもないからしてこそ真に不生でありうるのであって単なる不生だけでは足らぬ。少なくとも不生のみにてはととのわぬのである。彼は不滅をとかぬ点に自ら負うところ多大であったようであるが、それでは彼の不生説も文字通りに不生(産)に終らざるを得ぬであろう。

不生の世界は無分別の境地である。しかし無分別とは分別なきものの謂ではなく、又そうした意味の無分別ではさらさらないものでなければならぬ。なぜなら無分別とは世俗的には無理であり無法であることを意味するであろう。

無分別は無念(無想)であるが、世俗的に無念とは逆に念過多であり、怨み多くねたみ烈しい情緒を意味する。無念や口惜しいや、無念やる方なしなどというのは念の無きことをではなく、逆に憤怨ただならぬことを言う。無心もまたそうである。それは心なく、念なきわざであり、人に無心するというのは逆に私慾を強請することである。雲無心にして岫を出づどころの風情ではない。金銭を無心するとは強慾をほしいままにすることであって、心無きわざの最たるものである。それらは凡て世俗と勝義との区別の致す所であるが、何という目立たしい逆差であることか。無分別は世俗にあっては悪徳である。勝義にして輝きを得るが、それは正確に言えば無分別の無なるものでなければならぬ。無分別智即ち般若は分別でないことはもちろん、無分別ですらないものでなければならない。そこには不生をとともに不滅が言われねばならぬ理由が十分にあったのである。

智門の禅は哲学的であると評せられるが、僧あり問う「蓮華未だ水を出でざる時如何」。門曰く「蓮華」。更に問う「水を出でて後如何」。門曰く「荷葉」と(碧巌録第二十一)。蓮葉水を出でざる時と出でたる後とは一なりや異なりや。蓮華と荷葉とは同なりとせんか異なりとすべきか、両者の異同を適示することは必ずしも徒事ではあるまい。禅体験の世界では蓮葉と荷葉との閑葛藤を持ち込んではいけないかもしれないが、一たびレンマの立場に立つときはこのような商量も無意味なものではない。「牛頭(法融)未だ四祖(道信)にまみえざるとき如何」、「見えたる後は如何」。未見の牛頭は見後の彼と同一なりや否やが問題であるが、智門によればその区別は「天は寛く地は窄し」と「地は窄く天は寛し」との差別に外ならないという。しかしこの区別は単に順序を逆にしただけのことではない。天と地とには霄壌の差があり寛窄二面の対立はありつつも、しかも天にも非ず地にも非ざる虚空であるが故に天でもあり地でもあるところのものでありうる。未見と見後に於いて牛頭その人に変りはないが、しかも見後の彼は全く別人のものの如くであったという。別人の如くでありながら尚同一の牛頭であるのは、彼がその孰れでもなきが故にその孰れでもあり得たのである。同一人であることに於いて無分別であるが、未見と見後に於いて別人であり、しかも分別は無分別の分別であるが、同時に無分別は分別の無分別でなくてはならぬ。ただ無分別の分別をいうのみでは片手落ちであり、少なくとも不十分を免れない。それは恰も非連続の連続をときながら連続の非連続を考えないことと揆を一にする。「天は寛く地は窄し」と言いながら同時に「地は窄く天は寛し」と言ってはいけないのか。この二句は同一の事実を言表わしながら先ず眼を天に向けるか地に対するかの区別であり、そこに思惟以上の有為があることは勿論であるが、それにしてもただ「東を見、西を見るか」「南を見、北を見るか」の区別にして足ると言いうるか。少なくとも「秋来って黄葉落ち春来って草自ら青し」というだけの差別がなければならぬであろう。この分別にありながら天地の推移は依稀としてあり、冬来りなば春遠からじと見定められる。それは一にして全なる有界であり、自由にして自在なる有為であり、天の然らしむるところ地の然あるべきところのものであった。それ故に華光範の如く「未見のとき如何、自由自在、見後の時如何、自由自在」と重ねて答白せざるを得なかったのであろう。それは形式に於いても内容的にも全一の世界であるが、しかもなおこの無分別にも「風を見て帆を使う」か「頭を相して帽を買う」だけの商量がはたらかねばならぬ。そしてこの商量は単なる「脇かせぎ」でもなく「手延びした造作」でもない。体験に論理は不必要であるといっても、そういうことそれ自らが既に一つの商量であるに外ならぬ。我々の論理は必ずしもロゴスではなく、まさにレンマであるべきであった。無分別の分別に尚も一つの論理を導入せんとすることは必ずしもこれをロゴス化することではない。たとえロゴスなしに体験は語らるべきであるとしても、それはただ没分別的にあるのではなく、またあり得ぬであろう。体験の論理はロゴスでなくレンマであり、それなしには如何なる体験も語られえぬとすれば尚そこに無分別の論理というものがなければならぬ。そしてそれが第三のレンマであるべきことは余りにもしばしば述べられたが、いくら繰返しても過ぐるということはないであろう。第三のレンマは四つのレンマの一つではあるが、その他と列んだ一つの場合であるのではなく、まさにレンマの論理の中軸をなすものである。それは絶対的な否定であるが、単なる全面的な否定ではない。それは先ず肯定を否定すると共に否定をも否定するものであり、その点に於いて凡ゆるものの否定ではあるが、しかしそれは単なる否定ではなく、肯否を両立せしめるものである。換言すればそれはただごとな無分別ではなく、分別についての分別であり、無分別についての分別でなければならない。

盤珪はひたすらに不生をとき、不生にてととのうと言ったが、ややもすれば無分別を通り越して没分別になりかねない。無分別はややもすれば日常心に堕せんとする。平常心は必ずしも日常心でない。それは求めらるべきものでなく、既に有るものであり、求むるまでもなく、生み連られたものであったにしても、ただそのままでは生れたままの人間であることを蟬脱するに由ない。不生でととのうことはあっても、ただ茶を飲みて寝たり起きたりでは何ほどのことがあろう。不生は同時に不滅をふくむのみでなく、不生不滅を論理とする。この論理なしには不生は唯なる日常性であるにすぎない。それならば生というにふさわしく、何故に不生と言わざるを得なかったか。生が人間のことならば、不生は仏心である。盤珪はいつも不生と仏心とを結びつけて、不生の仏心という。仏心は不生にちがいないが、不生なるものが即ち仏心であるのか。生は人身であって仏心は不生なのであるのか。何故に不生が仏心であって人心ではないのであるか。仏心はむしろ不生でなく生でもないものではなかったか。肯定に対する否定がではなく、肯定も否定も共に否定せられることによってのみ無分別の世界が啓かれうるのである。それは単なる無でなく無の無であり、有法であるよりも無為でなければならない。それがそうある限り曲折を重ね深甚を加うべきであろう。少なくとも不生に加えて不滅を説かねばならなかったであろう。そのような葛藤を加えた人は白隠であり、及び彼の伝統をつぐ臨済の看話禅であっただろう。看話とはまさにこの論理を看ることであった。禅体験に論理は禁物であり、肯定とか否定とかとは体験にとって汚辱の商量であるといわれるが、我々のいう論理が決してロゴスのそれではなくレンマの論理であることを思え。肯定とか否定とかを持ち出すと直ちに論理に堕すというのは論理の何たるかを弁えない人であるか、少なくともレンマの論理に思い及ばぬ人であるにしかすぎない。

不生は自知せられ且つ自足せられねばならぬ。不生のままでは足らぬ。生物は生のままでいるが決して不生のままにあらぬ。それは這辺にあっても那辺にはない。雪峯義存はかつて洞山の下にあって参究に疲れはて「自分はもうくたびれた」とつぶやいた。しかしここで草臥しては一大事である。不生のままに放逸すれば何の任運があろうぞ。那辺に超出する跳躍台は果していずくにあるか。それは一にかかって第三のレンマにある。レンマの論理は肯否の二つによってではなく、まさに四つのレンマによりて成立つ。しかしそれはこれらのレンマが並列してそれぞれの立場を異にするのではなく、四つのレンマは一つの体系をなして統一を形づくる。その統一は何よりも結合ではなかった。まさに「不」を原理とする生であったのである。盤珪の「不生」も恐らくはそれを意とするのであって、単なる「不生」ではなかったであろう。

碧巌録第五十五則に次のような話が伝えられている。晩唐の禅者道吾円智はかつて侍者漸源を伴って或る人の葬儀に列した。漸源は死者の棺を拍いて道吾に問う、「生か死か」と。円智答えて云う、「生也不道、死也不道」。生きて居るともいわず、死んで居るともいえないというほどの意味であろう。漸源さらに「為什麼不道」(なぜ道って下さらぬか)「もし道って下さらぬと是非なく暴行を加えます」。円智云う、「打つなら打つがよい。道えと言って道われるものでない」。「源便ち打つこと数拳」とあるから弟子漸源は乱暴にも師を実際に打著したらしい。道吾は弟子の志を憐んでどこか他処に行くことを勧めた。漸源は寺を出て石霜慶諸の処に往き、それまでの経緯を談って教えを乞うた。石霜の曰く、「死とも生とも道わじと道吾が言ったではないか」。これを聞いて漸源は大悟したと伝えられる。生死の問題は人生の一大事であるが、それを問われて道吾は生とも道わず死とも道えないと答えた。人生は生きつつある限り生であり、死すれば生を塞却する。人生は生から死への経過であり、乃至は生と死との断続であるのか。生から死への行程は自然の行路であり、その外の何ものでもないのであるか。豈料らんや人生は生でもなし死でもない。生とも道えず死とも道えない。そうならば人生とは果して何であるか。この孰れとも道えないことはただ沈黙を守るより外にはないのであるか。道うということはロゴスであり道であった（道はいうと訓せられる）。たとえロゴス的に言えないにしても尚そこに言うべき何ものかがある。ロゴス的に黙することは即ち言わざることの凡てではない。言うべきは言い得、言い得ぬことは――言わざるべきは言わぬことが真の黙であるのではないか。

石霜は「死とも生とも道わじと道吾が言ったではないか」と喝破した。漸源は既に答えられていることを答として聞き得なかったのである。石霜によって初めてその言われたことを聞き得て大悟したのである。しかし生ともいえず死ともいえないものは果して何であるか。生に非ず死でもないところのものとは何処にあるのであるか。そういうものはどこにもない。どこかにあっても何であるかを言うことはできない。言いうるのはただ生でもなく死でもないということのみである。そのほかに何もなく、たとえあったにしても何とも言いようはないのである。漸源はそれを悟らず師を打った。石霜に会って初めてこれを知り、これを悟ったのである。それはロゴスによって知ったのではなくレンマによって了得されたものである。それはまたまさに第三のレンマであった。

第三のレンマは決してロゴスの論理ではない。趙州の最も嫌ったものは揀択《けんちゃく》であった。至道は無難にしてさして難々なものではない、ただ揀択を嫌う。但憎愛なければ洞然として明白なりと言う。揀択は知的分析であり憎愛は情意的分別であるが、ただこれらさえなければ凡ては洞然として明白であり、これに拶著すればいくらもがいても田庫奴となってしまう。もしそうならば前述の臨済の四料揀もまた一つの揀択にすぎないものであろうか。決してそうではなかった。四料揀とは徒らに人間の思量の分別ではない。それらは単に人間の思考の方法のありうべき四者を列挙したものではない。それは四つの場合に分別されてはいるがその眼目は第三の料揀、即ち「不生不滅」にあって、他の三者は凡てこれに支持せられ、これを中心として展開されている。第三のレンマを無視しては凡てのレンマは崩壊するのみでなくその意味をも失う。龍樹は生からでもなく死からでもなく、まさに不生不死から出発した。彼の論理は存在でもなく、非存在でもなく、まさに存在にして非存在なるものに中心を置いている。宗教とは生の問題でもなく、死の問題でもなく、まさに生と死との問題であり、そしてそれは不生不死によってのみ把握せらるべく、その他の何ものによっても解決し得られぬ問題であるといわねばならない。

しかしそのように考えるのは既に一つの料揀であり、凡ゆる意味に於いて揀択を嫌う禅者にとって要するに乾剝剝の措定にすぎないものではないか。揀択を捨棄するところにのみ至道は無難となるのに、依然としてこれを遮断しないのみかそれを中心とするのは明らかに迷乱にしかすぎぬ。にも拘らず我々はこれを第三のレンマとして主唱せんとするのは何の故であるのか。それに対する答えはこうである――例えば龍樹に於いて百非千不が主説せられ、禅者によって四料揀が徹底的に排斥せられてもそういう否定がそもそも第三のレンマであるに外ならなかった。生を否定し滅を否定してさてしかる後に何が残るか――何ものも残らない。何ものをも余すことなき絶対否定であった。しかもこれを遮断するものが第三のレンマであるに外ならなかったのである。第三のレンマを否定することが即ち第三のレンマであると分って見れば果してどうであろう。揀択を嫌うものがまさに一つの揀択であると分ってみれば、無難なる至道が果して何処にあると言うべきであるか。もちろんこの揀択はロゴスの閑葛藤ではない。凡ゆる意味に於いて凡ゆるものを否定せんとする絶対否定である。第三のレンマはまさにそれを説こうとするものであって、その故にこそその否定は絶対的となり、乃至は絶待的たることを得るのである。趙州は揀択を嫌った。しかしそれを嫌いそれを泯滅せんとすることとそのことが即ち大なる揀択となるのではないか。第三のレンマの志すところはまさにこの処にありこの点に集中する。ロゴスに於いては背理であったものは必ずしもレンマに於いてそうであるとはいえぬ。

ただここに無難ならざる問題は第三のレンマが如何にして同時に第四のレンマに転ずるか、何故にその転換が可能であるかということである。生に非ず死に非ざることが即ち生であり死であるということを如何にして可能にするか。単に可能であるのでなく、何故にこのことが現にありうるかということが依然として至難の問題として残るのである。至道無難ではなくまさに至難の問題である。これを言うことは単なる揀択でなくして最も重大なる料揀であるべきであった。第一に此でもなく彼でもないが故に此でもあり彼でもあるのか。又は逆に此でもあり彼でもあるからして此でもなく彼でもないのであるのか。此と彼との関係はただ異なるものの差異であるが、此が是に転じ、彼が是でないものとなるときは是非の関係となり、一種の必然性を帯びてくる。此と彼とはただ存在の区別であるが、是非は分別であり価値関係に属する。是非こうして欲しいと言い、是が非でもそうありたいと言う。是と此とは明別せられねばならない。両是と両非との関係は決して privatio の関係ではなく、少なくとも対立の関係であり、矛盾の関係でさえなければならなかった。ここに存在から論理に転ずべき切点がある。切点とは両者を切断すると共にこれを接続せしめるところのものであった。両非は両是と切断されるが、またこの点によって連続せしめられるのである。是と非とは切断された二つであるがまた同時に是非とも一つにならなければならぬ。ぜひともそうあって欲しいものでありまたそうあって然るべきものである。ぜひともということは一種の必然性をあらわすことを思わねばならぬ。そこにはロゴスの必然性がではなくとも、少なくともレンマ的な必至性がなければならぬ。両否が両是に転換するのもこの理由によってであり、更にその転換の即時的であり端的であるのもこの故であっただろう。それが「即の論理」でありレンマの論理であることも余りに明白にすぐるであろう。

しかしそれがロゴスの論理として把握せられるとき一つの背理(paradox)となり逆説(dilemma)となることも見易き道理である。即の論理はロゴス的にはディレンマとして呼ばれるのもこうしたわけであろう。しかもディレンマはレンマの一種であり、lemma の di 又は dia 的な形態である。ロゴス的には明らかな逆説ではあるが、レンマの立場に於いては許さるべき一つのレンマであるに余りあったのである。

仏教の、又はインド思想の論理はテトラ・レンマ(四つのレンマ)であることは上来略〻論述せられたが、ディレンマ(二つのレンマ)を論理とするものは例えば中国の老荘の哲学思想に於いて見出されるようであるが果してどうであろうか。

第十三　ディレンマの論理

一

老子道徳経第一章に「道可道、非常道、名可名非常名」とあることは余りにも有名であるが、その意味は如何に読まるべきか。漢文は簡潔であって古来種々な読み方があるようであるが、先ず「常」という語は副詞的にとられて全体の語句にかかるのであるか、又は第二句の「道」に直結してこれを形容するものであるのか。もし後者であるとすれば「常」とは「世の常の」、「あり来りの」というほどの意味となり、真の道はそういう常識的な道でないことをいうこととなって極めて理解し易いであろう。しかし道はまた「いう」と訓せられるから(ロゴスは道であり、また語であった)、普通に道といわれるのは真の道ではないという解し方が可能となり、第一句の道は却って普通の道となって意味が逆になってしまう。孰れの読み方が正しいかは私にはよく分らないのであるが、孰れにしても老子の言わんとするところは、「真の道は世の常の道ではなく、世間に流布する道は真の道でない」ことを意味したものにちがいないようである。このことはさらに第一三七章の「道常無為、無不為」という章句を読むことによってよりよく理解することができる。道は常に無為にして有為ではない。無為にして初めて為さざるものなしという。為すことあらんとすれば却って無為でなければならぬ。無為にして却ってものごとは成就せられる。真の道は無為でなければならぬという。無為がむしろ真の有為であるという。それと同じように道の道といわるべきは道ならぬものでなければならない。単に通常の道でないのみでなく、もっと根本にさかのぼって普通に道とはいわれないものが真の道であるべきであるということとなる。これは明らかに一つの逆説でありディレンマであって、老子の教説はそのような逆説を原理とするものであると言って差支えはないようである。しかもディレンマはレンマの一種であって、たとえロゴス的には背理ではあってもそれ故に不合理であるとはいえない。インド人の思惟方式がテトラ・レンマであるとすれば、中国人の思考はディレンマによって支配せられていたと言って一応は差支えないように見えるのである。この場合にも「常」の用い方が問題となり、陸希声注によって「道之所以為常者」と読むならば常は道の常なるものとなるが、河上公注に従えば「道以無為為常」と読むべきであり、常の字を道にかけるか、無為にかけるかの相違があるが、どちらにしても無為が却って有為であり、道の真なるは無為にして為さざることなしという大意に於いては変りはないようである。五一章に云う、「道生之、徳畜之」。道これを生じ、これを畜し、これを長し、これを育し、これを亭し(亭とはその形を品《わか》つことをいう)、これを毒し(毒とは王弼によればその質をなすことである)、これを養し、これを覆す。生じて恃まず、長して宰らず、これを玄徳というとある。道のはたらきたる無為は陸希声の注した如くすでに生じて執有せず、すでに為して矜恃せず、すでに長して牽制せず。無為とは啻に何事をもなさざることではなく、却って凡てを生じ凡てを為してしかもそれに囚われないことである。また三四章に云う、「万物は衣養して主とならず、常無欲、小と名づくべし。万物帰して主たるを知らず、(常有欲) 大と名づくべし。是をもって聖人は終に大を為さず。故に能く大を為す」。ここに到って逆説は極まれりと言うべきである。聖人が大を為すは彼が大を為さざるが故にである。常無欲が彼をして大をなさしめる所以であるといわねばならない。常無欲もってその妙を観る。常有欲もってその徼を観る。徼とは帰なりと河上公は注している。妙は始源であり徼は帰結である。始源は万物の形成以前であるから小であり、帰結は万物の帰一せる所であるから大である。道は始終を包越するが故に従って大小を包越する。道は常無欲の面においては微の極地であり、常有欲の面においては大の極地であるという。してみれば常有欲が大であって常無欲が小であるのか。しかし大小というのは単なる名であって価値ではない。「吾はその名を知らず。これに字して道という。強いてこれが名をなして大という」のみである(二五章)。それ故に道は大小の名称を超えるものである。道は大とも言えるし、小とも言える。また道は大とも言えず、小とも言えない。

　老子の思想の論理が以上のようなものとするならば、我々の上来縷述した第三及び第四のレンマと如何に酷似しているかを思うて驚かざるを得ぬものである。しかしそこには見逃がすことのできない区別があって必ずしも同一でないことを言い忘れてはならぬ。第一にテトラ・レンマに於いては第三レンマが特殊な位置を占め、それが論理の基盤をなしているが、老子の思想にはそういう厳しい論理の体系はなかった。ただ大でもない小でもないと言えるし、また他の側面からすれば大でもあり小でもあるとも言いうるというにすぎない。しかしレンマの体系として反対なる二つの事が同時に言えるのはその根柢にその孰れでもないという否定の論理があるからしてであった。レンマの立場に於いては第三と第四とを自由に置換することが許されない。第四の見方が可能なのは偏に第三の絶対否定を前提してのことである。そのことなしにはレンマは論理でなく単なるドクサであり、高々双頭の論理(*δισσοὶ λόγοι*)であるにとどまる。インドに於いてもこの自覚がなかったために、サンジャヤの論理は矯乱論に終ってしまった。これが自覚せられ論理が体系をもつに到ったのは大乗仏教に於いてであるが、中国に於いても老荘の思想は恐らくテトラ・レンマの体系を有せず、単にディレンマの逆説に終始したもののようである。

　「是をもって聖人は無為。故に敗るることなし。執することなし。故に失うことなし」(六四章)。「無為を為し、無事を事とし、無味を味わう」(六三章)。「無為を為せば治まらざること無し」(三章)。「民を愛し国を治め能く無為ならんか」(一〇章)などと言う。しかし無為とは為さざることであるのに、それが何故に大いに為すこととなるのか。「終に大を為さず。故に能く大を為す」ということは如何にして成立ちうるだろうか。この論法は不生が即ち生であり、AはBでないからAはBであるという論理と同様であり、ロゴス的には全く逆説であってその他の何ものでもないであろう。否定が同時に肯定であるということは矛盾したことであり、ロゴス的には到底許さるべくもない。このことが成立するためにはもう少し微細なる論理を要する。赤が青であるというのは三歳の童子といえども承知しないであろう。赤と青とは感覚的に直接にちがっている。啻にちがうのみでなく、両者を同一視することは明らかにまちがっている。直観的にちがうことがやがてロゴス的には「間違い」となるのである。況んや互に相反するものを同一と判断することは勿論誤りでなければならぬ。恰もヘーゲルに於いて同一とは同一ならざるものの同一であったように、真の同一は非同一の同一でなければならない。生と死とが直ちに同一なのではなく、生でも死でもないということが生でもあり死でもありうるのである。単なる不生が生であるのではなく、不生不滅なるものがやがて生滅の世界でありうるのである。この論理はテトラ・レンマであって決してディレンマではなかった。この点に於いて老子の論理は大乗仏教の論理と遽かに同一視するわけにはいかないであろう。

「聖人は常に善く人を救う。故に棄人なし。常に善く物を救う。故に棄物なし。これを襲明という」(二七章)。襲明とは絶対者の明知を踏襲する意味であると言われるが、たとえこれを踏襲するにしても未だ絶対者の明知そのものではなかった。老子の教説は「無」をよりも「無為」を第一とした。無為とはそれ自ら無であるよりも、為さざることを意味する。それ自らの性であるよりもその用を重しとする。無為なることが何故に有為となり有用となり得るのか。「是をもって聖人は無為。故に敗ることとなし。執することとなし。故に失うことなし」(六四章)。「聖人云う、我無為にして民自ら化す……我無事にて民自ら富む、我無欲にして民自ら樸なり」(五七章)。しかしながら「学を為せば日に益し、道を為せば日に損ず。これを損じてまたこれを損じ、以て無為に至る。無為にして為さざることなし」(四八章)という。道を為せば却って日々に損じるからには何ごとも為さざることが最も大をなす所以であるというのであるか。しかし無為とは決して不為ではなかった。為さざることではなくして為すことなきことであり、為すことなくして自ら為すところあるものである。「天は無為にして清く、地は無為にして寧し。故に両無為相合して万物皆化す」という。荘子在宥篇には「心養せよ。汝徒に無為に処りて物自ら化す」とある。荘子の根本思想は「遊」と「忘」と「化」とであるが、就中その中軸をなすものは「化」の思想であったであろう。万物は化す。化とは変化であるがその変ずるやこれを変ぜしめるのではなく、自らにして変ずるものを特に化という。変は有為であり、化は無為である。変化を合体することによってそれは自ら変ずるとともに他によって変ぜしめられるのである。「自」に二つの読み方があり「みずから」と「おのずから」とが区別せられるが、共に自身から発足しながら「おのずから」は自己を脱することとなり、自由はみずからに由ることであるが、自然はおのずから然らしむるところのものである。化とは就中自然のしからしむるところであった。「化に若《したが》って物となる。もってその知らざるところの化に待つは已まん。且た方将《マサ》に化せんとす。悪んぞ化せざるを知らんや。方将に化せざらんとす。悪んぞ已に化するを知らんや。」人はただ現在の化に順って物となればよいのである。未来の化に多くをかけるのは徒に心を労するのみであり、過去の化は既に化し了って如何ともしようがない。いま化しようとしても化しないかもしれないし、いま化しようとしなくても自ら化することもあろう。「もってその知らざるところの化に待つは已まん。且た方将に化せんとす。悪んぞ化せざるを知らんや。方将に化せざらんとす。悪んぞ已に化するを知らんや」。これは荘子「大宗師篇」に引用された孔子の言であるが、かつて顔回が孔子に質問して云う、「孟孫の母が死んだ。ところが彼は哭泣涕なく中心戚《いた》まず。喪に居りて哀しまず」。孟孫は喪を善くするものとして魯国に知れ渡った人であるのにこれはどうしたことであるか。孔子は答えて云う、「夫れ孟孫氏は尽せり。知より進めり」と。孟孫は生死、先後、去就を超えていたのである。彼は悲しまざるに非ず。悲しみを忘れ悲しみに徹したのである。履物をはくとき足が気にならないのはその履物が足にぴったりしているからであろう。「足を忘るるは履の適なり。要(腰)を忘るるは帯の適なり。是非を忘るるは心の適なり。内変せず、事に外従せざるは会の適なり。適に始まり、未だかつて適せずんばあらざる者は適を忘るるの適なり」(達生篇)。「相忘るることに生をもってし、終り極まるところなからん」(大宗師範)。「謂うことなくして謂うこと有り。謂うことありて謂うこと無し。しかして塵垢の外に遊ぶ」(斉物篇)。ここに於いて忘はやがて遊に転ずる。「孰れか能く相与にすることなきに相与にし、相為すことなきに相為さん。孰れか能く天に登り、霧に遊び、撓桃極まりなく、相忘るるに生をもってし、終り窮まるところなからん」(大宗師篇)。「聖人は将に物の遯るるを得ざるところに遊びて皆生ず」。それが「無何有の郷に遊び、不測に立ちて、無有に遊ぶ」(応帝王篇)ことであった。それが「逍遙の虚に遊ぶ」(天運篇)ことであった。

郭象によれば逍遙遊放が「荘子」の大意であり、その目的は無為自得にあるという。「それ小大殊なりといえども自得の場に放たれれば、則ち物はその性に任せ、事はその能に称《かな》い各〻その分に当って逍遙すること一《もっぱら》なり、豈に勝負をその間に容れんや」(逍遙遊第一)。「天地は万物の総名なり。天地は万物を以て体となす。而して万物は必ず自然を以て正となす。自然とは為さずして自ら然るものなり。故に大鵬の能く高く、斥鴳の能く低く、椿木の能く長く、朝菌の能く短し。凡そこれみな自然の能くする所。為の能くする所に非ざるなり。為さずして自ら能くす。正となす所以なり」(同上八)。

荘子にとっては無為は「自然」にまで展開した。無為とは為さざることではなく、能くなすことである。為さざるが故に能く為し、為さざることによって凡てをなし、為すなきところに為さざることの所以がある。為すことは自らに由ってなすのであるが、無為とは自らに由らず、他にも依らず、おのずから為すことである。自然とはみずから然らしむることではなく、おのずから然あることであり、然あらしめられたものでなく、生れながらにして然る所以のものである。それ故に自然は有為でなく無為であり、無為は従って有為と同一となる。有と無とは為によって逆説的に同一となって老荘の哲学を大成することとなった。

しかしながら王弼に言わすれば老荘の哲学は未だ有より免れず、故にその足らざる所を訓すという。王弼は註釈家であるよりもむしろより多く老荘に対する批評者であった。郭象の荘子注は有名なものであるが、荘子を評して、未だ真に無為を体していないと言う。ことさらに方外に遊談するのであって、本を知り(言は至っているが)、これを体せざるが故に狂言をかくさぬと評している(荘子注序)。王弼はむしろ孔子こそ無を体得した人であると言う(世説新語文学)。孔子はただこれを口にしなかっただけである。名の名とすべきは名に非ざることを忠実に守って黙したのみである。老荘は無為にして凡てを為すと言いながら、これを為すことに於いて甚だ旺であり、これを言うことに於いて極めて冗を弄す。老子にとって道とは言うことにあり、道《い》わざるところに道はあり得なかった。無為にして凡てを為すが故に無は有の因由であるという。その志すところは有にあって無にはなかったことは何としても老荘の宿痾であったといわねばならない。王弼・郭象の徒が純粋の中国人でありながら尚老荘の思想に飽き足らぬ点のあったことはこうした理由によるのではないか。

康僧淵(四世紀中葉の人)は本来は西域の人であるが長安に生れている。彼が殷浩と出遭ったのは放光(大品)を誦しながら乞匃しているときであった。支遁が余抗山にかくれて沈読したのは「道行般若」であった。朱子行が洛陽に於いて講じたのも同じ道行般若であったが、彼は「この経は大乗の要なり。而れども訳理尽さざれば誓って身を損てんことを志し、遠く大本を求めん」と言って、魏の甘露五年(二六〇年)雍州を出発し西域于闐に旅し、行年八十歳にしてそこに死している。

西晋の武帝が二九〇年に歿すると、年少暗愚な恵帝が即位したが、この頃宗室の八王が相争い、加うるに五胡の乱入があり、中国はいやが上にも擾乱を極めたが、三〇六年匈奴の劉淵が国を立てて漢王となり、三一一年洛陽を攻撃して懐帝をとらえ、後五年にして長安を攻めて愍帝を降し、西晋がここに全く滅亡するに到ったが、恰もこの頃に世にあったのは道安である(三一二—三八五年)。彼が老荘の無為の説に飽き足らずしてさらに深刻な無そのものを求め仏教に帰したのも以上のような社会的情勢にあったからしてであろう。それは就中般若の空の思想であった。インドの仏教は道安によって初めて正統に中国に導入せられた。彼の入門したのは第一に「陰持入経」であり、第二は「入本欲生経」であったが、これらは大凡そ苦諦の伺察であり生死の現実態たる貪、瞋、癡の体験であった。第三は「十二門経序であり、般若の虚無、空無、本無の思想を開陳せんとするものであった。しかし当時の般若経の翻訳は粗笨であり正確を欠き、十分に真実を伝えるには余りに幼拙であったことは争われない。道安の理解も僅かに安世高や何晏の禅観によるものであって、彼の般若学は玄学の変形したものであり或はその延長の上に一歩をすすめたものにすぎなかった。「道とは無の称なり。之を況《たと》うるに道を曰う。寂然無体にして象と為るべからず。」何晏は易の理解によって禅学に入り、老荘の理解によって玄学に進んだが、玄学から出でて禅観を展べんとした人が道安であった。「寂を執って有を御す」という。寂とは玄である。玄とは「泊然不動、湛爾玄斉」であるに外ならなかった。道安はその意味に於いて般若学を中国に於いて初めて打ち立てた人であるとともに、依然として中国人であり中国固有の玄学をあくまでも失わざらんとした人であるといって差支えないであろう。

二

クマーラジーヴァ(Kumārajīva)が後秦の王、姚興の招きに応じて入関したのは弘始三年(四〇一年)の十二月のことであった。彼は亀茲国の王室の生れであり、夙に大乗仏教の研究者として盛名があったが、亀茲は三八四年に符堅の将軍呂光によって征服せられ、虜囚の身を甘粛の姑臧に送ること十八年、漸くにして姚興に見出されて中国に移ったのは既に彼の五十三歳の時である。鳩摩羅什とはその後の中国風の呼名であるが、このとき一人の長安の若き俊才を伴っていた。僧肇がその人である。この人によって書き残された「肇論」が中国に於ける大乗仏教の濫觴をなしたわけである。というのは羅什は西域人であり梵語に堪能であったから、インドの仏典は初めて正確に翻訳せられ、且つ正当に理解せられるようになったからである。年譜によれば羅什は長安に入って直ちに訳経に従事し、四〇三年には大品経を、四〇六年には法華経を訳了している。大智度論百巻が出されたのもこの前後であろう。四〇八年には小品般若経を訳し、翌年には中論四巻の訳業を了えて長安に没した。僧肇は若き日に羅什を姑臧に訪い、後に相伴って長安に帰り、四一四年には既に卒しているから薄命にして大業をなすに到らなかったが、稀に見る俊英は彼をして「肇論」一巻の名著を残さしめた。この書が中国の仏教受容に於いてどれだけの功績があったかは思想史家の見るところ一様ではないが、ただ羅什の直弟子としてインドの思想を直接に伝え、中国の仏教を開発せしめたことは何人も認めざるを得ない点であろう。羅什の「大乗大義章」を受けて僧肇は「宗本義」を論じ、「物不遷論」を書き、「不真空論」を講じた。羅什の教学は「如、法性、真際」の三つにあったが、「先ず、如とは諸法の性相を如実に得ることである。そうすればいかなる論議によっても破られるということはない。なぜならそのような如は吾々の意識によって作られたものではなく、諸法のありのままのものであるからである。次に法性というは、このような如が事事物物についてその通りにあることを知ることである。……最後に真際とは何であるか。それは以上のような如、法性の外に更にすぐれたものを求める必要がないと知るときに、心は自ら定まり、その究極に至ることを得、それが真際である」(大乗大義章、大正四五、一三五)。この思想は既に龍樹の「大智度論」巻三二に述べられたものであるが、如について龍樹は二種を区別する。一は各各相であり、二は実相である、各各相とは例えば地の堅相、水の湿相、火の熱相、風の動相の如く、物的性質の種々相にして事物に特有なるものであるが、それらの何たるかを明らかにするものとして各各の実相が求められる。しかしそのような実相は如何にして求め得られるか。如の世界は感覚によって直視せられるが、実体を把握するものは法性でなければならぬ。「大智度論」の法性は第一に無著心をもって諸法を分別する働きであるが、人間の知慧は有限であるから、無量の法を理解し尽すことができない。たとえば大海にいても器小ならば、無量の水を汲みとり得ないように。法性は法と性とに分たれるが、恰も白石中に銀性があるように一切諸法の中に涅槃の本性がある。それによって諸法を如実に把握するものは「実際」であるに外ならなかった。「善く法性に入る、是れを実際となす」(「大智度論」二九九上)といい、「諸法中に涅槃性あるを法性と名づけ、若し証を得る時法性の如くなれば、実際をうる」という。また「法性は実であり、入処が際である」(同二九八下)ともいう。法性が如の実践的成果であるとすれば、実際は法の究極的証入であると云えよう。法性が主体者によって修証されるものであるとせば、その究意地に到って余すところなきが「実際」であると解せられる。

肇論は以上のような思想をうけて宗本義を説く。主題とするところは本無(tathatā)実相(tattva-lakṣaṇa)法性(dharmatā)性空(prakṛti-śūnyatā)縁会(pratītya-samutpāda)等々であるが、よく龍樹、羅什の宗意をまとめてしかもその理説に於いて極めて鋭い。先ず縁会の説は如の世界についてであるが、一切の諸法が縁の会《あつま》って生ずとせば、未だ生じない前には有ということはなく、縁が離るれば滅んでしまう。もし真の有(sat, bhāva)であるならばそれには滅(nirodhā)ということはない。今現にあってもそれは有でありながら、性としてはprakṛtyaであり、それ自体としては空でなければならない。本性はそれ自ら空であるからこれを性空という。性としては空であるから法性と名づけられる。法相はありのままの相《すがた》である。実相はそれ自体が無であってそれをしいて無たらしめたものではない。だから本無と名づけるのである。

本無は有でもなく、無でもない(naivabhavo nâbhāvaḥ)。それ故にそれは有見(astita-darśana)や常見(sasvata-darśana)や邪見(mithyā-dṛṣṭi)や断見(uccheda-darśana)の無というようなものではない。若し有を〔真の〕有とするのであれば無もまた真の無ということになるが、いったい無にとらわれずに法を観るものが法の実相を会得するものといえよう。このような人にはたとえ有が見られてもそこには相として執着されるものはない。してみると法相とは無相の相であり、聖人の心は住するところなきに住するのである。……性宗とは諸法の実相をいう。法の実相を観るから正観といい、若しそうでなければ邪観といわれる。

諸法の実相を観ることを般若といい、諸法の実相を了しながらよく形証しないのを漚和の功という。適いて衆生を化することを漚和といい、世間の塵累に染まないのは般若の力である。してみると般若の門は空を観、漚和の門は有にかかわる。有にかかわりながら決して虚仮に迷わされない。だから常に有の中に処りながら汚染を免れている。有を厭離せずに空を観る。だから空を観ても空を証しないのである。

以上は結論であるがそれにつづいて先ず「物不遷論」が述べられる。いったい生と死とが交々謝《かわ》り、寒と暑とが迭《たがい》に遷って凡ゆるものが流動するというのは人の常識であるが、しかし彼はそうでないと言う。何となれば放光般若経には「法には去来もなく動転もない」とあるからである。静を求めるには動の中に於いてでなければならぬ。動をすてて静を求めることはできぬ。静は動を離れたものではないからである。道行般若経に「諸法はもともとよって来るところなく、去ってもまた行くところはない」とある。中論にも「ある一定の場所を観ると彼の去ったことはわかるが、しかし去ったものはどこへも行っていない」とのべられる。そもそも世人のいわゆる動は過去のものが現在に〔そのままつづいて〕来ていないという理由で動であって静ではないというのである。しかし静とはやはり過去の物が現在に来ていないという同じ理由で静であって動ではない。世人が動であって静でないというのは過去のものが現在に出て来ていないからであり、僧肇が静であって動でないというのは過去のものがどこへも去っていないからである。してみると過去の物がどこへも去っていず、現在へ来ていないということは最初から少しも異ならないが、ただ世人と見方を異にするのである。……過去のものが現在に来ていないことは分っているのに、現在あるものが過ぎゆくものと考えるのはどうしたわけか。過去のものを過去に求めても過去に於いて既にあっても今はなく、過去のものを現在に求めてもそれは現在に於いて見出されない。現在にないことによって過去の物が現在に来ていないことがわかり、過去に於いては勿論あったのであるからその物がどこへも去ってゆかないわけである。ひるがえって現在を考えてみると現在もまた過ぎゆかない。過去のものはそのまま過去にあって現在から過去に至っているのではなく、現在のものはそのまま現在にあって過去から現在に至っているのでもない。だから仲尼も「回よ、万物が日に日に新しくなっているのを見よ。お前と互に臂とりあっていてももとのままではない」と述懐した。物は往ったり来たりするものでないことは明らかであろう。既に往ったりかえったりする微朕もない以上物は一として動く筈がない。旋風が山を吹いても常に静であり、江河が海に競い注いでも流れてはいない。野馬はゆらめいても動いているとはいえない。日月が天を運行しても周ってはいない。……

世人は過去を現在の中に求めてそれが現在にないからそれが往っていないと考えるが、現在を過去の中に求めてもそれが過去にないからいずこにあると言えようか。現在がもし過去に至っているのであれば過去の中に現在があるべきであり、過去がもし現在に至っているのであれば現在の中に過去があるべきである。しかし現在は現在であってその中に過去はないからそれによって過去は現在にきていないことを知り、過去は過去であってその中に現在がないからそれによって現在が過去に去っていないことを知る。もしそうならば何事も各〻本性に従って一つのときに住まっているのであって何一つとして去来すべきものはないわけであろう。築かれた山は最初の一簣によって成り、遠い道は最初の一歩によって踏み出される。功業は朽ちないから過去にあっても変化せず、現在に於いても変化しない。即ち不遷である。不遷であるから凡てが湛然としてあることは言うまでもない。果は因とともにあるものでなく因によって果があるのであるが、そうであるからして因は過去に滅んではいない。また因は現在に来てはない。因と果とは一でもなければ異でもない。一であれば因果といえず、異であればどうして因から果が生じうるのか。因果は却ってその故に一でもあり異でもあった。異であるが故に因と言い果と言われるが、一であるが故に因から果が生じうるのである。遷とは因から果に移ることであるが、因が因であり、果が果であるかぎり、どこにも因から果への移動はない。しかしこの遷移なしには因果の関係は生じない。果してそうならば因果の本質は何でありそれはいったいどういう関係であるのか。因果とは要するに不可能であり不可解であるのか。玆に於いて無ということの本性が問われる。第二篇の不真空論がそれであった。

支道林の「即色遊玄論」によれば色(rūpa)はそれ自体で色となるものでないから、色を色たらしめるものがなくてはならぬ。色といってもそれ自身だけでは色であることはできぬ。しかし苟も色というからには凡そ色はそれぞれそのまま色である筈であるが、色をしてこの色たらしむるのは何であるか。例えば赤は赤であるのは何故であるか。それは赤くあるから赤であるというだけならばただ語を繰り返しただけで何の説明にもならぬ、何の答にもならぬ愚かな答でしかないであろう。色を色とするものは却って色でないものでなければならぬ。だから非色とは色でないものであり、色なきものでありながらどうして色をして色たらしめることを得るのであるか。

いったい物はそれ自体では成立せず、他物に対して又は他を待って物となるのであるという。まことにその通りであるが、しかしその物に非ざるものが——又は他なるものがどうしてそれを規定してそのものならしめうるのであるか。非物はそのものでないから一つの無であるが、さりとて無きものは有るものを規定するわけにはいかない。それが物に働きかけるのはその限りに於いて或るものであり、少なくとも有るものでなければならない。それ故に非物は物に対して非有であってはならない。非物は無でなくして無いところの或るものでなければならない。果してそうであるとすれば物は依然として他の一つの物によって規定せられることとなり、物と物とは果して如何なる関係にあるかが問題となろう。「摩訶衍論」には「諸法は有相でもなく無相でもない」という。「大智度論」二七には「復次一切法、所謂有法無法、亦有亦無法、非有非無法。空法不空法、……不生不滅亦非不生非不滅法。非不生非不滅亦非不生亦非不滅法」とある。物と非物とは同にも非ず異でもない。非物は決して非物と同一でもないがまた異なるものでもない。それによって物は非物によって物となりうるのである。物が単に非物と同一ならば物とはなり得ぬ。また物が非物と異ならば非物は物に働きかけることはできぬ。物と非物とが同にして異であるから物は非物によって規定せられ、乃至はそのものとして決定せられうるのである。物がその如くありそのものとしてあるのは物と非物とが同でもなく異でもないからしてである。それが第一の真諦であった。物について有でもなく無でもないものを求めてみるとそれは万物を滌除し、耳や目を杜塞し万物の真諦をわがものとすることができる。まことに真諦は物のあるがままに順って無理なく通じるから如何なる物もそれに逆ろうことなく、偽にはそのまま偽を、真にはそのまま真を、思い

ある。かくの如くであるから非有又は非無とは物がないわけではなく、あらゆる物がほんとうの物でないということである。それ故に維摩経には「色の性がそのまま空であり、色が敗滅して空になるのではない」とある。真諦によって物が有でないことが明らかになり、俗諦によって物が無でないことがわかれば有にして無であり、無にして有なる本無の世界が如実に知られるのである。それが有でない所以があるから有といっても有でなく、それが無でないといっても恰もその理由から無でなければならぬのである。それ故にその無とは全くの虚無ではなく、有るとはいっても有でないから、それは真の又は絶対の有ではない。物が無だとすれば邪見も惑心もなく、物が有だとすれば常見も正しいことになるが、物が無でないから邪見は惑であり、常見は悪とならざるをえない。してみると物が有でもなく無でもないということが真諦の説でなければならぬ。道行般若にはこのことを簡潔に「心は有でもなく無でもない」と明言している。かくして有はそれ自体有でなく、また有であっても真の有であるとはいえない。無はそれ自体無でなく従ってそれを無ということができない。物が縁起によって起る限りそれは無とはいえないからである。また一切有法は縁起生であるから真の有ではなかったのである。

以上は「肇論」の宗本義、不真空論等の要旨を摘記したものであるが、もとより茲に僧肇の教説を解述することが目的ではなく、インドの大乗思想が中国に移入せられ、始め如何なる理解を得たかを見、併せて中国固有の老荘思想と如何に交渉したかを見んとするのが我々の目的とするところであった。仏教は魏晋の初めに中国に移入せられたがその真意の理解されるのは容易なことではなかった。羅什のような西域人にして漢語にも通じた人があってこそなしとげられたことであろう。法顕が法を求めてインドに旅したのは三九九年の頃であった。原典によって真に仏教を研究せんとする気運はこの時代に到って澎湃として起った。僧肇は羅什の直弟子であり惜しくも夭折したが般若の思想は彼の俊英によって初めて中国のものとなったといっても過言でないであろう。ところが中国には固有の老荘思想があり般若思想を受容するに十分な素地があった。両者は容易に交流したが、にも拘らず遂に融合しきれないものを各〻にもっていた。我々が僧肇を玆に拉し来ったのは、それと例えば郭象の思想とを対決してインドと中国との異同を明らかにせんとするがためであった。

僧肇が老荘思想と深い関連をもっていたことは彼が中国人であったという地縁によることはさりながら、むしろ彼の性格にもよることが多い。「肇志玄微を好み、〔はじめ〕常に老荘を以て必要とした」と梁高伝巻七が伝えている。当時既に「老荘に資《と》るところの猛浪の説」として一部の人々から批難せられたと伝えられている。しかし彼は羅什の弟子として真正な般若的思想に育てられた人である。彼は老荘から出て般若に入ったと言えるが、また般若に於いて老荘を深めた人であるといっていいだろう。郭象は西晋末の人でその主著は荘子注十巻に収められている。彼の思想は歴史的には魏の王弼、何晏の老荘学を継承し、地域的には竹林の七賢が舞台とした河南文化圏を背景としている。彼の生きた時代はこの国の歴史に於いても殊に激しい動乱と混冥との只中にあった。彼自身もその渦中にあって凶刃に斃れたほどである。しかも彼はこのような動乱の社会を逃避せず傍観せず、真正面から身を以てこれに当った人である、「神人とは無心にして物に順う者なり。物を用いることなくして物各〻自ら用う。功名を群才に帰し、物と冥して迹なし」(人間世篇注)。「無心なる者は物と冥して未だ嘗て天下に対あらず。此れその枢要に居りて其の玄極に会し以てかの無力に応ずるものなり」(斉物論篇注)。「それ自ら任ずる者は物と対し、物に順う者は物と対なし。物と冥する者はもとより群物の離るる能わざる所なり。是を以て無心にして玄応し、唯感にこれ従う(逍遥篇注)。天下騒然たる中にあってよくそれに処せんとするは無心より外はない。彼の無心の説は恰も時代の擾乱に対するものの如くであり、それによって構想せられたものであっただろう。「世、乱を以ての故に我に求むるも我は無心なり。我苟も無心なれば亦何すれぞ世に応ぜざらんや」(逍遙遊篇注)というのはこのことを表白して遺憾がない。郭象にとっては無心とは天地万象と根源的に一体となり、宇宙生成のはたらきに冥合することである。しかし郭象は何故にこれを有体としないで、無心と考えたのであるか。無心とは無待であり無方である。「無待の人は我を遺《わす》れ物を忘れて此の群異と冥す。」「それ懐豁なる者は無数なり。一方に滞ることなし。故に忽然として自ら忘れ、当を自用に寄す」(逍遙篇注)ともいう。

郭象の無心はいうまでもなく老荘の無為である。後者に於いて無為なるものは前者にとって無心という語によって表現された。そこに実践的な為作よりも形而上学的心懐の語られていることに第一に注目せらるべきであろう。それは人間の作為であるよりも天地自然の玄微であった。しかも郭象はこれに加えて云う、「それ老荘のしばしば無を称する所以のものは何ぞや。物を生ずるものは物無くして〔物の〕自ら生ずるを明らかにするのみ。〔物は〕自ら生ずるのみ。生ずることを為すに非ざるなり」(在宥篇注)。郭象によれば無道は決して有を生じない。無とは有の原因としてあるものではなく、また無が原因となって有を生ずるのでもない。有は自己の外に又はその前に何ものをも原因としない。有はその存在の根拠を自己自身の内にもち、有が有であることがそのまま無であるという。ものとは自らあるものであり、或るものとは自らを何らかのものとしてあらしめるところであって、「物を造る主なし。物おのおの自ら造る。物自らを造りて待つことなし」と考うべきである。自然とは為さずして自ら然るものであり、然る所以を知らずして然るものでなければならぬ。無心にして有するのではなく、自然はそれ自ら無心なのである。凡ての存在するものがその存在根拠を自己自身の内にもつ。自己以外にまたはそれ以上に有の根拠を求めるのは誤りであるのみでなく、まさに無用のことである。

「万物は自然を以て正と為す。自然とは為さずして自ら然るものである。之を能くせんとして能くする所に非ざるなり。為さずして自ら能くす。正となす所以なり」(逍遙遊篇注)。老荘思想に於ける自然の概念は茲に於いてほぼ完成に達する。万物は自然に於いて同一であり、その自然を自得することに於いて絶対的である。自得とは個物に於ける対立と乖離とを克服して自己の個性を確保することにある。郭象に於いては個物は絶対であるがその絶対性はあくまでも個物における絶対性であった。しかし個物は個物である限り限界をもち、自足は必ずしも至足ではなかった。

個物の原理はそれを越えて包むところの普遍的究竟者にあるといわねばならない。それは無為ではなく、まさに無心であり、さらには無そのものであるべきである。それは玄同であった。「物皆自ら是《これ》とすればもとより是に非ざるものなし。物皆彼とすればもとより彼に非ざるものなし。彼に非ざるものなれば天下に是なく、是に非ざるものなければ天下に彼なし。彼なく是なし。玄同する所以なり」（斉物論篇注）。「それ自らを是《ぜ》として彼を非《ひ》とするは彼我の常情なり。〔然れども〕是もし是ならば天下また之を非とする者あるを得ず。非もし非ならば、また之を是とする者あるまじ。即ち天下に是なく非なきを明らかにす」（同上）。彼と是とは個物としてそれぞれ別なるものである。それを支配するものは privatio の原理であった。しかし是《これ》を是《ぜ》とするとき彼は非となり、彼を是《ぜ》とするとき是《これ》は非となる。ここに対立が生じ矛盾が生れる。是非は曲直につながり価値の対立を醸成する。世の擾乱と闘争とはそこに醞醸して止るところを知らない。これを克服するためには是非を再び是《これ》と彼との自然にひきもどすより外はないであろう。自然は必ずしも是非の分別にあるべきではなく却って是と彼とのあるがままなる序列にある。それは自然の如であった。そしてこの如法に立ちかえることによってのみ凡ゆる対立と争乱は克服せられうるのである。

彼と是《これ》、大と小、長と短、善と悪、成と毀、動と静、有と無、等々の一切は要するに相対的であり相待的である。是《これ》を是《ぜ》とするものはまた翻って彼を是とすることを認めねばならぬ。いずれを絶対化して独自を誇ることは天下の大道に悖る。絶対はそこにあるのではなく、却って是《これ》を是《ぜ》とし彼を非とすることなく、彼と是とをあるがままにあらしめるところに初めて見出されうるのである。それは是非を克服することであり、それらを超越する唯一の道であった。「この故に小大を統ぶるものは、小なく大なきものなり。……死生を斉しくする者は死なく生なき者なり。故に小なく大なきものは、小なく大なきに遊ぶ者は無窮者なり。死なく生なきに冥する者は無極者なり」という。無窮にして無極なるものは何かである者ではなくて何ものでもない存在でなければならぬ。

かくして郭象は形象概念の限界性からその限界性を超えて普遍者の存在に迫った。凡そ形象概念は何かを限定することを本質とする。しかし何かを限定することは限定されない多くのものを残すということを忘れてはならない。且つ何かを限定するにはそれ自ら限定せられない何ものかでなければならぬ。しかしこの無限定が一つの存在であるならば、それはまた一つの限定をもち自ら限定者たることはできぬ。それ故に限定は無限定者を予想すべき筈であるが、それが何かのものであれば存在者となって限定者であるよりは限定されたものとならざるを得ぬ。それ故に限定するものは有でなくして無でなければならぬ。限定とは限定するものなき限定でなければならぬ。郭象の無心もまさにそのようなものであった。それが無為であるよりも無心であるべきことがそこに理由をもっている。それはものでないことは勿論有るものではなく、無そのものでなければならなかった。このことは彼の「迹」は「迹朕」又は「所以迹」に関する論説によっていよいよ鮮やかに語られている。「それ有虞氏と秦氏とは皆世事の迹のみ。迹する所以に非ざるなり。迹する所以のものは迹なきなり。世孰れが之に名づけんや」(応帝王篇注)。「それ迹は已去の物にして応変の具に非ず。……成迹を執りて無方に御せんとすれば無方至りて迹滞る」(胠篋篇注)。郭象に言わすれば名づけられ、形づくられたものは凡て迹であり、聖人のはたらきは迹を残しつつも自らは迹する所以のものとして、極まることなく尽くることなく日に新なるものなのである。

三

ここに於いて僧肇の思想は郭象のそれと殆ど変りがないように見え、人によっては僧肇は生れながらの中国人として老荘の思想をただ般若の教説をかりて展開したものと見る人もあるが(福永光司「僧肇と老荘思想」「肇論研究」「郭象の荘子解釈」(哲学研究第三十七巻、第二、第三冊)私はこれに遽に賛同することができない。むしろ両者の相似に拘らず依然として混同すべからざる相異のあることを指摘することによって、中国とインド思想とのそれぞれなる特色を挙揚して徐ろにその異同を明らかにしたいと思う。結論を予め言えば大乗仏教の論理はテトラ・レンマであるに対し、老荘の思考方式はディレンマであるということである。それらは共にレンマであることに於いて一致するが、しかしディレンマは必ずしもテトラ・レンマではない。それは単に方式の数の区別だけではなく、思惟方法として異なった原理にあるのである。換言すればインド人の思惟方法は四つのレンマであるが、中国人のそれは二つであることを指摘してこの点から両者を明別するとともに相互の関連を考えたいというのが我々の志す所であったのである。しかしそれは果して正しく当を得たものであるか、或は単に孟浪の説として一笑に附せらるべきであるだろうか。

郭象によって老荘の思想は徹底せられ、無為は無心となり、無心はさらに虚心にまで押しすすめられたが、問題はむしろこの道程にある。道の道とすべきは常道にあらず、真の道は世の常なる道でないというならばそれはむしろ常識であろう。道は世常の道でない。真の道は却って道ならぬ道にあり、道と無道とが同一であるというに到って初めて論理の問題となる。それは明らかに逆説であった。無為は単に為すことなきを意味するのではなく、却って為すことの多きを言わんとするならばそれは明らかに論理に逆らう。無きことが却って有ることであり、無為が即ち有為であるということはロゴスの立場に於いては許されない。それは矛盾律の厳しく禁ずるところであった。この法則を破って逆説を主張せんとするものがレンマの立場であって、さてこそロゴスの外に敢てレンマの論理を提説せんとしたのが我々の以上の論旨であったのである。逆説はディレンマであり、レンマの一つの方式である。それが逆説であり背理であるというのはロゴスの立場からしてであって、レンマの論理としてではなかった。西洋の論理が専らロゴス的であるに対して、東洋の論理をレンマ的なものとして見ようとするのも啻に論理をかくの如く明別せんが為にではなく、これによって東洋的な思考方法を救護せんとする一つの試みであるに外ならなかった。老荘思想は明らかに東洋的であり、レンマの論理として優に成立しうるものであることは改めて説くまでもないであろう。むしろ問題となるのはそれが果してディレンマといわれうるものであるか否かということである。無為は無為である限り有為ではない。何ごとも為さない以上何ものも有り得ない。無為が有為と相対する限りそれぞれ別のものであって、決して同一ではない筈である。然るに無為が即ち有為であるというのは何故にであるか。それは無為も有為も共に部分としてその中にふくむところの一なるものによってのみ可能であるであろう。しかし有るものは有か無であって、その外に何があるか。それらを包越する一つのものとは何であり何処にあるか。そんなものはどこにもなくまた何物でもあり得ない。それはその意味に於いて無でなければならぬ。それは有に対する無でなくして有無を越えた無でなければならぬ。それは無でなくして虚であったであろう。無心でなくして虚心であり、自虚であるべきであろう。それは関心でなく無関心であり、為でなくして遊でなければならぬであろう。老荘にとってはこのような虚に遊ぶことによって有無を離れることが可能であり、有無に執するのではなくそれを忘るることが至徳となったのである。逍遙遊とは即ちそれであった。この無に参することは玄同であり、その一は玄であった。それは名教の外に独り静かなものであるが、尚何ものかとして存在する。それは虚であるが尚、虚として何ものかでなければならぬ。この中にあって初めて無為が有為となり否定が肯定となり、そしてそれらは互に逆立しながら、さながらに統一せられてあるという。この理説は従って逆説であり、ディレンマでなければならぬ。逆説はロゴス的には背理(paradox)であるが、レンマ的には正理であり、それ故にレンマの論理として一つの位置を占むるに余りあるものである。

このような論理は郭象の次の言説によっても知られるであろう。「宜は不宜を生ず、宜とすることがなければ不宜も無い。不宜がなければ皆宜である。凡てが宜であれば宜ということもない」(徳充符篇注)。宜と不宜とは相対又は相待的であって、共にこれらを内にふくみ、外に越える一のものの中にある。しかもそれらが対立し反立する以上それを一とするのは逆説であってその他の何ものでもない。また云う、「為は不為に出づ。故に不為を以て主とす。知は不知に出づ。故に不知を以て宗とする。此の故に真人は知を遺《わす》れて知り為さずして為す。……故に知称絶えて為名去る」(大宗師篇注)。これこそ逆説に非ずして何であろう。

郭象にとって存在は個物であり、個物の自得は自己に於いて成立するものであり、その絶対性は自己に於ける絶対性であったが、しかしそれと同時に人間は社会的存在であり、その自得性はただ自己によって得られるものではなく個物を超えた普遍者、究極者によってのみ達成せられるという。彼は個物の自得を強調しながら、しかもそれぞれの自得に究極的なるものを考えずして更に個物の自得を自得たらしめる究極者を考えずには措かなかった。ここに於いて問題はそのような普遍者が如何にして個物を個物たらしめうるか、個物と普遍者との関係如何ということになる。普遍者はもちろん個物を脱却している。しかしそれはそれを離れてあるということではない。超越とは外に越えるとともに内に包むことでなければならぬ。超越とは包越でなければならなかった。しかしこの包越という語ほど人を迷わしめるものはない。人はこの語の美しさの故にその問題も解決せられえたかのように錯覚する。そこに何らの論理もないのである。老荘学派はこれを「冥」と名づけた。「物と冥するもの」という。冥する人は「無方の人」または「無待の人」と名づけられる。個物は普遍者に冥するという。それは要するに冥合することであり、暗冥することであるにすぎない。我々は物に冥すると言い、物は物に冥し、個物は究極者に冥するという。そこに何らの論理が果してあろうか。もしありとするならば、ディレンマの論理より外にはなかったであろう。無為が即ち有為であり、無心こそ最も大なる有方であるという逆説を措いて外にはなかったのである。それはロゴス的には逆説であるが、レンマの立場に於いてはたしかに一つの論理として成立つ。個物と個物とがこの関係に於いてあるのみでなく、個物と普遍者ともそういう関係によってある。それが即ちディレンマの論理であるに外ならなかった。無心とは物と冥し、凡ゆるものと冥合して天下に自己と対立する何ものをも持たぬことである。天地万物の根源に立ちかえってその玄極と一体となることである。それは自己自らに如何なる限定をももたない無方として、一切の有方に応じてゆくことである(斉物論注)。かくの如き玄徳に冥することによってのみ、互に対立する個物をその中に含み、さながらに一切を包越するという。そこにたしかにレンマの論理があった。

しかしそのような論理はレンマとしても尚何らか我々をしてあきたらぬものを感ぜしめる。それは深い思索ではあるが、尚定かならぬ冥合として我々を茫漠の中に落処せしめる。僧肇が多分に老荘の思想に育てられながらなお慊らぬものを嘆じたのは何故にであるか。そこには深き冥想はあっても尚未だ明晰にして鋭い論理に欠けていたからではないか。彼が郭象から去って羅什に就いたのもその理由からしてではなかったか。いったい物は自己を是として他者を非とするのは物の世界の常識であるが、物がみなそれぞれ自己とすれば凡てのものは是でないものはない。また物がみなそれぞれ他者を是とすれば凡てのものは彼でないものはない。自己を絶対に是とし他を非とするならば、同じ理由によって他も絶対に是であり自己は非とならねばならぬ。そうすれば個物はそれぞれにあって七花八裂とならざるを得ない。然るに世の中は自と他との連関に於いて成り立ち、他がなければ自もなく、自己なしには他者もあり得ぬ。自他が互に逆立するだけでは世の中は成立し得ぬことは明らかである。従って個物の存在は自得に於いて確固たりながら同時に他得によって鞏固なるものがなければならぬ。個性に於いて絶対でありながら同時に他に対し相待的でなければならぬ。それは相対が同時に絶対であり絶待が即ち相待的であるべきことを要求する。絶対は相対と相反するものではなく、真の絶待は同時に相待的でもなければならなかった。従って相対なしに絶対はあらず、絶待を除いて相待もありえぬ。相対と絶対とはここにもディレンマ的であることが分明するが、しかし我々はただそう言っただけでは許されぬ。さらにこの逆説は如何にしてさながらに論理でありうるか、少なくともそれを成立しうるものが何であるかを問わねばならぬ。それに対する答は単にこれを逆説の論理に放任するだけではすまされない。いったい逆説には論理というものがあり得るのか。それはロゴスの論理でないことは勿論であるが、レンマとしてもどういう論理であるのか。それに答えうるものは単なるレンマではなく、テトラ・レンマでなければならない。何故にであるか。或る物の自得性は自己を是とし他を非とすることである。そこに自他の区別が生じ是非の弁別が生ずる。しかしそれと同時に自己を絶対とするならば、同じ理由と同様の権利を以て他もまた一つの自得であり絶対性をそれに許さねばならぬ。さすれば天下の万物はそれぞれ是であって非はなくなる。或は非であって是がなくなり従って是非の区別もなくなってしまう。それ故に自他の区別がなくしてしかも自他の差別がありうるためには先ず自と他とが共に否定せられねばならない。自己が自己であるのは他でないということによって樹立せられるが、他が他であるのは自己でないということによって確立せられる。ところが自己が自己でないということは決してそれ故に自己がないということではない。若し自己がないならば却って自己でないということすら成立しえないこととなろう。肇論の不真空論にもいうように、無とは必ずしも非有(nāsti)ということではない、心無説(梁高僧伝巻五によればそれを称えた人は道恒であったという)は必ずしも無心説ではない。或るものでないということは却ってそのものの何であるかを示す。「でない」ということは却って「がある」ことを表わす一つの徴標であると見ることもできる。例えばそれが赤でないというのはそれが青等々であることをいうのであろう、少なくともそうあるべきことを言表わしているであろう。

それ故に或ることが肯定でもなく否定でもないというのはそのものが無とか有であることと同一ではない。却って肯定でもないが故に否定であり、否定でないが故に肯定であることを示す。否定でもないからして肯定として定立せられることが就中これによって証明せられうるのである。以上の理由からして肯定でもなく否定でもないからして肯定でも否定でもありうることがわかってくるであろう。無は直ちに有とならない。生でもなく滅でもないからして生でもあり滅でもあり得るのである。無から有を引き出そうとするのはディレンマの論理であるが、不生不滅からして生滅を証明しようとするのがテトラ・レンマの論理であった。前者にはただ逆説があるのみであるが、後者に於いてまさに一つの論理が展開するのである。老荘にはディレンマがあっても未だ学的な論理がなかったといっても過言ではないであろう。前者の論理が虚にして冥なるものに止って未だ論理の体をなさぬと見るのもそうした理由によるのである。無から有が生ずるのではなく、一から二が生ずるのでもなく無に於いて凡てがあり、一に於いて万物が存するのもこの第三のレンマによってであった。「至虚無生」ということが僧肇の最も深い宗致とするところである。それは単なる虚でなく至虚であり、恐らくは自虚又は至極者であり、一から二を生じ、三、万物を生ずるものではなく一にして不生なるものでなくてはならない。それは単なる不生なるものでなく同時に不滅なるものでなければならない。不生から生に到るのは未だディレンマの立場に止る。盤珪の不生禅にはその趣きがあった。至極者は不生にして同時に不滅でなくてはならない。不生にてととのうものではなく、大に足らぬものである。むしろ不生よりも不滅に重きを置くことによって真に不生なる世界が成就するのである。否定は単なる無でなくして非有でなければならぬ。本無はただに「がない」ことによってではなく、「でない」ことによって基礎づけられる。それは rien でなくして néant でなければならなかった。それは nihsvabhāva であるよりもまさに nirvāṇa でなければならぬのである。

即の論理というのも無が即ち有である、有が即ち無であることではない。否定から直ちに肯定が生ずるということではない。それはロゴスに於いて背理であるのみでなく、レンマの立場に於ても容易に許され得ぬ逆説であろう。即の論理は必ず即非の論理でなければならぬ。このとき否定は不でなくして非である。非は否定として必ずしも不と同一でなく、非有(あらざること)がその当体をなす。例えば非人情は不人情から明別せられる如く即非は決して即不であることはできぬ。しかしこのような否定から如何にして肯定が措定せられうるのであるか。無が即ち有であるのではなく、無が何ものでもないならば無の否定からしては何ものが生ずべきであろうか。即の論理は両非と両是との関係であって単なる否定と肯定との関係ではない。肯定でもなく、否定でもないからして即ち肯定でもあり否定でもありうるのである。両非から両是に転換することが即の論理であった。この転換には何ら媒介を要しない。ヘーゲルでは既に述べられたように、中は媒介に帰せられ、この媒介はそれ自ら否定であったからして(破られた中とモイレンが名づけたように)否定を媒介とすることによって綜合せられ、階型的に一段の上昇をなしとげる。ヘーゲルにとっては媒介は綜合に達すべき手段であり、少なくともその過程であった。しかし大乗仏教の論理はそのような媒介を要しなかった。その過程は綜合でなくして転換である。ロゴスの逆転ではなくしてレンマの転換であるに外ならなかった。しかし転換にはまた一つの論理がなければならぬ。それは両否が直ちに両是となるという論理である。それは綜合ではなくまさに端的なレンマの把握でなければならない。両非から両是に転ずることはレンマ的論理によってその必然性が確保せられる。肯定の否定は非存在となり否定の否定は存在となる。第三レンマによって空は即ち色となり色は即ち空となりうるのである。しかも両非によって初めて両是がありうるとすればこの関係とその論理はテトラ・レンマの論理を措いて外にはあり得なかった。

僧肇は劉遺民の質問に答えた手紙の中に云う、「心が〔万物を〕有とするのは、それ〔心〕が有を有とするからであって有がそれ自体で有るのではない。だから聖心は有を有としません。有を有だとしないから、有には有ることがない。有に有ることがないから無いこともない。無いこともないから聖人は〔万物を〕有だとも無だともしない、有だともせず無だともしないからその霊妙な心は虚であります。何故かといえば、いったい有とか無とかは心の影や響であり、言《ことば》とか象《すがた》とかは影や響が(形に現われるために)からまりつく所(対象)であります。(ところで)有も無もなくなった以上は、心に影も響もなく影も響も既になくなった以上は言も象も(それを)さぐりようはないのです」。また云う、「色と空とを観じるとき、一つの心では色を見、(また別の)一つの心では空を見るという単にそういう見の差でしょうか。若し一つの心で色を見る場合にはそれはただ色だけであって空はなく、(また)若し(別の)一つの空を見ている場合には(それは)ただ空だけであって色ではありません。そうしますと空と色とは二つ並んでいて、その根本が「何であるか」を定められませぬ。だから経に「色でない」と言うのは、まことは色について(言ってそれが)色でないからであって、色でないものについて(言ってそれが)色でないのではありません。……若し色について(言ってそれが)

色でないからであれば、色がないものそのままが色と異ならないこととなる。色でないものが色と異ならないならば色はそのまま色ではないのであります。だから変化がそのまま無相であり、無相がそのまま変化であることがわかります」。

「涅槃無名論」は僧肇が秦王姚興に上った表であるが、その第六に云う、「涅槃は有無の外に出たものでもなくまた有無の世界の中にあるものでもないのであります。有無の外にあるものならばそれは有でもなく無でもなく、また有無の中にあっても有でもなく無でもない。真なる無は決して有に対する無でなく、有でもなく無でないというまさにそのことの中にあるわけです。無は有でないということではなく、無でもないというところに初めて見出されます。無でないが故に涅槃は到達せられうると言われますが、しかしそれはまた有でないからして到達し得ぬといわねばなりませぬ。涅槃は到達し得られないものであるが、まさにその故に到達し得るものでもある。即ち到達し得ぬものとして到達し得られるのであります」。

これはまさにディレンマの論理であるが、しかしそれは無が直ちに有に至るのではない。況や無が即ち有であるのではない。それは無が無でもないからして真の無となりうるのである。有はもちろん無ではない。有でないことが即ち無であるが、しかし無が無であるならば一つの有となって真の無ではありえぬであろう。無が無でさえもないところに初めて真の無が得られるのである。そして無為が有為となるのはそれ自らが無でもないからしてであった。無が同時に有であり、有が直ちに無であるというのはディレンマの論理であるが、そういう論理はロゴス的にはもちろんレンマとしても容易に成立しない筈である。実をいえばディレンマには何の論理もあり得なかった。それがたとえ逆理であって背理ではないにしても、逆理は何故に、また如何にして正当な論理たりうるのであるか。無為から有為が生ずるのは無為そのものが決して無でなかったからしてである。老荘が如何に強弁してもその無為は決して無ではなかった筈である。それが無でなくして虚であるとしても虚は空虚であってそこから何ものも生ずることはできぬ。自

虚はそのような空でなくして有と無とを包越したものであると答弁せられるかもしれないが、「包越」ほど語としては美しく、内容として貧弱なものはないであろう。それは外に越えて内に含むことであると言うが、果してどういうことであるか。我々は語の美しさに迷わされてはならぬ。包越の論理とは果して何であるか。我々はここに論理の名に値する何ものをも見出すことができぬ。ただ語によってごまかされるのみである。論理とはもっと内面的なしかも鋭い構造を有するものでなければならぬ。テトラ・レンマは単に無と有とを同一にするものでもなく、無から有を生ぜしめようとするものでもなかった。それは無でもなく、有でもないからして無でもあり有でもあるという論理である。僧肇のような犀利にして鋭敏なる人が単なるディレンマに満足し得なかったのもこの理由によるのであろう。最後に再び言う。この論理は決してそれ故に必ずしも揀択ではない。況や学人の閑葛藤、乃至は爛葛藤ではなかった。至道が無難なるは揀択をきらうところにあるが、しかしそれにしても四料揀が臨済教化の中心に置かれているのはなぜであるか。我々は安んじてこの論理をレンマの中軸として挙揚し、併せて東洋的な思惟の論理を西洋のロゴス的論理から明別するよすがとしたいと思う。またそうすることが可能ではないかと思うのである。

人名索引

■岩波オンデマンドブックス■

ロゴスとレンマ

1974年9月10日　第1刷発行
1994年9月8日　第5刷発行
2015年8月11日　オンデマンド版発行

著　者　山内得立《やまうちとくりゅう》

発行者　岡本　厚

発行所　株式会社　岩波書店
〒101-8002 東京都千代田区一ツ橋2-5-5
電話案内 03-5210-4000
http://www.iwanami.co.jp/

印刷／製本・法令印刷

ISBN 978-4-00-730246-6　　Printed in Japan